Contraste insuffisant

NF Z 43-120-14

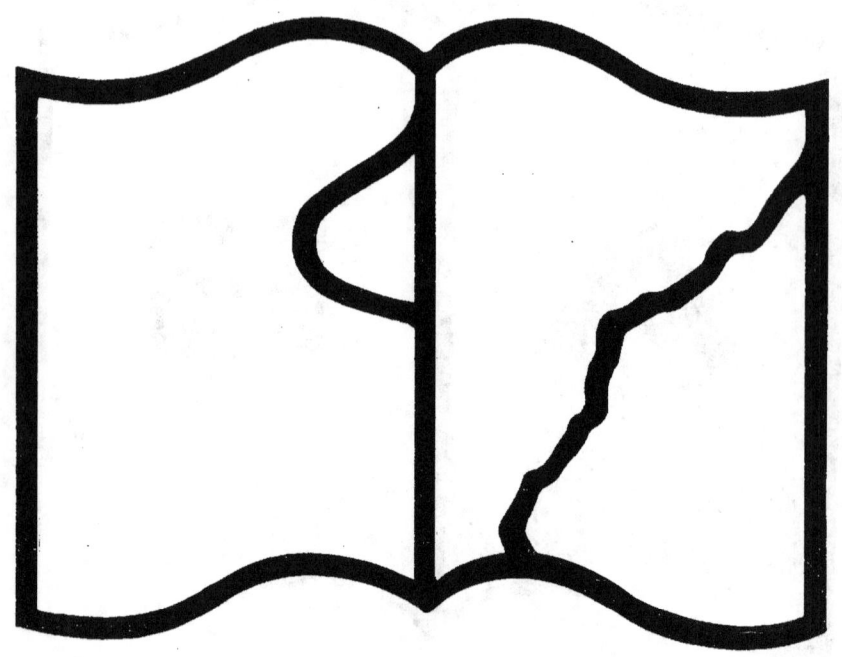

Texte détérioré — reliure défectueuse

NF Z 43-120-11

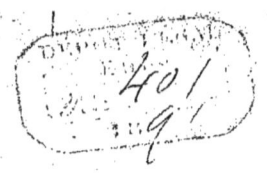

WALTER SCOTT

ILLUSTRÉ.

RICHARD EN PALESTINE

SUIVI DU

CHATEAU PÉRILLEUX.

TRADUCTION DE M. P. LOUISY.

DESSINS DE MM. A. DE RICHEMONT ET A. DE PARYS.

PARIS,

LIBRAIRIE DE FIRMIN-DIDOT ET Cie,

IMPRIMEURS DE L'INSTITUT, RUE JACOB, 56.

1892.

Tous droits réservés.

WALTER SCOTT

ILLUSTRÉ.

TYPOGRAPHIE FIRMIN-DIDOT. — MESNIL (EURE).

LE ROI CHARLES II.

4° Y²
1869

R175052

WALTER SCOTT
ILLUSTRÉ.

TYPOGRAPHIE FIRMIN-DIDOT ET Cie. — MESNIL (EURE).

WALTER SCOTT
ILLUSTRÉ.

RICHARD EN PALESTINE

SUIVI DU

CHATEAU PÉRILLEUX.

TRADUCTION DE M. P. LOUISY.

DESSINS DE MM. A. DE RICHEMONT ET A. DE PARYS.

PARIS,
LIBRAIRIE DE FIRMIN-DIDOT ET Cie,
IMPRIMEURS DE L'INSTITUT, RUE JACOB, 56.
—
1892.
Tous droits réservés.

RICHARD Ier, CŒUR DE LION, ROI D'ANGLETERRE.

CHAPITRE PREMIER

Eux aussi se retirèrent dans le désert, mais sans quitter leurs armes.

MILTON, *le Paradis reconquis.*

L'ARDENT soleil de la Syrie n'avait pas encore atteint son plus haut point sur l'horizon. Un chevalier du Nord, qui avait quitté sa lointaine patrie pour joindre en Palestine l'armée des croisés, traversait lentement le désert de sable situé aux environs de la mer Morte, où vont se perdre les eaux du Jourdain.

Dans la matinée, le pieux guerrier s'était péniblement frayé un chemin entre les rocs et les précipices. A l'issue de ces passages dangereux, s'ouvrit devant lui cette vaste plaine où les villes maudites provoquèrent, aux anciens jours, la juste et terrible vengeance du Tout-Puissant. La fatigue, la soif, les dangers de la route, le voyageur oublia tout, en songeant à l'épouvantable catastrophe qui avait converti en une solitude affreuse la riante et fertile vallée de Sodome, jadis arrosée comme un jardin béni, maintenant lande flétrie et brûlée, condamnée à une stérilité éternelle.

A la vue de ce sombre amas d'eaux, si différentes pour la couleur et la qualité de celles de tous les autres lacs, il fit, en frissonnant, un signe de croix. Là, dans ces ondes croupissantes, gisaient les cités orgueilleuses dont la foudre du ciel ou l'explosion d'un feu souterrain avait creusé le tombeau, et leurs débris restaient ignorés dans les profondeurs de cette mer, qui ne nourrit aucun poisson, ne porte aucun esquif, et, unique réceptacle de ses souillures, n'envoie pas de tribut à l'Océan.

Tout le pays d'alentour, comme dit l'Écriture, « n'est que soufre et sel ; il n'est point semé, il ne produit rien, nulle herbe n'y peut croître ». La terre, aussi bien que l'eau du lac, méritait l'épithète de *morte*, puisqu'elle était rebelle à toute espèce de végétation. A l'air même manquait son peuple de chanteurs ailés, chassés sans doute par l'odeur du bitume et du soufre, qui, sous l'action d'un brûlant soleil, dégagent des vapeurs épaisses, ressemblant quelquefois à des trombes. Des masses d'une substance visqueuse et sulfurée, appelée naphte, nageaient à la surface de ces eaux dormantes et noirâtres, alimentaient ces nuages flottants de nouvelles vapeurs ; imposant témoignage, en quelque sorte, de la vérité du récit de Moïse.

Sur cette scène de désolation, le soleil jetait un éclat presqu'intolérable, et toute la nature animée semblait s'être dérobée à ses rayons, sauf le personnage solitaire qui foulait pas à pas le sable mouvant du désert.

Le costume du cavalier, et la manière dont sa monture était harnachée, convenaient aussi mal que possible au pays qu'il traversait. Une cotte de mailles à longues manches, des gantelets plaqués de fer et une cuirasse du même métal n'avaient pas paru d'un poids suffisant ; un bouclier triangulaire était rejeté sur son dos, et il portait un heaume d'acier à visière grillée, auquel se rattachait un camail, destiné, en complétant l'armure, à protéger le col et les épaules. Un tissu de mailles flexibles garantissait ses jambes jusqu'aux pieds, enfermés dans des chaussures lamées de fer comme les gantelets. Une longue et large épée droite, à double tranchant, avec une poignée en forme de croix, faisait pendant à un grand poignard. Au côté droit de la selle, et d'aplomb sur l'étrier, reposait une longue lance à fer pointu et garnie d'un pennon, qui flottait au moindre souffle de vent.

A cet attirail encombrant il faut ajouter une cotte ou surtout en drap brodé, usé et flétri, fort utile toutefois en ce qu'il empêchait les rayons brûlants du soleil de frapper sur l'armure, que l'échauffement eût, sans cela, rendue insupportable. On avait figuré, en plusieurs endroits du surtout, les armoiries du chevalier, et, quoique en partie effacées, on y distinguait encore un léopard conchant, avec cette devise : *Je dors, ne m'éveillez pas.* Le bouclier offrait le même écusson, mais les nombreux coups qu'il avait reçus ne laissaient presque rien subsister de la peinture. Le casque, plat d'en haut et de forme ronde, n'était surmonté d'aucun cimier. En conservant leur pesante armure défensive, les croisés du Nord semblaient défier la nature du climat et du pays où ils étaient venus faire la guerre.

L'équipement du cheval n'était guère moins lourd et incommode que celui du cavalier. Une lourde selle plaquée de fer rejoignait, par devant, une sorte de poitrinal et, par derrière, une armure défensive pour la croupe et les flancs. A l'arçon de la selle pendait une hache, espèce de marteau appelé masse d'armes. Une chaîne de métal soutenait les rênes, et la pièce de fer dite *chanfrein*, percée de trous aux yeux et aux naseaux, portait au centre une pointe courte et acérée, qui donnait à l'animal un trait de ressemblance avec la fabuleuse licorne.

Une longue habitude avait rendu le cavalier et sa monture capables d'endurer la charge d'une telle panoplie. A la vérité, parmi les guerriers d'Occident qui s'étaient rués à l'envi sur la Palestine, beaucoup périssaient avant d'avoir pu s'accoutumer à ses chaleurs torrides ; mais il y en avait d'autres pour lesquels le climat, loin d'être nuisible, était devenu salutaire, et dans le nombre de ces privilégiés se trouvait le chevalier qui côtoyait alors les rivages de la mer Morte.

La nature avait jeté son corps en un moule d'une résistance peu commune, ce qui lui permettait de porter son haubert de mailles avec autant d'aisance que s'il eût été tissu de fils d'araignée ; et en même temps elle l'avait doué d'un tempérament non moins robuste pour défier en quelque sorte les changements de climat, les fatigues et les privations de toute espèce. Son caractère semblait participer, jusqu'à un certain point, de sa constitution physique ; car, si l'une possédait l'énergie et l'endurance nécessaires aux exercices les plus violents, l'autre cachait sous l'apparence du calme une vive passion de la gloire, principal attribut de la race normande, et qui avait fait de ses enfants des souverains dans tous les coins de l'Europe où leur esprit aventureux les avait conduits pour tirer l'épée.

Ce n'était pas cependant à leur race entière que la fortune octroyait des faveurs si attrayantes, et celles qu'avait obtenus le chevalier solitaire, pendant deux ans de campagne en Palestine, se réduisaient à une renommée passagère et, comme on lui avait appris à le croire, à quelques privilèges spirituels. En attendant, sa bourse, déjà légère, s'était épuisée ; la petite suite qui l'avait accompagné hors de son pays natal avait graduellement diminué avec ses moyens de l'entretenir ; et l'unique écuyer qui lui restât était alors malade et dans l'impossibilité de suivre son maître. Chose indifférente, du reste, à notre voyageur, accoutumé à considérer sa bonne épée comme sa plus sûre escorte, et ses pensées pieuses comme la meilleure des compagnies.

Néanmoins, malgré sa constitution de fer et son humeur résignée, il sentait le besoin de prendre repos et nourriture. Aussi, vers l'heure de midi, ayant laissé la mer Morte à quelque distance sur sa droite, salua-t-il avec joie, pour y faire halte, l'apparition d'un bouquet de palmiers, s'élevant autour d'une source. Son bon cheval, qui avait supporté la fatigue avec autant de courage que de patience, se mit à relever la tête, à gonfler ses naseaux, et à presser le pas, comme s'il eût aspiré de loin les eaux vives auprès desquelles il allait se reposer et se rafraîchir. Mais avant d'atteindre ce lieu désiré, cheval et cavalier avaient d'autres risques à courir.

Tandis que le chevalier du Léopard tenait les yeux fixés sur le groupe d'arbres encore éloigné, il lui sembla voir un objet se mouvoir sous leur ombrage. Bientôt cette forme lointaine prit un corps et s'avança à l'encontre du croisé avec une rapidité qui, peu à peu, lui fit distinguer un homme à cheval, reconnaissable, à son turban, à sa longue javeline et à son cafetan vert, pour un guerrier sarrasin.

« Il n'y a pas d'ami au désert, » dit un proverbe oriental. Mais que l'infidèle, emporté par un beau cheval barbe comme sur les ailes d'un aigle, vînt à lui en ami ou en ennemi, le champion de la croix ne s'en embarrassait guère, et peut-être préférait-il la dernière alternative.

Quoi qu'il en soit, il dégagea sa lance de sa selle, la saisit de la main droite, la mit en arrêt à demi levée, rassembla les rênes de la main gauche, et ranimant l'ardeur de son coursier à l'aide des éperons, il se prépara à combattre l'étranger avec la confiance d'un guerrier accoutumé à vaincre.

Le Sarrasin accourut au grand galop, à la manière des cavaliers arabes : il gouvernait sa monture par la pression de ses jambes et les inflexions de son corps plutôt qu'en se servant de la bride qu'il tenait flottante dans sa main gauche ; de la sorte, il pouvait mouvoir aisément le léger bouclier rond en peau de rhinocéros, orné de clous d'argent, qu'il portait au bras. Au lieu de mettre sa longue javeline en arrêt, il l'avait saisie par le milieu et la brandissait au-dessus de sa tête. En arrivant sur son adversaire à pleine course, il paraissait s'attendre à le voir suivre son exemple ; mais celui-ci, à qui la tactique des Orientaux était familière, ne se souciait pas d'épuiser son cheval par un exercice inutile. Au contraire, il s'arrêta net, sachant bien qu'en cas de choc, son propre poids et celui de son puissant coursier lui donneraient assez d'avantage sans y ajouter la force d'un mouvement rapide.

N'augurant rien de bon d'un tel résultat, le Sarrasin, arrivé presque à portée du chevalier, opéra une brusque conversion avec une dextérité merveilleuse. Deux fois il fit le tour de son antagoniste, qui, par une manœuvre analogue et sans changer de place, présenta constamment le front, et déjoua toute tentative d'être attaqué hors de garde. Une volte-face nouvelle ramena l'assaillant une centaine de pas en arrière.

Cependant, il revint encore à la charge et ne fut pas plus heureux. A la troisième fois, le chrétien, désirant mettre fin à une escarmouche dans laquelle il aurait fini par épuiser ses forces, saisit sa masse d'armes, et, d'un bras aussi vigoureux que son coup d'œil était sûr, il la lança à la tête de l'infatigable cavalier. La violence du coup, quoique amortie par son bouclier, suffit encore à le renverser à terre ; mais il se releva vivement, appela son cheval, qui revint aussitôt près de lui, sauta en selle sans toucher l'étrier, et regagna l'avantage dont le croisé avait espéré le priver.

Sur ces entrefaites, celui-ci avait ramassé sa hache d'armes, et le Sarrasin, qui venait d'en éprouver la force, jugea prudent de continuer la lutte à distance. Plantant sa javeline dans le sable, il tendit avec adresse un petit arc qu'il portait sur le dos ; puis, reprenant le galop, il décrivit deux ou trois cercles plus étendus que les premiers, et décocha en courant six flèches contre le chrétien, qui ne dut son salut qu'à la bonté de son armure ; la septième pourtant parut l'avoir atteint à un endroit défectueux, car il tomba lourdement de cheval.

A cette vue, l'infidèle, ayant mis pied à terre, courut s'assurer de la réalité de sa victoire, et quelle fut sa surprise en se sentant saisir brusquement au corps! La chute n'était qu'une ruse du faux blessé pour l'attirer à sa portée. Dans cette lutte suprême, la présence d'esprit et l'agilité du Sarrasin le sauvèrent encore : il détacha le ceinturon qu'avait empoigné le chevalier du Léopard, et s'arrachant ainsi de l'étreinte redoutable, il remonta sur son cheval, qui semblait suivre ses mouvements avec une intelligence toute humaine, et tira au large. Mais, dans cette rencontre, il avait perdu son épée et son carquois, suspendus au ceinturon qu'il avait été forcé d'abandonner; et son turban était tombé sur le sol.

Ces accidents parurent le disposer à des sentiments pacifiques. Il se rapprocha du chrétien, la main droite étendue, sans rien plus avoir de menaçant dans son attitude.

— Il y a trève entre nos deux nations, dit-il en langue franque, moyen de communication dont se servaient en général les parties belligérantes; pourquoi nous faire la guerre? Que la paix soit entre nous!

— Je ne demande pas mieux, répondit le chevalier; mais quelle garantie m'offres-tu?

— Un serviteur du Prophète n'a jamais violé sa parole, et c'est à toi, brave Nazaréen, que je réclamerais une garantie, si je ne savais que la trahison va rarement de compagnie avec le courage.

La confiance de l'infidèle fit rougir le croisé des soupçons qu'il avait conçus.

— Par la croix de mon épée, dit-il en portant la main à son arme, je te serai fidèle, Sarrasin, tant que le sort voudra que nous soyons ensemble.

— Par Mahomet le prophète et par Allah, dieu de Mahomet, répliqua son ci-devant adversaire, je n'ai pas dans le cœur une ombre de trahison contre toi. A présent, rendons-nous auprès de cette source, car l'heure du repos a sonné, et j'y avais à peine rafraîchi mes lèvres quand ta présence est venue m'appeler au combat.

Le chevalier du Léopard s'empressa de consentir à cette proposition, et les deux guerriers, tout à l'heure ennemis, chevauchèrent côte à côte vers le bouquet de palmiers, sans témoigner la moindre irritation, sans un geste de méfiance.

A DE RICHEMONT.

CHAPITRE II.

> Entre deux compagnons qui devisent ensemble pour passer le temps, et dont les cœurs sont également soumis au joug de l'amour, il doit y avoir un rapport de manières, de sentiments et de pensées.
>
> SHAKESPEARE.

OUJOURS les temps de guerre ont eu leurs intervalles de paix et de sécurité. Il en était ainsi dans les siècles de la féodalité : les mœurs de l'époque ayant fait de la guerre la principale et la plus honorable des occupations du genre humain, les moments de trêve n'en avaient que plus de prix aux yeux des guerriers qui en jouissaient assez rarement, et leur devenaient d'autant plus chers qu'ils étaient de plus courte durée.

La différence de religion, nous dirons plus, le zèle fanatique qui animait les uns contre les autres les défenseurs de la croix et ceux du croissant, s'effaçaient presque devant un sentiment si naturel à des adversaires généreux, et que fortifiait surtout l'esprit de la chevalerie. Cette dernière impulsion s'était insensiblement communiquée des chrétiens à leurs ennemis mortels les Sarrasins d'Espagne et de Palestine.

On ne reconnaissait plus en eux les farouches nomades de l'Arabie, qui s'étaient élancés, le sabre d'une main et le Coran de l'autre, pour imposer la mort ou la loi de Mahomet, ou tout au moins un tribut et l'esclavage, à quiconque oserait contester la mission du prophète de la Mecque. Telle était l'alternative offerte aux Grecs et aux Syriens, nations peu belliqueuses. Mais quand ils eurent en face d'eux les chrétiens de l'Occident, animés d'un zèle aussi ardent que le leur, d'un courage aussi indomptable, et non moins habiles dans la guerre, les Sarrasins prirent par degré une partie de leurs mœurs, et adoptèrent surtout ces règles chevaleresques, si bien faites pour flatter le génie d'un peuple orgueilleux et conquérant. Ils eurent leurs tournois et leurs jeux guerriers; ils eurent même leur chevalerie ou quelque institution analogue; et, par-dessus tout, ils se piquaient de tenir leur parole avec une fidélité qui aurait pu quelquefois faire honte aux sectateurs d'une religion plus pure. Leurs trêves nationales ou particulières étaient exactement observées, et il arrivait de là que la guerre, quoique en elle-même le plus grand des maux, fournissait mainte occasion de déployer de nobles qualités, telles que la bonne foi, la clémence et même les tendres affections de l'âme.

Sous l'influence de ces sentiments qui adoucissent les horreurs de la guerre, le chrétien et le musulman, qui, peu d'instants auparavant, n'avaient rien négligé pour s'entre-détruire, chevauchaient lentement vers la fontaine des Palmiers. Ils restèrent quelque temps plongés dans leurs réflexions et reprirent haleine, à la suite d'un combat qui avait menacé d'être fatal à l'un ou à l'autre, peut-être à tous les deux. Leurs vaillants coursiers ne semblaient pas moins sensibles à cet intervalle de repos, avec cette différence entre eux que la fatigue de l'arabe, quoique soumis à un exercice plus violent, s'était presque dissipée, tandis que la robe du normand ruisselait encore de sueur. Le sol mobile que foulait la pauvre bête, chargée d'un lourd harnais et du poids de son maître, ajoutait à la difficulté de sa marche; celui-ci, qui s'en aperçut, la conduisit alors à pied au milieu des fondrières de cette terre argileuse qui, brûlée du soleil, s'émiettait en une poudre plus impalpable que le sable le plus fin. Il procura ainsi, à ses dépens, quelque soulagement à son fidèle destrier; car, enfermé comme il l'était dans son armure, il enfonçait jusqu'à la cheville ses chaussures de mailles, à chaque pas qu'il faisait sur cette surface légère et si peu résistante.

— Tu as raison, dit le Sarrasin, et c'était la première phrase prononcée depuis qu'ils avaient conclu la trêve ; ce brave cheval mérite qu'on ait soin de lui. Mais qu'as-tu à faire au désert d'un animal qui s'embourbe à chaque pas jusqu'au-dessus du fanon, comme s'il voulait planter ses pieds à la même profondeur que les racines d'un palmier ?

— Tu parles bien, repartit le chevalier, peu flatté de la critique adressée à son coursier favori ; oui, tu raisonnes selon ce que tu as appris et observé. Eh bien, dans mon pays, j'ai traversé, sur ce bon cheval, un lac aussi large que celui qui s'étend là-bas derrière nous, sans qu'il eût un poil mouillé au-dessus du sabot.

Le musulman le regarda avec autant de surprise que la gravité orientale lui permit d'en montrer, c'est-à-dire en ébauchant un léger sourire de dédain, qui retroussa les coins de son épaisse moustache.

— On a eu raison de dire, ajouta-t-il en reprenant son sang-froid, écoutez un Franc, et vous entendrez une fable.

— Tu manques à la courtoisie, infidèle, en doutant de la parole d'un chevalier, et si ce n'était que tu pèches par ignorance, et non par malice, notre trêve aurait pris fin, à peine commencée. M'accuseras-tu de mentir si je t'affirme que moi et cinq cents cavaliers armés de toutes pièces, nous avons chevauché des lieues durant, sur des eaux qui avaient la solidité du cristal, et dix fois moins fragiles ?

— Où veux-tu en venir ? Ce lac de là-bas est frappé de la malédiction de Dieu, et en conséquence rien n'y peut tomber qu'il ne le rejette sur ses bords. Mais ni la mer Morte ni aucun des sept océans qui entourent la terre ne souffrent sur leur face le sabot d'un cheval, pas plus que la mer Rouge ne souffrit la marche de Pharaon et de son armée.

— Cela est vrai pour toi, Sarrasin, et cependant je sais après expérience qu'il en peut être autrement. Ici, la chaleur fait de la terre quelque chose, pour ainsi dire, d'aussi mobile que l'eau ; et, dans mon pays, le froid fait souvent de l'eau une matière dure comme un rocher. Mais n'en parlons plus ; il me suffit de penser au spectacle qu'offrent en hiver nos lacs calmes et limpides, tout constellés des brillants reflets de la lune et des étoiles, pour redoubler l'horreur de ce désert enflammé, où l'air qu'on respire ressemble aux vapeurs d'une fournaise ardente.

Le musulman regarda attentivement son interlocuteur, comme pour s'assurer dans quel sens il devait interpréter un discours qui semblait cacher un mystère ou une imposture. Son opinion une fois arrêtée :

— Tu es, dit-il, d'une nation qui aime à rire, et pour qui c'est un amusement de raconter des choses impossibles ou des histoires qui n'ont jamais pu arriver. Tu dois être un de ces guerriers de France, dont le plaisir est de gouailler, comme ils disent, en se vantant d'exploits qui dépassent les facultés humaines. J'aurais donc tort de récuser le privilège d'un tel langage, puisque la vantardise t'est plus naturelle que la vérité.

— Leur pays n'est pas le mien, et je n'en ai pas pris la mode. Pourtant, j'ai agi de même ; car, en te parlant de ce que tu ne saurais comprendre, à savoir d'un fait des plus ordinaires, je me suis donné à tes yeux le caractère d'un gouailleur. Ainsi, je t'en prie, ne songe plus à cela.

En ce moment, ils arrivaient près du groupe de palmiers, à l'ombrage desquels jaillissait une source abondante.

En plein désert, et dans un horizon sans bornes, cette oasis de verdure et de fraîcheur semblait un petit paradis. Quelque âme généreuse ou charitable avait jadis enclos et voûté la fontaine, afin d'empêcher qu'elle se perdît sous terre ou qu'elle fût comblée par les tourbillons de sable soulevés au moindre souffle de vent. La voûte, quoique tombant en ruine, suffisait à la protéger contre l'ardeur du soleil ; un rayon oblique effleurait à peine ses eaux, qui, d'abord reçues dans un bassin de marbre tout disjoint, s'échappaient en un courant à peine visible pour disparaître bientôt sous un frais tapis de verdure.

Ce fut en cet endroit délicieux que nos voyageurs firent halte. Leur premier soin fut de soulager leurs montures de la selle, du mors et de la bride et de les faire boire dans le bassin, avant de se rafraîchir eux-mêmes au goulet de la source. Puis ils les laissèrent errer en liberté, sachant bien que leur instinct et leur habitude de domesticité les empêcheraient de s'écarter d'un lieu où ils avaient de quoi satisfaire la soif et la faim.

Le chrétien et le musulman s'assirent ensuite sur l'herbe et tirèrent de leur bissac les maigres provisions dont ils s'étaient munis. Toutefois, avant de procéder à leur frugal repas, ils s'examinèrent l'un l'autre :

le combat sérieux et resté indécis qu'ils venaient de soutenir était bien propre à inspirer cette curiosité. Chacun d'eux désirait mesurer la force d'un adversaire redoutable et se former une opinion de son caractère, et chacun se vit contraint de reconnaître que la défaite en pareil cas aurait paru un titre d'honneur.

Il y avait un contraste absolu entre les deux guerriers, qui représentaient assez fidèlement les types de leurs différentes nations.

Le Franc, d'une robuste carrure, était taillé d'après les anciennes formes gothiques. Lorsqu'il ôta son casque, il montra une forêt de cheveux châtains qui frisaient naturellement. La chaleur du climat avait couvert ses traits d'une couche de hâle, tandis que les autres parties du corps, moins exposées à l'air, s'accordaient mieux avec l'azur de son œil bien fendu et la couleur de ses cheveux. Une forte moustache ombrageait sa lèvre supérieure et son menton était rasé avec soin, à la mode normande. Il avait le nez grec, la bouche un peu grande avec de belles dents fortes et d'une blancheur éclatante ; la tête petite et coquettement plantée. Son âge ne semblait pas dépasser trente ans, et encore,

A. DE RICHEMONT.

vu les fatigues de la guerre et du climat, était-il possible de lui en ôter trois ou quatre. Sa haute taille et son tempérament d'athlète annonçaient un homme dont la vigueur pouvait, avec le temps, se charger d'embonpoint, bien qu'elle fût alors unie à l'activité et à la souplesse. En dénouant ses gantelets, il laissa voir des mains longues et proportionnées, des muscles saillants et des bras d'une force remarquable. Un air d'assurance militaire et de franchise insouciante caractérisait ses gestes et son langage. Enfin, le ton de sa voix était celui d'un maître, qui avait l'habitude d'exprimer à l'occasion ses sentiments sans rien dissimuler ni craindre.

L'émir — tel paraissait être son rang — offrait, nous l'avons dit, un contraste parfait avec le chevalier d'Occident.

Sa stature, au-dessus de la moyenne, restait de trois pouces au moins, inférieure à celle de l'Européen, qui eût pu passer pour un géant. Ses membres grêles, ses mains effilées, ses bras peu charnus, quoique en harmonie avec son extérieur, ne promettaient pas, au premier coup d'œil, la vigueur et l'élasticité dont il venait de faire preuve. En réalité, ce qui manquait de chair à ce corps frêle n'eût servi qu'à le déformer ou l'alourdir ; réduit à une masse d'os, de tendons et de nerfs, il devenait capable de fatiguer un adversaire, en qui l'avantage de la force et de la taille est balancé par l'inconvénient de la pesanteur. La physionomie du Sarrasin différait autant que possible des caricatures par lesquelles les ménestrels du temps représentaient d'ordinaire les guerriers infidèles. Il avait les traits fins et réguliers, mais brûlés par le soleil, et l'ovale de sa figure se perdait dans une barbe noire et frisée. Les yeux, un peu enfoncés, étaient vifs et brillants ; le nez droit, les dents d'une blancheur d'ivoire.

En un mot, la personne et les proportions du musulman, alors étendu sur l'herbe à côté du chrétien, auraient pu fournir un parallèle analogue à celui de son court cimeterre à lame de Damas, étroite et légère comparé à la longue et pesante épée gothique qui gisait auprès. L'émir était dans la fleur de l'âge, et s'il n'avait eu le front trop bas et les traits du visage trop saillants, il aurait offert un modèle de beauté, suivant les idées de l'Occident.

On remarquait les mêmes dissonances dans le caractère des deux guerriers. L'un avait des manières pleines de courtoisie et de gravité ; on y sentait, à certains égards, la contrainte où se condamne souvent un esprit fougueux et irascible pour se mettre en garde contre son impétuosité naturelle, et en même temps la conscience de sa propre dignité, qui semblait imposer à quiconque l'approchait une sorte de réserve cérémonieuse. L'autre entretenait peut-être à un égal degré cette haute opinion de soi-même ; mais le même sentiment produisait des effets contraires.

Les provisions de bouche que chacun avait emportées pour la route étaient fort simples ; mais celles du Sarrasin touchaient à l'abstinence. Une poignée de dattes et un morceau de pain d'orge suffirent pour apaiser la faim d'un homme que son éducation avait habitué aux privations du désert, bien que, depuis la conquête de la Syrie, la simplicité des mœurs arabes eût souvent fait place au luxe le plus effréné. Quelques gorgées de l'eau de la source complétèrent son repas.

Celui du chrétien, assez grossier d'ailleurs, était plus substantiel : du porc salé, en abomination aux musulmans, en composa la principale partie, et la boisson, puisée dans une gourde en cuir, valait un peu mieux que le limpide élément. Il montra plus d'appétit en mangeant, et plus de satisfaction à se désaltérer que le Sarrasin ne jugeait convenable d'en témoigner en s'acquittant d'une fonction purement animale ; et sans doute, le mépris secret qu'ils nourrissaient l'un pour l'autre, comme sectateur d'une religion ennemie, ne fit que s'accroître par suite du choquant contraste entre leurs usages et leur nourriture.

Ce fut l'émir qui marqua le premier son déplaisir. Témoin silencieux du vigoureux appétit grâce auquel le chevalier prolongeait son repas longtemps après que le sien était terminé, il finit par s'exprimer en ces termes :

— Vaillant Nazaréen, est-il séant à qui sait se battre en homme de se nourrir comme un chien ou un loup ? Un juif mécréant aurait horreur lui-même des viandes que tu parais manger avec autant de plaisir que si c'était un fruit du paradis.

— Vaillant Sarrasin, riposta le croisé, quelque peu étonné de ce reproche inattendu, c'est mon droit de chrétien d'user des choses dont s'abstient le juif, parce qu'il s'entête encore dans la servitude de l'ancienne loi. Apprends donc, pour ta gouverne, que nous avons pour nos actions une meilleure garantie. *Ave, Maria!* grâces en soient au ciel !

Et, comme par défi à son scrupuleux compagnon, il termina sa courte prière latine en puisant à longs traits dans sa gourde de cuir.

— C'est là aussi ce que tu nommes une partie de tes droits, reprit l'émir. Non seulement tu te nourris avec la voracité des brutes, mais tu t'abaisses au-dessous de leur condition en t'abreuvant d'une liqueur empoisonnée dont elles ne voudraient pas.

— Que dis-tu, insensé ? Tu blasphèmes contre les dons de Dieu dans les propres termes de ton père Ismaël. Le jus de la grappe est donné à l'homme qui sait en régler l'usage pour réjouir son cœur après le travail, le soulager dans la maladie et le consoler s'il a des chagrins.

Celui qui en use de la sorte peut remercier Dieu de sa coupe de vin comme de son pain de chaque jour ; et celui qui abuse d'un tel bienfait n'est pas un plus grand fou dans son ivresse que toi dans ton abstinence.

L'œil du Sarrasin s'enflamma de colère à ce sarcasme : il fit le geste de porter la main à son poignard, mais cet éclair de mauvais augure s'évanouit en souvenir de l'étreinte dont ses membres endoloris portaient les marques, et il se borna pour le moment à continuer la discussion.

— Tes paroles, Nazaréen, pourraient engendrer la colère, dit-il, si ton ignorance n'inspirait la compassion. La liberté dont tu te vantes, mortel plus aveugle qu'aucun des misérables qui mendient à la porte d'une mosquée, ne vois-tu pas qu'elle est restreinte dans le bien le plus précieux de l'homme, dans son bonheur privé? En effet, ta loi, si tu l'observes, t'enchaîne par mariage à une seule compagne, qu'elle soit malade ou en santé, stérile ou féconde, qu'elle apporte joie et consolation, ou discorde et ennuis, à ta table et dans ta couche. Voilà ce que j'appelle au vrai un esclavage. Le Prophète, au contraire, assigne aux fidèles le privilège patriarcal d'Abraham, notre père, et de Salomon, le plus sage des hommes, en nous donnant ici-bas les beautés qui nous plaisent, et là-haut les célestes houris aux yeux noirs.

— Par le nom de celui que je révère dans le ciel et de celle que j'adore sur la terre, tu n'es qu'un infidèle sans foi ni loi. Le diamant que tu portes au doigt, tu y attaches sans doute une valeur inestimable?

— On ne trouverait pas le pareil à Bassora ni à Bagdad. Mais quel rapport y a-t-il là avec ce que nous disons?

— Un grand, comme tu vas en convenir toi-même. Prends ma hache d'armes et brise ce diamant en mille morceaux; chacun des fragments sera-t-il aussi précieux que le joyau même, et pris tous ensemble auront-ils gardé le dixième de sa valeur?

— C'est une question d'enfant ; les fragments réunis ne vaudraient pas la pierre entière, de cent fois au moins.

— Eh bien, Sarrasin, l'amour d'un vrai chevalier pour une seule dame, belle et fidèle, c'est le diamant unique ; et l'affection que tu dispenses entre tes femmes, plus esclaves qu'épouses, a relativement aussi peu de prix que cette poussière étincelante.

— Par le tombeau du Prophète, tu es un fou qui chérit sa chaîne de fer comme si elle était d'or. Regarde de plus près. Cette bague perdrait la moitié de sa beauté, si la pierre qui sert de cachet n'était entourée de brillants plus petits qui l'enchâssent et la font ressortir. Le gros diamant représente l'homme, ferme, entier, ne tirant sa valeur que de lui-même ; ceux de la garniture sont les femmes, qu'il illumine de son éclat, au gré de son plaisir ou de sa convenance. Détache le premier, ce n'en sera pas moins une merveille ; et que vaudront les autres en comparaison ? Tel est le véritable sens de ta parabole ; car, suivant le poète Mansour, « c'est la faveur de l'homme qui donne grâce et beauté à la femme, de même que le ruisseau perd son éclat quand le soleil lui retire ses rayons. »

— C'est parler en homme qui n'a jamais vu de femme digne de l'amour d'un guerrier. Si tu pouvais connaître celles de l'Europe, à qui nous, chevaliers armés et ordonnés, nous vouons, après Dieu, foi et hommage, tu n'aurais plus que dégoût, crois-moi, pour les pauvres esclaves de ton harem. Les charmes de nos dames aiguisent la pointe de nos lances et le tranchant de nos épées ; leurs paroles sont notre loi, et l'on verra plutôt une lampe éclairer sans être allumée qu'un chevalier se distinguer par des prouesses sans avoir choisi la maîtresse de son cœur.

— On m'a conté, en effet, cette extravagance des guerriers de l'Occident, et je l'ai toujours tenue pour une des marques de la folie qui les amène ici pour y reprendre un sépulcre vide. Néanmoins, les Francs que j'ai rencontrés m'ont vanté si haut la beauté de leurs femmes, que j'aimerais, ce me semble, à réjouir mes yeux de ces appas qui ont le pouvoir de transformer tant d'hommes vaillants en instruments de leur volonté.

— Brave Sarrasin, si je n'allais en pèlerinage au saint sépulcre, je serais fier de te conduire, sous ma garantie, au camp de Richard d'Angleterre, qui sait mieux que personne faire honneur à un noble ennemi. Quoique pauvre et sans suite, j'ai cependant assez de crédit pour t'assurer, à toi ou à qui que ce soit du rang que tu parais avoir, non seulement sûreté complète, mais estime et respect. Là, tu verrais plusieurs reines de beauté de France et de Bretagne former un petit cercle, dont l'éclat surpasse mille fois le lustre des diamants les plus rares.

— Volontiers ; diffère ton pèlerinage, et j'accepte l'invitation aussi franchement qu'elle est faite. D'ailleurs, brave Nazaréen, mieux vaudrait tourner la tête de ton cheval vers le camp de tes frères, car se rendre à Jérusalem sans sauf-conduit, c'est exposer follement sa vie.

— J'en ai un, répondit le chevalier en le montrant, signé par Saladin et scellé à ses armes.

Le Sarrasin courba la tête dans la poussière en reconnaissant le cachet et l'écriture du fameux soudan d'Égypte et de Syrie ; puis, ayant baisé le parchemin avec un profond respect, il le pressa sur son front et le rendit au chrétien en disant :

— Téméraire, tu as outragé ton sang et le mien en ne m'avertissant pas lors de notre rencontre.

— Tu t'es présenté la lance en avant. Eussé-je été assailli de la sorte par une troupe de Sarrasins, l'honneur m'aurait peut-être permis de leur montrer l'ordre du soudan, mais à un homme seul, jamais !

— Et cependant il a suffi d'un homme seul pour interrompre ton voyage.

— Cela est vrai, brave musulman ; mais il y en a peu comme toi. De pareils faucons ne chassent pas de compagnie, ou, dans ce cas, ils ne fondent pas tous ensemble sur une seule proie.

— Je vois que tu nous rends justice, répondit l'émir, flatté du compliment ; car tu n'aurais rien à craindre de notre part. Quant à moi, je m'applaudis de n'avoir pas réussi à te tuer, ayant sur toi la sauvegarde du roi des rois : la corde ou le sabre m'aurait assurément puni d'un tel crime.

— L'influence de cet écrit est-elle donc si efficace ? Je suis aise de l'apprendre ; car, à ce que j'ai ouï dire, la route est infestée de tribus errantes, qui ne respectent rien quand se présente une occasion de pillage.

— On t'a dit la vérité ; mais, j'en jure par le turban du Prophète, s'il t'arrive malheur par la faute de ces brigands, je me chargerai moi-même de te venger à la tête de cinq cents cavaliers. Oui, j'irai massacrer les hommes jusqu'au dernier, et les femmes seront emmenées si loin en esclavage, que le nom de l'infâme tribu ne résonnera plus à des centaines de lieues de Damas.

— Garde ta vengeance, noble émir, pour un personnage plus grand que moi, je le préfère. Mon vœu est écrit dans le ciel, et advienne que pourra ! Si tu veux m'indiquer le chemin qui doit me conduire au gîte de ce soir, tu me rendras service.

— Ce sera sous la tente de mon père.

— Non, il faut que je passe la nuit en prière avec un saint homme,

Théodoric d'Engaddi, qui s'est exilé dans ce désert pour consacrer sa vie au Seigneur.

— Laisse-moi t'y conduire en sûreté.

— Ta compagnie me serait fort agréable, si elle ne risquait de compromettre à l'avenir la tranquillité du bon père. La main cruelle de ton peuple s'est rougie trop souvent du sang des serviteurs de Dieu ; c'est pourquoi nous venons ici avec le haubert, la lance et l'épée, pour ouvrir la route du saint sépulcre et protéger les élus qui habitent encore cette terre de promission et de miracles.

— En cela, Nazaréen, les Grecs nous ont fort calomniés, car nous n'avons fait que suivre les ordres d'Abou-Bekr, le successeur du Prophète, et après lui le premier commandeur des croyants. « Va, dit-il à Yézid, quand il envoya en Syrie ce grand capitaine, agis en homme pendant le combat, mais épargne les vieillards, les infirmes, les femmes et les enfants. Ne ravage pas la terre, ne détruis pas les moissons ni les arbres fruitiers : ce sont des présents d'Allah. Garde ta parole, serait-ce même à ton détriment. Si tu rencontres de saints hommes travaillant de leurs mains et servant Dieu dans le désert, ne leur fais pas de mal et respecte leur demeure. Mais si tu en vois avec la tête rasée en couronne, ceux-là sont de la synagogue de Satan ; frappe-les du sabre, tue-les, et point de cesse qu'ils n'aient embrassé la foi ou payé tribut. » Comme le calife, compagnon du Prophète, nous a dit de faire, ainsi avons-nous fait, et ceux que notre justice a frappés ne sont que les prêtres de Satan. Quant aux hommes de bien qui, sans exciter une nation contre l'autre, professent sincèrement le culte d'Issa ben Mariam*, nous leur servons d'ombre et de bouclier ; et tel étant celui que tu cherches, bien que la grâce du Prophète ne l'ait point touché, il n'aura de moi que bienveillance, égards et protection.

— L'ermite que je vais trouver n'est pas un prêtre, dit-on ; mais fût-il de cet ordre sacré, j'éprouverais ma bonne lance contre tout païen ou infidèle...

— Ne nous défions pas l'un l'autre, frère, interrompit le Sarra-

---

* Jésus, fils de Marie.

sin ; chacun de nous trouvera bien assez de Francs et de musulmans pour éprouver sa lance ou son épée. Ce Théodoric est également protégé par le Turc et par l'Arabe ; et quoiqu'il soit par moments d'humeur étrange, il se conduit bien, en somme, pour un sectateur de son prophète, et mérite la protection de celui qui fut envoyé par Allah...

— Par Notre-Dame, s'écria le croisé, si tu oses nommer dans la même phrase le conducteur de chameaux de la Mecque et...

Il n'acheva pas. Dans un accès de colère, l'émir s'était dressé tout à coup ; maîtrisant aussitôt son émotion, il répondit d'un ton calme, avec autant de raison que de dignité :

— Pourquoi calomnier celui que tu ne connais pas ? Nous respectons, quant à nous, le fondateur de ta religion, tout en condamnant la doctrine que tes prêtres lui ont prêtée. Je vais te conduire moi-même à la grotte de l'ermite, que, sans mon aide, tu aurais, je crois, grand'peine à découvrir. Laissons aux mollahs et aux moines le soin de disputer sur les matières de foi, et, chemin faisant, devisons de choses plus séantes à de jeunes guerriers, comme de batailles, de belles femmes, d'armes bien trempées et de brillantes armures.

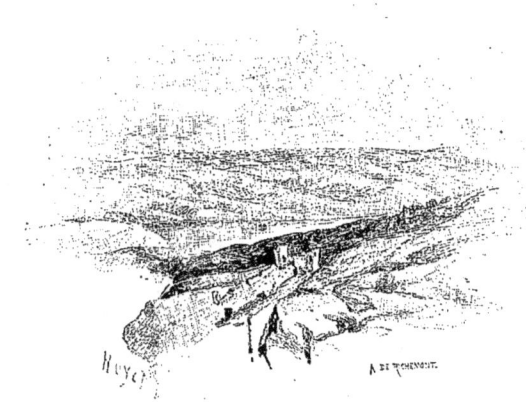

A DE RICHEMONT.

CHAPITRE III.

> Il se sentit frappé d'une grande terreur, et son cœur se glaça de crainte et d'effroi. Il ne savait que penser de ce spectacle, ni ce qu'il devait dire ou faire.
>
> SPENCER.

AVANT de quitter l'oasis où ils venaient de prendre quelques instants de repos, les deux guerriers se prêtèrent une aide mutuelle pour rajuster les harnais dont ils avaient débarrassé leurs coursiers.

Habitués à s'acquitter d'une fonction, regardée, à cette époque, comme un des devoirs obligés du cavalier, ils semblaient l'un et l'autre, autant que le permettait la différence qui existe entre des êtres d'instinct et des êtres de raison, posséder la confiance et l'affection du compagnon fidèle de leurs fatigues. Chez le Sarrasin, cette familiarité résultait de ses habitudes d'enfance; car, sous la tente des tribus de l'Orient, le cheval du maître vient après sa femme et sa famille, et presque au même degré d'importance. Quant au noble Européen, les circonstances et, plus encore, la nécessité lui rendaient son cheval de bataille non moins cher qu'un frère d'armes.

Au moment de partir, le croisé mouilla ses lèvres et trempa ses mains dans l'eau courante.

— Ne pourrais-je savoir le nom de cette fontaine, demanda-t-il, afin d'en conserver une mémoire reconnaissante? Jamais eau plus délicieuse n'a étanché une soif plus irritante.

— Le nom qu'elle porte en arabe, répondit l'émir, signifie *le Diamant du désert*.

— Elle le mérite bien. Il y a dans mes vallées natales des milliers de sources; mais je n'attacherai à aucune d'elles un souvenir aussi précieux qu'à cette fontaine solitaire, qui dispense ses limpides trésors en un lieu où ils sont presque indispensables.

— C'est la vérité; car la malédiction divine pèse encore sur cette mer de la mort : ni homme ni bête ne boit de ses eaux, et la rivière même qui l'alimente sans la remplir, personne n'ose y puiser dès qu'elle coule dans ce désert.

Ils montèrent à cheval et poursuivirent leur voyage à travers les sables. La chaleur de midi avait diminué, et une brise légère aidait à supporter les tristesses du chemin, bien qu'elle soulevât des nuages d'une poussière impalpable. Le Sarrasin ne s'en inquiétait guère, mais son compagnon, pesamment armé, la trouvait fort incommode : aussi, accrochant son heaume à l'arçon de sa selle, il y substitua un léger bonnet de voyage, appelé *mortier*, d'après sa ressemblance avec le vase de ce nom.

Ils chevauchèrent d'abord en silence. L'émir, qui remplissait le rôle de guide, examinait l'aspect et la forme d'une chaîne de rochers dont ils se rapprochaient peu à peu, et y absorbait son attention comme un pilote qui dirige la marche d'un vaisseau à travers une passe difficile. Une fois assuré de la bonne voie, il parut disposé à entrer en conversation avec une franchise dont sa nation n'était pas coutumière.

— Tu m'as demandé, dit-il, le nom d'une fontaine qui a l'apparence, mais point la réalité de la vie. M'est-il permis de demander celui du compagnon de lutte et de repos que j'ai rencontré aujourd'hui? C'est un nom que je ne puis croire inconnu, même dans les déserts de la Palestine.

— Il ne mérite pas encore d'être cité, répondit le chrétien. Sache pourtant que parmi les soldats de la croix on m'appelle Kenneth, le chevalier du Léopard. Dans mon pays j'ai d'autres titres, mais ils sonneraient mal à une oreille orientale. Puis-je savoir à mon tour, brave Sarrasin, quelle tribu de l'Arabie t'a vu naître et sous quel nom tu es connu?

— Sire Kenneth, je me réjouis d'avoir à prononcer un nom facile à mes lèvres. Pour moi, je ne suis pas Arabe, quoique j'appartienne à une race qui n'est ni moins indépendante ni moins guerrière. Je me nomme Chir-Kof, le Lion de la Montagne, et, dans le Kourdistan, d'où je tire mon origine, il n'est pas de famille plus noble que celle de Seldjouk.

— Votre grand soudan, à ce que j'ai ouï dire, se vante d'avoir puisé son sang à la même source.

— Loué soit le Prophète, qui a honoré nos montagnes au point d'en faire sortir celui dont la parole est une victoire! Je ne suis qu'un ver de terre devant le maître de l'Égypte et de la Syrie, et pourtant on m'accorde auprès de lui quelque influence. Étranger, combien d'hommes as-tu amenés à la guerre?

— Ma foi, avec l'aide de mes parents et amis, et en me gênant bien, j'ai levé dix lances garnies, c'est-à-dire une cinquantaine d'hommes, archers et valets compris. Les uns ont abandonné ma bannière mal chanceuse, les autres ont péri à la bataille ou de maladie, et c'est pour mon fidèle écuyer, étendu sur un lit de douleur, que j'ai entrepris ce pèlerinage.

— Chrétien, il y a cinq flèches dans mon carquois, toutes empennées de plumes d'aigle. Si j'en envoie une vers mes tentes, mille guerriers montent à cheval; à la seconde, il en partira autant; les cinq feront lever cinq mille hommes, et si j'envoie mon arc, dix mille cavaliers fouleront le sable du désert. Et c'est avec cinquante hommes à ta suite que tu es venu envahir une terre dont je ne suis qu'un des humbles enfants!

— Oh! oh! Sarrasin, tu devrais savoir, avant de te vanter ainsi, qu'il suffit d'un gantelet de fer pour écraser toute une poignée de guêpes.

— Oui, mais il faut auparavant mettre la main dessus, répliqua l'émir avec un mauvais sourire, dont il corrigea la signification en ajoutant : La vaillance est-elle si estimée des princes chrétiens, que toi, sans soldats ni fortune, tu puisses offrir, comme tu viens de le faire, d'être mon garant et mon protecteur dans le camp de tes frères?

— Sois donc satisfait, puisque tu le demandes. Le nom d'un chevalier et le sang d'un gentilhomme lui donnent le droit de se placer au rang des premiers souverains en tout ce qui ne concerne pas l'autorité et la puissance royale. Richard d'Angleterre lui-même, s'il blessait l'honneur d'un chevalier aussi pauvre que je le suis, ne pourrait, d'après les lois de la chevalerie, lui refuser le combat.

— Étrange spectacle, et que j'aimerais à voir, où un baudrier de cuir et une paire d'éperons haussent le plus humble au niveau du plus puissant!

— A condition d'y ajouter un sang noble et une âme intrépide, et alors tu seras dans le vrai.

— Et avez-vous un aussi libre accès auprès des femmes de vos princes et de vos chefs?

— A Dieu ne plaise que le plus pauvre chevalier de la chrétienté n'ait la liberté, en tout honneur, de dévouer son cœur et son épée, la gloire de ses actions et le culte de ses pensées, à la plus belle princesse dont le front ait jamais été ceint d'une couronne !

— Tout à l'heure, tu décrivais l'amour comme le trésor le plus rare du cœur ; le tien est sans doute placé en lieu noble et élevé?

— Étranger, répondit Kenneth en rougissant, nous crois-tu assez fous pour dire où nous mettons nos trésors? Qu'il te suffise de savoir que mon amour est placé, comme tu le disais, en lieu noble et élevé, très noble, très élevé. D'ailleurs, s'il te plaît d'entendre des récits d'amour et de bataille, rends-toi au camp des chrétiens : tu y trouveras de quoi occuper tes oreilles et même ton bras.

— J'aurais de la peine, s'écria le fils du désert, debout sur ses étriers et jonglant avec sa javeline, à trouver parmi vos gens quelqu'un qui veuille joûter avec moi au tir du djérid.

— Peut-être bien, quoiqu'il y ait au camp des Espagnols qui ne manquent pas d'adresse dans votre manière orientale de lancer la javeline.

— Chiens et fils de chiens! De quoi s'avisent-ils de venir ici combattre les vrais croyants, qui sont, en Espagne, leurs seigneurs et maîtres? Je n'en veux pas pour adversaires.

— Ce sont propos à ne pas tenir devant les chevaliers de Léon ou des Asturies. Mais, au fait, es-tu disposé à remplacer ton roseau par une hache d'armes? Les tenants se présenteront en foule pour lutter avec toi.

— Par la barbe de mon père, chevalier, dit le Sarrasin en grimaçant un sourire, c'est un trop rude assaut pour servir d'amusement. Je saurai l'affronter dans un combat; mais d'ici à quelque temps, ajouta-t-il en passant la main sur sa tête, j'aurai de bonnes raisons pour ne pas m'y exposer par plaisir.

— Ah! si tu voyais la hache d'armes du roi Richard! celle qui pend à l'arçon de ma selle n'est qu'une plume en comparaison.

— On parle beaucoup de ce prince; serais-tu un de ses sujets?

— Non, quoique natif de l'île où il règne.

— Quoi! avez-vous deux rois dans une pauvre île?

— Précisément, répondit Kenneth, qui était Écossais; nous en avons deux et, quoique les habitants de l'île guerroient souvent les uns contre les autres, le pays est encore en état de fournir un corps d'hommes d'armes suffisant pour ébranler la puissance impie que ton maître a usurpée sur les cités de Sion.

— En vérité, Nazaréen, si ce n'était un enfantillage, je rirais volontiers de la naïveté de votre grand sultan. Que vient-il faire ici? Conquérir des sables et des pierres et en disputer la possession à ceux qui ont dix fois plus de soldats à leurs ordres, tandis qu'il laisse une partie de son île natale sous l'autorité d'un autre que lui. Assurément, sire chevalier, toi et tes frères d'armes, vous auriez dû accepter la domination du roi Richard avant de quitter une contrée ainsi divisée contre elle-même.

La réponse de Kenneth fut impérieuse et fière.

— Non, de par le ciel qui nous éclaire! Si le roi d'Angleterre n'avait pris la croix qu'après avoir obtenu la soumission de l'Écosse, le croissant aurait pu briller à jamais sur les murs de Sion. Ainsi pense tout bon Écossais. Puis, rentrant en lui-même, il murmura:

Mea culpa! mea culpa! Qu'ai-je à faire, moi, soldat du Christ, à rappeler ce qui divise les chrétiens ?

Cette impétuosité de sentiments, réprimée par la voix du devoir, n'échappa point au musulman ; sans en comprendre toute la portée, c'en fut assez pour le convaincre que les chrétiens, comme les enfants du Prophète, avaient leurs inimitiés personnelles et leurs querelles nationales qu'il n'était pas facile d'assoupir. Mais les Sarrasins appartenaient à une race arrivée peut-être au plus haut degré de développement que permît leur religion, et particulièrement accessible aux notions les plus raffinées en fait de courtoisie ; ce fut ce qui empêcha l'émir de relever la contradiction que trahissaient les opinions de Kenneth comme Écossais et comme croisé.

A mesure qu'ils avançaient, le désert changeait insensiblement d'aspect. Marchant alors vers l'orient, ils avaient atteint la chaîne de hauteurs escarpées, qui varient la surface du sol sans en modifier l'aridité. Des rochers à pic s'amoncelaient autour d'eux, et bientôt des monts formidables, des pentes rapides, des gorges étroites accumulèrent sous leurs pas des obstacles d'un genre inattendu. De noires cavernes, des rocs crevassés, et des grottes dont il est si souvent question dans l'Écriture, entr'ouvraient, des deux côtés, des abîmes d'une effrayante profondeur. L'émir apprit à son compagnon que ces antres servaient de refuge aux bêtes de proie ou à des hommes encore plus féroces qui, réduits au désespoir par une guerre continuelle et par l'oppression qu'exerçaient l'une et l'autre des armées combattantes, étaient devenus brigands et n'épargnaient rien ni personne dans leur dégradation.

Indifférent aux récits des ravages commis par des animaux sauvages ou des gens sans foi ni loi, Kenneth fut saisi d'une terreur mystérieuse en se rappelant qu'il traversait le désert fameux par le jeûne des quarante jours et témoin des tentations dont il fut permis à l'esprit du mal d'assaillir le Fils de l'Homme. Il détourna peu à peu son attention des propos frivoles de l'infidèle, et il en vint à penser que, dans ce séjour de désolation, où avaient coutume d'errer les esprits impurs, la compagnie d'un moine déchaussé eût été préférable à celle d'un joyeux mécréant.

Ces réflexions le mirent d'autant plus mal à l'aise, que le Sarrasin, voyant tomber la conversation, s'avisa de chanter à pleine voix. Le chevalier comprenait assez bien les idiomes de l'Orient pour reconnaître que son compagnon avait entonné des chansons d'amour, où les poètes célèbrent la beauté en strophes voluptueuses, et formant un contraste blessant avec les graves méditations d'un dévot chevalier. Le même esprit d'inconséquence entraîna l'émir à chanter les louanges du vin, et sa gaieté finit par être si importune que, sans le pacte d'amitié qu'ils s'étaient juré, l'Écossais l'aurait obligé à changer de ton.

— Sarrasin, lui dit-il pourtant d'un air sévère, malgré ton aveuglement et ta soumission à une fausse loi, tu devrais comprendre qu'il y a des lieux plus sacrés que d'autres, et qu'il en est aussi dans lesquels l'esprit du mal a plus de prise qu'à l'ordinaire sur les faibles mortels. Je ne te dirai pas pour quel motif redoutable l'endroit où nous sommes, avec ses cavernes qui semblent autant de portes ouvertes sur l'abîme des abîmes, est regardé comme le séjour favori de Satan et de ses démons ; il suffit que j'aie été dès longtemps tenu en garde contre cette région maudite par de saints personnages, qui en connaissaient les dangers. Ainsi donc, Sarrasin, mets un terme à une gaieté déplacée, et tourne tes pensées vers des choses moins profanes, quoique, hélas ! pour ton malheur, il n'y ait que blasphème et péché dans tes meilleures prières !

L'émir l'écouta avec surprise et, toujours courtois, lui répondit sans se fâcher :

— Bon sire, il me semble que tu manques de justice à l'égard de ton compagnon, ou que les tribus d'Occident ont pris l'habitude d'agir sans cérémonie. Loin de m'offenser de te voir boire du vin et te gorger de chair de porc, je t'ai laissé jouir de ce que tu appelles ta liberté chrétienne, me bornant à déplorer en mon cœur des jouissances si impures. Pourquoi donc te scandaliser parce que je tâche d'égayer de mon mieux l'ennui du chemin par quelques joyeuses chansons? Que dit le poète ? « Le chant est comme la rosée du ciel qui tombe sur le désert ; il rafraîchit le sentier du voyageur. »

— Ami, je ne blâme pas le goût de la musique et de la gaie science ;

nous y consacrons nous-mêmes trop de place dans nos pensées, qui devraient recevoir un meilleur emploi. Cependant, les prières conviennent mieux que les chansons d'amour à des gens qui traversent cette vallée de l'ombre de la mort, pleine d'esprits malins et de démons, condamnés à errer au milieu d'une nature maudite comme la leur.

— Ne parle pas ainsi des génies ; car tu t'adresses à un homme dont la famille et la nation descendent de cette race immortelle, que l'Occident redoute et blasphème.

— Que tes pareils tirent leur origine de l'esprit du mal, sans le secours duquel ils n'auraient jamais pu se maintenir dans cette terre bénie contre tant de vaillants soldats de Dieu, je l'accorde ; mais que tu t'en vantes!

— De qui un brave se vanterait-il de descendre, sinon du brave par excellence? A qui serait-on plus fier de rattacher son lignage qu'au prince des ténèbres, qui préféra se laisser précipiter du ciel par la force plutôt que de ployer volontairement le genou? On peut haïr Eblis, étranger, mais il faut qu'on le craigne ; et il en est de même des Kourdes, ses enfants.

Toutes les connaissances de l'époque se composaient de contes de magie et de nécromancie, et Kenneth entendit son compagnon faire l'aveu de son origine diabolique sans incrédulité et sans trop de surprise.

Tout en frémissant de se trouver en pareille compagnie dans un endroit si redoutable, il demanda hardiment au Sarrasin, après un signe de croix, de lui expliquer la généalogie dont il se vantait.

— Tu vas la connaître, répondit l'émir. Quand le cruel Zohak, successeur de Djemschid, occupait le trône de Perse, il forma une ligue avec les puissances des ténèbres, sous les voûtes mystérieuses d'Istakhar, voûtes que la main des esprits élémentaires avait creusées dans le roc vif, longtemps avant la création d'Adam. Là, il nourrissait par des offrandes quotidiennes de sang humain deux serpents dévorants, qui étaient devenus, suivant les poètes, une partie de lui-même. Enfin, la patience de ses sujets étant épuisée, quelques-uns tirèrent le glaive du fourreau. De ce nombre furent un vaillant forgeron et le victorieux

Feridoun, par qui le tyran fut détrôné et renfermé pour jamais dans les sombres cavernes du mont Damavend.

« Avant que la Perse fût délivrée de ce monstre sanguinaire, les satellites qu'il envoyait à la recherche de victimes nouvelles

Théodoric, l'ermite d'Engaddi.

amenèrent un jour dans son palais sept sœurs, d'une beauté si parfaite qu'on les aurait prises pour des houris.

« Elles avaient pour père un sage, qui ne possédait au monde que ses filles et sa propre sagesse. L'aînée n'était encore que dans sa vingtième année, la plus jeune venait d'atteindre sa treizième. On ne les distinguait l'une de l'autre que par la différence de leur taille, qui s'élevait par une gradation insensible, comme l'escalier qui conduit aux portes du paradis.

« Ces jeunes filles parurent si belles, lorsqu'elles furent amenées sous les voûtes ténébreuses, et dépouillées de leurs vêtements, à l'exception d'une robe de soie blanche, que leurs charmes attendrirent des cœurs qui n'étaient pas mortels.

« Le tonnerre gronda, la terre fut ébranlée, la voûte se fendit pour livrer passage à un être qui parut habillé en chasseur, avec un arc et des flèches, et suivi de ses six frères. Ils étaient tous de haute stature et beaux à voir, quoique très bruns de visage; mais leurs yeux avaient plutôt l'effrayante fixité de ceux des morts, que l'éclat qui étincelle sous la paupière des vivants.

« — Zeineb, dit le chef de la troupe, et, en parlant ainsi, il prit la main de l'aînée des sœurs à laquelle il s'adressait d'un ton bas, doux et mélancolique, je suis Cothrob, roi du monde souterrain. Moi et mes frères, nous sommes au nombre de ceux qui, créés du feu élémentaire, dédaignèrent, malgré l'ordre du Tout-Puissant, de se courber devant une motte d'argile, parce qu'elle avait reçu le nom d'homme. Tu peux avoir entendu parler de nous comme d'esprits cruels, vindicatifs, sans pitié; c'est un mensonge. Par nature nous sommes bons et généreux, et seulement vindicatifs quand on nous insulte, cruels quand on nous outrage. Les invocations de Mithrasp, ton père, assez sage pour honorer le principe du bien et celui du mal, sont venues jusqu'à nous. Toi et tes sœurs vous êtes au bord de la tombe; mais que chacune de vous nous donne seulement un cheveu de ses belles tresses en signe d'hommage, et nous vous porterons loin d'ici dans une retraite sûre, où vous pourrez défier Zohak et ses ministres. »

« La crainte de la mort, dit le poète, est comme la verge du prophète Aaron, transformée en un serpent qui dévora tous les autres; et les filles du sage Persan étaient peu susceptibles de s'effrayer des discours d'un génie. Elles donnèrent le tribut que Cothrob leur demandait, et en un clin d'œil elles se trouvèrent transportées dans un château enchanté, sur les montagnes du Kourdistan. Depuis lors, aucun œil mortel ne les revit jamais. Mais dans la suite des temps, sept jeunes gens, distingués à la guerre et à la chasse, se montrèrent dans les alentours du château des Génies. Ils étaient plus bruns de peau, plus hauts de taille, plus fiers et déterminés qu'aucun des habitants épars dans les vallées. Ils prirent des femmes, et devinrent pères des sept tribus des Kourdes, dont la valeur est connue par tout l'univers.

Le chevalier chrétien écouta avec surprise cette légende bizarre, dont on retrouve encore la trace dans les traditions des Kourdes et, après un moment de réflexion, il répondit :

— Je crois, Sarrasin, que tu as raison : l'on peut haïr et craindre tes ancêtres, mais ils ne sont pas à mépriser. Votre obstination dans l'erreur ne saurait plus m'étonner ; c'est un penchant infernal, héritage de vos premiers parents, qui vous fait préférer le mensonge à la vérité. Je ne m'étonne pas davantage de ce que ton âme exulte et s'abandonne à la joie quand tu approches des lieux hantés par les mauvais esprits, puisqu'ils doivent exciter en toi les mêmes sentiments que nous éprouvons en vue du pays de nos ancêtres.

— Par la barbe de mon père, ce n'est pas mal imaginé, dit l'émir, plus diverti qu'offensé de la franchise avec laquelle s'était exprimé le chrétien. Quoique le Prophète (béni soit son nom !) ait semé parmi nous les germes d'une croyance meilleure que celle qui fut enseignée à nos aïeux sous les voûtes enchantées du château de Tougrout, cependant, nous ne sommes pas pressés, comme l'ont fait d'autres musulmans, de passer condamnation sur les puissances élémentaires dont nous tirons notre origine. Ces génies, suivant notre croyance et notre espoir, ne sont pas entièrement réprouvés ; leur temps d'épreuves n'est pas fini, et ils peuvent être récompensés ou punis dans l'éternité. Mais laissons cela aux imans et aux mollahs ; qu'il te suffise de savoir que la connaissance du Coran n'a pas entièrement effacé en nous le respect que nous portons à ces esprits, et qu'il y en a encore qui chantent, en mémoire de l'ancienne foi de nos pères, des vers tels que ceux-ci.

A ces mots, il se mit à chanter des vers d'une forme et d'un style archaïque, et qu'on attribuait à quelque adorateur d'Ahriman, le Principe du mal :

Sombre Ahriman, toi que l'Irak regarde encore comme l'auteur du mal et de la douleur, prosterné au pied de tes autels, mon regard troublé ne voit sous l'étendue des cieux aucun pouvoir qui soit égal au tien.

Au milieu du désert, le Maître du Bien fait jaillir une source pour rafraîchir le pèlerin épuisé; mais c'est toi qui soulèves la mer contre le rocher, et qui déchaînes la tempête furieuse où périssent des navires sans nombre.

S'il commande à la terre de produire des baumes pour ranimer nos sens abattus, bien rares sont ceux qui échappent aux longues souffrances, aux angoisses mortelles, à la fièvre, à la peste, flèches sorties de ton carquois!

Au cœur de l'homme est ton empire; et souvent, quand on nous voit prier des lèvres devant un autre autel, c'est toi, Ahriman, qu'en secret on invoque.

As-tu des sentiments, une intelligence, une forme? La foudre est-elle ta voix? l'orage est-il ton vêtement, ainsi que racontent nos mages? Avec une âme qui respire haine et colère, as-tu des ailes pour balayer ton chemin désolé, et des serres pour déchirer ta proie?

Ou, uni à la nature, n'es-tu qu'une force trop violente, qui change le bien en mal; un principe malfaisant, qui, en dépit de nos vertueux efforts, finit toujours, hélas! par l'emporter?

Quoi qu'il en soit, la dispute est vaine : tu règnes sur tout ce qui est hors de nous, et de même sur ce qui est en nous; chaque élan farouche de passion humaine, amour, haine, ambition, joie ou crainte, tu le pousses au péché.

Partout où brille un rayon de lumière pour réjouir notre vallée de larmes, tu n'es pas bien loin; au milieu des courts délassements de la vie, tu aiguises jusqu'aux couteaux de nos banquets en instruments de discorde et de meurtre.

Ainsi, depuis l'instant de la naissance, aussi longtemps que nous nous traînons sur la terre, tu gouvernes notre destin; de toi viennent les affres de l'heure suprême, et qui sait, sombre esprit, si ton pouvoir ne s'étend pas au delà?

Il est assez probable que ces vers sont dus à l'inspiration poétique de quelque philosophe à demi éclairé, qui ne voyait, dans la divinité fabuleuse à laquelle on a donné le nom d'Ahriman, que la prépondérance du mal physique et moral. Mais, aux oreilles du chevalier du Léopard, ils présentèrent un sens bien différent, et chantés par un homme qui venait de se vanter de descendre des démons, ils lui avaient semblé une invocation adressée au malin esprit lui-même. Pendant que ces blasphèmes retentissaient dans le désert où Satan avait été vaincu par celui dont il réclamait l'hommage, il se demanda si, en prenant brusquement congé du Sarrasin, ce serait lui témoigner assez d'horreur, ou si plutôt son vœu comme croisé ne l'obligeait pas à défier l'infidèle au combat sur le lieu même. Tout à coup son attention fut attirée par une apparition extraordinaire.

Le jour commençait à baisser; mais, à ses clartés mourantes, Kenneth put remarquer qu'il n'était plus seul avec son compagnon. Un homme de haute taille, d'une maigreur de squelette, couvert de peaux de chèvre s'était attaché à leurs pas, escaladant les rochers, traversant les buissons avec l'agilité d'un faune. Dans la simplicité de son cœur, notre Écossais n'hésita pas à croire que le chant blasphématoire du païen avait évoqué un démon. Déjà il portait la main à sa hache d'armes, et peut-être l'émir eût-il payé l'hymne persane de sa tête, si le hasard n'avait épargné au chevalier un acte qui aurait souillé son écusson d'une tache honteuse.

Le fantastique individu, qui s'était jusque-là contenté de les suivre en profitant adroitement des avantages du terrain, s'élança au milieu du sentier, saisit des deux mains la bride du musulman et, d'une poussée vigoureuse, fit reculer sa monture. Étourdi par cette attaque soudaine, la bouche déchirée par l'anneau de fer qui, suivant l'usage des Orientaux, servait de mors, le noble animal se cabra et tomba à la renverse sur son maître, qui évita le danger de la chute en se jetant légèrement de côté.

L'inconnu, quittant alors le cheval, sauta à la gorge du cavalier, et parvint à le maintenir sous lui en l'entourant de ses longs bras.

— Hamako! criait l'émir, moitié riant moitié colère. Hamako! fou!... lâche-moi!... Ceci passe tes privilèges... Lâche-moi, te dis-je, ou gare à mon poignard!

— Ton poignard, chien d'infidèle! Prends-le, si tu peux.

Et, ce disant, le farouche personnage brandissait l'arme, qu'il avait arrachée du fourreau.

— A l'aide, Nazaréen, ou Hamako va me tuer!

— Tu as mérité la mort, pour avoir adressé tes blasphèmes et à ton faux prophète, qui est le précurseur du diable, et au diable lui-même!

Le chevalier chrétien était resté jusqu'alors comme pétrifié, tant l'événement et le résultat de cette rencontre avaient contredit les conjectures auxquelles il s'était livré. Il sentit, cependant, que l'honneur lui faisait un devoir d'intervenir en faveur de son ami d'un jour.

— Qui que tu sois, dit-il à l'assaillant, bon ou mauvais esprit, sache que j'ai juré d'être pour le moment le fidèle compagnon du Sarrasin que tu tiens abattu. Veuille donc lui rendre sa liberté, autrement tu m'obligeras à t'y contraindre.

— Beau fait d'armes pour un croisé! S'attaquer, en faveur d'un chien d'infidèle, à un frère de sa propre croyance! Es-tu venu défendre le croissant contre la croix? Voilà un digne soldat de Dieu, qui écoute chanter les louanges de Satan!

Tout en parlant, Hamako s'était relevé et avait rendu son poignard au Sarrasin.

— Tu vois, lui dit-il, à quel danger ta présomption t'a exposé, et par quels faibles moyens le ciel peut, quand il lui plaît, déjouer ton adresse et ton agilité. O Ilderim, prends garde à toi! S'il n'y avait pas dans l'astre de ta naissance une étincelle qui promet un témoignage de la miséricorde et de la bonté de Dieu, je ne t'aurais quitté qu'après avoir ouvert la gorge d'où sortaient tout à l'heure d'horribles blasphèmes.

— Hamako, dit le Sarrasin sans montrer le moindre ressentiment de ce violent discours, ni de l'assaut plus violent encore qu'il venait de supporter, je t'en prie, mon brave, veille une autre fois à ne pas abuser de tes privilèges. En bon musulman, je respecte ceux que le ciel a privés de la commune raison pour les douer de l'esprit de prophétie; pourtant, je n'aime pas qu'on porte les mains sur la bride de mon cheval, encore moins sur ma personne. Parle à ta guise, tes paroles sont à l'abri de ma colère; mais tâche de recueillir assez de bon sens pour comprendre qu'à une nouvelle agression, je ferai tomber ta tête de tes maigres épaules. Quant à toi, ami Kenneth, ajouta-t-il en remontant à cheval, je dois te dire qu'au désert je préfère chez un compagnon de bons services à de belles paroles. Tu ne m'as pas épargné les dernières, bien qu'il eût mieux valu m'aider plus vite à me débarrasser de cet Hamako, qui a failli me tuer dans sa folie.

— Il y a un peu de ma faute, je l'avoue, répondit le chevalier, et j'ai mis quelque retard à venir à ta rescousse... Cet ennemi singulier, cette brusque scène m'ont jeté dans la confusion.

— Oui, tu es un ami froid et prudent. Avec un grain de plus dans la folie d'Hamako, ton compagnon aurait été égorgé sous tes yeux, à ton éternel déshonneur, et toi, bien monté et bien armé, tu n'aurais pas remué le doigt pour le secourir.

— Sur ma parole, Sarrasin, j'ai cru, à franchement parler, que cette étrange figure était le diable en personne; et, comme vous êtes de même lignée, j'ignorais si vous n'aviez pas quelque secret de famille à échanger, pendant que vous vous rouliez tendrement sur le sable.

— Gouailler n'est pas répondre, frère Kenneth. Quand même mon assaillant eût été le prince des ténèbres, tu n'en étais pas moins tenu de lui livrer bataille pour défendre ton camarade. Au surplus, ce qu'il peut y avoir d'impur ou de diabolique dans cet Hamako appartient plus à votre lignage qu'au mien : c'est, en réalité, l'ermite que tu viens voir.

— Lui! s'écria l'Écossais en toisant la grotesque figure qu'il avait devant les yeux. Lui! tu railles, Sarrasin. Ce ne peut être là le vénérable Théodoric!

— Demande-le-lui, si tu ne veux pas me croire.

A peine l'émir avait-il achevé de parler que l'inconnu confirma en ces termes son témoignage :

— Oui, c'est moi, Théodoric d'Engaddi! Je suis le gardien du désert, l'ami de la croix, le fléau de tous les infidèles, hérétiques et adorateurs du diable. Hors d'ici! hors d'ici! Périssent Mahomet, Termagant et tous leurs sectateurs!

A ces mots, il tira de dessous sa peau de bique une espèce de fléau, qu'il brandit autour de sa tête avec une dextérité singulière.

— Voilà ton saint, dit le Sarrasin en riant pour la première fois de l'ahurissement avec lequel le croisé assistait à la pantomime sauvage de Théodoric.

Celui-ci, après avoir exécuté maint moulinet sans prendre garde à blesser nos voyageurs, finit par donner un échantillon de sa force et de la dureté de son arme en la déchargeant sur une grosse pierre, qui éclata en morceaux.

— C'est un fou, dit Kenneth.

— Un saint n'en est pas plus mauvais pour cela, répliqua son compagnon, parlant d'après la croyance bien connue des Orientaux que les fous agissent sous l'influence de l'inspiration divine. Ne le sais-tu pas? Quand un œil est éteint, l'autre en devient plus clairvoyant; quand une main est coupée, l'autre en devient plus forte; et, de même, quand notre intelligence cesse de comprendre les choses de ce monde, elle s'ouvre plus aisément aux choses du ciel.

Ici, la voix du Sarrasin fut couverte par celle de l'ermite, qui se mit à hurler sur un ton farouche :

— Je suis Théodoric d'Engaddi, le brandon du désert, le fléau des infidèles! J'aurai pour compagnon le lion et le léopard, qui viendront se réfugier dans ma cellule, et le chevreau n'aura pas peur de leurs griffes... Je suis la torche et le flambeau... *Kyrie, eleison!*

Là-dessus, il courut en avant et fit deux ou trois sauts, qu'on aurait applaudis dans un cirque, mais qui ne s'accordaient guère avec son caractère religieux. Kenneth ne savait que penser de ces allures bizarres.

— Tu vois, dit le Sarrasin, qui paraissait mieux les comprendre, il nous invite à le suivre dans sa cellule, et dans le fait c'est notre seul asile pour la nuit. Tu es le léopard, d'après la peinture de ton bouclier; moi, je suis le lion, comme mon nom le fait entendre; et sous l'emblème du chevreau, dont il porte les dépouilles, il se désigne lui-même. Ne le perdons pas de vue cependant, car il est aussi rapide qu'un dromadaire.

Ce ne fut pas une tâche facile. De temps en temps, leur révérend guide s'arrêtait et agitait une main en l'air pour les encourager à le suivre. Doué d'une agilité extraordinaire, que l'égarement de son esprit contribuait à tenir constamment en exercice, il se lançait sans hésiter à travers les sentiers les plus ardus; le Sarrasin, armé à la légère et monté sur un coursier bien dressé, s'y risquait avec précaution. Quant au chrétien, bardé de fer et dont le cheval était rendu de fatigue, il eût préféré cent fois les périls d'un champ de bataille à ceux d'une marche si hasardeuse. Aussi quel soulagement pour lui en voyant le saint homme, qui les avait précédés, debout à l'entrée d'une caverne, tenant à la main une grande torche, faite d'un morceau de bois imbibé de bitume, et dégageant, avec de rouges flammes, une violente odeur de soufre.

Kenneth et l'émir sarrasin en prière.

Sans se laisser arrêter par cette vapeur suffocante, le chevalier mit pied à terre et pénétra dans la caverne, qui ne promettait pas un logement fort commode.

L'intérieur était divisé en deux parties. La première, qui servait de chapelle, avait un autel de pierre, surmonté d'un crucifix de roseaux. Ce fut là que le croisé, non sans scrupule, attacha son cheval et l'accommoda pour la nuit, à l'imitation du musulman, qui lui fit entendre que telle était la coutume du lieu. Une étroite ouverture, fermée par une planche, donnait accès à la seconde pièce, où couchait l'ermite. Il en avait à peu près aplani le sol, couvert de sable blanc, et l'arrosait chaque jour avec l'eau d'une petite source, qui jaillissait d'un des coins de la grotte; et dans ce climat brûlant, c'était un rafraîchissement pour l'oreille autant que pour le palais. Des nattes de jonc étaient étendues par terre, et des touffes d'herbe ou de fleurs suspendues aux murs, grossièrement taillés. Deux chandelles de cire, que l'ermite alluma, répandirent une clarté qui, jointe à la fraîcheur et au parfum des plantes, acheva de rendre cette retraite presque agréable.

On y voyait, en outre, quelques outils, une statue de la Vierge à peine dégrossie, ainsi qu'une table et deux sièges, qui paraissaient être l'ouvrage de l'anachorète, et d'une forme inusitée dans l'Orient. La table était couverte de racines et de légumes, et aussi de viandes sèches, arrangées de la manière la plus propre à exciter l'appétit des hôtes. Cette marque de politesse, quoique muette et exprimée seulement par gestes, parut à Kenneth difficile à concilier avec la sauvagerie des démonstrations précédentes. Maintenant l'ermite observait un maintien composé et un sentiment d'humilité religieuse; il parcourait sa cellule de l'air majestueux d'un homme né pour le commandement, mais qui avait abdiqué son empire pour devenir le serviteur de Dieu.

L'émir lui-même semblait contempler l'ermite avec respect, et il dit tout bas au chevalier :

— L'Hamako est dans un de ses bons moments; mais il ne parlera pas que nous n'ayons mangé; tel est son vœu.

Ce fut donc en silence que l'Écossais prit place sur un des sièges, tandis que le Sarrasin, suivant l'usage de sa nation, s'accroupit sur un coussin de nattes. Alors Théodoric éleva les mains comme pour bénir les aliments qu'il offrait à ses hôtes, et ceux-ci se mirent à manger sans rien dire, l'un avec sa gravité naturelle, l'autre réfléchissant sur la singularité de sa situation. A la fin du repas, l'ermite, qui n'y avait point goûté, enleva les restes, et plaça devant le Sarrasin un vase de sorbet et devant l'Écossais un flacon de vin.

— Buvez, mes enfants, leur dit-il; il est permis de jouir des dons de Dieu, pourvu qu'on n'oublie pas celui qui les dispense.

A ces mots, les premiers qu'il eût prononcés, il se retira dans la chapelle pour y accomplir ses dévotions et laissa ses hôtes ensemble.

Kenneth interrogea Chir-Kof sur ce qu'il savait de leur hôte, et ce n'était pas uniquement par un besoin de curiosité. S'il semblait impossible de concilier les extravagances du solitaire avec la dignité de ses façons nouvelles, il l'était encore plus de les accorder avec la haute considération où le tenaient les théologiens les plus éclairés de la chrétienté. Théodoric, l'ermite d'Engaddi, avait, en cette qualité, adressé à des papes et à des conciles plusieurs épîtres relatives aux souffrances des chrétiens en Palestine, et pleines d'une éloquence enflammée. Confondu d'avoir trouvé chez un personnage de si sainte réputation la conduite frénétique d'un fakir insensé, le chevalier avait besoin de réfléchir avant de lui confier les affaires importantes dont il avait été chargé par quelques-uns des chefs de la croisade. Quant aux renseignements qu'il put obtenir de son compagnon, ils furent loin de dissiper ses doutes.

L'ermite avait été autrefois un brave guerrier, aussi prudent au conseil qu'heureux dans le combat. Il était venu à Jérusalem, non en pèlerin, mais en homme résolu à passer le reste de sa vie en Palestine. Bientôt après il alla s'établir dans les lieux qu'il habitait encore; chrétiens et musulmans le respectaient; ceux-là pour sa dévotion austère, ceux-ci à cause des symptômes de folie qu'ils attribuaient à une inspiration divine, d'où venait le nom d'*Hamako,* qui exprime cette idée en langue turque. Toute insulte faite à sa religion provoquait en lui des mouvements de rage, et il courait à ce sujet une histoire caractéristique: quelques Arabes ayant dégradé l'autel de sa chapelle, il les avait poursuivis et tués avec le fléau qui lui tenait lieu d'arme défensive. Cet événement avait fait beaucoup de bruit; et autant par crainte du fléau de l'ermite, que par vénération pour son caractère d'hamako, les tribus errantes respectaient la demeure qu'il s'était choisie. Sa renommée dépassait les limites du désert, et non seulement Saladin avait donné des ordres particuliers pour sa sûreté, mais il était venu plusieurs fois le visiter, en compagnie des grands de sa cour, soit par simple curiosité, soit dans l'espoir d'obtenir d'un savant tel que lui la révélation de l'avenir. Il avait bâti, en effet, dans un endroit élevé, un observatoire, où il étudiait le mouvement des astres et surtout des planètes, dont l'influence, d'après les superstitions de l'époque, réglait le cours de la vie humaine.

Après avoir entendu l'émir, notre Écossais n'en demeura pas moins fort perplexe. La folie du solitaire provenait-elle d'un excès de ferveur religieuse, ou ne la feignait-il pas à cause des immunités qui s'y rattachaient? En réfléchissant au fanatisme des sectateurs de Mahomet, ne semblait-il pas qu'ils portaient loin la complaisance, en laissant vivre en paix au milieu d'eux un ennemi déclaré de leur foi? Et puis n'y avait-il pas entre l'ermite et le Sarrasin une connaissance plus intime que les paroles de celui-ci ne le donnaient à entendre? Toutes ces réflexions autorisaient Kenneth à agir avec prudence. Aussi résolut-il d'examiner l'anachorète de plus près, et de ne pas se presser de lui communiquer l'importante mission qu'il avait reçue.

— Il me semble, Sarrasin, dit-il, que l'imagination de notre hôte s'égare sur les noms comme sur le reste. Tu t'appelles Chir-Kof et, tout à l'heure, il te nommait autrement.

— Quand j'étais sous la tente de mon père, répondit le Kourde, on m'appelait Ilderim, et c'est ainsi que m'appellent encore beaucoup de gens. A la guerre, et pour les soldats, je suis le Lion de la Montagne, surnom que j'ai gagné au tranchant de l'épée. Mais silence! voici l'hamako : il vient nous engager à dormir. Je connais ses habitudes; nul ne doit être témoin de ses veilles.

L'ermite parut, et, croisant les bras sur sa poitrine, il dit d'un ton solennel :

— Béni soit le nom de celui qui a voulu qu'une nuit de repos suivît un jour de fatigue, et qu'un sommeil paisible vînt réparer les forces du corps et rafraîchir l'esprit agité !

— *Amen!* répondirent les deux guerriers, qui se levèrent en prenant congé de leur hôte.

Le chevalier du Léopard se débarrassa, avec l'aide amicale de son compagnon, de sa pesante armure, et conserva seulement le vêtement en peau de chamois qu'on portait d'habitude sous les harnais de guerre. Si le Sarrasin avait admiré la vigueur de son adversaire quand il était bardé d'acier, il ne fut pas moins frappé en ce moment des belles proportions de son corps musculeux. De son côté, le chrétien, lorsque par un échange de courtoisie il aida le Sarrasin à quitter ses vêtements de dessus, eut peine à concevoir que des membres si déliés et si faibles d'apparence pussent être doués de l'énergie dont il avait eu des preuves.

Avant de se livrer au repos, chacun des deux guerriers fit sa prière. Le musulman se tourna vers le *Kebla,* suivant le rite obligatoire, et murmura ses oraisons profanes. Quant au chrétien, craignant d'être souillé par le voisinage de l'infidèle, il se retira à l'écart, planta debout sa haute épée, dont la poignée était en forme de croix, et s'agenouillant comme en présence du signe de la rédemption, il récita son chapelet avec une dévotion qu'augmentait encore le souvenir des événements qui venaient de se passer et des dangers auxquels il avait échappé dans le cours de la journée.

L'un et l'autre, accablés de fatigue, ne tardèrent pas à tomber dans un profond sommeil, chacun sur une couche séparée.

CHAPITRE IV.

> Dans un désert lointain, inconnu aux yeux des mortels, avait vieilli un vénérable ermite. Une caverne formait son humble cellule, son lit était de mousse, des fruits composaient sa nourriture, et la source limpide le désaltérait. Éloigné des hommes, il passait ses jours avec Dieu ; sa seule occupation était de le prier, son unique plaisir de chanter ses louanges.
>
> PARNELL, *l'Ermite.*

Sir Kenneth ignorait depuis combien de temps le sommeil avait engourdi ses sens, quand il fut frappé d'un sentiment d'oppression, qui lui suggéra d'abord l'idée d'une lutte à soutenir contre un puissant adversaire. En s'éveillant tout à fait, il vit l'ermite, penché sur son lit, une main appuyée sur sa poitrine, et tenant de l'autre une petite lampe d'argent.

— Silence ! lui dit ce dernier en français, et non en langue franque, mélange de dialectes européens et orientaux dont il s'était servi jusque-là. Lève-toi, mets ton manteau, ne fais pas de bruit et suis-moi.

Kenneth obéit et prit son épée.

— Tu n'en as pas besoin, reprit l'ermite à voix basse ; nous allons dans un lieu où les armes spirituelles sont toutes-puissantes, mais où celles de ce monde valent autant qu'un roseau ou une gourde sèche.

Le chevalier remit son épée en place et, armé seulement d'un poignard qui ne le quittait jamais en cette dangereuse contrée, il se tint aux ordres de son hôte.

L'anachorète marcha le premier d'un pas lent, suivi du chevalier encore incertain si la sombre figure qui se glissait devant lui pour l'éclairer n'était pas la création d'un sommeil troublé. Ils passèrent comme des ombres dans la cellule extérieure. Devant la croix et sur l'autel, on voyait une lampe allumée et un missel ouvert. Par terre était une discipline, au fouet tressé de corde et de fil de fer, et dont les récentes taches de sang témoignaient de la rigoureuse pénitence que s'infligeait le reclus.

Théodoric s'agenouilla et fit signe au chevalier de prendre place à côté de lui, sur un lit de cailloux pointus, préparé tout exprès pour rendre l'attitude respectueuse de la prière aussi incommode que possible. Il récita plusieurs prières de l'Église catholique, et psalmodia, d'une voix basse, mais fervente, trois des psaumes de la pénitence, entrecoupant son chant de soupirs, de larmes et de sanglots convulsifs, qui marquaient à quel point il s'associait aux fortes impressions de cette poésie. Notre Écossais participa, dans la sincérité de son cœur, à ces actes de dévotion, et l'opinion qu'il avait conçue de son hôte vint à changer tellement, qu'il doutait, en songeant à l'austérité de sa pénitence et à sa piété, s'il ne devait pas le regarder comme un saint. Lorsqu'ils se levèrent, il se tint devant lui comme un disciple devant un maître révéré. L'ermite, absorbé dans ses réflexions, resta quelques instants silencieux.

— Regarde dans cette armoire, mon fils, dit-il en lui montrant l'extrémité la plus éloignée de la cellule; tu y trouveras un voile, que tu m'apporteras.

Le chevalier obéit; et dans une petite ouverture pratiquée dans le mur et fermée par une natte d'osier, il trouva le voile; en l'exposant à la lumière, il s'aperçut qu'il était déchiré et souillé en divers endroits par une substance noirâtre. L'anachorète le regarda avec une émotion profonde, et avant de pouvoir adresser la parole au chevalier, il soulagea son cœur par un gémissement.

— Tu vas maintenant contempler le plus riche trésor que possède la terre, dit-il enfin... Malheur à moi dont les yeux sont indignes de la même faveur. Hélas! comme une enseigne vile et méprisée, j'indique au voyageur fatigué le lieu de sécurité et de repos, et je n'y puis entrer moi-même. En vain me suis-je réfugié dans l'horrible désert et jusqu'au fond des cavernes; mon ennemi m'y a découvert, celui même que j'ai renié m'a poursuivi dans mon château-fort.

Il s'arrêta un moment, et se tournant vers le chevalier, il lui dit d'un ton de voix plus ferme :

— Vous m'apportez les compliments de Richard d'Angleterre?

— Je viens de la part du conseil des princes, dit le chevalier; le roi d'Angleterre, qui est malade, ne m'a pas honoré de ses ordres.

— Votre gage?

Kenneth hésita... Ses premiers soupçons et les signes de démence qu'avait donnés l'ermite lui revinrent soudainement à l'esprit, mais comment se défier d'un homme de pratiques si dévotes?

— Voici le mot de passe, répondit-il : *Les rois ont demandé l'aumône à un mendiant.*

— C'est cela. Vous m'êtes bien connu; mais la sentinelle qui est à son poste, et le mien a de l'importance, doit arrêter quiconque se présente, ami ou ennemi.

Il reprit la lampe et rentra dans la cellule qu'ils venaient de quitter. Le Sarrasin, étendu sur sa couche, était profondément endormi. L'ermite s'arrêta près de lui et le regarda.

— Il dort, dit-il, plongé dans les ténèbres; ne l'éveillons pas.

L'attitude de l'émir offrait l'image du repos. A demi tourné vers la muraille, il avait ramené sur le haut du corps un de ses bras, dont la large manche cachait, hormis le front, toute sa figure. Sa physionomie, si mobile à l'état de veille, était alors figée comme s'il eût été de marbre, et ses longs cils voilaient ses yeux au regard d'aigle. Sa main ouverte et sans force, le retour régulier de sa respiration attestaient un sommeil paisible.

— Il dort, répéta l'ermite, les ténèbres l'environnent, mais l'aurore se lèvera pour lui. O Ilderim, tes pensées, quand tu veilles, sont aussi chimériques et décevantes que les vagues images qui abusent ton sommeil; la trompette se fera entendre, et ton rêve aura pris fin.

A ces mots, et invitant du geste l'Écossais à le suivre, il revint sur ses pas, passa derrière l'autel, et pressa un ressort qui, jouant sans bruit, entr'ouvrit une porte de fer, pratiquée dans le mur de manière à la rendre presque invisible. Avant de l'ouvrir entièrement, il en frotta les gonds avec l'huile de la lampe, et lorsqu'il l'eut poussée, on aperçut un étroit escalier taillé en plein roc.

— Prends le voile que je tiens, dit-il alors d'un ton mélancolique, et couvre-m'en la tête, car il ne m'est pas permis de regarder sans péché le trésor que tu vas contempler tout à l'heure.

Sans répliquer, le chevalier exécuta l'ordre, et prit la lampe des mains de l'ermite, à qui le chemin était trop familier pour avoir besoin de lumière. Ils arrivèrent à un réduit voûté, de forme irrégulière ; un second escalier, placé de côté, conduisait à un autre étage, et l'on voyait, en face, une porte gothique, grossièrement ornée de colonnes et d'attributs religieux, avec un guichet garni de fer et de gros clous. Ce fut vers ce point que Théodoric, tout tremblant, dirigea ses pas.

— Ote tes souliers, dit-il à son compagnon ; le sol où tu marches est sacré. Bannis des derniers replis de ton cœur toute pensée profane ou mondaine ; en concevoir une seule en ce lieu serait une impiété mortelle.

Après s'être recueilli un instant, il ordonna au chevalier de frapper trois coups au guichet... Kenneth obéit : la porte s'ouvrit d'elle-même, ou du moins il ne vit personne, et ses sens furent soudain frappés par l'éclat de la plus pure lumière et par l'émanation presque enivrante des plus riches parfums. Il se rejeta en arrière et eut quelque peine à se remettre de l'éblouissement et de la surprise que lui avait causés ce passage subit de l'obscurité à la lumière.

La salle où il entra s'éclairait au moyen de plusieurs lampes d'argent, suspendues à la voûte par des chaînes de même métal, et alimentées par une huile précieuse qui répandait les plus suaves parfums. C'était une chapelle également creusée dans le roc vif; mais, au lieu de se borner à un travail sommaire, comme dans les autres parties de ce singulier ermitage, on y avait eu recours au ciseau des plus habiles artistes. La voûte était soutenue, de chaque côté, par six colonnettes, enrichies de sculptures, et l'élégance des ornements. à la retombée des arcs, accusait le meilleur style. A droite et à gauche, et en correspondance avec les colonnes, des niches gracieusement fouillées contenaient, chacune, la statue d'un des douze apôtres.

Au fond de la chapelle, et vers l'orient, s'élevait l'autel, derrière lequel un magnifique rideau en soie de Perse, surchargé de broderies en or, dissimulait sans doute l'emplacement de quelque image ou relique d'une sainteté peu commune, en l'honneur de laquelle on avait édifié ce temple singulier. Dans la conviction qu'il en devait être ainsi, le chevalier marcha droit à l'autel, se mit à genoux et pria avec ferveur. Une nouvelle surprise attira son attention : le rideau fut tiré, sans qu'il pût dire comment et par qui, et, dans la niche mise à découvert, il aperçut une châsse d'ébène et d'argent, à double porte, et offrant en miniature l'image d'une église gothique.

Pendant qu'il attendait avec une curiosité inquiète, les deux battants de la châsse s'ouvrirent, laissant voir un grand morceau de bois avec cette inscription : VERA CRUX ; en même temps, un chœur de voix de femmes entonna l'antienne *Gloria Patri*. Dès que les chants cessèrent, la châsse se referma, le rideau la couvrit de nouveau, et le chevalier, toujours agenouillé devant l'autel, put continuer, sans être troublé, d'offrir ses dévotions à la sainte relique qui venait d'être exposée à ses regards.

Il s'écoula quelque temps avant que ses prières fussent achevées. En se relevant, il chercha autour de lui l'ermite qui l'avait guidé vers ce lieu sacré et mystérieux. Il l'aperçut, la tête voilée, étendu comme un chien qu'on a rebuté, sur le seuil de la chapelle, sans oser le franchir. Son attitude exprimait tout ce que le respect a de plus humble, le remords de plus poignant et la pénitence de plus sincère : c'était celle d'un homme terrassé par le poids de ses sensations intérieures.

Notre Écossais s'approcha comme pour lui parler, mais le solitaire prévint son intention, et murmura d'une voix étouffée par le voile qui enveloppait sa tête, et dont les accents semblaient sortir d'un cercueil :

— Attends, attends, heureux mortel... puisque cela t'est permis... La vision n'est pas encore terminée.

Là-dessus, il se retira en arrière du seuil où il s'était prosterné, et ferma la porte de la chapelle, qui, assurée par son ressort, dont l'écho renvoya le bruit, s'adapta si exactement au mur qu'il était presque impossible d'en distinguer la place. Laissé seul sans autres armes que son poignard, sans autre compagnie que celle de ses pieuses réflexions et de son courage intrépide, Kenneth se promena à pas lents jusqu'à cette heure silencieuse où le jour et la nuit se touchent. Alors il crut ouïr, mais sans pouvoir distinguer de quel côté venait le son, le tintement d'une de ces sonnettes d'argent qui annoncent l'élévation de l'hostie pendant le sacrifice de la messe. L'heure et le lieu donnaient à ce bruit léger quelque chose de solennel et d'effrayant; et tout brave qu'il était, le chevalier jugea à propos de se retirer dans le coin le plus éloigné de la chapelle et en face de l'autel, pour observer sans interruption les conséquences de ce signal inattendu.

Bientôt le rideau de soie fut tiré de nouveau, et la relique s'offrit encore à ses yeux. En tombant dévotement à genoux, il entendit le même chœur de femmes chanter les *Laudes,* premier office de l'Église catholique. Ces voix, au lieu de rester dans l'éloignement, se rapprochaient peu à peu et devenaient plus distinctes. Enfin, une porte secrète, comme celle par où il était entré, s'ouvrit près de l'autel, et les chants résonnèrent avec plus d'éclat sous les voûtes de la chapelle.

Il lui sembla qu'une procession allait paraître. En effet, quatre beaux enfants, dont les bras, le col et les jambes nus contrastaient, par leur teinte bronzée, avec les blanches tuniques dont ils étaient vêtus, entrèrent d'abord, deux à deux ; le premier couple balançait des cassolettes où brûlait de l'encens, et le second jonchait le pavé de fleurs.

Ensuite, venaient, dans un ordre majestueux, les femmes qui composaient le chœur : six, voilées de noir comme les religieuses professes du Mont-Carmel, et six autres, voilées de blanc comme les novices de cet ordre, ou les personnes qui n'y étaient attachées par aucun vœu. Les plus âgées avaient à la main de grands chapelets, tandis que les jeunes tenaient des guirlandes de roses blanches et rouges. Elles firent en procession le tour de la chapelle, sans paraître accorder la plus légère attention à Kenneth, quoiqu'elles passassent assez près de lui pour le frôler de leurs longues robes.

Pendant qu'elles continuaient leurs chants, le chevalier se persuada qu'il était dans un de ces cloîtres où de nobles filles chrétiennes

s'étaient jadis ouvertement dévouées au service des autels. La plupart de ces couvents avaient été supprimés depuis que les mahométans avaient reconquis la Palestine; mais plusieurs, ayant obtenu d'être épargnés, soit grâce à des présents, soit par la clémence ou même le mépris des vainqueurs, continuaient de célébrer en secret les rites de leur institution. Bien que le chevalier fût au courant de ces particularités, la solennité de l'heure et du lieu, la surprise que lui avait causée l'aspect soudain de ces religieuses, et leur marche lente et régulière comme une vision de rêve, sous la lueur des lampes et à travers les nuages d'encens, tout cela eut tant de puissance sur son imagination, qu'il fut tenté de croire à la présence d'un chœur d'êtres célestes rendant hommage à l'objet des adorations universelles.

Mais lorsqu'en faisant une seconde fois le tour de la chapelle, la procession arriva près de l'endroit où il restait à genoux, une des jeunes vierges à voile blanc détacha de sa guirlande un bouton de rose, qui tomba, par hasard peut-être, sur le pied de Kenneth. Il tressaillit comme si un dard l'eût frappé à l'improviste ; car, un esprit tendu à un haut degré d'exaltation se jette hors des bornes, au moindre incident. Toutefois, il maîtrisa son émotion en songeant qu'un détail si puéril en lui-même n'avait d'importance qu'à cause de l'uniformité monotone des mouvements de la procession.

Les religieuses revinrent une troisième fois sur leurs pas, et le chevalier s'attacha exclusivement, du cœur et des yeux, à suivre celle des novices qui avait laissé tomber le bouton de rose. Aucun signe particulier ne lui permettait de la distinguer de ses compagnes, et pourtant son cœur bondit au-devant d'elle, comme pour l'avertir, par ce mouvement de sympathie, que la jeune fille placée au côté droit du second rang lui était plus chère, non seulement que toutes celles qui étaient présentes, mais encore que tout le reste de son sexe. La passion romanesque de l'amour, telle qu'elle était encouragée et même prescrite par les lois de la chevalerie, s'accordait parfaitement avec la dévotion non moins romanesque de ce temps, et l'on pouvait dire qu'elles contribuaient réciproquement à se fortifier plutôt qu'à s'affaiblir.

Ce fut donc avec une ardeur d'impatience qui avait une sorte de caractère religieux qu'en proie à des sensations qui l'ébranlaient depuis le fond de l'âme jusqu'au bout des doigts, il attendit le passage des novices. Les courts moments qui s'écoulèrent jusque-là lui parurent une éternité. A la fin, celle qu'il ne quittait point des yeux s'approcha : une petite main, dont l'élégance donnait une haute idée des proportions parfaites de la jeune fille, émergea des plis de son voile de gaze, comme un rayon de lune à travers les nues floconneuses d'un soir d'été, et un bouton de rose tomba encore aux pieds du chevalier du Léopard.

Était-ce là encore un accident? Non, la ressemblance de cette mignonne main avec celle que ses lèvres avaient une fois touchée ne pouvait être mise sur le compte du hasard. S'il lui avait fallu d'autres preuves, il en eût trouvé dans le rubis sans égal qui brillait à son doigt, et dans une de ces tresses brunes qu'il avait entrevues et dont un seul cheveu valait plus à ses yeux qu'une chaîne d'or. C'était donc elle, la dame de ses pensées; mais qu'il la rencontrât en ce désert sauvage, il ne parvenait point à le comprendre.

Cependant, la procession sortit de la chapelle. Les sœurs voilées de noir disparurent les premières; quand ce fut le tour des novices, celle dont il avait reçu un double gage de souvenir fit un léger mouvement de tête vers l'endroit où Kenneth demeurait immobile comme une statue. A peine la dernière femme eut-elle franchi le seuil que la porte se referma avec bruit; les voix cessèrent de chanter, les lampes s'éteignirent, et il resta seul dans les ténèbres.

Mais solitude, obscurité, incertitude de sa situation, qu'importait cela à notre amoureux? Il ne songeait plus qu'à la vision fugitive qui venait de s'effacer. Se jeter à terre pour y chercher à tâtons les boutons qu'elle avait laissés tomber, les presser sur son sein ou sur ses lèvres, baiser les froides pierres qu'elle venait de fouler, se livrer à toutes les folies d'une passion ardente, voilà des marques d'amour communes à tous les temps. Ce qui caractérisait le siècle de la chevalerie, c'est qu'au milieu de ses transports les plus extravagants, le chevalier ne songea point un moment à faire le moindre effort pour suivre ou découvrir l'objet de cet attachement exalté.

La dame de ses pensées était pour lui un être supérieur, dont la conduite ne souffrait ni surveillance ni contrôle, qui pouvait le réjouir par son aspect ou l'affliger par son absence, l'exciter par ses faveurs ou le désespérer par sa cruauté. Tandis qu'elle agissait à son gré, sans avoir à craindre aucune importunité, aucun reproche, l'amant qu'elle avait choisi lui consacrait sa vie et son épée, obéissait à ses ordres et portait au loin le renom de ses charmes par l'éclat de ses propres exploits.

D'autres circonstances, encore plus particulières, avaient exalté la passion de Kenneth. Jamais il n'avait entendu le son de voix de sa dame, quoiqu'il eût souvent contemplé sa beauté avec ivresse. Elle vivait dans un monde dont son titre de chevalier lui permettait bien d'approcher, mais non de s'y mêler ; et, quoique distingué par son courage et ses talents militaires, le pauvre guerrier écossais était forcé d'adorer sa divinité à une distance presque aussi grande que celle qui sépare le Guèbre du soleil, objet de son culte.

Mais quelle femme, si haut que soit son orgueil, a manqué de distinguer l'amour sincère, de si bas qu'il vienne? Elle avait eu les yeux fixés sur lui dans le tournoi, elle avait ouï l'éloge de ses prouesses dans les combats de chaque jour ; et tandis que comtes, ducs et barons se disputaient à l'envi ses bonnes grâces, elle les accordait, à son insu peut-être, au pauvre chevalier du Léopard, qui, pour soutenir son rang, ne possédait guère que son épée.

Lorsque la noble Édith s'aperçut de l'état de son âme, il y eut des moments où, malgré la délicatesse de ses sentiments, dignes d'une femme que sa naissance avait placée près du trône d'Angleterre, elle murmurait contre la tyrannie des règles dont elle était prisonnière, et reprochait presque à l'amant timide de ne pas oser les enfreindre. Aussi était-elle obsédée par la pensée qu'elle devait faire le premier pas, et d'autre part, elle appréhendait qu'en descendant trop tôt de son piédestal, elle ne se dégradât elle-même aux yeux de celui qui lui offrait un culte si exclusif.

Toutefois, comme l'adorateur d'une idole véritable sait découvrir des signes d'approbation sur les traits immobiles d'une statue de marbre, il n'est pas étonnant qu'on pût aussi favorablement interpréter certains regards de la charmante demoiselle, dont la physionomie avait plus d'expression que de régularité. Quelques avances légères avaient dû lui échapper ; sans cela, comment notre chevalier aurait-il reconnu si vite la jolie main à demi dégagée des plis de son voile? et comment aurait-il eu l'assurance que les fleurs tombées à ses pieds étaient un double gage de souvenir?

Nous n'essayerons pas d'expliquer par quelle suite d'observations, par quelle intelligence secrète, par quel mystérieux instinct de l'amour, ce degré de sympathie s'était établi entre deux amants qui n'avaient jamais échangé une parole. Il suffit de dire qu'ils s'aimaient, affection traversée, du côté d'Édith, par la prévision des obstacles et des dangers auxquels elle l'exposait, et, du côté de Kenneth, par la crainte d'avoir trop espéré et le doute de triompher jamais.

CHAPITRE V.

En vain ces apparitions nous poursuivent jusque sous nos
tentes ; nous chassons les spectres et défions les artifices
d'Astaroth et de Termagant.

WARTON.

n silence absolu et d'épaisses ténèbres continuèrent de
régner pendant plus d'une heure dans la chapelle où nous
avons laissé le chevalier du Léopard, rendant alternativement grâces à Dieu et à sa dame de la faveur qui venait de
lui être accordée. Sa sûreté personnelle, son propre destin, qui en général l'occupaient assez peu, n'eurent plus maintenant la moindre place
dans ses réflexions.

Tout à coup, un coup de sifflet retentit, aigu comme celui par lequel
un fauconnier rappelle l'oiseau chasseur. A ce bruit, qui convenait si
mal à la sainteté du lieu, Kenneth, averti de se tenir sur ses gardes,
mit la main à son poignard. Un craquement, qui semblait produit par
une vis ou une poulie, succéda au coup de sifflet, et une clarté soudaine,
venant d'en bas, lui fit voir qu'une trappe venait d'être ouverte dans le
pavement. En moins d'une minute, un long bras décharné, à demi nu
et emmanché de soie rouge, sortit de l'ouverture, tenant haut et droit
une lampe allumée, et la créature à laquelle appartenait ce bras monta
par degrés jusqu'au niveau de la chapelle.

La taille et la figure du personnage qui émergea du trou étaient celles d'un nain hideux, coiffé d'un bonnet bizarrement orné de trois plumes de paon, et vêtu d'une tunique de soie écarlate, dont la richesse faisait ressortir sa laideur. Il avait des bracelets d'or aux poignets, et une ceinture de soie blanche, où était passée une dague à monture d'or. De la main gauche il traînait une espèce de balai. Aussitôt qu'il toucha le sol de la chapelle, il se tint debout à la même place et promena autour de lui sa lampe, qui mit tour à tour en pleine lumière ses traits grotesques et ses membres difformes mais vigoureux. Malgré un défaut marqué de proportions, il n'était pas assez contrefait pour paraître manquer de force ou d'agilité. L'apparition de cet objet désagréable rappela à Kenneth la croyance populaire aux gnomes ou esprits qui habitent les entrailles de la terre ; et telle était la ressemblance de cette figure avec l'idée qu'il s'en était formée, qu'il la contempla avec un dégoût mêlé non pas de crainte, mais de cette espèce d'effroi que la présence d'un être surnaturel inspire au cœur le plus ferme.

Le nain siffla de nouveau et, de la même façon que la première, une seconde figure surgit des dessous de la chapelle. Celle-ci était une femme, également habillée de soie rouge, à la mode des mimes ou des danseuses, et qui ressemblait beaucoup, de taille et de formes, à son compagnon. Avec un extérieur si peu prévenant, on démêlait dans la physionomie du digne couple quelque chose qui annonçait un assez haut degré d'intelligence et d'activité : leurs yeux enfoncés, sous des sourcils noirs et touffus, brillaient d'un feu pareil à celui qui étincelle dans l'œil d'un reptile, et cet éclat semblait compenser en quelque sorte l'extrême laideur de leurs personnes.

Kenneth restait attaché à sa place comme par enchantement, pendant que les deux nains, marchant côte à côte, s'occupaient de balayer la chapelle ; mais comme ils ne se servaient que d'une main, le pavé ne gagnait pas grand'chose à cet exercice, auquel ils se livraient avec une singularité de gestes et de manières qui répondait à leur aspect bizarre. Lorsqu'ils s'approchèrent du chevalier, ils interrompirent leur travail et, se postant de front en face de lui, l'examinèrent attentivement au moyen de leurs lampes. Cela fait, ils se retournèrent l'un vers l'autre et partirent ensemble d'un éclat de rire semblable à un hurlement sauvage.

L'Écossais tressaillit et se hâta de leur demander, au nom de Dieu, qui ils étaient pour venir profaner le saint lieu par des bouffonneries et des rires déplacés.

— Je suis le nain Nectabanus, répondit l'avorton mâle, d'une voix rauque comme celle d'une chouette.

— Et moi, je suis Genièvre, la dame de ses pensées, ajouta la femelle, et sa voix, plus aigre, paraissait d'autant plus discordante.

— Pourquoi êtes-vous ici? reprit Kenneth, encore mal assuré d'avoir devant lui des créatures humaines.

Le nain, affectant un air grave et digne, répliqua :

— Je suis le douzième iman Mahomet Mohadi, le guide et la lumière des croyants. Cent chevaux, sellés et harnachés, m'attendent, moi et ma suite, dans la cité sainte, et un pareil nombre dans la cité du refuge. Je suis celui qui rendra témoignage, et voilà une de mes houris.

— Tu mens! interrompit sa compagne sur un ton plus perçant. Moi, une de tes houris! et toi, une racaille d'infidèle comme ce Mohadi! Non, non. Je te le dis, âne d'Issachar, tu es le roi Arthur de Bretagne, que les fées enlevèrent du champ de bataille ; et moi je suis dame Genièvre, célèbre par sa beauté.

— En réalité, noble sire, reprit le nain, nous sommes d'infortunés princes qui avons vécu sous l'aile de Guy de Lusignan, roi de Jérusalem, jusqu'au moment où les chiens d'infidèles l'ont chassé de son propre nid. Que le feu du ciel les consume !

— Paix! cria une voix du dehors, paix, bouffons! allez-vous-en, votre besogne est finie.

Les nains n'eurent pas plus tôt entendu cet ordre que, se baragouinant l'un à l'autre à voix basse quelques phrases dans un jargon baroque, ils éteignirent leurs lampes, et laissèrent le chevalier dans le silence et l'obscurité. Il se sentit soulagé par le départ de ces créatures, qui appartenaient,—comme il n'en pouvait plus douter — à cette classe d'êtres dégradés qu'on entretenait dans les grandes familles, où leur physique grotesque et le dérangement de leur esprit servaient d'aliment à la gaieté de la maison.

Quelques minutes plus tard, la porte par laquelle il était entré s'ouvrit lentement, et, restant mi-close, laissa pénétrer dans la chapelle la lumière d'une lanterne posée sur le seuil. A cette clarté fumeuse, Ken-

neth aperçut une ombre épaisse étendue contre terre, et s'en étant approché, il reconnut l'ermite, qui n'avait pas quitté son humble posture en dehors du sanctuaire.

— Tout est terminé, dit celui-ci, et le plus misérable des pécheurs d'ici-bas, ainsi que celui qui, entre tous les mortels, a le droit de se croire le plus favorisé et le plus heureux, doivent également se retirer : prends la lumière et guide-moi dans l'escalier, car il ne m'est permis de me découvrir les yeux que hors de cette enceinte sacrée.

Le chevalier obéit sans réplique ; le sentiment à la fois extatique et solennel de tout ce qu'il avait vu imposait silence à son inquiète curiosité. Après avoir traversé, d'un pas sûr, les divers passages secrets qui l'avaient conduit à la chapelle, il se trouva enfin dans la cellule extérieure de la caverne.

— Voici le criminel rendu à sa prison, dit alors l'ermite ; il est ainsi renvoyé d'un jour à l'autre, jusqu'à ce que son juge ordonne de mettre à exécution la sentence qu'il a bien méritée.

En disant ces mots, l'ermite ôta le voile qui lui couvrait les yeux, et le regarda avec un soupir profond et étouffé. A peine l'eut-il replacé dans la cachette qu'il dit au chevalier, d'un ton bref et rude :

— Va-t'en ! va-t'en !... Repose-toi... Tu peux dormir, toi, tu es en état de le faire... Moi, je ne le puis ni ne le dois.

Respectant l'agitation à laquelle l'anachorète était en proie, Kenneth se retira dans la pièce du fond. Mais ayant jeté un regard en arrière, il vit son hôte détacher furieusement la peau de chèvre qui lui couvrait les épaules, et, avant d'avoir eu le temps de fermer la porte, il entendit les sifflements du fouet de discipline et les gémissements qu'arrachait au pénitent le châtiment qu'il s'infligeait. Un frisson glacial saisit l'Écossais, en songeant à l'énormité du péché et à la persistance du remords qu'une pénitence si rigoureuse ne pouvait éteindre ni affaiblir. Il récita dévotement ses prières, s'étendit sur sa couche grossière, et, épuisé de fatigue après les émouvantes scènes du jour et de la nuit, il s'endormit aussitôt du sommeil d'un enfant.

Le lendemain matin, il eut avec le solitaire une longue conférence sur des intérêts importants ; et le résultat de cet entretien le força de prolonger de deux fois vingt-quatre heures son séjour dans la caverne. Durant cet intervalle, il remplit régulièrement, ainsi qu'il convenait à un pèlerin, ses exercices de dévotion ; mais il ne fut plus admis dans la chapelle où il avait été témoin de choses si merveilleuses.

CHAPITRE VI.

<blockquote>Maintenant la scène change; que les trompettes sonnent, car nous allons réveiller le lion dans son antre.

Vieille Comédie.</blockquote>

RANSPORTONS-NOUS maintenant des solitudes montagneuses du Jourdain dans le camp de Richard Cœur de Lion, roi d'Angleterre.

Ce camp, alors établi entre Saint-Jean d'Acre et Ascalon, renfermait l'armée avec laquelle Richard s'était promis d'aller en triomphe jusqu'à Jérusalem, entreprise dans laquelle il aurait probablement réussi sans la jalousie des princes chrétiens, et aussi sans le ressentiment qu'ils avaient conçu de son orgueil indomptable et du mépris qu'il leur témoignait. Les dissensions, et en particulier la mésintelligence qui régnait entre les souverains d'Angleterre et de France, avaient suscité des querelles et des difficultés, qui entravèrent toutes les mesures énergiques proposées par Richard. D'autre part, les rangs des croisés s'éclaircissaient de jour en jour, non seulement par la désertion, mais par la retraite de corps entiers, qui abandonnaient, sous la conduite de leurs chefs, une expédition avortée.

Les effets du climat devinrent, suivant l'usage, funestes à des hommes du Nord, d'autant plus que les mœurs licencieuses des croisés, — contraste frappant avec le but et les principes qui leur avaient fait prendre les armes, — les rendaient plus facilement victimes de l'influence pernicieuse des chaleurs brûlantes et des rosées glaciales. A ces causes de désastre il fallait ajouter le fer de l'ennemi. Saladin, le nom le plus grand qui ait été conservé dans l'histoire d'Orient, avait appris, par une fatale expérience, combien ses soldats armés à la légère étaient peu en état de soutenir, en bataille rangée, le choc des Francs et de leur armure de fer ; il avait également appris à redouter la valeur aventureuse de son adversaire Richard. Mais, si ses armées avaient été plus d'une fois mises en déroute avec un grand carnage, le nombre de ses troupes lui donnait l'avantage dans les escarmouches, dont la plupart étaient inévitables.

A mesure que les forces des chrétiens diminuaient, les entreprises du soudan se multiplièrent, et il devint plus hardi dans cette manière de guerroyer. On vit le camp des croisés entouré et presque assiégé par des nuages de cavalerie légère, semblables à des essaims de guêpes, faciles à écraser dès qu'on peut les atteindre, mais pourvues d'ailes pour échapper à des forces supérieures, et de dards pour blesser et nuire. C'étaient des attaques continuelles d'avant-postes, où furent sacrifiées bien des vies précieuses, sans aucun résultat important. Les convois étaient interceptés, et les communications interrompues. Les croisés étaient réduits à acheter au risque de leur vie les moyens de la soutenir, et l'eau même, comme celle du puits de Bethléem, après laquelle soupirait le roi David, ne pouvait être obtenue, comme jadis, qu'en répandant du sang.

Ces maux étaient en quelque sorte contrebalancés par l'inflexible courage et l'infatigable activité du roi Richard. Avec quelques-uns de ses meilleurs chevaliers, il était sans cesse à cheval, prêt à se porter partout où le danger se présentait ; souvent il arrivait à propos non seulement pour prêter un secours inattendu aux chrétiens, mais même pour mettre les infidèles en déroute au moment où ils se croyaient le plus sûrs de la victoire. Malgré une constitution de fer, il ne put supporter impunément les variations continuelles d'un climat malsain, jointes à une dévorante activité de corps et d'esprit. Attaqué d'une de ces fièvres lentes si communes en Asie, il fut bientôt hors d'état de monter à cheval et d'assister aux conseils de guerre qui se tenaient de temps en temps. Cette inaction forcée lui devint-elle plus ou moins pénible après la résolution adoptée par les princes de conclure avec Saladin une trêve de trente jours, il est difficile de le dire; car, d'un côté, s'il se montrait furieux du délai qui ajournait le succès de la croisade, de l'autre il s'en consolait un peu en songeant que ses compagnons n'acquerraient point de lauriers pendant que la fièvre le clouait sur son lit.

Toutefois, ce que Richard pouvait le moins excuser, c'était l'abandon général qui régna dans le camp sitôt que sa maladie eut pris un caractère sérieux. L'armée commençait à perdre toute espérance; et on l'employait, non à la renforcer et à relever son courage, mais à fortifier le camp, à l'entourer de fossés, de palissades et d'autres moyens de défense, comme si l'on se préparait à repousser l'assaut de l'ennemi, au lieu de marcher hardiment en avant.

Aux nouvelles qu'il arrachait contre leur gré à ceux qui l'entouraient, le roi frémissait de colère, comme le lion captif qui aperçoit une proie à travers les barreaux de sa cage. Naturellement emporté et fougueux, l'irritabilité de son caractère le dévorait. Il était l'effroi des gens de sa suite, et les médecins eux-mêmes n'osaient prendre sur lui l'autorité que sa guérison rendait nécessaire; seul, un fidèle baron, qui, peut-être à cause d'une conformité d'humeur, s'était attaché à la personne du prince, ne craignait point de se placer entre le lion et sa colère, et, en unissant le calme à la fermeté, conservait de l'empire sur ce dangereux malade. C'était Thomas Multon, sire de Vaux, ainsi que les Normands avaient traduit son nom saxon de Gilsland. S'il était arrivé à exercer un tel empire, c'est qu'il estimait la vie et l'honneur de son souverain bien au-dessus du degré de faveur qu'il risquait de perdre, et qu'il savait mépriser les périls auxquels il s'exposait en soignant un malade d'un naturel indomptable, et dont le mécontentement pouvait être fatal.

Ce baron avait été engagé dans presque toutes les guerres qui avaient eu lieu entre l'Angleterre et l'Écosse, et dans les différentes factions intestines qui déchiraient alors le premier de ces deux pays : partout il s'était distingué par ses talents militaires et par sa valeur personnelle.

C'était, d'ailleurs, un soldat grossier, brusque et négligé dans ses manières ; taciturne, et même presque insociable dans ses habitudes, ou semblant dédaigner, du moins, cette politesse adroite qui réussit à la cour. Néanmoins, selon des gens qui prétendaient lire au fond du cœur, messire Thomas cachait, sous des apparences rugueuses, beaucoup d'ambition et de finesse, et il ne s'était appliqué à ressembler au roi qu'en vue d'établir sa faveur. Quant aux soldats, ils pensaient que le baron soignait le roi comme il eût soigné tout autre camarade, avec le désintéressement et l'honnête franchise d'une amitié de frères d'armes, si naturelle entre hommes qui partagent tous les jours les mêmes dangers.

Vers le déclin d'une journée brûlante, Richard était étendu sur sa couche, que la maladie lui avait rendue insupportable, autant d'esprit que de corps. Son œil bleu, qui brillait en tout temps d'un éclat peu commun, étincelait, allumé de fièvre et d'impatience, et lançait, sous ses longues boucles de cheveux blonds en désordre, des éclairs aussi rapides que les derniers rayons dorés du soleil à travers les nuages d'une tempête imminente. Ses traits mâles étaient ravagés par la fièvre, et sa barbe négligée. Se jetant sans cesse de côté et d'autre, tantôt il attirait à lui ses couvertures, tantôt il les repoussait avec dépit ; son lit en désordre et l'irritation de ses gestes témoignaient de l'énergie et de la fougue indomptable d'un caractère dont l'activité était l'élément naturel.

A côté de la couche royale se tenait Thomas de Vaux, dont la physionomie, le maintien et les manières offraient un contraste absolu avec le monarque malade. Il était d'une stature gigantesque, et portait ras ses cheveux, aussi drus que ceux de Samson, après qu'il eut passé par les ciseaux des Philistins. L'éclat de ses grands yeux, d'un brun fauve, et calmes comme une matinée d'automne, n'était troublé qu'en recevant le contre-coup des marques d'agitation de Richard. Ses traits, massifs autant que sa personne, et sillonnés de cicatrices, pouvaient avoir eu jadis quelque beauté. Une épaisse moustache brune, assez longue pour aller rejoindre les cheveux, rehaussait, à la normande, sa lèvre supérieure ; moustache et chevelure commençaient à grisonner. La charpente de son corps était de celles qui semblent le plus en état de défier la fatigue et les changements de climat : il avait la taille élancée, la poitrine large, les bras longs et les membres robustes.

Depuis plus de trois nuits il n'avait ôté sa cotte de buffle, où l'on voyait une croix découpée sur l'épaule, et goûtait à l'échappée ces courts instants de repos auxquels peut se livrer celui qui veille sur la santé d'un prince. Rarement il changeait de posture, excepté pour administrer à Richard les médicaments ou breuvages qu'il eût été impossible à nul autre de faire prendre à l'impatient malade ; et il y avait quelque chose de touchant dans la manière gauche mais affectueuse dont le vieux soldat s'acquittait de soins si étrangement opposés à ses habitudes.

Le pavillon où se trouvaient ces personnages offrait, selon les mœurs du temps et le caractère personnel de Richard, plus d'appareil guerrier que de pompe royale. Des armes d'attaque et de défense, certaines entre autres bizarres et nouvelles, étaient éparses sous la tente ou appendues aux piliers qui la soutenaient. Des peaux de bêtes tuées à la chasse couvraient le sol ou les parois, et sur un monceau de ces dépouilles cynégétiques reposaient trois *alans*, suivant le nom qu'on leur donnait alors, c'est-à-dire trois lévriers, de la plus haute taille et blancs comme neige. Leurs museaux balafrés de coups de griffes et de serres prouvaient la part qu'ils avaient prise à la conquête des trophées sur lesquels ils étaient étendus, et leurs yeux, fixés de temps en temps sur Richard d'un air expressif, ainsi que leur gueule entr'ouverte, témoignaient à quel point ils étaient surpris et las de l'inaction peu ordinaire où leur maître les condamnait.

Jusque-là tout annonçait le chasseur et le guerrier. Mais, sur une espèce de dressoir, à côté du lit, il y avait un écu d'acier ciselé, de forme triangulaire, portant les trois lions passants que le roi chevalier adopta d'abord pour armoiries et un diadème d'or, ressemblant beaucoup à une couronne ducale, si ce n'est qu'il était plus haut sur le front que par derrière : ce diadème, doublé de velours rouge et surmonté d'une tiare brodée, était alors l'emblème de la souveraineté en Angleterre. Tout auprès, comme pour défendre ce symbole royal, on avait placé une énorme masse d'armes, dont le poids eût fatigué tout autre bras que celui de Cœur de Lion.

Dans l'antichambre du pavillon se tenaient deux ou trois officiers de la maison du roi, abattus, inquiets sur la santé de leur maître ainsi que sur leur propre sort s'il venait à mourir. Ces sombres appréhensions s'étendaient jusqu'aux gardes de la porte, qui se promenaient à grands pas d'un air soucieux, ou qui, appuyés sur leurs piques, restaient immobiles à leur poste, et plus semblables à des statues militaires qu'à des guerriers vivants.

— Ainsi, Thomas, tu n'as pas de meilleures nouvelles à m'apprendre? dit le roi après un long intervalle de silence et d'agitation fébrile. Tous nos chevaliers sont changés en femmes, nos dames tombent dans la dévotion, et il n'y a plus une étincelle de vaillance ou de galanterie pour ranimer un camp qui contient la fleur de la chevalerie chrétienne. Ah!...

— La trève, Monseigneur, dit le sire de Vaux, répétant avec patience la même explication pour la vingtième fois, la trève met obstacle à notre activité. Quant aux dames, je ne suis pas grand coureur de fêtes, comme le sait Votre Grâce, et je quitte rarement le buffle et l'acier pour l'or et le velours; mais, à ce que j'ai ouï dire, l'élite de nos belles a servi d'escorte à la reine et à la princesse Édith, qui ont fait vœu d'aller en pélerinage au monastère d'Engaddi pour demander au ciel votre guérison.

— Eh! quoi, s'écria Richard avec l'irritation que donne la maladie, des femmes et des filles de sang royal vont se hasarder dans un pays souillé par des chiens d'infidèles, aussi perfides envers les hommes que parjures au vrai Dieu?

— Mais, Monseigneur, elles ont la parole de Saladin pour garantie de leur sûreté.

— C'est vrai, c'est vrai. J'étais injuste envers le soudan; je lui dois une réparation. Plût à Dieu que je fusse en état de la lui offrir corps à corps, entre les deux armées, avec tous les infidèles pour témoins!

Tout en parlant, Richard tira hors du lit son bras droit nu jusqu'à l'épaule, et se soulevant à demi, il secoua le poing comme s'il tenait une épée ou une hache pour en frapper le turban de Saladin. Ce ne fut pas sans une douce violence que le sire de Vaux, en sa qualité de

Le roi Richard malade dans sa tente.

garde-malade, força son maître à se recoucher, et fit rentrer son bras nerveux sous les couvertures, qu'il ramena sur le cou et les épaules, avec la même sollicitude qu'une mère eût montrée envers un enfant capricieux.

— Tu as bon cœur, Thomas, sous tes manières brusques, dit le roi d'un ton amer, en cédant à une contrainte qu'il était hors d'état de repousser. M'est avis qu'une coiffe de nourrice siérait à tes traits refrognés aussi bien qu'à moi un béguin de poupon ; la belle mascarade pour faire peur aux petites filles !

— Nous avons effrayé les hommes plus d'une fois, Monseigneur, et nous vivrons assez, je l'espère, pour les effrayer encore. Qu'est-ce qu'un accès de fièvre ? Il faut le prendre en patience, afin de s'en débarrasser plus vite.

— Un accès de fièvre ! s'écria Richard avec emportement. Oui, tu peux avoir raison en ce qui me concerne. Mais que sera-ce des autres princes chrétiens ? de Philippe de France, du marquis de Montferrat, de l'épais Autrichien, du grand-maître des Hospitaliers et de celui du Temple ? Quel est le mal qui les tient ? Je vais te le dire, moi : c'est une indifférence mortelle, qui les engourdit et leur ôte jusqu'à la parole ; une lèpre qui a rongé dans leur cœur tout sentiment chevaleresque, toute énergie ; qui les a fait mentir au plus noble vœu où chevalier se soit jamais engagé ; qui les a rendus oublieux de la gloire et ingrats envers Dieu !

— Pour l'amour du ciel, Monseigneur, parlez avec moins de violence ; on vous entendra du dehors. La foule des croisés n'est déjà que trop encline à de semblables opinions, qui engendrent la discorde et les querelles dans le camp. Songez que votre maladie fausse le principe de notre sainte entreprise ; car il serait plus facile à un mangonneau de manœuvrer sans cordes ni levier qu'à l'armée chrétienne sans le roi Richard.

— Tu me flattes, Thomas.

Et, ce disant, le roi, qui n'était pas insensible au pouvoir de la louange, appuya sa tête sur l'oreiller dans l'intention de se livrer au repos. Mais Thomas de Vaux n'était pas courtisan ; la phrase qu'il avait prononcée lui était venue naturellement aux lèvres, et il ignorait l'art d'insister sur un sujet agréable, de manière à prolonger l'instant de répit qu'il avait obtenu. Aussi le silence où il se renferma permit-il au roi de retomber dans ses sombres méditations.

— Tes raisons, reprit-il vivement, sont bonnes pour amuser un malade. Mais est-ce qu'une ligue de monarques, une réunion de grands vassaux, une assemblée de toute la chevalerie est frappée d'impuissance, parce qu'un des siens est malade, serait-ce le roi d'Angleterre? Pourquoi la maladie ou la mort de Richard arrêterait-elle le départ de trente mille guerriers aussi braves que lui? Quand le cerf est abattu, la harde qu'il conduit se disperse-t-elle? et si la grue qui mène le vol tombe aux serres du faucon, une autre ne prend-elle pas sa place? Pourquoi les chefs ne se rassemblent-ils pas pour désigner celui qui aura le commandement?

— Au fait, et sous le bon plaisir de Votre Grâce, j'ai ouï parler de certaines consultations de ce genre.

— Ah! fit Richard, dont la jalousie donna soudain un autre cours à son irritation maladive. Suis-je donc oublié par mes alliés avant d'avoir reçu les derniers sacrements? Me tiennent-ils déjà pour mort?... Après tout, ils ont raison. Et de qui parle-t-on pour conduire l'armée?

— Le rang et la dignité indiquent le roi de France.

— Sans doute, Philippe, le roi très chrétien; un titre à remplir la bouche! Il n'y a qu'un malheur à cela, c'est qu'il ne confonde les mots *en arrière* et *en avant*, et qu'il ne nous ramène à Paris au lieu de marcher sur Jérusalem. Sa cervelle politique a fait l'expérience qu'il y a plus de profit à opprimer ses feudataires et à piller ses alliés qu'à disputer aux païens la possession du saint sépulcre.

— On pourrait choisir le duc d'Autriche.

— Quoi! parce qu'il est grand et gros comme toi, Thomas, et qu'il a le crâne presque aussi épais, sans avoir ton indifférence pour le danger et ton dédain des injures? Sache-le donc, l'Autrichien n'a pas, dans toute sa masse de chair, plus de hardiesse que la colère n'en peut donner à une guêpe ou à un roitelet. Qu'il aille au diable! Lui, guider la chevalerie sur le chemin de la gloire! Qu'on lui envoie plutôt des barils de vin à vider avec ses lourds et sales barons.

— Il y a le grand maître du Temple, reprit le baron, qui n'était pas fâché de tenir l'attention de son maître occupée d'autre chose que de sa maladie, fût-ce aux dépens des princes et des grands ; il est ferme, habile, brave au combat, sage au conseil, et n'a point de royaume à lui dont les intérêts puissent le détourner de la délivrance de la Terre sainte. Qu'en pense Votre Grâce ?

— Ah ! Beauséant ? répondit le roi. Oh ! il n'y a rien à dire contre le frère Gilles Amaury. Il entend l'ordonnance d'une bataille, et sait combattre au premier rang quand elle commence. Mais, sire Thomas, serait-il juste de prendre la Terre sainte à Saladin, comblé de toutes les vertus dont est capable un homme qui n'a pas reçu le baptême, pour la donner à cet Amaury, cent fois plus païen que lui ; un idolâtre, un adorateur du diable, un nécromant qui, dans des souterrains et autres lieux secrets d'abomination et de ténèbres, commet les crimes les plus noirs et les plus révoltants ?

— Quant au grand maître des Hospitaliers, on ne l'accuse ni d'hérésie ni de sorcellerie.

— Mais n'est-il pas d'une cupidité sordide ? Ne l'a-t-on pas soupçonné, et plus que cela même, d'avoir vendu aux infidèles des avantages qu'ils n'auraient jamais obtenus loyalement par la force ? Vois-tu, mieux vaudrait trafiquer de l'armée comme d'une marchandise avec les matelots de Venise ou les colporteurs lombards que la confier au grand maître de Saint-Jean.

— Eh bien donc, je n'en nommerai plus qu'un seul : que direz-vous du brave marquis de Montferrat, si sage et si brillant, et si adroit en fait d'armes ?

— Sage, c'est-à-dire rusé ; brillant, soit, dans la chambre d'une dame... Oh ! oui, Conrad de Montferrat ! Qui ne connaît le freluquet ? Politique et versatile, il change de dessein aussi souvent qu'il renouvelle la garniture de son manteau, et ce n'est jamais la couleur de ses habits qui fera deviner celle de la doublure... Lui, un homme d'armes ? Certes il a bon air à cheval et se comporte à ravir dans un champ clos, où les épées sont émoussées et les lances garnies de bois au lieu de fer. N'étais-tu pas avec moi, lorsque je dis à ce marquis : « Nous voici trois bons chrétiens, et là-bas, dans la plaine, s'avancent une soixantaine de Sarrasins : si nous les chargions à l'improviste ? Ce n'est que vingt mécréants contre un bon chevalier. »

— Je m'en souviens, et le marquis vous répondit qu'il avait des membres de chair et non de bronze, et qu'il aimait mieux porter le cœur d'un homme que celui d'une bête, s'appelât-elle un lion. Allons, je vois ce qu'il en est : nous finirons par où nous avons commencé, sans espoir d'aller prier au saint sépulcre, à moins que le ciel ne rende la santé au roi Richard.

A cette grave remarque, Richard partit d'un rire bruyant, le seul qui lui fût échappé depuis quelque temps.

— Telle est la force de la conscience, dit-il ; grâce à elle, un esprit aussi peu subtil que le tien a pu amener son souverain à faire l'aveu de sa faiblesse ! Il est vrai que s'ils ne s'étaient pas offerts comme en état d'exercer le commandement, je ne me serais guère soucié d'arracher leurs oripeaux aux poupées que tu as fait défiler devant moi. Qu'ils se pavanent en costumes de théâtre, peu m'importe ; mais qu'on n'en fasse pas des rivaux dans la glorieuse entreprise à laquelle je me suis voué... Oui, Thomas, j'avoue ma faiblesse et la témérité de mon ambition... Le camp chrétien renferme sans doute plus d'un meilleur chevalier que Richard d'Angleterre, et il serait juste et sage de remettre au plus digne la conduite de l'armée. Mais, — continua le belliqueux monarque, qui, les yeux brillants comme à l'instant d'une bataille, se souleva sur sa couche et repoussa ses couvertures — que ce nouveau chef, me sachant incapable de le suivre, ne s'avise pas de planter l'étendard de la croix sur les remparts de Jérusalem ! Autrement, dès que j'aurais la force de mettre une lance en arrêt, je ne manquerais pas de le provoquer dans un combat à outrance, pour m'avoir ravi la gloire d'accomplir en mon absence l'entreprise que j'avais préparée... Que signifie ce bruit de trompettes au loin ?

— C'est probablement un appel du quartier de France.

— Tu as l'oreille dure, Thomas... Ne reconnais-tu pas cette sonnerie perçante ? Par le ciel, les Sarrasins ont forcé le camp ; j'entends leurs cris de guerre.

Le roi chercha à sortir du lit, et le brave Anglais fut obligé d'employer toute sa force pour l'y maintenir, et même d'appeler à l'aide les officiers de l'antichambre. A la fin, Richard, furieux, épuisé, à bout de résistance, se laissa aller sur son lit.

— Ah! félon, traître, disait-il au sire de Vaux, si seulement... je pouvais... tenir ma hache... je te casserais la tête!

— Plût à Dieu, Monseigneur, que vous en eussiez la force, quand même vous la tourneriez contre moi!

— Brave et fidèle serviteur, reprit le roi en tendant la main au baron, qui la baisa avec respect, pardonne à ton maître cet accès d'impatience ; c'est la fièvre, et non Richard d'Angleterre, qui t'a rudoyé. Mais va, je t'en prie, t'informer quels étrangers sont entrés dans le camp, car cette musique n'appartient pas à une nation chrétienne.

Thomas de Vaux sortit pour aller aux nouvelles, et auparavant recommanda aux officiers de la chambre de redoubler de vigilance auprès de leur souverain, en menaçant de les rendre responsables de tout fâcheux événement; et comme ceux-ci, après la colère du prince, ne craignaient rien tant que celle du sévère et inexorable seigneur, cette menace ne put que les affermir dans l'exercice de leurs fonctions.

CHAPITRE VII.

> Jamais Écossais et Anglais ne vinrent à se rencontrer sur un point des frontières sans qu'on y ait vu couler les rouges torrents de sang, comme l'eau des pluies dans les rues.
>
> *La Bataille d'Otterbourne.*

Un grand nombre de seigneurs écossais avaient pris la croix et s'étaient naturellement rangés sous la bannière du prince anglais, étant, comme ses propres vassaux, d'origine normande ou saxonne, parlant la même langue, et possédant quelquefois des domaines dans l'un et l'autre pays.

Ce fut dans le siècle suivant que l'avide ambition d'Édouard Ier donna un caractère d'acharnement et de haine aux guerres qui eurent lieu entre voisins : en effet, les Anglais s'obstinèrent dans une conquête définitive de l'Écosse, et les Écossais, opiniâtres et résolus comme toujours, défendirent leur indépendance par les moyens les plus violents, en dépit des circonstances et de leurs faibles chances de succès. Jusqu'alors, toutefois, la guerre, quoique fréquente et cruelle, était conduite selon les principes d'une franche hostilité, et admettaient envers un ennemi loyal ces nuances de courtoisie et de respect, qui en adoucissent les horreurs.

Le caractère martial de Richard ne faisait aucune différence entre ses sujets et ceux d'Alexandre d'Écosse, si ce n'est en raison de la manière dont ils se comportaient sur le champ de bataille; et cette impartialité contribua beaucoup à entretenir la bonne intelligence entre les deux nations. Mais pendant sa maladie, et dans la situation défavorable où les croisés se trouvèrent placés, des discordes nationales commencèrent à éclater entre les troupes d'origine différente, à peu près de même que d'anciennes plaies viennent à se rouvrir sur un corps affligé de maladie ou d'épuisement.

Les Écossais et les Anglais, également jaloux, irascibles et prompts à s'offenser, — les premiers, d'autant plus qu'ils étaient les plus pauvres et les plus faibles, — commencèrent à remplir, par des querelles intestines, l'intervalle de temps que la trêve les empêchait d'employer en commun contre les musulmans. On n'entendit que plaintes et récriminations, et les simples soldats, à l'exemple de leurs chefs, après avoir été bons camarades dans les jours de victoire, se traitèrent en ennemis au moment de l'adversité. La désunion s'était mise aussi entre Français et Anglais, entre Italiens et Allemands, même entre Danois et Suédois; mais ce qui concerne surtout notre histoire, c'est la division qui se manifesta entre les deux nations que la même île avait vues naître.

De tous les nobles anglais qui avaient suivi Richard en Palestine, Thomas Multon, sire de Vaux, était le plus prévenu contre les Écossais. Ses domaines touchaient à leur frontière; il les avait, toute sa vie, combattus dans des expéditions publiques ou privées, leur faisant le plus de mal possible et n'en souffrant pas moins de leur part. Son dévouement pour le roi ressemblait à l'instinctive affection d'un vieux chien pour son maître, et, laissé à lui-même, il se montrait brutal et inaccessible envers autrui, et dangereux pour quiconque lui avait inspiré des préventions. Jamais il n'avait pu voir sans déplaisir ni jalousie son roi marquer de la bienveillance à cette race perverse et féroce, née de l'autre côté d'un fleuve ou d'une limite imaginaire tracée au milieu de landes et de montagnes. En véritable fils d'Albion, peu accoutumé à dissimuler un mouvement de sympathie ou de haine, il regardait les manières polies que les Écossais avaient adoptées, soit à l'exemple des Français, leurs alliés ordinaires, soit par un effet de leur caractère fier et réservé, comme une preuve de leur hypocrisie et des horribles complots qu'ils fomentaient contre leurs voisins.

Cependant, son respect pour le roi et la conscience de ses devoirs de guerrier pèlerin imposaient au sire de Vaux une certaine retenue; évitant tout commerce avec ses frères d'armes, il se bornait à manifester son antipathie par un silence affecté ou un regard de dédain, quand il était obligé de subir leur société. Les Écossais n'étaient pas d'humeur à supporter ce mépris sans le lui rendre, et bientôt ils le regardèrent comme l'ennemi déclaré d'une nation qu'il lui suffisait, en réalité, de ne pas aimer. On remarqua même que s'il n'avait pas pour eux la charité de l'Écriture, qui pratique la patience sans cesser d'être indulgente, il ne manquait nullement de cette vertu inférieure qui vient en aide aux maux du prochain. Grâce à sa fortune, le baron anglais se procurait quantité de provisions, dont une partie était distribuée, par des voies secrètes, dans le quartier des gens du Nord. Sa rude bienveillance avait pour principe qu'après les amis il fallait surtout s'occuper des ennemis, et que les relations intermédiaires ne comptaient pour rien.

A peine Thomas de Vaux avait-il fait quelques pas hors du pavillon royal qu'il reconnut ce qu'avait découvert sur-le-champ l'oreille plus exercée de Richard, qui ne manquait pas d'habileté dans l'art des ménestrels, à savoir que les fanfares qu'ils avaient entendues étaient produites par les trompettes et les timbales des Sarrasins. Au bout d'une large avenue de tentes qui conduisait à celle du roi d'Angleterre, une foule de soldats oisifs accouraient sur le lieu d'où partait la musique, presque au centre du camp. On voyait là, les casques variés des Européens confondus pêle-mêle avec les turbans blancs des Asiatiques, et, balancées sur leurs longs cous, les grosses têtes des chameaux qui dominaient la multitude.

Aussi mécontent que surpris de ce spectacle étrange et inattendu,

— car il était d'usage de laisser les parlementaires et autres messagers de l'ennemi en dehors des barrières du camp, — le baron chercha des yeux quelqu'un à qui il pût demander la cause de cette alarmante nouveauté.

A la démarche grave et fière de la première personne qui vint à sa rencontre, il conclut à part soi que ce devait être un Écossais ou un Espagnol, et presque aussitôt il se dit : « C'est bien un Écossais... Le chevalier du Léopard... Pas mauvais soldat pour un homme de son pays. » Ayant de la répugnance à lui adresser même une simple question, il allait passer outre avec cette mine refrognée qui semble dire : « Je te connais, mais je ne veux pas avoir de rapport avec toi, » lorsque l'Écossais l'arrêta en chemin.

— Messire, lui dit-il d'un ton cérémonieux, j'ai à vous parler.

— Hein? fit le baron. A moi? Parlez donc et faites vite ; le roi m'a chargé d'un message.

— Le mien touche encore le roi de plus près : c'est la santé que je lui apporte.

— Seriez-vous médecin par hasard, sire Écossais? Je vous aurais cru tout aussi capable d'apporter la richesse au roi d'Angleterre.

Kenneth, froissé du ton persifleur qu'avait pris le baron, eut assez de sang-froid pour répondre :

— La santé de Richard équivaut à gloire et richesse pour la chrétienté. Mais le temps presse ; dites-moi si je puis voir le roi.

— Non certes, beau sire, à moins de vous expliquer plus clairement. La porte d'un prince malade ne s'ouvre pas au premier venu, comme celle d'une de vos auberges.

— Messire, la croix que je porte en commun avec vous et l'importance de ce que j'ai à vous apprendre doivent, quant à présent, me faire passer par-dessus des façons qu'en tout autre cas je ne serais pas d'humeur à supporter. Donc, pour parler net, j'amène avec moi un médecin maure, qui se charge de guérir le roi Richard.

— Un médecin maure! un empoisonneur peut-être... Qui nous répond de son honnêteté?

— Sa propre vie, Messire, sa tête qu'il offre en garantie.

— J'ai connu plus d'un coquin déterminé qui mesurait la vie à son aune et qui aurait marché au gibet aussi gaiement qu'à la danse.

— Voici le fait, Messire. Saladin, à qui nul ne déniera l'honneur d'être un ennemi vaillant et généreux, a envoyé au camp son médecin sous une brillante escorte, en témoignage de grande estime ; il l'a chargé de fruits et de rafraîchissements pour l'usage du roi, et d'un message tel qu'on peut l'attendre d'un honorable ennemi, faisant des vœux pour sa prompte guérison, afin qu'il soit mieux disposé à recevoir la visite du soudan qui viendra, sabre en main, à la tête de cent mille cavaliers. Vous plairait-il, vous qui êtes du conseil privé, d'ordonner qu'on prenne des mesures pour recevoir cette ambassade ?

— Prodigieux ! marmotta l'Anglais entre ses dents, et il ajouta tout haut : Qui se porte garant pour Saladin en un cas pareil, où il suffirait d'une traîtrise pour le débarrasser de son plus redoutable adversaire ?

— Moi, et j'y engage mon honneur, ma fortune et ma vie.

— Le Nord caution du Midi, l'Écossais du Turc ! De plus en plus étrange... Puis-je vous demander, sire chevalier, comment vous êtes mêlé à cette affaire ?

— J'ai été absent pour un pèlerinage, au cours duquel j'avais à remettre un message à l'ermite d'Engaddi.

— De quoi s'agissait-il ? et qu'a répondu le saint homme ?

— C'est un secret.

— Avez-vous déjà oublié que je siège au conseil privé ?

— Je ne suis pas vassal de l'Angleterre, et c'est de ma propre volonté que j'ai suivi son souverain à la croisade. Envoyé par le conseil général des princes et chefs suprêmes de l'armée, je dois à eux seuls compte de mon message.

— Ah ! est-ce ainsi que tu le prends ? Sache-donc, messager des princes et des rois, qu'en dépit de ton titre, aucun médecin n'approchera du lit de Richard sans la permission du seigneur de Vaux, et tant pis pour qui osera l'enfreindre !

Il allait se détourner fièrement quand l'Écossais, lui barrant le chemin, demanda, toujours calme et non sans une pointe d'orgueil, si le seigneur de Vaux le regardait comme un gentilhomme et un bon chevalier.

— Tous les Écossais sont nobles par droit de naissance, répondit Thomas d'un ton ironique; mais honteux de son injustice et s'apercevant que le rouge montait au front du jeune homme, il ajouta : Bon chevalier, oui, certes; il ferait péché d'en douter celui qui vous a vu à l'œuvre.

— Eh bien, alors, reprit Kenneth, satisfait de la franchise de cette déclaration, je vous le jure, sire Thomas de Vaux, sur l'honneur d'un franc Écossais, ce que j'estime un privilège égal à mon antique noblesse, sur la foi d'un chevalier, venu ici pour acquérir los et renom en cette vie mortelle, et miséricorde pour mes péchés en celle à venir, enfin par cette croix sacrée que je porte, mon seul désir est d'assurer la guérison de Richard Cœur de Lion par le ministère du médecin musulman.

L'Anglais fut frappé de la solennité de cette protestation, et répondit avec plus de cordialité qu'il n'en avait encore montré :

— Dites-moi, sire chevalier du Léopard, en admettant (ce dont je ne doute pas) que vous ayez vous-même l'esprit en repos sur cette affaire, ferai-je bien, dans un pays où l'art d'empoisonner est aussi général que celui de la cuisine, d'amener à Richard ce médecin inconnu, et de lui permettre d'essayer ses drogues sur une santé si précieuse?

— Messire, je n'ai qu'une chose à vous répondre. Mon écuyer, le seul homme de ma suite qui ait survécu à la guerre et aux maladies, était dangereusement atteint de la même fièvre que le roi. Après la visite du médecin maure, qui lui a donné des soins il n'y a pas deux heures, il est tombé dans un sommeil réparateur. Que cet étranger soit capable de guérir une maladie qui nous a été si fatale, je le crois; qu'il ait l'intention de le faire, je n'en doute pas davantage; et ce qui le prouve, c'est la mission qu'il a reçue du soudan. Quant au succès de l'événement, la certitude d'une brillante récompense s'il réussit et d'un châtiment terrible s'il échoue par sa faute, me semble une garantie suffisante.

L'Anglais l'écouta, les yeux baissés, en homme qui a des doutes mais qui ne se refuse pas à les éclaircir.

— Puis-je voir votre écuyer, beau sire? dit-il en relevant la tête.

— Volontiers, répondit le jeune croisé après un instant d'hésitation; toutefois, n'oubliez pas, sous mon humble toit, que les nobles d'Écosse ne recherchent pas dans leur nourriture, leur couche et leur demeure la magnificence qui distingue leurs voisins du sud. Je suis pauvrement logé, Messire, ajouta-t-il avec une sorte d'emphase hautaine et en lui montrant le chemin de son quartier.

— Honte au soldat de la croix, répliqua le baron, trop généreux au fond pour jouir de la mortification d'un brave guerrier, ainsi réduit à dévoiler des besoins que sa fierté aurait voulu cacher; honte au soldat de la croix qui se préoccupe des splendeurs mondaines ou des commodités du luxe pendant qu'il marche à la conquête de la cité sainte! Quelque pénibles qu'elles soient, nos souffrances n'égaleront jamais celles des innombrables martyrs, nos prédécesseurs, qui portent dans le ciel des lampes d'or et des palmes toujours vertes.

C'était la première fois que pareil assemblage de métaphores sortait de la bouche de sire Thomas, peut-être bien — comme il arrive assez souvent, — parce qu'il n'exprimait pas ses sentiments véritables; car il recherchait volontiers le faste et la bonne chère.

Ils furent bientôt rendus au quartier où était logé le chevalier du Léopard. D'après les apparences, rien n'y contredisait aux préceptes d'humilité dont le baron venait de faire une loi pour les croisés. Un terrain assez étendu pour contenir une trentaine de tentes avait été dès l'arrivée assigné à sire Kenneth, en proportion de la suite qu'il commandait alors; mais il était en partie vacant, en partie occupé par de misérables abris, formés de branchages et de feuilles de palmier, et la plupart détruits ou en ruine. Au centre s'élevait la demeure du chef, distinguée par un pennon à queue d'aronde suspendu au fer d'une lance, et dont les longs plis retombaient immobiles vers la terre. Mais ni pages ni écuyers, pas même une sentinelle solitaire, ne gardaient cet emblème de la puissance féodale et du rang de chevalier; contre toute insulte, il n'avait d'autre défense que sa bonne renommée.

Kenneth jeta un regard mélancolique autour de lui, et, refoulant son émotion, il entra dans la hutte en faisant signe au baron de le suivre.

Celui-ci jeta un coup d'œil examinateur qui peignait la pitié, non sans un certain mélange de mépris, dont elle est souvent aussi voisine que l'opinion générale veut qu'elle le soit de l'amour. Il baisa ensuite sa tête orgueilleuse, pour entrer dans cette humble cabane, que sa corpulente personne sembla remplir

presque entièrement.

A l'intérieur, il y avait deux lits : l'un vide, composé de feuilles sèches et d'une peau d'antilope, qu'aux pièces d'armure et à un crucifix d'argent placés à côté, l'on jugeait devoir être celui du maître ; sur l'autre, reposait le serviteur malade. C'était un homme d'une forte constitution, aux traits austères, et qui avait dépassé le milieu de la vie. Afin qu'il fût un peu mieux couché, Kenneth avait arrangé sur lui, en guise de couvertures, la robe flottante, les vêtements et autres articles de toilette que portaient les chevaliers dans la vie civile.

Au dehors, mais à portée de la vue, un jeune gars, chaussé de brodequins en peau de daim écrue avec un bonnet bleu et une cotte tout usée, était accroupi sur ses genoux devant un réchaud plein de charbon, et faisait cuire, sur une plaque de fer, les gâteaux d'orge qui étaient alors et sont encore aujourd'hui la nourriture favorite des Écossais. Un quartier d'antilope était accroché à un des principaux supports de la hutte, et la manière dont on se l'était procuré était facilement expliquée par la présence d'un grand lévrier, supérieur en taille et en beauté à ceux de Richard, et qui semblait surveiller les progrès de la cuisson des gâteaux. Le pénétrant animal, à l'entrée des chevaliers, fit entendre un grondement étouffé, qui retentit dans sa large poitrine comme le bruit d'un tonnerre lointain ; à la vue de son maître, il l'accueillit en remuant la queue et en baissant la tête; mais on eût dit qu'averti par son instinct de garder le silence dans la chambre d'un malade, il s'abstenait pour ce motif de caresses bruyantes.

A côté du lit, sur un coussin également composé de peaux d'animaux, était assis, les jambes croisées selon la coutume d'Orient, le médecin maure dont Kenneth avait parlé. Le demi-jour qui pénétrait sous la tente ne laissait distinguer de sa personne qu'une longue barbe noire tombant sur la poitrine, un haut *tolpach* d'Astrakhan, bonnet tartare de laine d'agneau noir, un ample cafetan ou robe turque, de couleur sombre, enfin deux yeux perçants, qui brillaient d'un éclat extraordinaire.

L'Anglais ne disait rien, frappé d'une sorte de respect ; car, malgré la rudesse habituelle de ses manières, le spectacle d'une pauvreté subie avec fermeté, sans plaintes ni murmures, aurait eu en toute occasion plus de droits à ses égards que la pompeuse magnificence d'une chambre royale, à moins qu'il ne s'agît de celle de Richard. Pendant quelques moments, on n'entendit autre chose que la respiration forte et régulière du malade, qui semblait plongé dans un sommeil réparateur.

— Il y a six jours qu'il n'avait fermé l'œil, dit Kenneth, à ce que m'assure le garçon qui le garde.

— Noble Écossais, dit Thomas de Vaux en saisissant la main du chevalier et la serrant avec plus de cordialité que n'en exprimaient encore ses paroles, il faut aviser à cela... Votre écuyer manque de soins et de nourriture.

Le ton bref et décidé de cette voix étrangère troubla le repos du malade.

— Maître, murmura-t-il comme dans un rêve, quelle douceur ont les eaux fraîches de la Clyde après les sources saumâtres de la Palestine!

— Il rêve du pays natal et il est heureux dans son sommeil, dit Kenneth à demi-voix.

A ces mots, le médecin, replaçant doucement sur le lit le bras de l'écuyer qu'il tenait pour étudier les mouvements du pouls, s'approcha des deux chevaliers, les prit chacun par une main et les emmena au dehors.

— Au nom d'Issa-ben-Mariam (Jésus, fils de Marie), dit-il, que nous honorons comme vous, sans y mettre autant d'aveugle superstition, ne troublez pas l'effet de la médecine efficace qu'il vient de prendre. L'éveiller en ce moment serait lui donner la mort ou égarer sa raison. Revenez à l'heure où le muezzin appelle, du haut des minarets, les fidèles à la prière du soir, et si on le laisse tranquille jusque-là, je vous promets que ce soldat franc sera en état, sans nuire à sa santé, de converser quelques instants avec vous, et surtout avec son maître.

Les chevaliers s'inclinèrent devant l'autorité d'un homme qui semblait pénétré de l'importance du proverbe oriental : « La chambre du malade est le royaume du médecin. » Ils s'arrêtèrent ensemble à la porte de la hutte, l'Écossais ayant l'air d'attendre qu'on prît congé de lui, et l'Anglais comme s'il eût eu quelque chose dans l'esprit qui le portât à différer son départ.

Cependant, le lévrier s'était empressé de les suivre et frottait son museau contre la main de son maître, pour obtenir de lui une humble caresse. A peine eut-il reçu ce qu'il sollicitait, sous forme d'un mot et d'un geste d'amitié, que, tout heureux de témoigner sa joie de le revoir, il se mit à partir, la queue haute, bondissant de ci de là, en long et en large, décrivant des cercles sur l'esplanade, au milieu des huttes en ruines, mais sans sortir de l'enceinte placée sous la protection de la bannière de Kenneth. Après avoir gambadé de la sorte, il revint près de ce dernier et, mettant brusquement fin à ses allures folâtres, reprit sa gravité, honteux, pour ainsi dire, de s'être départi à ce point de sa retenue accoutumée.

Les deux chevaliers assistaient avec plaisir à ces ébats, car Kenneth était justement fier de posséder un si beau chien, et, d'autre part, le baron, grand amateur de chasse, savait apprécier les mérites de l'animal.

— Voilà une bonne et intelligente bête, dit-il. M'est avis, beau sire, que le roi lui-même ne possède pas de chien qui pourrait aller de pair avec celui-là, s'il a autant de fond que d'agilité. Mais, permettez-moi de vous le demander en toute franchise : n'auriez-vous pas connaissance de la proclamation qui défend à qui que ce soit au-dessous du rang de comte d'avoir des chiens de chasse dans l'enceinte du camp royal, sauf permission? Je parle en ma qualité de grand écuyer.

— Et moi, je vous répondrai en homme libre et en Écossais, dit Kenneth fièrement. Je sers pour le moment sous la bannière d'Angleterre ; quant à m'être soumis à ses lois sur la chasse, cela ne m'est jamais venu à l'idée, et même elles ne m'inspirent pas assez de respect pour le faire. Quand la trompette appelle aux armes, mon pied chausse l'étrier aussi lestement que personne ; quand elle sonne la charge, ma lance n'est pas la dernière qui soit en arrêt. Durant mes heures de liberté ou de loisir, Richard n'a aucun titre à me gêner dans la façon dont je les emploie.

— Ce n'est pas moins folie de désobéir à l'ordonnance du roi. Allons, ne vous en déplaise, comme cela est de mon ressort, je vous enverrai un sauf-conduit pour mon bel ami que voilà.

— Il connaît les limites de mon quartier; en ce cas, ma protection lui suffit. Toutefois, — ajouta-t-il en changeant de ton, — ce n'est pas ainsi que je dois répondre à votre bienveillance : je vous remercie, Messire, et de tout mon cœur. Les écuyers ou les piqueurs du roi pourraient trouver Roswall en défaut et lui faire un mauvais parti ; je serais peut-être trop prompt à les en punir, et il ne sortirait de là rien de bon. Puisque vous avez vu l'intérieur de mon ménage, — dit-il avec un sourire, — je n'ai pas de honte de vous apprendre, Messire, que Roswall en est le principal pourvoyeur, et notre lion Richard n'imitera pas, je l'espère, celui de la fable qui allait à la chasse, et gardait tout le butin pour lui. Il ne voudrait pas priver un pauvre gentilhomme, qui le sert fidèlement, d'une heure de délassement et d'un morceau de gibier, surtout quand il est si difficile de se nourrir autrement.

— Par ma foi, vous ne faites que rendre justice au roi; et pourtant il y a quelque chose dans les mots de chasse et de venaison qui semble tourner la tête à nos princes normands.

A DE RICHEMONT.

— Nous avons appris depuis peu, par des ménestrels et des pèlerins, qu'il s'est formé, dans les comtés d'York et de Nottingham, des bandes nombreuses de proscrits (*outlaws*), ayant à leur tête un vaillant archer, nommé Robin Hood, et son lieutenant Petit-Jean. Ne vaudrait-il pas mieux que le roi se relâchât sur le code forestier dans ses États que d'essayer de l'introduire ici, en Terre sainte[*]?

— Triste besogne! répliqua le baron en haussant les épaules avec l'air d'un homme qui tient à éviter un sujet peu agréable ou dangereux. Le monde va tout de travers, beau sire... Ah! il faut que je vous quitte, le roi m'attend. A l'heure des vêpres, avec votre permission, je reviendrai pour m'entretenir avec ce médecin maure. En attendant, je serais bien aise de vous envoyer de quoi améliorer votre ordinaire.

[*] *Voy.* le roman d'*Ivanhoé*, où l'on retrouve le personnage du roi Richard, et qui est, en quelque sorte, la suite de celui-ci.

— Grand merci, Messire; je n'en ai nul besoin. Roswall a déjà garni mon office pour une quinzaine; car, si le soleil de la Palestine nous rend malades, il sèche vite la venaison.

Les deux guerriers se séparèrent en de meilleurs termes qu'ils ne s'étaient rencontrés; mais, avant de partir, Thomas de Vaux se fit expliquer en détail toutes les circonstances relatives à la mission du médecin oriental, et reçut du chevalier les lettres de créance qu'il avait apportées au roi Richard de la part de Saladin.

CHAPITRE VIII.

Un sage médecin, habile à guérir nos blessures, est plus utile que des armées au bonheur du genre humain.
HOMÈRE, *Iliade*, trad. de POPE.

OILA une étrange histoire, Thomas, dit le monarque malade, après avoir entendu le rapport du baron. Es-tu sûr que cet Écossais soit un homme franc et loyal?

— Je n'en sais trop rien, répondit le soupçonneux Anglais. J'ai vécu un peu trop près des Écossais pour avoir en eux grande confiance, les ayant toujours trouvés beaux parleurs et de petite foi. Mais il y a de la franchise dans les manières de cet homme et, fût-il le diable aussi vrai qu'il est Écossais, je serais forcé d'en convenir.

— Et sa conduite de chevalier, qu'en penses-tu?

— C'est l'affaire de Votre Grâce plutôt que la mienne, et vous avez dû remarquer, je gage, ce chevalier du Léopard; il jouit d'un bon renom.

— Justement acquis, Thomas, et nous pouvons nous-même en témoigner. Dans quel but nous plaçons-nous toujours au front de l'armée? C'est pour voir comment se comportent nos vassaux et nos alliés, et non, comme on l'a supposé, par désir d'accaparer pour nous une gloire chimérique. Nous connaissons la vanité des louanges du monde, et ce n'est pas pour nous repaître de cette fumée que nous revêtons notre armure.

Une telle déclaration s'accordait si mal avec le caractère du roi que le baron en fut alarmé. D'abord, il crut que les approches de la mort pouvaient seules le porter à rabaisser de la sorte la gloire militaire, unique aliment de son âme ; puis, se rappelant qu'il avait croisé sur le seuil le confesseur de Richard, il eut assez de sagacité pour attribuer cet accès passager d'humilité à l'effet qu'avaient produit les exhortations du saint homme : il laissa donc continuer le roi sans l'interrompre.

— Oui, poursuivit Richard, j'ai, en effet, remarqué la manière dont ce chevalier remplit son devoir ; mon bâton de commandement ne vaudrait pas plus que la marotte d'un fou si je ne m'en étais aperçu. J'ai aussi remarqué son humeur hautaine et présomptueuse, sans quoi il eût déjà éprouvé mes bontés.

— Tant pis pour moi ; car je crains fort de m'être exposé à vous déplaire en lui venant en aide.

— Qu'est-ce à dire, Thomas ? s'écria Richard, les sourcils froncés. Toi, venir en aide à cet insolent ? Impossible.

— Votre Grâce me permettra de lui rappeler que ma charge me donne le droit d'accorder à des hommes d'un sang noble la liberté de garder un chien ou deux dans l'enceinte du camp, ne fût-ce que pour encourager le bel art de la vénerie... et d'ailleurs ce serait un crime de causer le moindre mal à un lévrier aussi noble que celui de ce chevalier.

— Il est donc bien beau ?

— Je ne crois pas qu'il en existe un plus parfait sous le ciel. Un vrai limier du Nord : large poitrail, croupe vigoureuse, poil noir, tavelé d'un blanc tirant au gris, de force à terrasser un bœuf et assez agile pour atteindre une antilope.

Le roi se mit à rire de l'enthousiasme du baron.

— Eh bien, dit-il, tu lui as donné licence de garder son chien, et tout finit là. Pourtant, ne prodigue pas tes permissions à ces soldats d'aventure qui n'ont ni prince ni chef pour les tenir en bride; ils sont intraitables, et ne laisseront pas une pièce de gibier en Palestine... Revenons à ce fameux médecin. Ne m'as-tu pas dit que l'Écossais l'avait rencontré dans le désert?

— Non, Monseigneur. Voici ce que m'a conté l'Écossais: envoyé au vieil ermite d'Engaddi, dont on parle tant...

— Mort et damnation! interrompit Richard, qui se dressa sur son séant. Envoyé, dis-tu! Par qui et pourquoi? Qui a osé dépêcher un homme au monastère d'Engaddi, quand la reine y est en pèlerinage pour obtenir notre guérison?

— Le conseil des princes l'a envoyé, Monseigneur; dans quelle intention, c'est ce qu'il ne m'a pas appris. L'absence de votre royale épouse est à peine connue; je l'ignorais encore hier, et les princes peuvent avoir été dans la même ignorance, attendu que la reine s'est tenue à l'écart de toute compagnie depuis que votre amour lui a défendu d'entrer ici, par crainte de la contagion.

— C'est une affaire à examiner... Pour lors, cet envoyé a fait rencontre d'un médecin ambulant dans la grotte d'Engaddi; hein?

— Pas tout à fait. Comme il en approchait, je crois, il a rencontré un émir sarrasin; les deux guerriers ont éprouvé leur valeur mutuelle, et, satisfaits l'un de l'autre, ils se sont rendus ensemble, en chevaliers errants, à la grotte d'Engaddi.

Le sire de Vaux s'arrêta, n'étant pas de ces gens qui savent débiter une histoire tout d'une haleine. Le roi s'impatientait.

— Est-ce là qu'ils virent le médecin? demanda-t-il.

— Non, Monseigneur; mais l'infidèle, apprenant que Votre Grâce était gravement malade, déclara que Saladin vous enverrait son propre médecin, dont il vanta beaucoup le savoir. En effet, le *mire* se rendit à la grotte, où l'Écossais l'attendait depuis un jour ou deux. Il a un cortège comme un prince, des trompettes, des tambours, des esclaves à pied et à cheval, et il apporte des lettres de créance du soudan.

— Les a-t-on soumises à Jacques Loredano, l'interprète?

— Oui, Monseigneur, et en voici la traduction en anglais.

Richard prit un parchemin, qui contenait ce qui suit:

« Au nom d'Allah et de Mahomet, son prophète...

— La peste du chien! fit le roi en crachant pour exprimer son mépris.

« Saladin, roi des rois, soudan d'Égypte et de Syrie, lumière et refuge de la terre, au grand Melek-Rik, Richard d'Angleterre, salut!

« Ayant été informé que la main de la maladie s'était appesantie sur toi, notre royal frère, et que tu n'as à tes côtés que des médecins nazaréens et juifs, qui exercent sans la bénédiction d'Allah et de notre saint Prophète...

— L'enfer le confonde! dit Richard en interrompant encore une fois sa lecture.

« Nous t'envoyons, avec ces présentes, pour te traiter et te soigner, le médecin de notre propre personne, Adonibec El-Hakim, devant la face duquel Azraël, l'ange de la mort, déploie ses ailes et quitte la chambre du malade. Il connaît les vertus des herbes et des pierres, la marche du soleil, de la lune et des étoiles, et peut sauver de la mort tout homme qui ne porte pas cette destinée écrite sur son front. Ce faisant, nous te prions avec instance d'honorer son art et de t'en servir : car nous voulons non seulement rendre hommage à ton mérite et à ta valeur, qui brillent entre toutes les nations du Frangistan*, mais encore mettre un terme à la présente guerre, soit par un traité honorable, soit en mesurant nos forces en bataille rangée. Il ne sied, en effet, ni à ton rang ni à ton courage de mourir de la mort d'un esclave que son maître a écrasé de travail, ni à notre propre gloire de souffrir qu'un si noble adversaire soit soustrait à nos armes par une obscure maladie. En conséquence, puisse le saint...

— Assez! assez! s'écria Richard. Je n'en veux pas lire davantage sur son chien de Prophète; cela m'écœure de penser que le digne et vaillant Saladin puisse invoquer une telle ordure. Oui, je consens à voir son médecin et à me confier à ses soins, afin de payer sa générosité de retour... Puis, j'irai le combattre en pleine campagne, comme il le propose noblement, et il n'aura pas lieu d'accuser Richard d'ingratitude... Sous le poids de ma hache d'armes, je le courberai jusqu'à terre... Je le convertirai à notre sainte Église en lui portant des coups

---

* Pays des Francs, l'Europe.

tels qu'il n'en a jamais reçus : il rétractera ses erreurs devant la croix de mon épée, et je veux qu'il soit baptisé sur-le-champ même, avec des eaux purifiantes puisées dans mon propre casque, dût mon sang s'y trouver confondu avec le sien!... Allons, Thomas, hâte-toi ; pourquoi retarder un si glorieux dénouement ? Va me quérir El-Hakim.

— Monseigneur, répondit le baron, qui appréhendait quelque redoublement de fièvre dans cet excès de confiance, songez-y, le soudan est un païen, et vous êtes son plus redoutable ennemi...

— Bonne raison pour qu'il soit tenu à me rendre service, de peur qu'une misérable fièvre ne mette fin à la guerre de deux souverains tels que nous. Il m'aime autant que je l'aime, j'en réponds, autant que deux loyaux ennemis se soient jamais aimés. Sur mon honneur, douter de sa bonne foi serait un péché.

— Néanmoins, Monseigneur, il convient d'attendre la guérison de l'écuyer écossais. Je joue ma tête, car je mériterais de mourir comme un chien si j'allais, par mon imprudence, causer le naufrage des espérances de la chrétienté.

— Quoi ! tu hésites par crainte de la mort ? C'est la première fois.

— Ah ! je n'hésiterais pas un instant, si ma vie ne répondait de la vôtre.

— Eh bien, mortel défiant, va t'assurer par toi-même de ce que vaut ce fameux médecin. Qu'il me tue ou me guérisse, je ne demande pas autre chose ; car je suis las d'être étendu ici comme un bœuf malade, alors que j'entends les tambours battre, les trompettes sonner et les chevaux hennir.

Le baron sortit à la hâte ; mais sa conscience s'alarmait encore à l'idée de voir son maître soigné par un infidèle, et il alla confier ses doutes à Guillaume, archevêque de Tyr, qui était en grand crédit auprès du roi. Le prélat, homme intelligent et d'expérience, traita les scrupules religieux de l'Anglais avec autant de légèreté que la bienséance lui permettait d'en montrer à un laïque sur un semblable sujet.

— Les médecins, dit-il, sont souvent utiles, quoiqu'ils puissent être par leur naissance ou leurs mœurs les derniers des hommes ; en quoi, ils ressemblent aux médecines qu'ils emploient, et qui n'en sont pas moins salutaires pour être quelquefois extraites des plus viles substances. Il est donc licite de recourir au besoin à l'assistance des païens et des infidèles, et même on est admis à croire que leur présence sur la terre dépend surtout des services qu'ils peuvent rendre aux vrais croyants. C'est ainsi que nos captifs païens sont légalement réduits en esclavage. D'ailleurs, les premiers chrétiens ne repoussaient pas le concours des idolâtres : par exemple, sur le navire, à bord duquel saint Paul passa en Italie, les matelots étaient probablement païens ; et que dit le bienheureux quand on eut besoin de leur ministère? *Nisi hi in navi manserint, vos salvi fieri non potestis,* c'est-à-dire : « A moins que ces gens ne restent sur le navire, vous ne pouvez être sauvés. » Enfin, les juifs sont infidèles au christianisme aussi bien que les mahométans, et cependant il y a peu de médecins dans le camp qui ne soient de cette nation; on les emploie sans scandale et sans scrupule. Donc, on peut, à leur place, se servir de mahométans : *quod erat demonstrandum.*

Ce raisonnement dissipa entièrement les scrupules de Thomas de Vaux, sur qui la citation latine fit impression, vu qu'il n'en comprit pas un mot.

Mais Guillaume de Tyr se prononça avec moins d'aisance sur la question de mauvaise foi. Il lut et relut les lettres de créance, et compara l'original à la traduction.

— C'est un mets apprêté tout exprès, pour flatter le palais du roi Richard, dit-il, et je ne puis m'empêcher d'avoir des soupçons sur ce rusé Sarrasin. Habiles dans l'art des poisons, ils savent les préparer de manière qu'il s'écoule des semaines entières avant de produire leur effet, et pendant ce temps le criminel a le temps de s'échapper. Ils savent aussi imprégner le drap, le cuir, même le parchemin, du venin le plus subtil! Et que Notre-Dame me pardonne ! comment, sachant cela, ai-je pu tenir ces lettres de créance si près de ma figure ? Reprenez-les, Messire, reprenez-les au plus vite.

Il les tendit avec vivacité au baron, et de toute la longueur de son bras.

— Mais, continua-t-il, en nous rendant à la tente de l'écuyer malade, nous y apprendrons si cet Hakim possède réellement l'art de guérir, comme il le prétend ; nous verrons ensuite s'il est possible de lui confier en toute sûreté la santé du roi... Un instant! laissez-moi prendre ma boîte d'aromates. Ces fièvres empestent l'air, et vous feriez bien de respirer du romarin trempé de vinaigre. Hé! moi aussi, je me connais un peu en médecine.

— Votre Révérence est bien bonne; si la fièvre avait dû me prendre, il y a beau temps que je l'aurais gagnée près du lit de mon maître.

Le prélat rougit, car il avait en quelque sorte évité de se trouver en présence du malade. Il dit au baron de lui montrer le chemin, et bientôt ils arrivèrent devant la pauvre demeure du chevalier Kenneth du Léopard et de son écuyer.

— Certes, Meslaume, les serviteurs sire, reprit Guillaume, en Écosse sont plus mal soignés que les bêtes chez nous. Voici un chevalier, réputé vaillant au combat, et jugé capable de remplir d'importantes missions en temps de trêve; il loge son écuyer dans une triste masure qui ne vaut certes pas le plus vilain chenil de toute l'Angleterre. Que pensez-vous de vos voisins de là-bas?

— Qu'un maître a assez fait pour son serviteur quand il ne le loge pas plus mal que lui-même.

Là-dessus, le baron entra dans la hutte. Le prélat l'y suivit, non sans une répugnance évidente ; l'intérêt de sa santé céda pourtant à la nécessité où il était de juger par ses yeux de la science du médecin étranger.

Guillaume de Tyr se distinguait par la dignité de ses manières et par une figure imposante. Jeune, il avait été d'une beauté remarquable, et, dans un âge avancé, il n'était pas fâché de le paraître encore. Il portait, par dessus des vêtements ecclésiastiques du genre le plus magnifique, une chape richement brodée à l'aiguille. Les anneaux de ses doigts auraient payé une grosse baronnie, et son camail, rejeté en arrière à cause de la chaleur, s'attachait autour du cou avec des agrafes d'or pur. Une longue barbe, blanchie par les années, descendait sur sa poitrine. Les jeunes acolytes qui l'accompagnaient lui procuraient à la fois ombre et fraîcheur, l'un au moyen d'un parasol de feuilles de palmier, suivant l'usage oriental, l'autre en agitant un éventail de plumes de paon.

Quand l'archevêque franchit le seuil du logis, Kenneth en était absent. Le médecin maure, qu'il venait voir, se tenait assis, les jambes croisées, sur une natte de feuillage, dans la même posture où l'Anglais l'avait laissé deux heures auparavant. Après avoir vainement attendu de lui quelque marque de respect, le prélat le salua en langue franque, en ajoutant :

— Es-tu médecin? Je voudrais obtenir de toi certains renseignements.

— Si tu connais tant soit peu la médecine, tu dois savoir qu'on n'a ni entretien ni consultation au chevet d'un malade. Écoute ce chien qui gronde à la porte : il pourrait te donner une leçon, car son instinct l'avertit de ne point troubler la douleur par ses aboiements. Sortons, si tu as quelque chose à me dire.

Malgré la simplicité du costume du médecin sarrasin et l'infériorité de sa taille comparée à celle du majestueux prélat et du gigantesque baron, il y avait dans ses manières une dignité qui empêcha l'archevêque d'exprimer le déplaisir que lui avait causé la liberté de cette remontrance. Une fois dehors, il examina son contradicteur en silence, se demandant sur quel ton il devait renouer la conversation. Ce qui le frappa, ce fut de lui voir un front uni et sans rides, des yeux vifs et un grand air de jeunesse.

— Quel âge as-tu donc? demanda-t-il.

— Les années des hommes ordinaires, répondit l'Arabe, se comptent d'après leurs rides ; celles des sages, en raison de leurs études. Je n'ose pas me dire plus vieux que cent révolutions de l'hégire.

Le baron, qui prit cette déclaration au pied de la lettre, jeta un regard incrédule sur le prélat ; et celui-ci, bien qu'il en eût saisi le sens figuré, répondit par un hochement de tête. Revenant ensuite à ses airs d'autorité, il voulut savoir sur quelles preuves Adonibec fondait son expérience médicale.

— Tu as pour garantie la parole du puissant Saladin, dit l'Arabe, en portant la main à son bonnet en signe d'humilité ; parole qu'il n'a jamais violée, envers amis ou ennemis. Que voudrais-tu de plus, Nazaréen ?

— Je voudrais une preuve visible, fit observer le sire de Vaux ; sans cela, tu n'approcheras pas du roi Richard.

— L'éloge du médecin est dans la guérison de son malade. Allez voir ce soldat : son sang a été brûlé par la fièvre, qui a blanchi votre camp d'ossements, et contre laquelle l'art de vos médecins vous a défendus comme le ferait une veste de soie contre un fer de lance. Regardez ses doigts et ses bras aussi décharnés que les pattes d'une grue. Ce matin, l'ange de la mort allongeait la main sur lui ; mais si Azraël se tenait d'un côté de sa couche, moi, j'étais de l'autre, et son âme ne sera pas arrachée de son corps. Ne me troublez donc plus de vos questions ; attendez le moment critique, et admirez en silence le miracle qui va s'opérer.

El-Hakim eut alors recours à son astrolabe, l'oracle des savants de l'époque, et parut le consulter avec une minutieuse attention, jusqu'au moment précis de la prière du soir : alors il tomba sur ses genoux, le visage tourné vers la Mecque, et récita les versets du Coran par lesquels un musulman termine les travaux de la journée. Les deux chrétiens échangèrent, à cette vue, des signes d'indignation et de mépris ; ni l'un ni l'autre, pourtant, ne jugea convenable d'interrompre le cours de ces dévotions profanes.

Lorsqu'ils retournèrent dans l'intérieur, le médecin tira d'une petite boîte d'argent une éponge imbibée de quelque liqueur aromatique, et la plaça sous le nez du dormeur. Celui-ci éternua, s'éveilla et promena autour de lui des yeux égarés. Il était effrayant à voir, dressé sur son séant, le torse à demi nu, les os et les muscles faisant saillie à la surface de sa peau comme s'ils eussent été à découvert. Sa figure, longue et sillonnée de rides, contrastait avec son œil où l'intelligence se ranima peu à peu.

— Nous reconnais-tu, vassal? lui demanda le baron.

— Pas précisément, répondit-il d'une voix faible ; mon sommeil a été long et plein de rêves. Pourtant, je devine, à votre croix rouge, que vous êtes un grand baron d'Angleterre, et que l'autre seigneur est un saint prélat, qui ne refusera pas sa bénédiction à un pauvre pécheur.

— Je te l'accorde, dit l'archevêque : *benedictio Domini sit vobiscum!* et il le bénit d'un signe de croix, mais sans s'approcher du lit.

— Vous voyez par vos yeux, dit El-Hakim, que la fièvre a été vaincue. Il parle avec calme, il a toute sa mémoire, et son pouls bat aussi paisiblement que le vôtre. Il est facile de s'en assurer.

Guillaume de Tyr déclina l'épreuve ; Thomas de Vaux, plus déterminé, voulut en avoir le cœur net et se convainquit que la fièvre était passée.

— Cela tient du prodige, dit-il en se tournant vers le prélat ; l'homme est vraiment guéri. Je vais conduire sans retard ce médecin à la tente du roi Richard.

— Tout à l'heure, dit l'Arabe ; laissez-moi finir une cure avant d'en commencer une autre. Il faut que j'administre au malade une seconde dose d'élixir.

A ces mots, il prit dans sa large ceinture un gobelet d'argent, qu'il remplit d'eau, et un sachet fermé, tissu de soie et d'argent ; il le plongea dans le vase et l'y laissa cinq minutes. Les spectateurs crurent apercevoir dans l'eau une certaine effervescence, mais, s'il y en eut une, elle ne dura qu'un instant.

— Bois, dit le médecin à l'écuyer, dors et réveille-toi en pleine santé.

— Et c'est avec une pareille drogue que tu prétends guérir un prince? dit l'archevêque.

— Tu vois qu'elle a guéri un pauvre homme; les rois du Frangistan sont-ils pétris d'une autre argile?

— Qu'il nous suive sur-le-champ chez le roi, dit le baron. Il nous a prouvé qu'il possédait le secret qui peut lui rendre la santé ; s'il lui arrivait de n'en pas user, je me charge de lui faire passer le goût de la médecine.

Comme ils allaient quitter la hutte, l'écuyer, élevant la voix autant que sa faiblesse le permettait, s'écria :

— Révérend père, noble chevalier, et vous, bienfaisant médecin, si vous voulez que je dorme et que je guérisse, dites-moi, par charité, ce qu'est devenu mon cher maître.

— Il est parti pour un lointain voyage, l'ami, répondit le prélat, chargé d'une honorable ambassade, qui peut le retenir encore quelques jours.

— Hé! pourquoi, dit le baron, tromper ce pauvre homme?... L'ami, ton maître est revenu au camp, et tu le verras tout à l'heure.

Le malade éleva ses mains décharnées vers le ciel, comme pour lui rendre grâces ; et ne pouvant résister davantage à l'effet soporifique de l'élixir, il s'abandonna à un doux sommeil.

— Vous êtes meilleur médecin que moi, sire Thomas, dit le prélat; mieux vaut un mensonge flatteur dans la chambre d'un malade qu'une fâcheuse vérité.

— Que veut dire Votre Révérence? Me croyez-vous capable de mentir pour sauver la vie d'une douzaine d'individus de son espèce?

— N'avez-vous pas annoncé à l'écuyer le retour de son maître, le chevalier du Léopard?

— Oui certes, et je lui ai même parlé tantôt. C'est lui qui a ramené le médecin maure.

— Sainte Vierge! il est revenu et vous ne m'en dites rien.

— Je croyais l'avoir fait. Au surplus, qu'importe son retour? Cela n'a aucun rapport avec la santé du roi.

— Mais si, mais si, et cela est de grande importance au contraire, s'écria Guillaume de Tyr, en joignant les mains, frappant du pied et laissant échapper des signes d'impatience. Où peut-il être à présent, ce chevalier? Mon Dieu, s'il y avait eu quelque méprise?

— Ce serf qui est là, dit le baron, non sans être étonné de l'émotion de l'archevêque, nous apprendra peut-être où son maître est allé.

Il appela le jeune Écossais, et celui-ci, dans un langage à peine intelligible, parvint à leur faire comprendre qu'un officier du roi était venu mander son maître, quelques instants avant leur arrivée. L'anxiété du prélat s'accrut au plus haut degré, en même temps que son désir de la dissimuler; il prit à la hâte congé du sire de Vaux, qui le regarda s'éloigner en haussant les épaules et se mit en devoir de conduire l'Arabe à la tente du roi.

A DE RICHEMONT

CHAPITRE IX.

Le soupçon est comme une armure pesante, qui protège
moins qu'elle ne gêne par son poids.

BYRON.

Ce fut d'un pas lent, et l'inquiétude peinte sur le visage, que Thomas de Vaux se dirigea vers le pavillon de Richard. Il se méfiait beaucoup de sa capacité, hormis sur le champ de bataille; et, faute d'avoir l'intellect assez ouvert, il se contentait à l'ordinaire d'être surpris des circonstances qu'un esprit plus délié aurait cherché à approfondir. Cependant, il lui parut fort extraordinaire que l'archevêque, laissant tout à coup de côté la cure merveilleuse dont ils venaient d'être témoins, et la probabilité qu'elle offrait de voir Richard rendu à la santé, s'inquiétât exclusivement d'une nouvelle aussi insignifiante que celle du retour d'un pauvre chevalier écossais. Là-dessus, l'imagination du baron prit feu et s'épuisa en efforts pour résoudre ce problème.

A la longue, il lui vint à la pensée qu'il s'agissait d'un complot, tramé contre le roi par ses alliés, et dans lequel le prélat, réputé pour un politique peu scrupuleux, pouvait sans invraisemblance avoir eu part. A l'entendre, il n'existait personne qui fût aussi parfait que son maître. Richard n'était-il pas la fleur de la chevalerie, le chef des princes chrétiens, le serviteur dévoué de la sainte Église? et les idées du sire de Vaux sur la perfection humaine n'allaient pas plus loin. Il ne l'ignorait pas pourtant, les brillantes qualités de son souverain lui avaient toujours attiré, par l'effet d'une déplorable injustice, autant de blâme et de haine que d'éloges et d'affection ; dans le camp même, et parmi les princes liés par serment à la croisade, plusieurs auraient volontiers sacrifié tout espoir de conquête au plaisir de perdre ou du moins d'humilier Richard d'Angleterre.

« En suite de quoi, se disait en lui-même le baron, il n'est nullement impossible que cet El-Hakim se serve de la cure, vraie ou fausse, opérée sur l'écuyer, comme d'un stratagème ; le chevalier du Léopard en serait complice, et l'archevêque, tout homme d'Église qu'il est, pourrait bien n'y être pas étranger. »

Cette supposition n'était pas, à la vérité, facile à concilier avec l'alarme manifestée par le prélat en apprenant que, contre son attente, le chevalier écossais était soudainement rentré au camp des croisés ; mais le bon sire était convaincu, sous l'influence de ses préjugés ordinaires, qu'un rusé prêtre, un Écossais hypocrite et un médecin païen composaient un mélange d'ingrédients dont il n'y avait rien de bon à extraire. Aussi résolut-il de s'en expliquer tout franc avec le roi, dont il prisait le jugement presque autant que les vaillantises.

Sur ces entrefaites, il s'était passé des événements bien contraires aux hypothèses du seigneur anglais.

A peine laissé seul, Richard commença à murmurer contre son favori, qui était parti trop tôt et qui ne revenait pas assez vite. Ses serviteurs se fatiguèrent en efforts pour le distraire ; et ce fut en vain que le prêtre eut recours à son bréviaire, le clerc à ses légendes, et même le ménestrel à sa harpe. Enfin, deux heures environ avant le coucher du soleil, il envoya, comme nous l'avons déjà vu, un messager porter au chevalier du Léopard l'ordre de se rendre près de lui ; il espérait calmer son impatience en se faisant donner par Kenneth des détails complets sur la cause de son absence et sur sa rencontre avec le médecin maure.

Arrivé en présence du roi, le chevalier se comporta en homme qui n'est pas étranger à un tel honneur. Il s'approcha de la couche de Richard, qui tenait les yeux fixés sur lui, fléchit le genou, puis se releva et resta debout dans une attitude de déférence, et non de servilité, ainsi qu'il convient à un officier mandé par son souverain.

— Ton nom, dit le roi, est Kenneth du Léopard ; de qui as-tu reçu l'ordre de la chevalerie ?

— Je l'ai reçu, répondit Kenneth, de l'épée de Guillaume Wallace, le Lion d'Écosse.

— C'est une arme bien digne de conférer un tel honneur, et elle n'a pas frappé une épaule indigne de le recevoir. Nous t'avons vu combattre en bon et vaillant chevalier dans la mêlée, quand besoin l'exigeait, et tu n'ignores pas que ton mérite nous était connu ; d'autre part, tu as fait montre d'une telle présomption, que la meilleure récompense que je puisse accorder à tes services, c'est le pardon de ta faute. Que dis-tu à cela ?

Kenneth essaya de répondre, mais il n'était pas en état de le faire clairement. La conscience de ses ambitieuses visées d'amour et le regard d'aigle de Richard, qui semblait le percer jusqu'au fond de l'âme, contribuèrent à le déconcerter.

— Cependant, ajouta le roi, quoique un soldat doive obéir à son chef et un vassal respecter son suzerain, nous pourrions pardonner à un brave chevalier une offense plus grave que celle de garder un chien de chasse en dépit de notre ordonnance.

En parlant ainsi, Richard ne perdait pas de vue le chevalier, qui se sentit soulagé par la tournure donnée à l'accusation précédente ; sa physionomie s'éclaira, et le prince, qui le remarqua, en sourit intérieurement.

— Ne vous en déplaise, Monseigneur, dit Kenneth, Votre Grâce doit, sur ce chapitre, se montrer indulgent pour nous autres pauvres gentilshommes d'Écosse. Si loin de notre pays, privés de ressources, comment nous soutenir comme vos opulents barons, qui ont crédit chez les lombards ? Les païens en sentiront mieux nos coups s'il est possible d'ajouter, par-ci par-là, un quartier de venaison à nos racines et à nos gâteaux d'orge.

— Pas n'est besoin de solliciter mon agrément, puisque Thomas de Vaux, qui ne manque pas, comme tout ce qui m'entoure, d'en faire à sa tête, t'a déjà donné la permission de chasser à courre et au vol.

— A courre seulement ; mais que Votre Grâce veuille m'accorder aussi le droit de chasser au vol avec un de ses faucons sur le poing, et je me flatte de pouvoir fournir sa table de quelques pièces délicates.

— Merci de moi ! si tu avais le faucon, m'est avis que tu n'attendrais guère le congé de t'en servir. Assez sur ce sujet... Je désire savoir, sire chevalier, dans quel but et par l'ordre de qui vous venez de faire un voyage au désert de la mer Morte et à Engaddi ?

— Par ordre du conseil des princes de la sainte croisade.

— Et comment a-t-on osé donner un tel ordre, tandis que moi qui, sûrement, ne suis pas le dernier de la ligne, je n'en étais pas informé ?

— Il ne m'appartenait pas, ne vous en déplaise, d'intervenir en cette affaire. Je suis un soldat de la croix, admis à servir, quant à présent, sous la bannière de Votre Grâce, et fier d'en avoir obtenu l'honneur ; toutefois, le symbole sacré, qui m'engage à combattre pour les droits de l'Église et la délivrance du saint-sépulcre, m'oblige en conséquence à obéir sans hésiter aux ordres des chefs de notre entreprise. Qu'une indisposition vous tienne pour peu de temps, je l'espère, éloigné de leurs conseils, où votre voix est si puissante, je le déplore avec tous les bons chrétiens ; mais, en qualité de soldat, il me faut obéir à quiconque exerce un droit légitime de commander, autrement je donnerais un mauvais exemple.

— Tu as raison ; le blâme doit retomber, non sur toi, mais sur ceux dont je réglerai le compte, quand il plaira au ciel de me relever de cette maudite couche de douleur et d'inaction. Quel était l'objet de ton message ?

— A mon humble avis, et sauf votre bon plaisir, mieux vaudrait le demander à ceux qui m'ont envoyé ; ils connaissent les motifs de mon voyage, et je n'en puis donner que la destination et le détail.

— Pas de détours, Monsieur l'Écossais ; ta vie pourrait en souffrir.

— Ma vie, Monseigneur ! c'est un souci que j'ai laissé derrière moi, en prononçant mon vœu de croisé, et je n'ai plus songé qu'à mériter la félicité éternelle.

— Par la messe, tu es un vaillant cœur ! Écoute-moi, sire chevalier, j'aime les Écossais : ils sont braves, quoique entêtés et bourrus, et au fond, pleins de franchise, quoique des raisons de politique les aient parfois forcés de dissimuler. J'ai aussi quelque droit à leur reconnaissance, car j'ai fait de mon plein gré pour eux ce qu'ils n'auraient pu arracher par les armes, ni à moi ni à mes prédécesseurs. Ainsi, j'ai rebâti les forteresses de Roxburgh et de Berwick, qui sont engagées à l'Angleterre ; je vous ai rendu vos anciennes limites, et j'ai renoncé à exiger l'hommage, qui me paraissait injuste. Enfin, j'ai cherché à m'attacher un pays libre, que les anciens rois d'Angleterre avaient prétendu réduire en vasselage.

— Tout cela est vrai, Monseigneur. C'est pourquoi vous me voyez ici, avec beaucoup d'autres Écossais qui valent mieux que moi, pour combattre sous vos ordres, au lieu de ravager vos frontières en Angleterre. S'il n'en reste guère à présent, c'est qu'ils n'ont pas ménagé leur vie.

— Oui, j'en conviens ; et en souvenir des bons offices que j'ai rendus à votre pays, n'oubliez pas, je vous prie, qu'à titre de principal chef de l'expédition, je dois connaître les négociations de mes alliés. Apprenez-moi donc ce que j'ai le droit de savoir et ce que, j'en suis sûr, vous me direz plus sincèrement que personne.

— Monseigneur, puisqu'il en est ainsi, vous allez savoir la vérité, car je suis convaincu de la droiture de vos intentions pour atteindre le principal objet de la croisade, et je n'oserais pas en dire autant de celles des autres chefs. Sachez donc que j'étais chargé de proposer, par l'entremise de l'ermite d'Engaddi, saint homme respecté et protégé par le soudan lui-même...

— Une prolongation de la trêve, sans doute ?

— Non, mais l'établissement d'une paix durable et la retraite de l'armée chrétienne.

— Par saint Georges ! je n'avais pas tort de mal augurer de ces personnages ; pourtant, jamais je ne les aurais crus capable de s'abaisser jusqu'à un tel déshonneur. Dans quels sentiments avez-vous accepté un tel message ?

— De très bonne foi, Monseigneur. En l'absence du noble chef, par qui seul on pouvait espérer de vaincre, je vis que le meilleur parti à tirer des circonstances était d'éviter une défaite.

— A quelles conditions devait se conclure cette heureuse paix? demanda le roi, maîtrisant avec peine la colère dont son cœur était gonflé.

— Elles ne m'ont pas été confiées ; je les ai remises à l'ermite sous le seing du conseil.

— Et que vous semble du bonhomme? Est-ce un idiot ou un fou, un traître ou un saint?

— A mon avis, il joue un rôle afin de s'attirer les bonnes grâces et le respect des païens, qui tiennent les fous pour des créatures inspirées du ciel. Du moins, il ne déraisonne que par moments, suivant l'occasion, et non pas d'une manière suivie, ainsi qu'un véritable insensé.

— Judicieusement répondu, dit Richard en s'étendant sur sa couche dont il était à moitié sorti. Et sa pénitence?

— Elle m'a paru sincère, et comme le fruit de quelque crime affreux pour lequel il se croit condamné à la réprobation.

— Que pense-t-il de la croisade?

— Autant que j'en puis juger, il désespère du salut de la Palestine comme du sien propre, à moins d'un miracle.

— La couardise de cet ermite égale celle des princes de la chevalerie et de la foi : ils ne montrent de résolution et de fermeté que pour battre en retraite, et, au lieu de marcher contre le Sarrasin, ils n'hésiteraient point à passer dans leur fuite sur le corps d'un allié mourant.

— Faites excuse, Monseigneur, mais un si long entretien ne sert qu'à redoubler votre mal, ennemi plus funeste à la chrétienté qu'une armée d'infidèles.

Le teint de Richard s'était, en effet, enflammé ; il parlait avec violence, le poing crispé, le bras étendu, les yeux étincelants. Bien qu'en proie aux tourments de l'esprit et du corps, il continua la conversation, soutenu par son courage indomptable.

— Vous avez beau me flatter, sire chevalier, reprit-il, vous ne m'échapperez pas. Il faut m'en dire plus long... Avez-vous vu la reine à Engaddi?

Kenneth, à qui cette question rappelait la procession des femmes, se troubla.

— Non pas que je sache... non, balbutia-t-il.

— En d'autres termes, dit le roi, d'un ton plus sévère, êtes-vous entré dans la chapelle des carmélites, et y avez-vous vu Bérengère, reine d'Angleterre, et les dames d'honneur qui l'ont accompagnée dans ce pèlerinage?

— Je dirai la vérité à Votre Grâce comme aux pieds d'un confesseur. Dans une chapelle secrète où m'a conduit l'ermite, une procession de femmes est venue rendre hommage à une sainte relique ; comme elles étaient voilées et qu'elles ont chanté ensemble des cantiques, je ne saurais dire si la reine était du nombre.

— Parmi ces dames n'en connaissiez-vous pas quelqu'une ?

Kenneth garda le silence.

— Je m'adresse, reprit le roi en se soulevant sur son coude, à un chevalier et à un noble homme, et votre réponse m'apprendra quel prix vous attachez à ce double titre ? N'avez-vous pas reconnu l'une des dames de la procession?

— Monseigneur, répondit l'Écossais non sans balancer beaucoup, j'ai pu faire des conjectures.

— Ah ! et moi de même... En voilà assez. Tout léopard que vous êtes, sire chevalier, prenez garde d'exciter le lion. S'enamourer de la lune serait une preuve de délire ; mais s'élancer d'une tour dans l'espoir de voler jusqu'à elle serait un acte de folie mortelle.

Un bruit de pas s'étant fait entendre dans l'antichambre, Richard ajouta, avec son affabilité ordinaire :

— Maintenant, partez ; cherchez le baron de Vaux et envoyez-le-moi ainsi que le médecin arabe. Je répondrais sur ma vie de la bonne foi de Saladin. Ah ! s'il voulait seulement abjurer, je l'aiderais de ma bonne lance à chasser de ses États ce ramas de Français et d'Allemands, et la Palestine, j'en suis certain, serait aussi bien gouvernée par lui qu'elle l'était jadis par des rois élus de Dieu.

Le chevalier du Léopard se retira, et presque aussitôt le chambellan annonça qu'une députation du conseil des princes demandait à voir le roi d'Angleterre.

— Il est fort heureux qu'ils se souviennent que j'existe encore, répondit Richard. Quels sont ces honorables personnages?

— Le grand maître de l'ordre du Temple et le marquis de Montferrat.

— Notre frère de France n'aime pas les chambres de malade, et pourtant s'il eût été souffrant, il y a longtemps qu'il m'aurait vu à ses côtés... Jocelyn, arrange mon lit ; il est bouleversé comme une mer en furie... Donne-moi ce miroir d'acier, et passe le peigne dans mes cheveux... On dirait la crinière d'un lion plutôt que les cheveux d'un chrétien... Apporte-moi l'aiguière.

— Monseigneur, dit Jocelyn tout tremblant, les médecins ont défendu l'eau froide...

— Au diable les médecins ! S'ils ne savent pas me guérir, je ne veux pas qu'ils me tourmentent. A présent, ajouta le roi, après avoir fait ses ablutions, introduis ces dignes envoyés ; ils ne diront pas, je l'espère, que la maladie m'a fait négliger le soin de ma personne.

Le grand maître des Templiers était un homme de haute taille, maigre et usé par la guerre ; il avait un coup d'œil lent mais pénétrant, et un front sur lequel mille intrigues ténébreuses avaient creusé des rides. Étrange société que celle du Temple pour qui l'ordre était tout et l'individu rien ; cherchant à augmenter son pouvoir, même aux dépens de la religion, qu'elle s'engageait dans le principe à défendre ; accusée plus tard d'hérésie et de sorcellerie, malgré son caractère sacerdotal ; soupçonnée d'avoir des intelligences secrètes avec le soudan, quoique ayant fait vœu de délivrer le saint sépulcre ! Autant d'énigmes qu'on ne se souciait pas, en général, d'expliquer. Le grand maître était vêtu, comme en cérémonie, d'une longue robe blanche, et il tenait à la main l'abaque ou baguette mystique, emblème de sa dignité, dont la forme bizarre avait donné lieu à toutes sortes de conjectures.

Conrad de Montferrat avait un extérieur beaucoup plus agréable que le sombre et mystérieux soldat-prêtre qui l'accompagnait. C'était un bel homme, d'âge moyen, peut-être un peu au delà, valeureux au combat, prudent au conseil, fastueux et galant dans une fête. En général, on lui reprochait de la versatilité, une ambition étroite, l'unique désir d'étendre sa principauté de Tyr, sans égard pour les intérêts du royaume latin de Palestine ; on l'accusait aussi de négocier en secret avec Saladin.

Après l'échange des salutations ordinaires, le marquis de Montferrat exposa le motif de leur visite : « ils étaient chargés, dit-il, par les rois et princes qui composaient le conseil de la croisade, de s'enquérir de la santé de leur magnanime allié le vaillant roi d'Angleterre. »

— Nous savons quelle importance les princes du conseil attachent à notre santé, répondit le monarque, et nous n'ignorons pas combien ils ont dû souffrir de ne pas s'en informer pendant quatorze jours, par crainte, sans doute, d'ag-

Le grand maître du Temple.

graver notre maladie en laissant voir l'inquiétude qu'elle leur donne.

Cette réplique ayant coupé court à l'éloquence du marquis et mis de l'embarras dans son maintien, le grand maître prit à son tour la parole. Avec une gravité aussi brève et sèche que le permettait la présence royale, il dit à Richard qu'ils venaient, de la part du conseil et au nom de tous les chrétiens, « le prier de ne pas livrer sa santé à un médecin infidèle, soi-disant accrédité par Saladin, avant que le dit conseil eût terminé son enquête sur le voyage de cet individu.

— Grand maître du saint et vaillant ordre du Temple, et vous, très noble marquis de Montferrat, répondit le roi, s'il vous plaît de passer dans la chambre voisine, vous verrez tout à l'heure quel cas nous faisons des affectueuses remontrances de nos royaux et augustes alliés.

Depuis quelques instants les deux dignitaires s'étaient retirés dans l'antichambre du pavillon, quand arriva le médecin maure, accompagné de Kenneth.

En entrant, El-Hakim s'inclina, à la manière orientale. Le grand maître lui rendit son salut d'un air de froideur méprisante, et le marquis avec cette politesse banale qu'il témoignait à tout le monde. Il y eut un moment d'attente, que rompit le templier en interrogeant durement le nouveau venu :

— Auras-tu le courage d'exercer ton art sur la personne sacrée d'un souverain de l'armée chrétienne ?

— Le soleil d'Allah, répondit le sage, luit sur le Nazaréen comme sur le vrai croyant, et son serviteur n'ose point distinguer entre eux quand il est appelé à leur donner ses soins.

— Mécréant Hakim, ou quel que soit le nom d'un esclave des ténèbres qui n'a pas reçu le baptême, sais-tu à quoi tu t'exposes ? Tu seras déchiré par quatre chevaux sauvages si le roi Richard meurt entre tes mains.

— Ce serait d'une justice rigoureuse, car je ne puis recourir qu'à des moyens humains, et le résultat en est écrit dans le livre de lumière.

— Brave et respectable grand maître, fit observer le marquis, veuillez considérer que ce savant homme ne connaît pas notre police chrétienne, fondée sur la crainte des lois divines et dans l'intérêt de l'oint du Seigneur. Apprends donc, toi dont nous ne mettons pas le savoir en doute, quel est le parti le plus sage à suivre : va te présenter à l'illustre conseil de notre sainte ligue, et, en présence des habiles gens qu'il lui plaira de désigner, rends compte des moyens que tu veux employer pour la guérison de l'auguste malade ; tu éviteras de la sorte le danger qui te menace en prenant témérairement sur toi seul toute la responsabilité.

— Illustres chefs, je vous comprends fort bien ; mais la science a ses héros comme la guerre, et aussi bien que la religion elle a quelquefois ses martyrs. Le soudan, mon maître, m'a commandé de guérir le roi nazaréen, et, avec la bénédiction du Prophète, je lui obéirai. En cas d'échec, vous portez des glaives altérés du sang des fidèles, et je leur livre ma vie. Quant à discuter avec des incirconcis sur la vertu des médecines, dont la grâce d'en haut m'a octroyé la connaissance, je m'y refuse, et je vous prie de me laisser, sans délai, remplir mon office.

— Qui parle de délai? dit le baron de Vaux en survenant à la hâte ; nous n'en avons déjà que trop souffert... Je vous salue, marquis de Montferrat, et vous aussi, vaillant grand maître. Excusez-moi ; il faut que j'introduise cet homme auprès du roi.

— Messire, dit le marquis en français normand ou *langue d'oui*, comme on l'appelait alors, nous sommes venus, je vous en avertis, de la part des rois et princes de la croisade, pour faire nos représentations sur le danger de confier à un infidèle une santé aussi précieuse que celle de votre maître.

— Noble seigneur, répliqua brusquement l'Anglais, les longs discours ne sont pas mon fait, et il ne me plaît guère d'en écouter. D'ailleurs, je suis bien plus porté à croire le rapport de mes yeux que celui de mes oreilles. Or, ma conviction est faite : ce païen est capable de guérir le roi, et il y travaillera de toutes ses forces. Le temps est précieux... Si Mahomet — que Dieu le confonde ! — était à la porte de la tente avec d'aussi bonnes intentions qu'Adonibek, je regarderais comme un péché de le faire attendre une minute... Là-dessus, Messeigneurs, je vous souhaite le bonsoir.

— Nous devons assister aux opérations du médecin, dit Conrad; nous avons la parole du roi.

Après avoir échangé quelques mots à voix basse avec le chambellan, sans doute pour savoir si le marquis disait la vérité, le baron répliqua :

— Messeigneurs, si vous pouvez répondre de votre patience, veuillez nous suivre ; mais si vous intervenez en parole ou par geste, mettez-vous dans l'esprit que, sans égard pour votre rang, je vous obligerai à sortir du pavillon. Oui, vraiment! je suis tellement ravi de l'efficacité du remède, que si Richard lui-même s'y refusait, par Notre-Dame! je trouverais dans mon cœur la force de le lui faire prendre, bon gré mal gré... Passez devant, El-Hakim.

Le ton peu cérémonieux du vieux guerrier fit froncer le sourcil au grand maître ; toutefois, sur un regard que lui jeta le marquis, il se composa un visage moins refrogné, et tous deux suivirent le baron dans l'appartement intérieur. Kenneth, qu'on n'avait invité ni à rester ni à partir, se crut autorisé par les circonstances à accompagner les grands dignitaires ; mais, sentant l'infériorité de son rang, il se tint à l'écart durant toute la scène suivante.

Lorsqu'ils entrèrent, le roi s'écria sur-le-champ :

— Oh! oh! voici une belle compagnie qui vient pour voir Richard faire le grand saut. Mes nobles alliés, soyez les bienvenus; Richard va reparaître parmi vous tel qu'il était, ou vous porterez à la tombe ce qui restera de lui... Thomas, que ton prince soit mort ou vif, tu es assuré de sa reconnaissance... Il y a encore quelqu'un ici ; cette fièvre a affaibli mes yeux... Eh mais! c'est notre brave Écossais, qui voulait escalader le ciel sans échelle... Il est aussi le bienvenu... Allons, maître mire, à l'œuvre! à l'œuvre!

Le médecin, qui s'était déjà informé des divers symptômes de la maladie du roi, lui tâta le pouls longtemps, tandis que tous ceux qui l'entouraient attendaient avec une inquiète impatience. Il remplit ensuite une coupe d'eau limpide et y trempa le même sachet de soie qu'il tira, comme la première fois, de son sein. Quand il lui parut que l'eau en était suffisamment saturée, il la présenta au souverain, qui repoussa la coupe en disant :

— Attends un peu... tu m'as tâté le pouls... laisse-moi poser le doigt sur le tien... Moi aussi, comme il sied à un bon chevalier, j'ai quelque teinture de médecine.

L'Arabe abandonna sa main sans balancer, et ses doigts bruns et effilés disparurent un moment dans la large main de Richard.

— Son pouls est aussi calme que celui d'un enfant; il n'en va pas de même quand on cherche à se défaire d'un prince. Thomas, quoi qu'il arrive, El-Hakim doit être reconduit avec honneur et en toute sûreté. Rappelle-moi au souvenir du noble Saladin. Si je meurs, ce sera sans doute de sa loyauté; si je vis, je saurai le remercier comme un guerrier doit le faire.

Alors il se leva sur son séant, et prit la coupe dans sa main, en disant au marquis et au grand maître :

— Faites bien attention à mes paroles, et que les princes, mes frères, me fassent raison avec du vin de Chypre... A la gloire immortelle du croisé qui frappera le premier coup de lance ou d'épée sur la porte de Jérusalem! à la honte et à l'éternelle infamie de quiconque abandonnera la charrue à laquelle il a mis la main!

Il vida la coupe jusqu'au fond, la rendit à l'Arabe, et retomba comme épuisé sur les coussins qui avaient été arrangés pour le recevoir. Alors, El-Hakim invita, par des gestes expressifs, les assistants à sortir de la chambre; ils se retirèrent, à l'exception du baron de Vaux, que nulle remontrance ne put amener à quitter son maître.

CHAPITRE X.

> Et maintenant je vais ouvrir un volume secret, et vous lire quelque chose sur un sujet obscur et dangereux, mais que votre mécontentement vous fera vite comprendre.
>
> SHAKESPEARE, *Henri IV*, 1re partie.

Le marquis de Montferrat et le grand maître des templiers s'étaient arrêtés devant l'entrée du pavillon royal, et ils virent un fort détachement d'archers et d'hommes d'armes l'entourer de façon à tenir à distance tout ce qui aurait pu troubler le sommeil du monarque. Les soldats avaient les yeux baissés, l'air sombre et abattu, comme à un service funèbre; malgré leur nombre, on n'entendait ni le bruit des pas, ni le choc des armes.

— Il y a du changement parmi ces chiens d'insulaires, dit le grand maître au marquis après avoir traversé les rangs silencieux des gardes. Quel grossier tapage éclatait naguère devant ce pavillon! quels ébats! On n'y faisait que lancer la barre, jouer à la paume, lutter, hurler des chansons, vider les bouteilles; on se serait cru à quelque prairie de campagne, avec un mai au lieu d'une bannière royale.

— Les mâtins sont d'une race fidèle, répondit Conrad, et le roi a gagné leur cœur en luttant, braillant et se gaudissant avec les premiers venus, toutes les fois que l'envie lui en vient.

— Il n'agit jamais que par boutades. Avez-vous remarqué le défi qu'il nous a porté au lieu d'appeler la bénédiction du ciel sur le breuvage qu'il allait prendre?

— C'eût été pour lui un breuvage d'amertume, et la coupe de grâce, si Saladin ressemblait à ces porteurs de turban qui se tournent vers la Mecque à l'appel du muezzin. Mais non, il vise à la bonne foi, à l'honneur, aux sentiments généreux, comme s'il appartenait à un chien d'infidèle de pratiquer les vertus d'un chevalier chrétien! Ne dit-on pas qu'il s'est adressé à Richard pour être admis dans l'ordre de la chevalerie?

— Par saint Bernard, nous n'aurions plus qu'à jeter nos baudriers et nos éperons, à effacer nos armoiries et à briser nos cimiers, si les premiers honneurs de la chrétienté étaient conférés à un mauvais Turc de six liards!

Ils étaient arrivés près de leurs chevaux, qu'ils avaient laissés à quelque distance, au milieu d'une brillante escorte de pages et d'écuyers. Conrad, après un moment de réflexion, proposa au templier de renvoyer leur suite, et de profiter de la fraîcheur du soir pour revenir à pied dans leurs quartiers. Le grand maître y consentit, et ils se mirent en marche le long de l'esplanade qui séparait le camp des ouvrages extérieurs; là ils pouvaient s'entretenir en particulier et sans être aperçus, si ce n'est des sentinelles.

Ils parlèrent quelque temps des questions militaires et des préparatifs de défense; mais ce genre de conversation, auquel aucun des deux ne paraissait prendre intérêt, languit bientôt. Il y eut une longue pause, à laquelle le marquis de Montferrat mit fin en s'arrêtant court comme sous l'influence d'une décision soudaine.

— Si cela, dit-il, ne choque pas Votre Valeur et Votre Sainteté, je vous prierais, sire Amaury, de mettre pour une fois de côté le masque sombre que vous portez toujours et de causer avec un ami à visage découvert.

Le templier sourit.

— Il y a des masques de couleur claire, répondit-il, aussi bien que des sombres, et ils n'en cachent pas moins les traits du visage.

— C'est possible, dit le marquis avec le geste d'un homme qui se démasque; me voici sans déguisement. Eh bien, qu'adviendra-t-il, selon vous, de cette croisade, en ce qui touche les intérêts de votre ordre?

— Vous cherchez à arracher le voile qui couvre mes pensées plutôt qu'à m'exposer les vôtres; cependant, je vous répondrai par une parabole que m'a racontée un santon du désert. Un fermier demandait au ciel de la pluie, et murmurait de ce qu'il n'en tombait pas à son gré. Pour le punir de son impatience, Allah fit déborder l'Euphrate sur son domaine, et il périt, lui et tous ses biens, par cela même qu'il avait obtenu.

— Cette parabole est d'un grand sens. Plût au ciel que la mer eût englouti les trois quarts des armements de l'Occident! ce qui en serait resté aurait mieux servi les intérêts des fiefs chrétiens de la Palestine, misérables débris du royaume de Jérusalem. Livrés à nous-mêmes, nous aurions pu céder à l'orage, ou bien, avec un faible secours d'hommes et d'argent, forcer Saladin à respecter notre valeur, et à nous accorder paix et protection sous des conditions raisonnables. Mais vu l'extrême danger où le jette cette expédition, comment supposer que le soudan, s'il en est une fois quitte, permette à aucun de nous de conserver des fiefs ou des possessions en Syrie, et encore moins qu'il y souffre le maintien des communautés militaires qui lui ont fait tant de mal?

— Oui; mais ces croisés aventureux peuvent réussir et planter de nouveau la croix sur les remparts de Sion.

— Et quel avantage en retirera l'ordre du Temple, ou Conrad de Montferrat?

— Un grand pour vous peut-être, qui pourriez être élu roi de Jérusalem.

— Le mot sonne bien, et pourtant il sonne creux. Godefroi de Bouillon avait bien raison de choisir la couronne d'épines pour emblème. J'avoue, grand maître, que les formes du pouvoir oriental me séduisent : un roi et des sujets, voilà l'idéal d'une monarchie, comme aux premiers âges un berger et son troupeau. Toute cette chaîne de dépendances féodales est artificielle et mensongère; j'aimerais mieux tenir d'une main ferme mon humble bâton de marquis et en user à mon plaisir, que le sceptre d'un monarque, pour être obligé de l'incliner devant tous les orgueilleux barons, possesseurs de terres sous la juridiction de Jérusalem. Un roi doit marcher librement, sans se trouver empêché, ici par un fossé, là par une palissade, enfin par un privilège quelconque, qu'un sire armé de pied en cap est prêt à soutenir, l'épée à la main. Pour tout dire en un mot, je sais d'avance que les droits de Lusignan au trône seront préférés aux miens, si Richard se rétablit et s'il a quelque influence sur ce choix.

— Il suffit, dit le grand maître; tu m'as convaincu de ta sincérité. D'autres peuvent avoir la même opinion ; mais ils sont rares ceux qui osent franchement avouer qu'au rétablissement du royaume de Jérusalem ils préfèrent le maintien de ce qu'il en reste.

— Tu ne me trahiras pas? dit Conrad en regardant son compagnon avec une méfiance pénétrante. Sois assuré, pour ta gouverne, que ma langue ne fera jamais tort à ma tête et que mon bras saura défendre l'une et l'autre. Accuse-moi, si cela te plaît ; je suis prêt à combattre en lice contre le plus vaillant templier qui ait manié une lance.

— Allons, pour un si bon coursier tu te cabres bien vite. N'importe ; par le saint Temple que notre ordre a juré de défendre, je jure, moi, de te garder le secret en féal compagnon.

— De quel temple parles-tu? demanda le marquis, dont le penchant au sarcasme l'emportait souvent sur la prudence. Est-ce le temple que Salomon éleva sur les hauteurs de Sion, ou le symbolique édifice dont il est question dans vos conseils secrets pour contribuer à la puissance de l'ordre ?

Le grand maître lui décocha un coup d'œil acéré comme un trait de mort, et répondit sans colère :

— Quel que soit le temple, seigneur marquis, mon serment est sacré. Reste à savoir comment te lier par un engagement de même force.

— Eh bien, dit Conrad en riant, je jure à mon tour, par ma couronne de marquis de Tyr. Avant la fin de la guerre, je compte la troquer contre quelque chose de mieux. Elle ne me garantit pas du froid, cette légère couronne ; la toque de duc serait une meilleure protection contre la brise qui souffle maintenant, et une couronne de roi me semblerait encore préférable, étant chaudement doublée d'hermine et de velours... Bref, nos intérêts nous lient l'un à l'autre ; car ne croyez pas, grand maître, que si les princes alliés parviennent à reprendre Jérusalem et à y placer un roi de leur choix, ils laissent à votre ordre, non plus qu'à mon pauvre marquisat, l'indépendance dont nous jouissons à présent. Non, par Notre-Dame ! En une telle conjoncture, force serait aux fiers chevaliers de Saint-Jean de retourner dans les hôpitaux pour y préparer des emplâtres et soigner les pestiférés, et quant à vous, puissants et vénérables chevaliers du Temple, il faudrait redevenir simples hommes d'armes, dormir trois sur un grabat, et monter deux sur un cheval, humble coutume de vos premiers temps, qui est encore rappelée par l'effigie de votre sceau.

— Cette dégradation n'est pas à craindre, répliqua le templier d'un ton hautain, avec le rang, les privilèges et la richesse de notre ordre.

— Autant de fléaux, mon cher sire ; vous le savez comme moi, si les alliés triomphaient en Palestine, le premier acte de leur politique serait de détruire l'indépendance de votre société, et, sans la protection du pape et la nécessité d'employer votre valeur dans la conquête du pays, le coup vous aurait déjà été porté. Contribuez à leur victoire, et vous serez mis au rancart, comme on jette hors de la lice les éclats d'une lance brisée.

— Il peut y avoir de la vérité dans ce que vous dites, repartit le templier avec un sombre sourire ; mais quels avantages aurions-nous à espérer si les alliés retiraient leurs forces et laissaient la Palestine au pouvoir de Saladin ?

— Des avantages brillants et solides. Le soudan donnerait de vastes provinces pour conserver sous ses ordres un corps de lances franques bien discipliné. En Égypte et en Perse, une centaine d'auxiliaires semblables, joints à sa cavalerie légère, décideraient la bataille en sa faveur, même avec toutes les chances contraires. Cette dépendance ne durerait qu'un temps, peut-être pendant la vie de cet entreprenant souverain. Mais, en Asie, les empires croissent comme des champignons... Supposez qu'il soit mort, et que nous soyons, de notre côté, constamment renforcés par des aventuriers, pleins d'ardeur et de courage : affranchis du contrôle de ces monarques dont le rang nous rejette dans

l'ombre, et qui nous condamneraient volontiers à une dépendance éternelle, quel champ illimité s'ouvrirait à notre ambition!

— Vos paroles, marquis, éveillent un écho dans mon cœur. Cependant il faut agir avec prudence; le roi Philippe est aussi sage que vaillant.

— Il sera d'autant plus facile de le détourner d'une expédition à laquelle, dans un moment d'enthousiasme ou aux sollicitations de sa noblesse, il s'est associé témérairement. Jaloux du roi Richard, son ennemi naturel, il brûle de retourner en France, afin de suivre des plans dont le théâtre est plus près de Paris que de Jérusalem. Le premier prétexte honnête lui suffira pour s'éloigner d'un pays où il sait à merveille qu'il épuise les forces de son royaume.

— Et le duc d'Autriche?

— Oh! quant à lui, sa suffisance et sa sottise le conduiront aux mêmes conclusions que la politique et la sagesse de Philippe. Il se croit traité avec ingratitude, — Dieu le maintienne dans cette illusion! — parce que toutes les bouches, même celles de ses ménestrels, sont remplies des louanges du roi Richard. Il le craint et le déteste, et serait ravi qu'il lui arrivât malheur ; semblable en cela à ces chiens poltrons et mal dressés qui, en voyant le chef de la meute tomber sous la griffe du loup, sont plus disposés à l'attaquer par derrière qu'à lui venir en aide. Mais à quoi bon tant de paroles, sinon à te prouver que je suis sincère en souhaitant que la ligue soit rompue et la Palestine délivrée des grands potentats et de leurs armées? Tu le sais de reste, l'ayant vu de tes propres yeux, tous les princes qui ont ici influence et autorité, tous, un seul excepté, ne songent qu'à négocier avec Saladin.

— Il faudrait être aveugle pour ne l'avoir pas remarqué dans leurs dernières délibérations. Mais un peu plus de sincérité, et dis-moi pourquoi tu as proposé au conseil, pour porter les conditions du traité, ce chevalier du Léopard, Anglais du nord ou Écossais.

— C'est une combinaison politique. D'une part, sa qualité de Breton prévenait en sa faveur le soudan, qui le connaissait pour appartenir à l'armée de Richard; de l'autre, sa qualité d'Écossais, jointe à certains griefs personnels dont je suis instruit, éloignait toute crainte de communication entre lui et Richard, à qui sa présence n'a jamais été agréable.

— Voilà bien de la politique italienne ! Crois-tu enchaîner ce Samson insulaire avec tes toiles d'araignée? Prends-moi, au contraire, des cordes neuves et d'un tissu solide. Le beau résultat que tu as obtenu avec ton messager d'élite! Il nous a ramené un médecin qui va remettre cet Anglais au cœur de lion et au cou de taureau en état de continuer la croisade. Sitôt qu'il pourra marcher en avant, lequel des princes osera rester en arrière? Ils le suivront, rien que par honte, bien qu'ils aimassent mieux suivre la bannière de Satan.

— Sois tranquille ; avant que le mire — s'il n'a point recours à des moyens surnaturels — ait eu le temps de guérir le roi, il sera possible de faire éclater une rupture entre le Français, ou, à son défaut, l'Autrichien, et leur allié d'Angleterre, rupture qui sera irréparable. Alors, que Richard, quittant le lit, aille commander ses propres soldats ; il n'aura jamais plus assez d'ascendant pour diriger tous ceux de la croisade.

— Tu es un archer de bonne volonté, Conrad ; mais ton arc est trop lâche pour envoyer une flèche droit au but.

Amaury s'interrompit, jeta autour de lui un regard soupçonneux et, saisissant la main du marquis, il la pressa fortement, mit ses yeux dans ses yeux, et ajouta d'une voix lente :

— Richard sortir de son lit, dis-tu? Il faut qu'il n'en sorte plus.

Le marquis tressaillit : un frisson le secoua dans tout son corps et ses joues pâlirent.

— Quoi! s'écria-t-il. Est-ce de Richard d'Angleterre que tu parles ? de Cœur de Lion ? du champion de la chrétienté?

Le templier surprit son émotion, et son visage impassible se contracta en un sourire de mépris.

— Sais-tu à quoi tu ressembles, sire Conrad? dit-il. Oh ! ce n'est pas au vaillant marquis de Montferrat, ni au fin politique qui aspire à gouverner le conseil des princes et décider du sort des États, non ; tu m'as l'air d'un novice qui, ayant déchiffré une formule de conjuration dans le grimoire de son maître, a évoqué le diable sans le savoir et s'épouvante de le voir apparaître.

— A défaut d'un moyen moins périlleux, celui dont tu te préoccupes nous conduit directement au but, j'en conviens ; mais, bonne Vierge ! nous serons en exécration à toute l'Europe ; on nous maudira à l'envi, depuis le pape sur son trône jusqu'au dernier des loqueteux qui mendie sous le porche d'une église ; rongé d'ulcères et dans l'extrême misère, il rendra grâces au ciel de n'être ni Gilles Amaury ni Conrad de Montferrat.

— Si c'est ainsi que tu prends les choses, dit le templier sans se départir du sang-froid qu'il avait gardé pendant cette conversation significative, supposons qu'il ne s'est rien passé entre nous, que nous avons parlé en dormant, et qu'une fois éveillés, la vision s'est évanouie.

— Non, non, elle ne me quittera pas.

— En effet, des visions de couronnes ducales et de diadèmes royaux s'effacent difficilement de l'imagination.

— Eh bien, laisse-moi d'abord tenter de rompre l'alliance entre l'Autriche et l'Angleterre.

Ils se séparèrent.

Conrad resta immobile au lieu où ils s'étaient quittés, les yeux attachés sur le manteau flottant du templier, qui s'éloignait d'un pas grave, et disparaissait par degrés au milieu des ténèbres, rapidement croissantes, d'une nuit d'Orient. Plein d'ambition et de vanité, peu scrupuleux dans ses mœurs et sa politique, le marquis de Montferrat n'avait pourtant pas l'humeur cruelle. C'était un épicurien, un voluptueux ; et, à l'exemple de beaucoup de gens de ce caractère, il lui répugnait, malgré son égoïsme, de faire le mal ou d'en être témoin. En outre, il avait le respect de sa propre réputation, sentiment qui tient quelquefois la place des principes plus élevés sur lesquels se fonde la bonne renommée.

— Oui vraiment, pensait-il, les yeux encore tournés vers l'endroit où avait disparu le manteau blanc de son compagnon, oui, j'ai évoqué le démon de la vengeance. Qui l'aurait cru? Cet austère fanatique, dont le sort, bon ou mauvais, est lié à celui de son ordre, voudrait, pour en assurer la grandeur, tenter plus que je n'oserais pour mon intérêt personnel. Mon but était, à la vérité, de ruiner cette folle croisade ; mais aller jusqu'au moyen qu'il a eu le cynisme de me proposer... Et pourtant c'est le plus sûr, le moins dangereux peut-être...

Telles étaient les réflexions secrètes du marquis quand, à peu de distance, une voix cria, du ton emphatique d'un héraut : « Souvenez-vous du saint sépulcre ! »

Le cri fut répété de place en place, car la consigne exigeait des sentinelles qu'elles se fissent entendre à intervalles réglés, afin que les croisés eussent toujours présent à la mémoire le motif qui les avait appelés aux armes. Bien que l'avertissement fût familier aux oreilles de Conrad, au point de n'y plus prêter d'attention, il contrastait si étrangement avec le cours de ses pensées, qu'il lui parut une voix descendue du ciel pour le mettre en garde contre des intentions criminelles. Par un mouvement machinal, il regarda autour de lui avec inquiétude, cherchant peut-être si, comme l'ancien patriarche, quoique dans des circonstances bien différentes, il ne verrait point quelque bélier arrêté dans un taillis, quelque victime à substituer au sacrifice que le templier voulait offrir, non à l'Être suprême, mais au moloch de leur ambition.

En ce moment, il aperçut la bannière d'Angleterre, dont les larges plis ondulaient sous la brise du soir. Elle était plantée au centre du camp, sur un monticule, qui avait peut-être servi de tombe à quelque ancien chef hébreu. On l'avait nommé *le mont Saint-Georges*, d'après le nom du patron de l'Angleterre, à cause de la manière dont l'étendard anglais se déployait de cette hauteur, d'où il dominait, comme un emblème de souveraineté, toutes les autres enseignes illustres, même royales.

Un coup d'œil peut faire naître bien des idées dans une imagination ardente. Un seul regard sur la bannière parut dissiper l'incertitude d'esprit où le marquis était plongé. Il se dirigea vers son pavillon, du pas déterminé d'un homme qui vient d'adopter un plan, et qui est résolu à le suivre. Là, il congédia la foule de serviteurs, qui lui formait une cour presque royale, et, en se mettant au lit, il se fortifia dans sa dernière résolution, à savoir, d'essayer des moyens plus doux avant de recourir aux plus violents.

« Demain, se dit-il, je dîne chez le duc d'Autriche ; je verrai ce qu'il est possible de faire pour arriver à mes fins, avant de suivre les noirs conseils du templier. »

CHAPITRE XI.

Il est une chose trop commune dans notre pays du nord, c'est l'envie : de même que le limier s'acharne sur les traces du daim, l'envie poursuit l'être que naissance, valeur, esprit ou richesses ont élevé à une certaine hauteur, et s'efforce constamment de l'en précipiter.

DAVID LINDSAY.

éopold, duc d'Autriche, fut le premier des maîtres de ce beau pays qui ait joui du rang de prince. Il avait été élevé au titre de duc dans l'empire d'Allemagne à cause de sa parenté avec l'empereur Henri VI, dit le Sévère, et gouvernait sous sa suzeraineté les plus fertiles provinces qu'arrose le Danube. L'histoire a flétri sa mémoire à cause d'un acte de violence et de perfidie dont la source remonte aux événements de la croisade ; et cependant la honte d'avoir fait Richard prisonnier tandis qu'il traversait ses États, sans suite et déguisé, ne venait pas des sentiments naturels de Léopold.

C'était un prince faible et vain plutôt qu'ambitieux et tyrannique. On remarquait une certaine concordance entre ses qualités physiques et morales. Il était grand, robuste et bien fait, avec un teint blanc et rose, et de longs cheveux d'un blond clair. Mais il y avait dans sa démarche une sorte de gaucherie, comme s'il manquait à ce colosse une énergie suffisante pour le mettre en mouvement. De même, les plus riches vêtements ne semblaient pas faits pour lui. Comme prince, il avait l'air d'un parvenu ; et, ne sachant comment affirmer à l'occasion son autorité, il se croyait obligé d'avoir recours à des expressions ou à des actes de violence, tout à fait hors de saison, pour regagner le terrain où il aurait pu aisément se maintenir en montrant un peu de présence d'esprit.

Ces défauts étaient visibles pour tout le monde ; le duc, qui en avait conscience, s'avouait intérieurement qu'il était incapable de faire respecter sa dignité, et parfois même il concevait le soupçon, trop bien fondé, que le monde l'estimait en conséquence.

Lorsqu'il alla rejoindre l'armée chrétienne avec un train de la plus grande magnificence, Léopold, qui se sentait attiré vers le roi Richard, avait fait, pour gagner son amitié, des avances que celui-ci ne se soucia point d'accueillir. Non seulement il l'accusait de manquer de courage, ce qui n'était pas juste, mais de s'adonner aux plaisirs de la table, surtout à l'ivrognerie. Ces motifs, joints à une antipathie personnelle, firent que le roi d'Angleterre traita bientôt son allié avec un mépris qu'il ne chercha même point à déguiser ; et le soupçonneux Allemand, qui s'en aperçut, le paya d'une haine profonde. La discorde fut attisée entre eux par les secrètes manœuvres de Philippe-Auguste, un des princes les plus politiques de son temps. Redoutant le caractère impétueux et dominateur de Richard, son rival naturel en Palestine, et offensé du ton d'autorité qu'affectait envers lui un vassal de la couronne de France, Philippe essaya de renforcer son parti et d'affaiblir celui de Richard, en excitant les chefs croisés d'un rang inférieur à se réunir pour résister à ce qu'il appelait un pouvoir usurpateur.

Tel était l'état des choses quand Conrad de Montferrat résolut de tirer parti de la jalousie du duc d'Autriche pour dissoudre ou ébranler du moins la ligue des croisés.

Il choisit, pour aller le voir, l'heure de midi, sous le prétexte de lui offrir du vin de Chypre d'un cru très rare et d'en comparer les mérites avec les vins de Hongrie et du Rhin. En retour de cette courtoisie, il reçut naturellement une invitation à dîner, et rien ne fut épargné pour rendre le festin digne d'un prince souverain. Néanmoins, le goût délicat de l'Italien vit plus de profusion que d'élégance ou de splendeur dans la quantité de plats énormes, sous le poids desquels la table ducale gémissait.

Les Allemands, quoique ayant encore le caractère franc et martial de leurs ancêtres, ne s'étaient pas débarrassés d'une assez forte dose de leur barbarie. Ils ne pratiquaient pas les préceptes et usages de la chevalerie au même degré de raffinement que les Français et les Anglais, et ils n'observaient pas davantage les convenances sociales qui, dans l'opinion de ces deux peuples, indiquaient une haute civilisation. Leurs costumes étaient au moins bizarres : ainsi, les convives du duc portaient de courtes jaquettes de différentes couleurs, taillées, brodées et garnies de franges, mode qui n'avait aucun rapport avec celle des pays d'Occident.

Une cohue de serviteurs, jeunes et vieux, encombraient le pavillon ducal, se mêlaient de temps à autre à la conversation, et recevaient de leurs maîtres les restes de la table, qu'ils dévoraient tranquillement derrière eux. Il ne manquait pas non plus, et en nombre superflu, de bouffons, de nains et de ménestrels, tous bruyants et indiscrets au delà de ce qu'on aurait souffert dans une société mieux réglée. Comme on les laissait puiser à volonté aux brocs de vin qui circulaient sans cesse, leur gaieté avait aisément dégénéré en licence.

Au milieu du vacarme et de la confusion qui auraient convenu à une taverne allemande un jour de foire, plutôt qu'à la cour d'un prince, le duc était servi avec les formalités d'un cérémonial minutieux. Ses pages, tous de naissance noble, ne l'approchaient qu'à genoux ; il mangeait dans de la vaisselle plate et buvait du tokay ou des vins du Rhin dans un hanap d'or. Son manteau d'apparat était fourré d'hermine ; sa couronne égalait en valeur celle d'un roi, et ses pieds, chaussés de velours, reposaient sur un tabouret d'argent massif. Une chose qui peignait encore assez bien le caractère de l'homme, c'est que, tout en désirant montrer des égards au marquis, son hôte, qu'il avait placé à sa droite, il prêtait beaucoup plus d'attention à son *spruch-sprecher,* ou diseur de sentences, qui se tenait derrière son épaule droite.

Ce personnage était richement vêtu d'un manteau et d'un pourpoint de velours noir, constellé de pièces d'or et d'argent, en mémoire des princes généreux qui lui en avaient fait cadeau. Il portait une baguette, à laquelle pendaient, au moyen d'anneaux, des grappes de sequins, et il agitait cette sonnaille quand il allait prononcer un de ses oracles. Ménestrel et conseiller à la fois, il savait tour à tour flatter, faire des vers et discourir, et il n'était pas indifférent, pour gagner les bonnes grâces du duc, de s'insinuer d'abord dans celles de cet équivoque dignitaire.

En manière de contrepoids naturel, le duc avait derrière son épaule gauche un *hof-narr*, ou bouffon de cour, appelé Jonas Schwanker, qui faisait presque autant de bruit avec les clochettes de son bonnet de fou et de sa marotte, que l'homme aux sentences avec sa baguette aux pièces de monnaie.

L'un et l'autre débitaient, à tour de rôle, des balivernes graves ou comiques, toujours bien accueillies. Quelquefois ils se disputaient la parole, et c'était alors un tapage assourdissant; mais, en général, ils paraissaient vivre en bonne intelligence et accoutumés à se prêter une aide mutuelle : souvent l'orateur daignait accompagner les saillies du bouffon d'une explication qui les mettait à la portée de l'auditoire, en sorte que la sagesse servait de commentaire à la folie.

Quoi qu'il pensât de ce qui se passait autour de lui, Conrad eut grand soin que sa physionomie n'exprimât que la satisfaction la plus béate; il souriait et applaudissait à l'exemple de son hôte, tandis qu'en réalité, il guettait l'instant où la conversation viendrait à tomber sur un sujet favorable aux desseins dont son âme était occupée.

Le roi d'Angleterre ne tarda pas à être mis sur le tapis par le bouffon, qui s'était habitué à considérer *Richard du Balai* (telle était l'irrévérente épithète qu'il substituait à Richard Plantagenet) comme un thème de plaisanterie excellent et inépuisable. L'orateur gardait le silence; mais, sur une question de Conrad, il ajouta que le genêt ou *plante à balai* étant un emblème d'humilité, il siérait à ceux qui s'en paraient de ne point l'oublier. L'allusion devenait assez claire pour que le marquis jugeât à propos d'intervenir.

— Honneur à qui de droit! dit-il. Nous avons tous eu part aux marches et aux batailles de la croisade, et, à mon humble avis, il est d'autres princes qui peuvent réclamer une part de la gloire dont les ménestrels chargent uniquement Richard. Aucun des maîtres de la gaie science n'a-t-il une chanson à la louange du duc d'Autriche, notre royal hôte?

Trois ménestrels (*minnesingers*) s'avancèrent à l'envi, la harpe en mains et prêts à chanter. Deux furent réduits au silence, non sans peine, par l'orateur, qui semblait remplir l'office de meneur des fêtes et le troisième s'exprima ainsi, en langue germanique :

Quel brave chef conduira l'ost au but, les légions à la croix rouge? Le meilleur des cavaliers sur le meilleur des chevaux, la tête la plus haute ayant le plus beau des panaches.

Ici, l'orateur, secouant sa baguette à sonnailles, expliqua à la compagnie que ce héros était le duc lui-même, ce qu'on n'aurait peut-être pas deviné d'après la description du poète. Une large coupe, pleine de vin jusqu'aux bords, circula à la ronde, aux acclamations des convives : « Longue vie au duc Léopold! »

Ne demande pas pourquoi, parmi les nations, l'Autriche élève encore le plus haut sa bannière; demande plutôt pourquoi l'aigle aux ailes puissantes monte si près du ciel.

Cette nouvelle strophe reçut aussi un commentaire.

— L'aigle, reprit l'orateur, est l'emblème du noble duc, notre seigneur... de sa Grâce royale, veux-je dire, et entre tous les oiseaux, c'est celui qui s'approche le plus du soleil.

— On a vu le lion s'élever au-dessus de l'aigle, fit observer Conrad d'un air négligent.

Le duc rougit et se tourna vers l'orateur qui, après un temps, répliqua :

« N'en déplaise au noble marquis, un lion ne peut s'élever au-dessus d'un aigle, puisqu'il n'a point d'ailes.

— Hormis le lion de Saint-Marc, ajouta le bouffon.

— C'est l'emblème des Vénitiens, dit Léopold; mais assurément cette race amphibie, moitié nobles, moitié marchands, n'oserait pas comparer son rang au nôtre.

Le repas chez le duc d'Autriche.

— Quand j'ai parlé de lion, dit Conrad, je songeais, non pas à celui de Venise, mais aux trois lions passants d'Angleterre. Autrefois, dit-on, c'étaient des léopards ; aujourd'hui, ils sont devenus tout à fait lions, et doivent avoir le pas sur toute espèce de créatures, ou malheur à qui voudrait s'y opposer!

— Parlez-vous sérieusement, Seigneur? demanda l'Autrichien, déjà fort échauffé par ses nombreuses libations. Croyez-vous que Richard d'Angleterre prétende dominer les souverains libres qui, de leur plein gré, se sont joints à lui dans cette croisade?

— J'en parle sur les apparences. Ne voit-on pas au milieu du camp sa bannière flotter seule, comme s'il était roi et chef de toute l'armée?

— Souffrez-vous donc cela avec tant de patience que vous en parlez si froidement?

— Hélas! Monseigneur, est-ce au pauvre marquis de Montferrat de réclamer contre une injure à laquelle se soumettent patiemment de puissants monarques, comme Philippe de France et Léopold d'Autriche? La honte qu'il vous plaît de subir ne saurait être une disgrâce pour moi.

Léopold serra le poing et en frappa violemment la table.

— J'en ai parlé à Philippe, s'écria-t-il ; je lui ai souvent dit qu'il était de notre devoir de protéger les petits princes contre les menées envahissantes de cet insulaire ; mais, sans s'émouvoir, il me rappelle toujours les rapports de vassalité qui existent entre eux, et puis qu'il serait peu sage à lui d'en venir à une rupture ouverte dans des circonstances si critiques.

— Philippe est un sage, tout le monde le sait, et l'on fera à sa sagesse hommage de sa patience. Quant à la vôtre, Monseigneur, c'est à vous seul de l'expliquer ; car vous avez, sans nul doute, d'excellents motifs pour vous soumettre à la domination de Richard.

— M'y soumettre! répéta Léopold, saisi d'indignation. Moi, duc d'Autriche, membre important, indispensable du saint empire romain ; moi, me soumettre au roi de la moitié d'une île, au petit-fils d'un bâtard normand ; non, pardieu! L'armée, toute la chrétienté, verra comment je sais me faire justice et si j'entends céder un pouce de terrain à ce chien maudit. Debout, sujets et vassaux, debout et suivez-moi! Nous allons, sans perdre un instant, planter l'aigle d'Autriche dans un endroit où elle flottera aussi haut que flotta jamais emblème de roi ou de césar!

A ces mots, il se leva de table, et, au milieu des acclamations tumultueuses des convives et de toute sa cour, il s'élança hors du pavillon et saisit sa bannière, arborée devant la porte.

— Un moment, Seigneur, dit Conrad, feignant de s'interposer, ce serait une tache à votre réputation de soulever un tel esclandre à cette heure ; peut-être vaudrait-il mieux se soumettre un peu plus longtemps à la domination de Richard que de...

— Non, non! pas un instant de plus! interrompit le duc.

Et, la bannière au poing, il marcha vivement, suivi d'une foule hurlante d'Allemands, vers le monticule où flottait l'étendard d'Angleterre, et porta la main sur la hampe.

— Maître, cher maître, s'écria Schwanker en jetant ses bras autour du duc, prenez garde ! Les lions ont des dents...

— Et les aigles ont des serres, riposta Léopold qui, sans lâcher prise, eut un moment d'hésitation.

Le diseur de sentences, plus avisé qu'on ne l'aurait cru, fit résonner sa baguette, et le duc, par habitude, tourna la tête.

— L'aigle est le roi de l'air, dit le conseiller, comme le lion est le roi des forêts ; chacun d'eux a son domaine, aussi éloigné l'un de l'autre que l'Allemagne l'est de l'Angleterre. Ne déshonore pas, aigle magnanime, la bannière du lion royal, et laisse-la flotter en paix à côté de la tienne!

Léopold retira sa main de la hampe et chercha des yeux le marquis de Montferrat; mais Conrad, dès qu'il avait vu le scandale en bon train, s'était dérobé, non sans avoir manifesté, devant plusieurs indifférents, le regret que le duc eût choisi la fin d'un repas pour venger l'outrage fait à son honneur. N'apercevant pas celui auquel il souhaitait surtout de s'adresser, Léopold expliqua publiquement ses intentions : « Loin de lui l'idée de semer la discorde parmi les croisés, dit-il ; il voulait seulement défendre ses privilèges, et le droit qu'il avait d'être sur un pied d'égalité avec le prince anglais, sans insister, comme il aurait pu le faire, pour planter la bannière des empereurs, ses ancêtres, au-dessus de celle d'un simple descendant des comtes d'Anjou. » Il termina son discours en donnant l'ordre d'apporter un tonneau de vin et de le mettre en perce pour régaler les assistants ; ce qui fut exécuté sur l'heure, au bruit des tambours et des trompettes.

Cette scène de désordre n'eut pas lieu sans exciter l'alarme dans tout le camp.

Le moment critique était arrivé où El-Hakim avait prédit, selon les règles de son art, que son royal malade pouvait être éveillé sans danger. Il ne fallut pas un long examen au savant Arabe pour s'assurer que la fièvre était entièrement tombée, et qu'il ne serait pas nécessaire d'administrer une nouvelle dose de l'énergique remède. Richard parut être du même avis ; car il demanda, en se frottant les yeux, quelle somme d'argent il y avait dans ses coffres ; et, comme le baron n'en savait pas le montant au juste :

« Peu importe, ajouta-t-il ; forte ou faible, donne-la toute à cet habile homme, qui m'a, je l'espère, rendu au service de la croix ; et, s'il s'y trouve moins de mille besants, ajoutes-y des bijoux pour compléter la somme.

— Je ne vends pas la science qui me vient d'Allah, répondit El-Hakim, et, sache-le, grand prince, le breuvage divin que tu as pris cesserait d'agir entre mes mains indignes si je l'échangeais pour de l'or ou des diamants.

— Un médecin qui refuse des gages! dit le baron à part lui. Voilà qui est encore plus extraordinaire que son âge de patriarche.

— Thomas, reprit le roi, tu ne connais en fait de courage que celui de la lance, et en fait de vertus que celles des chevaliers. Eh bien, ce Maure, dans son indépendance, pourrait servir de modèle à ceux qui s'estiment les parangons de la chevalerie.

— C'est une récompense assez belle pour moi, répondit El-Hakim, les bras en croix sur sa poitrine et dans une attitude empreinte de respect et de dignité, qu'un grand roi comme Melek-Rik parle ainsi de son serviteur. A présent, repose-toi tranquillement ; car le mal pourrait revenir, si tu faisais usage de tes forces avant d'être tout à fait rétabli.

— Il faut bien t'obéir, Hakim, et pourtant je me sens si complètement délivré du feu dévorant qui, durant tant de jours, a consumé mon corps, que je ne craindrais pas de l'exposer à la lance d'un brave chevalier... Mais entendez-vous ces cris et cette musique dans le lointain ? Va voir, Thomas, ce que cela signifie.

Après quelques minutes d'absence, le baron rapporta que le duc d'Autriche était en train de parcourir le camp avec ses compagnons de bouteille.

— Imbécile d'ivrogne! dit Richard ; ne peut-il cacher ses habitudes grossières dans l'enceinte de son pavillon, sans en étaler la honte à la face de tous les chrétiens?... Qu'avez-vous à nous dire, sire marquis?

Ceci s'adressait à Conrad de Monferrat, qui venait d'être introduit.

— D'abord que je me réjouis fort, très honoré prince, de vous voir bonne mine et en si bon état. C'est une assez longue phrase pour un homme qui sort de la table hospitalière du duc d'Autriche.

— Quoi! vous avez dîné avec cette outre d'Allemagne? Quelle sottise lui a passé par la tête, dites-moi, de mener si grand tapage? Vraiment, je m'étonne, sire Conrad, que vous, un franc luron, ayez abandonné la partie.

Thomas de Vaux, placé un peu en arrière du lit, se livra à une pantomime animée pour persuader au marquis de ne point parler en ce moment de ce qui se passait au dehors ; mais le marquis ne le comprit pas ou ne voulut pas le comprendre.

— Ce que fait le duc, répondit-il, n'a d'importance pour personne, et encore moins pour lui-même, qui probablement n'en sait rien. Toutefois, à dire vrai, il s'agit d'une plaisanterie où je ne me souciais pas d'avoir un rôle : il est en train de jeter bas la bannière d'Angleterre, plantée sur le mont Saint-Georges, et d'arborer la sienne à la place.

— Que dis-tu? s'écria Richard, d'une voix à réveiller les morts.

— De grâce, Monseigneur, calmez-vous... Un fou qui suit sa folie...

— Assez, marquis!... Thomas, pas d'observation, tu entends?... Et toi, Hakim, je t'ordonne de te taire.

Tout en parlant, le roi avait sauté hors du lit et s'habillait à la hâte ;

puis, il saisit son épée suspendue à l'un des piliers de la chambre, et, sans appeler personne, il s'élança au dehors. Conrad, jouant l'étonnement et levant les bras au ciel, se tourna vers le baron ; mais celui-ci l'écarta rudement et dit à un des écuyers qui se tenaient dans l'antichambre :

— Cours chez Salisbury ; qu'il rassemble ses hommes et me suive sur-le-champ au mont Saint-Georges... Dis-lui que la fièvre a quitté les veines du roi et qu'elle s'est logée au cerveau.

Sans trop le comprendre, l'écuyer s'empressa d'exécuter l'ordre ; ses compagnons de la chambre royale coururent aux tentes des nobles, et, dans tout le quartier anglais, l'alarme devint bientôt générale. Les soldats, tirés en sursaut de la sieste dont la chaleur du climat leur avait enseigné le prix, s'interrogeaient les uns les autres et, sans attendre de réponse, suppléaient par leur imagination au défaut d'éclaircissements. Les Sarrasins étaient dans le camp ; on avait attenté à la vie du roi ; il était mort de la fièvre ; le duc d'Autriche l'avait assassiné : tels étaient les rumeurs qui couraient. Les seigneurs, tout aussi ignorants de l'origine de ce tumulte, s'occupaient de réunir leurs gens et de les tenir prêts à combattre, par crainte de quelque désastre imprévu. Les trompettes sonnaient le boute-selle, et les hommes d'armes poussaient le cri national : « Saint-Georges et l'Angleterre ! »

Sur ces entrefaites, sans prendre garde aux cris, aux acclamations, au tumulte, qui commençaient à redoubler autour de lui, Richard, les habits en désordre et son épée sous le bras, poursuivait rapidement sa route vers le mont Saint-Georges, n'ayant à ses côtés que Thomas de Vaux et deux ou trois officiers de sa maison. Dans le quartier des Écossais, le chevalier du Léopard, en voyant passer le roi, saisit ses armes et rejoignit le baron.

Arrivé au pied du monticule, dont le talus et la plate-forme étaient couverts de monde, les uns venus à la suite du duc d'Autriche, les autres en simples curieux, Richard se fraya un chemin jusqu'au sommet. Là, sur une sorte de terre-plein, flottaient les deux bannières rivales, autour desquelles se tenaient encore les amis et suivants du duc d'Autriche. Tandis que Léopold, contemplant avec une satisfaction secrète le résultat de sa prétendue prouesse, s'enivrait des vivats et des applaudissements qu'on ne cessait de lui prodiguer, parut soudain devant lui Cœur de Lion.

— Qui a eu l'audace, s'écria-t-il en étendant la main sur l'étendard d'Autriche et d'une voix grondante qui ressemblait au bruit précurseur d'un tremblement de terre, qui a eu l'audace de placer ce misérable chiffon à côté de la bannière d'Angleterre?

Le duc était loin de manquer de courage, et une semblable question exigeait de sa part une réponse. Cependant, troublé et surpris de la présence inattendue de Richard et frappé de la terreur générale qu'inspirait son caractère ardent et inflexible, il laissa répéter la question avant de répondre d'un ton aussi résolu que possible :

— C'est moi, Léopold d'Autriche.

— Eh bien, répliqua le roi, Léopold d'Autriche va voir, à l'instant même, le cas que Richard d'Angleterre fait de sa bannière et de ses prétentions.

Sur ces mots, il arracha la hampe de terre, la mit en pièces et foula aux pieds la bannière.

— Voilà, dit-il, comme je traite la bannière d'Autriche! Parmi vos chevaliers teutoniques, en est-il un qui ose le trouver mauvais?

— Moi! moi! moi! s'écrièrent à la fois plusieurs chevaliers de la suite du duc, et lui-même se joignit à ceux qui relevaient le défi du roi.

— Pourquoi tarder? dit le comte de Wallenrode, guerrier d'une taille gigantesque, venu des confins de la Hongrie. Frères et nobles seigneurs, l'honneur de notre pays est foulé aux pieds ; vengeons-le, et périsse l'orgueil de l'Angleterre !

Aussitôt il tira son épée et en porta au roi un coup qui aurait pu être mortel, si Kenneth, se jetant en avant, ne l'eût reçu sur son bouclier.

— J'ai juré, dit Richard, et sa voix domina le tumulte qui grandissait d'une façon sinistre, j'ai juré de ne jamais frapper un homme dont l'épaule porte la croix ; vis donc, Wallenrode ; mais que ce soit pour te souvenir du roi Richard !

En parlant ainsi, il saisit le colosse par le milieu du corps, et n'ayant pas d'égal à la lutte ou dans aucun exercice militaire, il le rejeta en arrière avec une telle violence, que cette masse énorme, comme si elle eût été lancée par un engin de guerre, traversa le cercle des assistants, roula le long du talus et ne s'arrêta qu'au bas du monticule, gisant inerte et l'épaule disloquée.

Cette preuve d'une vigueur presque surnaturelle n'était pas pour engager le duc ni quelqu'un de ses courtisans à renouveler un assaut qui avait si mal débuté. Ceux qui étaient aux derniers rangs de la foule brandissaient, il est vrai, leurs armes, en criant : « A mort, le chien d'insulaire ! taillez-le en pièces ! » mais les plus voisins de la scène dissimulaient peut-être leurs craintes personnelles sous le prétexte d'un rappel au bon ordre, en ripostant : « Paix ! paix ! la paix de la croix ! la paix de la sainte Église et du pape, notre saint père ! »

Un pied toujours posé sur l'aigle d'Autriche, Richard jetait autour de lui un regard étincelant qui semblait chercher un ennemi ; mais les nobles autrichiens s'éloignaient en baissant les yeux, comme pour échapper à la griffe menaçante d'un lion. Le sire de Vaux et le chevalier du Léopard n'avaient pas bougé de leur place et, quoique leurs glaives fussent encore au fourreau, l'on sentait bien qu'ils étaient prêts à défendre Richard jusqu'à la dernière extrémité, et leur stature et leur force remarquable donnaient à penser que la défense serait désespérée. D'autre part, Salisbury approchait avec ses gens, qui pointaient déjà leurs lances et bandaient leurs arcs.

En ce moment, survint le roi de France, accompagné de quelques seigneurs.

Il fit un geste d'étonnement à la vue de Richard, debout et défiant dans une attitude menaçante le duc d'Autriche, leur allié commun. Richard lui-même rougit d'être trouvé par Philippe, dont il prisait la sagesse autant qu'il aimait peu la personne, dans une attitude qui blessait à la fois sa dignité royale et son caractère de croisé. Aussi retira-t-il le pied, comme par hasard, de la bannière déshonorée, et ses traits, bouleversés par l'émotion, affectèrent un air de calme et d'indifférence. Léopold chercha aussi à se composer un maintien plus ferme, malgré la honte d'avoir un nouveau témoin de sa soumission aux insultes du roi d'Angleterre.

Les qualités royales qui avaient valu à Philippe le surnom d'Auguste pouvaient le faire considérer comme l'Ulysse de la croisade, dont Richard était sans contredit l'Achille. Le roi de France était judicieux et prudent, sage dans le conseil, calme et résolu dans l'action. Il voyait avec justesse, et poursuivait avec fermeté les mesures qui convenaient le mieux aux intérêts de son royaume. Plein de dignité et majestueux dans ses manières, personnellement brave, il était cependant plus politique que guerrier; la croisade n'aurait pas été de son choix, mais l'esprit du temps était contagieux, et cette expédition lui avait été imposée par l'Église et par le vœu unanime de sa noblesse. Dans toute autre situation et dans un siècle moins barbare, il aurait joué un rôle bien supérieur à celui de l'aventureux Richard. Mais pendant la croisade, qui n'était par elle-même qu'une entreprise extravagante, la saine raison était de toutes les qualités celle dont on faisait le moins de cas, et l'on eût regardé la valeur d'un chevalier comme flétrie s'il s'y fût mêlé ombre de prudence. Ainsi, le génie de Philippe, comparé à celui de son orgueilleux rival, ressemblait à la clarté faible mais pure d'une lampe, placée près d'une torche, dont le flamboyant éclat éblouit les yeux, sans être à moitié aussi utile.

Philippe ressentait l'erreur de l'opinion publique à son égard avec le chagrin naturel à un prince d'un esprit élevé, et il n'est pas étonnant qu'il saisît toutes les occasions de mettre son caractère en parallèle avec celui de son rival, quand l'avantage était de son côté. La circonstance présente lui sembla une de celles où la prudence et le sang-froid devaient raisonnablement triompher de la violence et de l'obstination.

— Que signifie, demanda-t-il, cette querelle indécente entre deux frères de la croix? Comment peut-il se faire que les chefs, les colonnes de notre sainte entreprise...

— Trêve de remontrances, Philippe! interrompit Richard, outré de s'entendre mettre au même niveau que Léopold. Ce duc, ce prince, cette colonne, si cela vous plaît, a été insolent, et je l'ai châtié, voilà tout. Pour des coups de pied à un chien, est-ce la peine de faire du bruit?

— Roi de France, dit le duc, j'en appelle à vous et à tous les autres princes souverains de l'affront sanglant que je viens de recevoir : le roi d'Angleterre a arraché ma bannière, il l'a déchirée et foulée aux pieds.

— Parce qu'il a eu l'audace de la planter à côté de la mienne, dit Richard.

— Mon rang, égal au tien, m'en donnait le droit, reprit le duc, enhardi par la présence de Philippe.

— Soutiens aussi l'égalité de ta personne, et, par saint Georges, je traiterai ta personne comme j'ai traité ce torchon brodé, qui ne sied qu'aux plus viles besognes que jamais torchon ait subies.

— Voyons, mon frère d'Angleterre, ayez patience, dit Philippe, et je vais démontrer son erreur à l'Autriche. Ne croyez point, noble duc, continua-t-il, qu'en laissant occuper à la bannière d'Angleterre le point le plus élevé du camp, nous, souverains indépendants de la croisade, ayons reconnu notre infériorité vis-à-vis de Richard. Ce serait une inconséquence de le croire, puisque l'oriflamme même, la grande bannière de France, à laquelle le roi Richard rend hommage pour ses domaines du continent, est à cette heure arborée au-dessous des lions d'Angleterre. Mais, en notre qualité de frères de la croix et de pèlerins guerriers qui, dédaigneux de la pompe et des vanités de ce monde, nous ouvrons, lance en main, une route jusqu'au saint sépulcre, moi-même et les autres princes, nous avons cédé au roi Richard, par égard pour sa renommée et ses hauts faits d'armes, cette préséance que, partout ailleurs et sans ce motif, nous ne lui eussions accordée. J'aime à croire qu'après avoir réfléchi là-dessus, Votre Seigneurie exprimera le regret d'avoir arboré ici sa bannière, et que mon royal frère lui donnera alors satisfaction de l'injure qu'il lui a faite.

Les deux acolytes favoris de Léopold s'étaient retirés à une distance respectueuse quand les choses menaçaient d'en venir aux coups, mais ils se rapprochèrent en voyant que les paroles, leur monnaie courante, allaient être remises à l'ordre du jour. L'homme aux sentences fut ravi de l'adroite harangue de Philippe : secouant vivement sa baguette à musique, il s'écria, dans un accès d'enthousiasme, que, de sa vie, il n'avait dit lui-même rien de plus sage. A quoi le bouffon répliqua tout bas :

— D'accord; mais nous serons fouettés si vous parlez si haut.

Le duc répondit d'un air sombre qu'il porterait le différend devant le conseil de la croisade, proposition que Philippe approuva hautement comme étant de nature à prévenir un scandale nuisible aux intérêts de la chrétienté. Quant à Richard, qui avait conservé la même attitude indifférente, il dit enfin :

— J'ai l'esprit tout engourdi... Cette maudite fièvre ne m'a pas encore fait grâce... Frère de France, tu connais mon caractère, et tu sais qu'en aucun cas je n'ai beaucoup de paroles à perdre. Apprends-le donc tout de suite : jamais je ne soumettrai une affaire qui touche l'honneur de l'Angleterre à aucun prince, pape ni conseil... Voici ma bannière : eh bien, quelle que soit celle qui en approche à trois longueurs de cible, serait-ce l'oriflamme, dont tu parlais, je crois, tout à l'heure, elle sera traitée comme l'a été cette guenille, et je n'en rendrai d'autre satisfaction que celle que mon corps affaibli peut offrir dans la lice à un hardi champion, à cinq même, si on le préfère.

— Par exemple, dit le bouffon, à l'oreille de son camarade, voilà une folie aussi absurde que si elle sortait de ma bouche... Et pourtant il pourrait y avoir en tout ceci un plus grand fou que l'insulaire.

— Qui donc ?

— Le Français ou notre maître, si l'un d'eux accepte le défi. O mon cher philosophe, quels excellents monarques nous ferions, toi et moi, puisque ceux sur la tête de qui il est tombé des couronnes possèdent l'art de dire des sentences et des folies aussi bien que nous-mêmes !

Pendant que ces dignes personnages s'exerçaient pour leur compte à leurs ébats ordinaires, Philippe, toujours maître de lui, répondait au défi presque injurieux de Richard.

— Je ne suis pas venu ici pour susciter de nouvelles querelles, contraires à nos serments ainsi qu'à la sainte cause où nous nous sommes engagés. Je quitte mon frère d'Angleterre comme des frères doivent se quitter ; le seul débat qui puisse naître entre nous sera pour savoir lequel aura pénétré plus avant dans les rangs des infidèles.

— Marché conclu, frère, dit Richard, en lui tendant la main avec toute la franchise de son caractère emporté mais généreux ; et puissions-nous avoir bientôt l'occasion de tenir cette vaillante et fraternelle gageure !

— Que le noble duc participe à la cordialité d'un si heureux moment, reprit Philippe.

— Je n'ai cure des sots ni de leurs sottises, répliqua Richard.

L'Autrichien, qui avait fait un pas pour se prêter, bon gré mal gré, à la conciliation, tourna le dos et se retira avec sa suite.

— Il y a, dit Richard en le regardant s'éloigner, une espèce de courage qui, à l'instar du ver-luisant, ne brille que la nuit. Pendant le jour, l'œil du lion suffit à protéger ma bannière ; mais il ne faut pas qu'elle reste sans défense, une fois le soleil couché. Thomas de Vaux, je t'en remets la garde ; veille sur l'honneur de l'Angleterre.

— Son salut m'est encore plus cher, répliqua le baron, et le salut de l'Angleterre tient à la vie du roi. Votre Grâce doit être reconduite à son pavillon, et cela sans attendre un moment de plus.

— Tu es une garde-malade impitoyable, dit Richard en souriant, puis, s'adressant à Kenneth, il ajouta : Brave Écossais, tu mérites une récompense, et je vais te la payer bellement. Tu vois la bannière de l'Angleterre : garde-la avec la ferveur d'un novice pendant la veillée des armes. Ne t'en éloigne pas de la longueur de trois lances, et défends-la de ta personne contre l'insulte ou l'affront. Sonne du cor, si tu es assailli par plus de trois hommes à la fois. Acceptes-tu ?

— Volontiers, répondit Kenneth, même au péril de ma vie. Je vais chercher mes armes, et je reviens à l'instant.

Les rois de France et d'Angleterre se séparèrent alors cérémonieusement, cachant sous des formes polies les sujets de mécontentement qu'ils nourrissaient l'un contre l'autre : Richard à cause de l'intervention officieuse de Philippe, et Philippe, à cause de l'espèce de dédain, avec lequel Richard avait accueilli sa médiation. Les curieux, attirés par le bruit, se dispersèrent de divers côtés, laissant la place contestée dans la même solitude qu'avant la bravade des Autrichiens. Chacun jugeait de l'événement du jour suivant ses préjugés, et, tandis que les Anglais accusaient l'Autriche d'avoir donné prétexte à cette querelle, les gens des autres nations s'accordaient à en rejeter le plus grand blâme sur l'orgueil des insulaires et l'arrogance de leur roi.

— Tu le vois, dit le marquis de Montferrat au grand maître du Temple, plus fait adresse que violence. J'ai relâché les liens qui unissaient ensemble ce faisceau de sceptres et de lances ; ils ne tarderont pas à se séparer.

— J'aurais déclaré ton projet excellent, répondit le templier, s'il se fût rencontré parmi ces Allemands flegmatiques un homme de cœur pour trancher d'un coup d'épée les liens dont tu parles. Un nœud relâché peut être resserré ; il n'en est pas ainsi d'un nœud coupé en morceaux.

A DE RICHEMONT.

CHAPITRE XII.

C'est la femme qui séduit toujours l'humanité.
GAY.

ux jours de la chevalerie, un poste dangereux ou une aventure périlleuse était une récompense souvent offerte à la bravoure militaire pour la payer de ses premières épreuves.

Il était minuit, et la lune brillait au plus haut du firmament. Sentinelle solitaire, le chevalier du Léopard se tenait sur le mont Saint-Georges, près de la bannière qu'il avait reçu mission de protéger contre les ennemis sans nombre offensés par l'orgueil de Richard.

Mille pensées flatteuses assiégeaient l'esprit du guerrier écossais. Il lui semblait qu'il avait trouvé grâce aux yeux de ce prince chevaleresque qui, jusque-là, ne l'avait point distingué de la foule des braves que sa renommée avait attirés autour de lui; et il s'inquiétait peu que cette marque de faveur royale consistât dans l'assignation d'un poste dangereux. Son ambitieux amour enflammait notre enthousiaste d'ardeurs nouvelles. Bien que cet amour offrît peu d'espoir, ce qui venait de se passer diminuait, en un certain degré, la distance qui le séparait de la belle Édith. Honoré par le roi d'une telle faveur, il cessait d'être un obscur aventurier et méritait d'attirer sur lui l'attention d'une princesse. Un sort ignoré et sans gloire ne pouvait plus être son partage. S'il succombait dans le poste qu'on lui avait assigné, sa mort — et il était décidé à la rendre glorieuse, — obtiendrait les louanges de Richard, provoquerait des représailles, et exciterait les regrets, peut-être les larmes, des plus illustres dames de la cour d'Angleterre.

Kenneth avait tout le loisir de repaître son âme de ces nobles pensées, bien faites pour entretenir dans la chevalerie l'exaltation qui, au milieu de ses écarts les plus extravagants, se conservait pure de tout mélange d'égoïsme. Autour de lui régnait un profond silence ; les longues rangées de tentes et de pavillons, éclairés par la lune ou enfouis dans l'ombre, étaient calmes comme les rues d'une ville déserte.

Au pied de la bannière royale se tenait le grand lévrier dont il a déjà été question, compagnon fidèle du chevalier écossais, qui comptait sur sa vigilance pour être averti du plus léger signe d'hostilité. Le noble animal semblait comprendre le motif de cette faction nocturne, car il levait la tête de temps à autre vers l'étendard, et répondait au cri des sentinelles par un aboiement prolongé. Tantôt, en voyant passer et repasser son maître devant lui, il baissait la tête et frétillait de la queue; tantôt quand Kenneth s'arrêtait, appuyé sur sa lance et les yeux tournés vers le ciel, son fidèle serviteur se hasardait à interrompre le cours de ses rêveries en allongeant le museau pour quêter une caresse.

Deux heures s'écoulèrent ainsi, monotones et silencieuses. Tout à coup le brave chien aboya avec fureur, prêt à s'élancer du côté le plus obscur de l'ombre.

— Qui va là? demanda Kenneth.

— Au nom de Merlin et de Maugis, répondit une voix rauque et discordante, attachez votre démon à quatre pattes, ou je n'approche pas.

— Qui es-tu pour vouloir t'approcher de moi ? Prends-y garde ; c'est affaire de vie ou de mort.

— Attache ton Satanas griffu, te dis-je, ou je saurai le conjurer à coups d'arbalète.

En même temps, Kenneth, qui voyait un objet se mouvoir dans

l'obscurité, au bas du monticule, sans pouvoir en distinguer la forme, entendit le bruit sec d'un ressort qu'on faisait jouer.

— Laisse là ton arbalète, criat-il, et montre-toi en pleine lumière ; sinon, de par saint André, je te clouerai à terre.

A ces mots, il saisit sa longue lance par le milieu et la balança pour en percer l'inconnu, à la façon d'une javeline, ainsi qu'il arrivait parfois de s'en servir quand la circonstance le rendait nécessaire. Mais, honteux de sa précipitation, il reposa son

arme, et que vit-il sortir de l'ombre comme un acteur qui entre en scène ? Une créature rabougrie et difforme, dans laquelle, à sa taille et à son costume, il reconnut le nain de la chapelle d'Engaddi. Se rappelant au même instant les visions si différentes qu'il avait eues en cette nuit extraordinaire, il calma du geste son chien, qui reprit sa place au pied de la bannière en grondant sourdement.

Le petit homme, n'ayant plus à craindre un ennemi si formidable, se mit à gravir la rampe du mont Saint-Georges, tâche laborieuse pour ses courtes jambes. Arrivé sur la plate-forme, il fit passer dans sa main gauche le jouet d'enfant qui lui servait d'arbalète et, dans une pose majestueuse, tendit la main droite à l'Écossais, comme pour la lui donner à baiser. Ses avances ayant été dédaignées, il s'écria d'un ton de colère :

— Soldat, pourquoi ne rends-tu pas à Nectabanus l'hommage dû à sa dignité ? As-tu donc perdu la mémoire ?

— Grand Nectabanus, répondit le chevalier, qui t'a vu une fois aurait peine à t'oublier. Pardonne si, en ma qualité de sentinelle, sous les armes, je ne puis octroyer à un personnage de ton importance la faveur d'envahir mon poste. Qu'il te suffise de savoir que je respecte ta dignité et que je m'incline devant toi aussi humblement qu'il est permis à une sentinelle de le faire.

— Cela suffit, à condition que tu me suives à l'instant pour comparaître devant ceux qui m'ont envoyé vers toi.

— Impossible de te satisfaire en cela, mon gracieux sire ; j'ai l'ordre de rester jusqu'au jour près de cette bannière.

Et Kenneth se remit à arpenter le terre-plein, mais le nain se campa devant lui, en disant :

— Écoute, sire chevalier, il faut m'obéir, ton devoir l'exige, ou bien, je te l'ordonnerai au nom de celle dont la beauté pourrait attirer les génies hors de leur sphère, et dont la grandeur est digne de commander à la race immortelle d'où ils sont descendus.

Une conjecture folle, invraisemblable, et qu'il repoussa sur-le-champ, se présenta à l'esprit du chevalier. La dame de ses pensées lui aurait-elle envoyé un tel message par un messager de cette espèce ?

— Allons, Nectabanus, répliqua-t-il d'une voix tremblante, dis-moi tout d'un coup, en homme loyal, si la dame illustre dont tu parles n'est pas la houri que j'ai vue t'aider à balayer la chapelle d'Engaddi.

— Eh quoi ! présomptueux chevalier, t'imagines-tu que la maîtresse de nos affections royales, celle qui nous égale en beauté et qui est associée à notre puissance, consentirait à s'abaisser jusqu'à un vassal de ta sorte ? Non, non, quelle que soit la faveur dont tu jouis, tu n'as pas encore mérité d'obtenir l'attention de la reine Genièvre, la charmante fiancée du roi Arthur, à qui, du haut de sa grandeur, les princes mêmes paraissent des pygmées. Regarde ceci, et, suivant que tu connaîtras ou méconnaîtras ce gage, obéis ou refuse-toi aux ordres de celle qui daigne te les imposer.

En disant ces mots, le nain remit à Kenneth une bague, ornée d'un merveilleux rubis. Celui-ci n'eut pas de peine à reconnaître un bijou qui parait d'habitude la main de la noble princesse au service de laquelle il s'était dévoué. S'il lui était resté le moindre doute, un léger nœud de ruban incarnat attaché à la bague aurait déterminé sa conviction : c'était la couleur favorite de sa dame ; et, plus d'une fois, en l'adoptant lui-même, il l'avait fait triompher en champ clos et dans les combats.

— Au nom de tout ce qu'il y a de plus sacré, s'écria-t-il, qui t'a confié ce gage ? Tâche, si tu le peux, d'être un moment raisonnable, et apprends-moi le nom de celle qui t'envoie et le véritable motif de ton message. Veille sur tes paroles, car il n'y a pas lieu ici de plaisanter.

— Homme frivole et téméraire, que voudrais-tu savoir de plus, sinon que tu es honoré des ordres d'une princesse et qu'un roi en personne vient te chercher ? Il ne nous convient pas de parlementer plus longtemps avec toi. Nous te commandons, au nom et par le pouvoir de cet anneau, de nous suivre devant celle qui le possède. Chaque instant de retard est un crime contre ton allégeance.

— Brave Nectabanus, réfléchis un peu... Cette dame sait-elle où je suis et quel devoir j'ai promis de remplir cette nuit ? Ma vie... mais qu'importe cela ? mon honneur est attaché à cette bannière qu'il me faut garder jusqu'au point du jour ; le sait-elle ? et peut-elle souhaiter que je m'en éloigne, même pour lui rendre hommage ? C'est impossible... Elle a voulu s'amuser de son serviteur en lui envoyant un tel message, et j'en suis d'autant plus convaincu qu'elle t'a choisi pour le porter.

— A ton aise, répondit le nain, qui feignit de vouloir s'en retourner. Que tu sois félon ou fidèle, peu m'en chaut ! Adieu.

— Arrête ! un moment, de grâce... La personne qui t'envoie est-elle près d'ici ?

— Belle question ! Le dévouement se mesure-t-il à la longueur des distances ? Quoi qu'il en soit, cœur soupçonneux, je consens à te répondre : la beauté qui envoie ce gage à un indigne vassal, sans foi ni courage, n'est éloignée d'ici qu'à une portée de mon arbalète.

Kenneth jeta un nouveau regard sur la bague, comme pour s'assurer qu'on ne le trompait pas.

— Et pour combien de temps, demanda-t-il encore, ma présence est-elle requise ?

— Le temps ! qu'appelles-tu le temps ? Je ne le sens ni ne le vois ; c'est un mot vide, une suite de souffles mesurés, la nuit, par le son d'une cloche et, le jour, par l'ombre croissante sur un cadran solaire. Le temps d'un vrai chevalier doit se calculer en raison des services qu'il rend à Dieu et à sa dame.

— La vérité sort quelquefois de la bouche d'un fou. Ma dame exige-t-elle de moi quelque service en son nom et pour l'amour d'elle ? et ne peut-elle différer de quelques heures, seulement jusqu'au lever du soleil ?

— C'est à l'instant qu'elle requiert ta présence, et sans perdre même le temps nécessaire à la chute de dix grains de sable dans le sablier. Écoute, chevalier peu sensible et défiant, écoute ses propres paroles : « Dis-lui que la main qui a laissé tomber des roses peut distribuer des lauriers. »

Cette allusion à leur rencontre dans la chapelle d'Engaddi rappela les souvenirs en foule à l'imagination de sire Kenneth, et finit par le convaincre de la réalité du message. Les boutons de rose, tout fanés qu'ils étaient, il les portait sous sa cotte de maille, près de son cœur. Il réfléchit, ne pouvant se résoudre à perdre une occasion, la seule qui se présenterait peut-être jamais, de se rendre agréable aux yeux de celle qu'il avait reconnue pour la reine de ses affections. Le nain ajoutait à son embarras en insistant pour qu'il le suivît à l'instant.

Kenneth, toujours perplexe, entrait en discussion avec lui-même.

« Suis-je l'esclave du roi Richard, ou un chevalier librement engagé au service de la croisade? Pourquoi ai-je apporté ici ma lance et mon épée, sinon pour Dieu et ma dame? »

— La bague! la bague! criait l'impatient petit homme. Indolent chevalier, rends-moi ce bijou, que tu es indigne de toucher ou de regarder.

— Un moment encore; ne me trouble pas. Et Kenneth se reprenait à discuter avec sa conscience : « Si, à cette heure, les Sarrasins attaquaient le camp, devrais-je rester ici, en humble vassal de l'Angleterre, pour veiller à ce que son orgueil ne fût point humilié, ou courir au rempart pour combattre en faveur de la croix? Au rempart évidemment; et après la cause de Dieu vient celle de ma dame... Cependant, l'ordre de Richard, ma promesse... » Puis, tout haut, il ajoutait :
— Nectabanus, je t'en conjure, dis-moi si tu vas me conduire loin d'ici.

— Au pavillon qui est là-bas, et dont un rayon de lune frappe la boule d'or qui le surmonte.

« Je serai de retour en un clin d'œil, pensait le chevalier, fermant les yeux en désespéré sur les conséquences de ce qu'il allait faire. De là, j'entendrai aboyer mon chien à la première alerte. Je me jetterai aux genoux de ma dame en la suppliant de m'accorder la permission d'achever ma garde. » Il dit ensuite au lévrier, en jetant sa cape au pied de la bannière : Attention, Roswall; veille à ceci, et n'en laisse approcher personne.

Le noble animal regarda son maître en face, pour l'assurer en quelque sorte qu'il le comprenait bien, puis vint s'asseoir à côté du manteau, les oreilles droites et la tête levée, comme s'il entendait parfaitement dans quel but il était posté là.

— Allons, Nectabanus, continua le chevalier, hâtons-nous d'obéir aux ordres que tu m'as apportés.

— Se hâte qui voudra, dit le nain avec humeur; tu ne t'es pas pressé d'obéir à mes ordres, et moi je ne puis marcher assez vite pour suivre tes longues enjambées. A-t-on vu un homme marcher ainsi? Tu cours comme une autruche.

Il n'y avait que deux moyens pour vaincre l'entêtement de Nectabanus qui, tout en parlant, avait pris un pas de limaçon : l'argent ou la flatterie, et Kenneth n'avait pas le moyen de donner l'un ni le temps d'user de l'autre. Dans son impatience, il enleva le nain de terre et, le portant entre ses bras, malgré ses prières et ses alarmes, il arriva en vue du pavillon indiqué. En approchant, il aperçut un groupe de soldats assis auprès ; étonné de n'avoir pas excité leur attention et supposant qu'il devait mettre dans ses mouvements le plus grand secret possible, il déposa son guide à terre, pour qu'il lui montrât ce qui restait à faire.

Nectabanus, tout hérissé de colère, mais ne se souciant pas d'éprouver de nouveau la force du chevalier, le conduisit en silence, à travers un dédale de tentes, de l'autre côté du pavillon. Là, il souleva un pan de la toile qui le recouvrait et fit signe à Kenneth de s'introduire par l'ouverture. Celui-ci hésita, trouvant malséant de pénétrer furtivement dans le logis d'une femme ; mais il se rappela le gage indiscutable qu'il avait reçu, et en conclut qu'il ne lui convenait pas de contrarier le bon plaisir de sa dame. Il se baissa donc pour entrer dans la tente et entendit le nain lui dire à l'oreille :

— Ne bouge pas de là jusqu'à ce que je t'appelle.

CHAPITRE XIII.

> Vous parlez d'Innocence et de Gaieté; dès le moment où l'on eut goûté au fruit fatal, l'une et l'autre se séparèrent pour ne plus se rejoindre; et dès lors ce fut la Malice qui devint la compagne inséparable de la Gaieté.
>
> *Vieille Comédie.*

Sire Kenneth resta quelques moments seul et dans une complète obscurité. C'était un nouveau retard qui devait prolonger son absence, et il commença presque à se repentir de la facilité avec laquelle il avait consenti à quitter son poste. Quant à y retourner sans avoir vu Édith, il n'en pouvait souffrir la pensée. Après avoir manqué à la discipline, il était résolu du moins à attendre l'effet des séduisantes espérances qui l'avaient entraîné hors du devoir. Sa situation était assez déplaisante : l'obscurité l'empêchait de voir dans quelle espèce d'appartement il venait de s'introduire; Édith ne quittait guère la personne de la reine, et si l'on découvrait cette violation de la résidence royale, il en résulterait les plus dangereux soupçons.

Tandis que notre Écossais se livrait à ces réflexions peu divertissantes, il entendit des femmes rire et causer tout bas dans une pièce voisine, dont il n'était séparé que par un rideau. On y alluma des lampes, ce dont il put s'apercevoir par la lumière qui éclaira la toile servant de cloison, et sur laquelle se dessinait l'ombre de plusieurs personnes assises ou marchant à l'intérieur. Une conversation s'engagea entre elles, qui devait intéresser vivement notre amoureux.

— Qu'elle vienne, sainte Vierge! qu'elle vienne! disait une voix rieuse. Nectabanus, on t'enverra en ambassade à la cour du Prêtre Jean, pour lui apprendre avec quel talent tu t'acquittes d'une mission.

La voix grêle du nain se fit entendre; mais il parla si bas que le chevalier ne put distinguer ce qu'il disait.

— Mais comment nous débarrasser, mes filles, de l'esprit que Nectabanus a évoqué?

— Écoutez-moi, souveraine princesse, dit une autre voix; si le sage et magnifique Nectabanus n'est pas trop jaloux de sa très impériale fiancée, chargeons-la de nous délivrer de ce chevalier errant, qui se laisse si aisément persuader que de hautes damoiselles ont besoin de son impertinente et présomptueuse valeur.

— Ce serait, il me semble, de toute justice, ajouta une autre voix, que la princesse Genièvre déployât sa courtoisie pour congédier celui que l'habileté de son époux a su attirer ici.

Ces paroles frappèrent Kenneth de honte et d'indignation; il allait, à tous risques, tenter de s'évader, quand ce qui suivit le retint.

— Non, non, dit la première voix; il faut d'abord que notre cousine Édith apprenne de quelle façon s'est conduit ce fameux personnage, et qu'elle voie de ses propres yeux qu'il a failli à son devoir. La leçon pourra lui être utile; car, croyez-moi, Calliste, cet aventurier du Nord est plus près de son cœur que la raison ne le voudrait; c'est un soupçon qui m'est venu quelquefois.

Une des personnes présentes murmura quelque chose sur la prudence d'Édith.

— De la prudence, fillette? C'est de l'orgueil tout pur, et le désir de passer pour être plus sévère qu'aucune de nous. Ma foi, je ne veux pas renoncer à mon petit avantage. Vous le savez de reste : lorsqu'elle nous trouve en faute, personne ne s'entend mieux qu'elle à nous le faire poliment sentir. Ah! la voici elle-même.

En ce moment, l'entrée de la nouvelle venue produisit sur la toile de séparation une ombre, qui glissa lentement jusqu'à ce qu'elle se confondît avec les autres. En dépit du cruel mécompte qu'il venait d'essuyer, et de l'injure qui lui était faite par la malice ou du moins par une fantaisie de la reine Bérengère, — celle qui parlait le plus haut et d'un ton d'autorité ne pouvait être que l'épouse de Richard — le chevalier ressentit une sorte de consolation à penser qu'Édith n'avait point eu part à la ruse dont il était la dupe. La scène devenait si intéressante, qu'au lieu de battre en retraite, il se mit en quête de quelque fente, au moyen de laquelle il fût témoin, par les yeux comme par les oreilles, de ce qui s'annonçait dans la chambre voisine.

« Certes, se disait-il, la reine, qui s'est plu, pour satisfaire un caprice, à mettre en péril mon honneur et peut-être ma vie, n'a nul droit de se plaindre si je mets à profit la chance que m'offre le hasard de connaître ses intentions jusqu'au bout. »

Cependant, il semblait qu'Édith attendait le bon plaisir de la reine, et que cette dernière différait de lui parler, par crainte de ne pouvoir tenir son sérieux ; l'écho ne renvoyait à notre curieux qu'un bruit de chuchotements et de rires étouffés.

— Votre Seigneurie, dit enfin Édith, paraît de joyeuse humeur, à cette heure de la nuit, qui invite plutôt au sommeil. J'allais moi-même me coucher quand j'ai reçu l'ordre de me rendre auprès de vous.

— Je ne vous retiendrai pas longtemps, cousine, répondit la reine, bien que je craigne de troubler votre repos en vous apprenant que vous avez perdu votre gageure.

— C'est, à mon avis, trop insister sur une plaisanterie qui me semble un peu usée. Ma gageure! S'il a plu à Votre Seigneurie de supposer que j'en ai fait une, je n'y suis pour rien.

— Nonobstant notre pèlerinage à Engaddi, Satan a de l'empire sur vous, belle cousine, et il vous a soufflé un mensonge. N'avez-vous pas gagé votre bague de rubis contre mon bracelet d'or que le chevalier du Léopard ne se laisserait pas attirer hors de son poste? Le nierez-vous?

— Il ne m'appartient pas d'oser contredire une personne de votre rang, mais le bon vouloir de ces dames en témoignerait au besoin ; c'est Votre Seigneurie qui a proposé la gageure ; elle m'a retiré la bague du doigt, au moment où je déclarais qu'il n'était pas convenable à une jeune fille de rien parier sur un tel sujet.

— Oui ; mais, avec votre permission, objecta une des filles de la reine, convenez que vous avez montré une extrême confiance en la valeur de ce chevalier.

— Et quand cela serait, petite, est-ce une raison pour placer ici ton mot, par pure flatterie ? J'ai parlé de lui comme en parlent tous les hommes qui l'ont vu à l'œuvre, et je n'avais pas plus d'intérêt à le défendre que tu n'en as à en médire. De quoi les femmes ont-elles à parler dans un camp, sinon de guerriers et de faits d'armes?

— La noble damoiselle, ajouta une troisième, ne m'a point pardonné, à Calliste et à moi, d'avoir appris à notre souveraine qu'elle avait laissé tomber deux boutons de rose dans la chapelle.

— Si Votre Seigneurie, dit Édith sur le ton d'une respectueuse remontrance, n'attend autre chose de moi que de souffrir les railleries de ses femmes, je lui demanderai la permission de me retirer.

— Silence, Florine ! dit Bérengère, et que notre indulgence ne vous fasse pas oublier la distance qui existe entre vous et la parente du roi, notre sire. Quant à vous, chère cousine, qui êtes la bonté même, comment pouvez-vous reprocher à de pauvres femmes quelques moments de gaieté, après tant de jours passés dans l'affliction?

— Grande soit votre joie, royale dame ; mais moi, j'aimerais mieux ne jamais sourire de ma vie que...

Elle n'acheva pas, sans doute par respect ; mais Kenneth comprit, au son de sa voix, qu'elle était fort troublée.

— Pardonnez-moi, dit la reine, plus étourdie que malveillante ; mais où est le mal après tout ? Un jeune chevalier a été victime d'une ruse : s'il s'est dérobé, ou si on l'a dérobé à son poste, que nul ne songe à prendre en son absence, c'est pour l'amour d'une dame ; car, pour être juste envers lui, ma charmante, tout l'art de Nectabanus n'a pu l'attirer ici qu'en votre nom.

— Miséricorde ! ai-je bien entendu ? s'écria Édith tout à fait alarmée. Est-ce vous qui parlez ainsi, sans égard pour votre honneur et pour celui d'une parente du roi? Ah! dites que c'est un badinage, et excusez-moi d'avoir pu le prendre un instant au sérieux.

— Madame Édith regrette la bague que nous lui avons gagnée, reprit Bérengère d'un ton mécontent. Nous vous rendrons le gage, belle cousine; en revanche, ne nous reprochez pas d'avoir remporté un léger triomphe sur l'esprit de sagesse qui s'est tant de fois étendu sur nous, comme une bannière s'étend sur une armée.

— Un triomphe, dites-vous! Il sera pour les infidèles quand ils apprendront que la reine d'Angleterre peut faire de l'honneur d'une parente un sujet de folle plaisanterie.

— Allons, belle cousine, vous êtes fâchée de perdre votre bijou favori. Eh bien, puisqu'il vous en coûte de payer, nous renoncerons à notre droit. C'est votre nom et votre bague qui ont amené ce jeune homme ici, et peu nous importe l'amorce une fois le poisson pris!

— Madame, répliqua Édith avec impatience, je n'ai rien à moi qui ne vous appartienne à l'instant, au moindre désir, vous ne l'ignorez pas; mais je donnerais un boisseau de rubis pour que ma bague et mon nom n'eussent point servi à mettre un brave guerrier en faute, ce qui l'exposera peut-être à la honte et au châtiment.

— Oh! oh! nous tremblons pour le salut d'un féal serviteur? C'est faire trop peu d'estime de notre pouvoir, belle cousine, en parlant de châtiment pour une folie. D'autres que vous ont de l'influence sur les guerriers bardés de fer. Le cœur d'un lion même est de chair, non de marbre; et, veuillez m'en croire, j'ai assez de crédit sur Richard pour sauver celui qui vous tient si fort au cœur des suites de sa désobéissance aux ordres du roi.

— Au nom de la bienheureuse croix, très auguste dame, dit la jeune princesse, — et ce fut avec une émotion indicible que Kenneth l'entendit se jeter aux genoux de Bérengère, — au nom de la sainte Vierge et de tous les saints du paradis, prenez garde! Vous ne connaissez pas le roi Richard; il y a trois mois à peine qu'il est votre époux : votre souffle pourrait aussi facilement lutter contre le vent d'ouest en furie, que vos paroles persuader à mon royal cousin de pardonner une faute de discipline. Oh! pour l'amour du ciel, renvoyez ce chevalier, s'il est réellement ici. Pour le savoir de retour où son devoir l'appelle, je me résignerais presque à subir la honte de l'avoir attiré moi-même.

— Relève-toi, cousine, et sois assurée que tout finira pour le mieux. De grâce, relève-toi, chère Édith... Je suis fâchée d'avoir joué un pareil tour à un chevalier qui t'inspire un si vif intérêt. Voyons, ne te tords pas ainsi les mains... Je croirai qu'il t'est indifférent, je croirai n'importe quoi plutôt que de te voir cette mine désolée... Je prendrai tout le blâme sur moi, entends-tu, en parlant en faveur de ton bel amant du Nord... de ta connaissance, voulais-je dire, puisque tu ne veux pas l'avouer pour amant. Nous allons charger Nectabanus de renvoyer à son poste ce champion de l'étendard. Il est caché, je suppose, dans quelque tente voisine.

— Par ma couronne de lis, dit le nain, la reine se trompe. Il est plus à portée de sa main, puisqu'il se tient là, derrière la toile.

— Et à même d'ouïr tout ce que nous avons dit? Hors d'ici, monstre de sottise et de méchanceté!

A ces mots, le nain s'esquiva en poussant un hurlement, qui était de nature à faire douter si Bérengère, aussi surprise qu'indignée, avait borné sa réprimande à des paroles, ou si elle y avait joint quelque marque plus énergique de son mécontentement.

— Que faire à présent? demanda la reine à demi-voix et sans déguiser son inquiétude.

— La seule chose à faire, répondit Édith d'un ton ferme : voir ce chevalier et nous livrer à sa merci.

Aussitôt, elle se mit à tirer un rideau, qui masquait une porte de communication avec la pièce voisine.

— Juste ciel! arrêtez, cria la reine. Vous n'y pensez pas... chez moi... ainsi vêtues!... à cette heure de nuit... Mon honneur...

Mais le rideau était déjà tiré, et rien ne séparait plus Kenneth du groupe de dames.

La chaleur d'une nuit d'Orient avait engagé la reine et ses filles d'honneur à se vêtir d'une façon plus négligée qu'il ne convenait à leur rang, surtout en présence d'un étranger. Bérengère, en ayant conscience, poussa un grand cri et s'enfuit précipitamment par une autre sortie du vaste pavillon. Ses femmes la suivirent, à l'exception d'Édith, en proie à une amère douleur et tourmentée du désir d'avoir une prompte explication avec le chevalier écossais. Ses cheveux flottaient en dé- sordre ; elle portait une robe de soie rose, ample et légère, des babouches à ses pieds nus, et une écharpe jetée à la hâte sur ses épaules. Quoiqu'elle sentit l'embarras de sa situation avec cette pudeur qui est le plus grand charme de son sexe, elle n'hésita pas une minute entre sa timidité naturelle et ce qu'elle croyait devoir à celui qu'on avait trompé et mis en péril pour l'amour d'elle. Seulement, elle ajusta avec soin son écharpe sur son sein, et posa derrière elle une lampe, qui l'éclairait d'une trop vive clarté.

Alors, tandis que Kenneth ne bougeait point de l'endroit où il avait été découvert, Édith, loin de se retirer, fit un pas vers lui, en disant :

— Retournez à votre poste, chevalier... On a usé de ruse pour vous attirer ici... N'en demandez pas davantage.

— Je ne veux rien savoir, répondit Kenneth, en fléchissant le genou devant elle avec le respect cérémonieux d'un dévot au pied d'un autel, et n'osant lever les yeux, de peur d'ajouter par ses regards à la confusion de sa dame.

— Avez-vous tout entendu? Pourquoi donc, saints du paradis! être resté ici quand chaque minute qui s'écoule est chargée de déshonneur?

— Oui, j'ai appris ma honte, et l'ai apprise de votre bouche, noble dame; peu m'importe le châtiment? Je n'ai qu'une requête à vous faire, et ensuite j'irai voir, en combattant les infidèles, si le sang ne peut laver le déshonneur.

— Non, non, n'y songez pas... De la prudence! Partez sur l'heure; tout s'arrangera, si vous vous hâtez.

— Eh bien, j'implore votre pardon, pour avoir cru si témérairement que mes faibles services pourraient vous être utiles et me valoir un peu d'estime.

— Je vous pardonne... Mais en vérité qu'ai-je à vous pardonner, moi qui suis cause du malheur qui vous arrive? Oh! partez... Vous avez mon pardon, mon estime, mais partez sur-le-champ!

— Reprenez avant tout cette bague, gage précieux et fatal à la fois.

— Non, non, gardez-la!... Gardez-la comme une marque d'intérêt... de mes regrets, veux-je dire... Mais retirez-vous; si ce n'est pour vous, que ce soit pour moi!

Dédommagé en quelque sorte de la perte même de son honneur par l'intérêt qu'elle semblait prendre à sa sûreté, Kenneth se releva et, jetant sur elle un regard furtif, il salua profondément et fit mine de sortir. Au même instant, cette pudeur virginale qu'Édith avait refoulée dans un élan de passion la domina de nouveau, et elle s'élança hors de la chambre en éteignant la lampe.

Plongé, d'esprit et de corps, dans des ténèbres profondes, Kenneth n'eut plus qu'une pensée, obéir à sa dame, en faisant retraite vers l'endroit par lequel il était entré, et, n'ayant ni le temps ni le calme nécessaire pour retrouver le précédent passage, il fendit la toile avec son poignard. Lorsqu'il se retrouva en plein air, il fut assailli par un tel conflit de sentiments contradictoires, qu'il lui devint impossible de s'en rendre compte. Pour maîtriser cet état de stupeur, il eut besoin de se rappeler qu'Édith lui avait ordonné d'agir au plus vite ; mais, au milieu des tentes et de leurs cordages, force lui fut de cheminer lentement et avec précaution.

Tout à coup il arriva à son oreille des sons qui le rappelèrent aussitôt à lui-même : ils venaient du mont Saint-Georges. D'abord, ce fut un seul aboiement, menaçant et furieux ; puis, un long hurlement d'agonie. Jamais daim, à la voix de Roswall, ne bondit avec autant de vivacité que le chevalier, quand il crut ouïr le cri de mort de son noble lévrier, à qui une blessure ordinaire n'aurait pu arracher le moindre signe de douleur. Ayant enfin atteint la route directe, il gravit, sans ralentir sa course, la pente escarpée du monticule et parvint à la plate-forme.

La lune, déchirant alors le nuage qui l'avait couverte, lui permit de voir que la bannière d'Angleterre avait disparu. La hampe qui la soutenait était brisée en morceaux, et son chien fidèle gisait à côté, livré en apparence aux affres de la mort.

CHAPITRE XIV.

> Ai-je donc perdu ce riche trésor d'honneur accumulé dans ma jeunesse pour mon vieil âge? La noble source en est-elle tarie? Il n'est que trop vrai, elle est devenue semblable au lit desséché d'un torrent, que des enfants moqueurs peuvent traverser à pied sec, et dans lequel ils viennent ramasser des cailloux.
>
> DRYDEN, *Dom Sébastien.*

D'ABORD stupéfait et confondu par ce malheur inattendu, la première pensée de Kenneth fut de chercher aux alentours les auteurs de l'insulte faite à la bannière royale ; nulle part il n'en put apercevoir les traces. Ensuite, chose qui n'étonnera aucun des amis de la race canine, il examina l'état dans lequel se trouvait Roswall, blessé à mort peut-être en remplissant le devoir dont son maître s'était laissé détourner.

Fidèle jusqu'à la fin, le lévrier semblait oublier son propre mal dans la joie que lui causait le retour du chevalier ; il ne cessait de lui lécher les mains et de remuer la queue. S'il témoignait, par des gémissements étouffés, à quel point les efforts de Kenneth, pour extraire de la blessure le fer de lance ou de javeline qui y était enfoncé, irritaient sa souffrance, il s'empressait de redoubler ses faibles caresses, comme s'il eût regretté d'avoir poussé des plaintes inopportunes. Les preuves d'attachement de l'animal expirant ajoutaient une poignante amertume au sentiment de désespoir et d'humiliation qui accablait le pauvre Écossais : il allait perdre son seul ami, au moment même où il venait d'encourir le mépris de tous ses compagnons d'armes. La force d'âme du chevalier le trahit alors et, dans l'extrémité de sa douleur, il ne put retenir ses larmes.

Tandis qu'il s'abandonnait ainsi, une voix claire et solennelle s'éleva près de lui et prononça en langue franque les paroles qui suivent :

— L'adversité ressemble à la saison des pluies, froide, triste et pénible, pour toutes les créatures ; et pourtant c'est à elle qu'on doit la fleur et le fruit, la datte, la rose et la grenade.

Le chevalier du Léopard tourna la tête et reconnut le médecin arabe, assis à quelques pas, les jambes croisées et débitant gravement, non sans un accent de sympathie, les sentences consolatrices que lui fournissait le Coran. Honteux d'avoir été surpris en pareille attitude, il s'essuya les yeux et revint à son favori.

— Le poëte a dit, continua l'Arabe sans se préoccuper de cet accueil mécontent : « Le bœuf est pour les champs, le chameau pour le désert. » La main du médecin, moins habile à faire des blessures que celle du guerrier, n'est-elle pas plus propre à les guérir ?

— Ce malade, Hakim, n'a plus besoin de tes secours, répondit Kenneth ; et d'ailleurs, d'après ta loi, c'est un animal impur.

— Quand Allah a daigné douer des créatures du sentiment de la peine et du plaisir, reprit le médecin, ce serait un péché d'orgueil, chez le sage qu'il a éclairé, de refuser de prolonger leur existence ou d'adoucir leurs maux. Guérir un misérable écuyer, un pauvre chien ou un illustre monarque, le sage n'y voit guère de différence. Laisse-moi visiter cet animal.

Sur l'assentiment de son maître, El-Hakim s'approcha du lévrier, et procéda à l'examen de l'épaule blessée avec autant de soin et d'attention qu'il l'eût fait pour une créature humaine. Puis il tira de sa ceinture une boîte d'instruments, y prit une paire de pinces et réussit à extraire le fragment de l'arme ; au moyen de styptiques et de bandages, il arrêta ensuite l'effusion du sang qui s'ensuivit. Roswall se soumit patiemment à cette suite d'opérations, comme s'il eût compris les intentions bienfaisantes de l'étranger.

— L'animal peut en revenir, dit celui-ci, si tu permets qu'on le porte sous ma tente, où je le traiterai avec le soin que mérite la noblesse de sa nature. Sache, en effet, que ton serviteur n'est pas moins habile dans la connaissance des races et des qualités qui distinguent le chien et le cheval que dans celle des maladies propres à l'espèce humaine.

— Emporte-le et, si tu le rappelles à la vie, je t'en fais don volontiers. D'ailleurs, tu mérites une récompense pour avoir guéri mon écuyer, et c'est le seul moyen de m'acquitter envers toi. Quant à moi, je ne sonnerai plus du cor et n'exciterai plus de chien à la chasse.

L'Arabe frappa dans ses mains et, à cet appel, deux esclaves noirs accoururent. Il leur donna des ordres et en reçut la réponse accoutumée : « Entendre, c'est obéir. » Soulevant alors le chien entre leurs bras, ils l'emportèrent sans beaucoup de résistance de sa part, car, bien qu'il parût implorer son maître des yeux, il était trop affaibli pour se débattre.

— Adieu, Roswall! dit Kenneth. Adieu, mon dernier et unique ami! Tu es un trésor trop précieux pour continuer d'appartenir à un être tel que je suis devenu. Ah! tout mourant qu'il est, que ne puis-je échanger mon sort contre le sien!

— Il est écrit, répondit l'Arabe à cette exclamation qui ne lui était pas adressée, que toutes les créatures ont été destinées au service de l'homme. C'est donc folie au maître de la terre que de souhaiter, dans son impatience, de sacrifier ses espérances d'ici-bas et d'en haut à la condition servile d'un être inférieur.

— Un chien qui meurt en faisant son devoir, répliqua durement le chevalier, vaut mieux qu'un homme qui survit à l'oubli du sien. Laisse-moi, Hakim; tu possèdes jusqu'au miracle l'art de guérir; mais les blessures de l'âme sont au-dessus de ton pouvoir.

— Non pas, si le malade veut dire où il souffre et suivre les avis du médecin.

— Eh bien, puisque tu y mets tant d'insistance, apprends qu'hier au soir la bannière d'Angleterre fut déployée sur cette hauteur, et que j'avais été choisi pour la garder... L'aube commence à paraître, il ne reste plus que cette pique brisée... La bannière a disparu, et me voici, moi, vivant encore!

— Eh quoi! dit Hakim en l'examinant, ton armure est entière ; je ne vois pas de sang sur tes armes ; et cependant, tu n'es pas homme, dit-on, à revenir ainsi d'un combat. Tu t'es laissé détourner de ton poste, attiré par les yeux noirs et les joues roses d'une de ces houris à qui vous autres, Nazaréens, rendez un culte dû seulement à Allah, au lieu de l'amour qu'il est permis d'accorder à une enveloppe d'argile semblable à la nôtre. N'ai-je pas rencontré juste, car l'homme n'a jamais failli autrement depuis notre père Adam?

— Quand cela serait, où est le remède.

— Science est mère du pouvoir, de même que valeur supplée à la force. Écoute-moi. L'homme n'a pas été fait pour être, comme un arbre, enchaîné à tel coin de terre, ou, comme un coquillage, fixé à un rocher. Ta loi même commande à qui est persécuté dans une ville de se réfugier dans une autre ; et nous musulmans, nous savons que Mahomet, le prophète d'Allah, chassé de la sainte cité de la Mecque, trouva un asile et des partisans à Médine.

— Et quel rapport y a-t-il là avec moi?

— Un grand. Le sage même fuit la tempête dont il est le jouet. Ne perds donc pas de temps pour te mettre à l'abri de la vengeance de Richard sous la bannière victorieuse de Saladin.

— En effet, dit le chevalier d'un ton d'ironie, il me serait facile de cacher mon déshonneur dans le camp des infidèles, où ce mot est inconnu. Mais pourquoi ne pas aller jusqu'au bout et prendre le turban? Ne vas-tu pas me le conseiller? Il ne manque plus, ce me semble, qu'à devenir apostat pour consommer mon infamie.

— Point de blasphème, Nazaréen! riposta l'Arabe avec sévérité. Saladin ne cherche à convertir à la loi du Prophète que ceux qu'il a convaincus par sa parole. Ouvre tes yeux à la lumière, et le grand soudan, dont la libéralité n'a pas plus de bornes que le pouvoir, peut te faire don d'un royaume ; si tu t'obstines dans ton aveuglement et quoique tu sois condamné à souffrir dans l'autre vie, il ne t'en rendra pas moins riche et heureux dans celle-ci. Mais n'appréhende pas que ton front soit jamais ceint du turban, si ce n'est de ton plein gré.

— Ah! plutôt subir le supplice qui m'attend ce soir, au coucher du soleil!

— Tu n'es pas sage, Nazaréen, de rejeter une offre si belle; car, grâce à mon crédit auprès de Saladin, tu pourrais t'élever bien haut dans sa faveur. Crois-moi, mon fils, cette croisade, ainsi qu'on nomme votre folle entreprise, ressemble à une immense nef, que la mer a brisée en pièces. Tu as été toi-même porteur d'un projet de trêve, proposé au puissant Saladin par les rois et les princes dont les armées sont ici réunies, et probablement tu n'en avais pas connaissance.

— Non, et peu m'en soucie. Que sert-il d'avoir été l'envoyé des princes à qui ne laissera, avant la nuit, qu'un cadavre déshonoré?

— C'est précisément pour éviter un tel sort que je te parle ainsi. De tous les côtés, on courtise Saladin; les différents chefs de la ligue formée contre lui ont rédigé des propositions d'accommodement et de paix, qu'en d'autres circonstances l'honneur lui eût permis d'accepter. Quelques-uns veulent négocier pour leur compte : ils offrent de se séparer des rois du Frangistan et même de combattre sous l'étendard du Prophète. Mais la trahison répugne à Saladin; il ne veut rien conclure qu'avec le roi lion, et prétend le traiter en égal ou le combattre en guerrier. Il accordera à Richard, par générosité pure, des conditions que toutes les lances de l'Occident ne lui arracheraient point par la force. Ainsi, il autorisera le pèlerinage de Jérusalem et de tous les lieux en vénération parmi les Nazaréens; en outre, il partagera son empire avec son frère Richard, au point de permettre aux chrétiens d'établir une garnison dans les six plus fortes places de la Palestine, y compris Jérusalem. Quelque étrange et incroyable que tout cela puisse paraître, il y a plus encore : pour sceller d'une manière solennelle cette heureuse union entre les deux princes les plus nobles et les plus braves de l'Asie et du Frangistan, Saladin consent à élever au rang d'épouse royale une fille chrétienne, alliée par le sang à Richard et connue sous le nom d'Édith Plantagenet.

Kenneth avait prêté une oreille indifférente à la première partie du discours d'El-Hakim; mais sa dernière phrase le piqua au vif. Il parvint néanmoins, par un grand effort sur lui-même, à déguiser son indignation sous un air de doute et de mépris, et continua l'entretien, afin de s'éclairer davantage sur ce qu'il regardait comme un complot tramé contre l'honneur de sa dame.

— Que dis-tu? s'écria-t-il. Quel chrétien voudrait sanctionner l'union impie d'une fille chrétienne avec un mécréant sarrasin?

— Fanatique ignorant, ne vois-tu pas les émirs d'Espagne s'allier

tous les jours à des demoiselles chrétiennes, sans porter scandale aux chrétiens ou aux musulmans? Plein de confiance dans le sang de Richard, le soudan donnera à la jeune Anglaise autant de liberté qu'elle en avait dans son pays; il lui permettra de suivre sa religion, étant d'avis qu'au fond il n'importe guère à quelle croyance s'attachent les femmes; et il lui assignera dans son harem un rang si élevé, qu'elle sera, sous tous les rapports, son unique épouse.

— Oses-tu croire, musulman, que Richard consente à voir sa parente, une princesse accomplie et de haut lignage, devenir, tout au plus, la concubine favorite du sérail d'un infidèle? Le dernier des pauvres gentilshommes chrétiens refuserait avec horreur d'acheter pour sa fille cette brillante ignominie.

— Tu es dans l'erreur. Le roi de France et le comte de Champagne, ainsi que plusieurs autres princes, ont ouï sans frémir cette proposition, et promis de favoriser, dans la mesure de leurs moyens, une alliance qui mettrait un terme à des guerres ruineuses. Le sage archevêque de Tyr, qui ne doute pas de mener cette affaire à bien, s'est chargé d'en faire part au roi d'Angleterre. Si le soudan ne l'a point communiquée à quelques chefs, entre autres au marquis de Montferrat et au grand maître du Temple, c'est qu'il est instruit de leurs visées ambitieuses, fondées sur la mort ou le déshonneur de Richard. Allons, sire chevalier, en avant! Je te donnerai pour le soudan une recommandation écrite, qui te servira puissamment près de lui; et ne crois pas que ce soit trahir ton pays, sa cause ou sa religion, puisque les intérêts des deux monarques vont bientôt se confondre. Tes conseils ne pourront manquer d'être agréables à Saladin; car tu peux le renseigner en détail sur le mariage des chrétiens, la manière dont ils traitent leurs femmes, et d'autres points de leurs lois et usages, qu'il lui importera beaucoup de connaître. La main droite du soudan dispose des trésors de l'Orient; c'est une source inépuisable de générosités. Ou bien, si tu le désires, Saladin, une fois allié avec l'Angleterre, obtiendra facilement de Richard non seulement ton pardon et le retour de sa faveur, mais encore un commandement honorable dans les troupes qu'il pourra laisser en Palestine pour y maintenir l'autorité commune des deux princes. Hâte-toi donc de monter à cheval! Le chemin s'ouvre tout uni devant toi.

— Hakim, répondit le chevalier, tu es un homme de paix; tu as sauvé la vie de Richard d'Angleterre et, qui plus est, celle de mon pauvre écuyer; c'est pourquoi j'ai écouté jusqu'au bout un récit que j'aurais interrompu d'un coup de poignard, s'il m'eût été tenu par un autre. En retour de tes bonnes intentions, profite de mon avis : que le Sarrasin, chargé de proposer à Richard une alliance entre le sang des Plantagenet et celui d'une race maudite, ait la précaution de couvrir sa tête d'un heaume capable de résister à un coup de masse aussi terrible que celui qui fit tomber la porte de Saint-Jean d'Acre; sans quoi, toute la puissance de ton art ne pourrait rien pour lui.

— Tu es donc obstinément résolu à ne point te réfugier dans le camp de Saladin? Songes-y pourtant : rester ici, c'est attendre une mort certaine, et ta loi, comme la nôtre, défend à l'homme de briser le tabernacle de sa vie.

— Dieu m'en préserve! répliqua l'Écossais en se signant; mais il est aussi défendu de nous soustraire au châtiment de nos crimes. Puisque tu connais si mal les devoirs de la fidélité, cela me peine de t'avoir donné mon bon Roswall, car, s'il en réchappe, il aura un maître incapable de l'apprécier ce qu'il vaut.

— Regretter un cadeau, c'est le reprendre. Seulement, les médecins sont engagés d'honneur à ne pas renvoyer un malade avant qu'il soit guéri. Si le chien en revient, il est toujours à toi.

— Va, va, Hakim; ce n'est pas le moment de s'occuper de lévrier ou de faucon, quand on n'a plus qu'une heure entre soi et la mort. Laisse-moi me rappeler mes péchés et me réconcilier avec le ciel.

— Je t'abandonne à ton entêtement; un brouillard cache le précipice à ceux qui sont destinés à y tomber.

L'Arabe s'éloigna à pas lents, tournant la tête de temps à autre, comme pour voir si le chevalier, qui se condamnait lui-même, ne le rappellerait point d'un mot ou d'un signe. A la fin, son turban disparut au milieu du labyrinthe de tentes qui se déroulait à l'horizon, et que blanchissait la pâle aurore, confondue avec les mourantes clartés de la lune.

Quoique les discours du médecin n'eussent produit aucun effet sur Kenneth, ils lui avaient suggéré un motif pour souhaiter de vivre, tandis que, déshonoré comme il croyait l'être, il avait désiré d'abord quitter la vie, ainsi qu'on ferait d'un vêtement souillé qui ne convient plus de porter. La mémoire de ce qui s'était passé entre lui et l'ermite et des intelligences de ce dernier avec l'émir Ilderim lui revint à l'esprit et tendit à confirmer ce que l'Arabe venait de dire touchant l'article secret de l'arrangement projeté.

« Ah! le traître à cheveux blancs! se dit-il. Le saint homme d'hypocrite! Il parlait, en effet, du mari infidèle converti par son épouse chrétienne. Et que sais-je si le félon n'a pas livré aux regards du Sarrasin maudit la personne d'Édith, afin que l'infâme païen pût décider si elle était digne d'être admise dans son sérail! Quant à l'émir, s'il était à portée de mon bras, comme il y a quelques jours, jamais du moins il ne reviendrait chargé d'un message si outrageant pour l'honneur d'un roi chrétien et d'une noble damoiselle. Hélas!

mes heures sont comptées... N'importe, jusqu'à mon dernier souffle il est possible d'agir, et je vais agir sans retard. »

Après un moment de réflexion, il jeta son casque, descendit à grands pas la colline et se dirigea vers le pavillon du roi Richard.

CHAPITRE XV.

> Chanteclair, le héraut emplumé, avait embouché son cor de chasse pour annoncer au paysan matinal la venue du jour. Le roi Édouard vit les teintes pourpres de l'aurore dissiper l'ombre grisâtre; il entendit le croassement du corbeau présager la fatale journée. « Tu as raison, dit-il, et j'en jure par le trône du Dieu de lumière, Baudoin et ses deux compagnons mourront aujourd'hui. »
>
> CHATTERTON.

RICHARD, ayant confié à Kenneth la garde de sa bannière, était rentré, le même soir, dans son pavillon. Plein de confiance en son courage indomptable, il jouissait de l'avantage qu'il avait obtenu sur le duc d'Autriche en présence de l'armée chrétienne; et comme il n'ignorait pas que plusieurs des chefs croisés y verraient un triomphe remporté sur eux-mêmes, son orgueil était satisfait de songer qu'en terrassant un ennemi il en humiliait cent.

Un autre monarque, en pareil cas, aurait doublé ses gardes, et tenu au moins une partie de ses vassaux sous les armes. Cœur de Lion, au contraire, dispensa les soldats du service quotidien et leur fit distribuer du vin pour célébrer son retour à la santé et boire en l'honneur de la bannière de Saint-Georges.

El-Hakim, qui avait repris sa place auprès du roi, lui administra deux fois une potion calmante, non sans avoir observé au préalable dans quelle partie du ciel se trouvait la pleine lune, dont l'influence pouvait être, selon lui, funeste ou favorable à l'effet de ses drogues. Il était trois heures du matin quand il sortit de la tente royale ; avant de se retirer dans celle qu'on lui avait assignée, il alla voir Straunchan, l'écuyer de sire Kenneth, apprit de lui de quel poste était chargé son maître et cette information le conduisit probablement au mont Saint-Georges.

Vers l'heure où le soleil se levait, le pas lent et sonore d'un homme armé se fit entendre à la porte du pavillon royal. Thomas de Vaux, qui dormait sur un siège à côté de Richard, et d'un sommeil aussi léger que celui d'un chien de garde, eut à peine le temps de crier en se levant : « Qui va là? » quand le chevalier du Léopard entra, ses traits mâles empreints d'une sombre résolution.

— Quelle audace, sire chevalier! dit le baron, en modérant le rude accent de sa voix.

— Paix, Thomas! dit le roi, qui s'éveilla aussitôt. Sire Kenneth vient nous rendre compte de sa garde, et aux braves comme lui la tente d'un chef est toujours ouverte.

Puis, quittant la position horizontale et s'appuyant sur le coude, il regarda le chevalier, de ses grands yeux étincelants.

— Parle, sire Écossais, continua-t-il. Tu viens me dire comment tu as gardé ton poste, avec honneur et vigilance, n'est-ce pas? Le claquement des plis de la bannière suffisait à cette tâche, en dehors de la protection d'un guerrier de ton renom.

— Plus de renom pour moi, répondit Kenneth. Ma conduite n'a été ni honorable ni vigilante... On a enlevé la bannière d'Angleterre.

— Et tu vivrais encore pour me l'apprendre? Allons, c'est impossible. Tu n'as pas même une égratignure au visage... Pourquoi te taire? Dis la vérité... La plaisanterie n'est pas de mise avec moi ; cependant, je te pardonne si tu as menti.

— Menti! répéta l'infortuné avec un retour de fierté et un éclair d'indignation dans les yeux. Mais cela aussi, je dois l'endurer... J'ai dit la vérité.

— De par Dieu et saint Georges! s'écria le roi laissant éclater une fureur qu'il réprima aussitôt. Baron, rends-toi là-bas... Il faut que la fièvre lui ait troublé la cervelle. Non, cela n'est pas possible : cet homme a fait ses preuves de courage... Hâte-toi, Thomas, ou envoie quelqu'un à ta place.

Henri de Neville entra hors d'haleine et rapporta au roi que la bannière avait disparu et que le chevalier qui la gardait, sans doute accablé par le nombre, était mort probablement; car il y avait une mare de sang au pied de la hampe brisée.

— Mais qui vois-je ici? ajouta-t-il en apercevant l'Écossais.

— Un traître! s'écria Richard, sautant sur ses pieds. Un traître, qui va périr de la mort des traîtres!

Et saisissant la hache d'armes suspendue près de son lit, il la brandit en l'air, prêt à frapper.

Pâle, mais immobile comme une statue, Kenneth resta debout, sans défense et la tête nue, les yeux baissés, murmurant des lèvres une suprême prière. En face de lui, dans la posture d'un assaillant, se tenait Richard, le corps drapé dans sa grande robe de nuit, à l'exception de son bras droit et d'une partie de sa robuste poitrine. Il balança un instant son arme et, la ramenant vers la terre, il reprit :

— Il y avait du sang, Neville; tu as vu du sang sur la place. Écoute, sire Écossais, on vantait ton courage; j'en sais moi-même quelque chose... Tu as occis un des coquins en défendant ma bannière, n'est-ce pas? Dis-moi que tu as porté un bon coup pour elle, et va-t'en hors d'ici traîner ta misérable vie!

— Vous m'avez appelé menteur, gracieux sire, répondit Kenneth d'un ton ferme, et en cela du moins vous m'avez fait injure. Sachez-le donc, il n'y a eu d'autre sang répandu pour la défense de l'étendard que celui d'un pauvre chien : plus fidèle que son maître, il était resté au poste que celui-ci avait abandonné.

— Ah! par saint Georges! s'écria encore une fois Richard en soulevant la terrible hache.

Le sire de Vaux se jeta entre le roi et l'objet de sa vengeance et parla avec la brusque franchise de son caractère :

— Arrêtez, Monseigneur! pas ici, de votre main... C'est assez de sottises en un jour et une nuit que d'avoir confié votre bannière à la garde d'un Écossais. Ne vous ai-je pas dit que c'étaient des renards à face de moutons?

— Il n'est que trop vrai, Thomas, et tu avais raison, je l'avoue. Lâche ou traître, il n'y a pas de milieu, et pourtant vois la contenance de cet homme : il a attendu le coup mortel comme si mon bras était levé pour lui conférer l'ordre de la chevalerie. Au plus léger signe de peur, au moindre tressaillement, à un froncement de sourcils, je lui aurais fendu la tête ; mais frapper où il ne se produit ni crainte, ni résistance, je ne saurais.

Il y eut un silence.

— Monseigneur,... dit Kenneth.

— Ah! interrompit Richard, tu as retrouvé la parole? Demande grâce au ciel, et non à moi, car l'Angleterre est déshonorée par ta faute ; et serais-tu mon propre frère, mon frère unique, il n'y aurait point de pardon pour ton crime.

— Mon dessein n'est pas de demander grâce à un mortel. Il dépend de votre bon plaisir de m'accorder ou de me refuser le temps nécessaire pour une confession chrétienne. Si l'homme refuse, puisse Dieu m'octroyer l'absolution que je voudrais implorer de son Église!... Mais, que je meure à l'instant ou dans une demi-heure, je supplie Votre Grâce de m'entendre sur des choses qui touchent de près à sa renommée de prince chrétien.

— Parle.

— Ce que j'ai à dire concerne votre personne et ne doit être confié qu'à vous-même.

— Retirez-vous, Messires.

Neville obéit, mais le baron refusa de s'éloigner.

— Puisque vous avez reconnu que j'avais raison, dit-il au roi, traitez-moi en conséquence, et souffrez que je suive mon sentiment ; quant à vous laisser seul avec cet hypocrite, n'y comptez pas.

— Comment! Thomas, dit le prince en frappant du pied, as-tu peur d'exposer notre personne en face d'un traître?

— Vous avez beau froncer le sourcil et frapper du pied, Monseigneur, je ne laisserai pas un malade avec un homme bien portant et un malade à moitié nu avec un soldat armé de toutes pièces.

— Peu importe, dit Kenneth; je parlerai en présence du sire de Vaux; c'est un brave et loyal chevalier.

— Il n'y a qu'une demi-heure j'en aurais dit autant de toi, fit observer le baron en soupirant, et d'un ton mi-chagrin mi-fâché.

— Sire roi, reprit l'Écossais, vous êtes entouré de traîtres.

— Cela n'est pas impossible, et je viens d'en avoir la preuve.

— La trahison dont je parle vous ferait plus de mal que la perte de cent bannières en bataille rangée. La... la princesse Édith...

A ce nom, balbutié par Kenneth d'une voix défaillante, Richard se redressa dans une attitude d'attention hautaine.

— Ah! ah! dit-il. Tu veux parler d'Édith. Qu'a-t-elle à faire en tout ceci?

— Monseigneur, on a ourdi un complot pour déshonorer votre royal lignage en accordant la main de dame Édith au soudan sarrasin, afin d'acheter ainsi une paix ignominieuse pour la chrétienté au prix d'une alliance humiliante pour l'Angleterre.

Cette révélation eut précisément l'effet contraire à celui que notre amoureux en attendait. Richard était un de ces hommes qui, suivant l'expression d'Iago, « ne veulent pas servir Dieu quand c'est le diable qui l'ordonne ». Les avis ou renseignements qu'il recevait ne l'affectaient pas en raison de leur importance réelle, mais de la couleur que leur donnaient, d'après lui, le caractère et les vues de la personne qui les lui communiquait. Malheureusement, le nom de sa parente lui remit en mémoire ce qu'il regardait comme une extrême présomption dans le chevalier du Léopard, alors même qu'il jouissait d'un renom mérité. Dans l'état de dégradation où il se trouvait, c'était donc un outrage suffisant pour exciter chez l'irritable monarque un nouvel accès de courroux.

— Silence! s'écria-t-il, infâme et effronté que tu es! De par le ciel, je te ferai arracher la langue avec des tenailles ardentes pour oser prononcer le nom d'une si noble damoiselle. Je savais déjà, traître abominable, jusqu'où tu n'avais pas craint de lever les yeux; et je l'endurais, bien que ce fût de l'insolence, même quand tu nous abusais, toi qui n'es que fausseté, en jouant l'homme de mérite. Et maintenant, d'une bouche souillée par l'aveu de ton infamie, tu oses nommer notre parente à cause de l'intérêt que tu prends à son sort? Que t'importe si elle épouse un chrétien ou un Sarrasin? Que t'importe si, dans un camp où les princes se montrent des lâches le jour et des brigands la nuit, où de braves chevaliers deviennent déserteurs et traîtres, que t'importe, dis-je, s'il me plaît de m'allier à la vaillance et à la loyauté en la personne de Saladin?

— En effet, répliqua Kenneth avec assurance, cela ne me touche guère, moi pour qui le monde ne sera bientôt plus rien; mais, dussiez-vous me mettre à la torture, je répéterais que ce que j'ai dit importe grandement à votre conscience et à votre gloire. Oui, sire roi, si jamais vous avez formé, rien qu'en pensée, le projet d'unir votre parente, la noble...

— Je te défends de la nommer, d'y penser même! interrompit Richard, la main crispée sur sa hache d'armes.

Le chevalier commençait à sortir de son abattement et à reprendre, dans cette espèce de dispute, son énergie ordinaire.

— Par la croix, qui est toute mon espérance, son nom sera le dernier mot de ma bouche, son image la dernière pensée de mon âme! Essayez votre force si vantée sur ma tête sans défense, et voyez s'il est possible de m'en empêcher.

— Il me rendra fou, dit le roi qui, malgré lui, sentit sa résolution chanceler devant l'intrépide fermeté du coupable.

En ce moment, un brouhaha se produisit au dehors et Neville vint annoncer l'arrivée de la reine.

— Retiens-la, retiens-la, Neville, cria Richard; ce spectacle ne sied pas à une femme. Honte à moi de m'être emporté à ce point pour un tel misérable! Thomas, ajouta-t-il à voix basse, emmène-le par la sortie de derrière ; qu'il soit enfermé et gardé à vue ; tu me réponds de lui sur ta tête... Et, attends, comme il va mourir, procure-lui un prêtre ; nous ne voulons pas tuer l'âme et le corps... Attends encore, nous ne voulons pas davantage qu'il soit dégradé : qu'il meure en chevalier, avec son baudrier et ses éperons, car si sa trahison est aussi noire que l'enfer, son audace égale celle du diable.

Le baron, charmé, comme on peut le croire, que son maître eût mis fin à cette scène sans s'être souillé par l'action fort peu royale d'occire lui-même un prisonnier qui n'opposait aucune résistance, se hâta de conduire Kenneth dans une tente voisine, où, par précaution, les gardes du prévôt le mirent aux fers. Lorsqu'ils eurent fini, le sire de Vaux lui dit d'un ton solennel :

— Le bon plaisir du roi est que vous mouriez sans être dégradé, sans mutilation ni flétrissure, et que vous ayez la tête tranchée par le glaive.

— Il est généreux, dit le condamné d'un air de soumission et en homme qui ne s'attendait pas à une telle faveur. Ma famille n'en sera pas déshonorée. O mon père! mon père!

Cette invocation, à peine intelligible, n'échappa point à l'Anglais, dont la brusquerie cachait un fond de bonté, et il eut besoin de passer le revers de sa main sur ses traits austères avant de pouvoir continuer.

— C'est encore le bon plaisir de Richard d'Angleterre, ajouta-t-il enfin, que vous puissiez communiquer avec un saint homme, et j'ai rencontré, en venant ici, un carme qui peut vous préparer à ce passage. Il attend à la porte que vous soyez préparé à le recevoir.

— Qu'il entre. C'est encore une bonté du roi... Je ne saurais être mieux préparé qu'à présent, car la vie et moi nous sommes dit adieu, comme le font deux voyageurs arrivés à un carrefour où leurs routes se séparent.

— C'est bien... Le reste me fait quelque peine à vous apprendre. C'est aussi le bon plaisir du roi que vous vous prépariez immédiatement à la mort.

— Que la volonté de Dieu et du roi s'accomplisse! Je ne conteste pas la justice de l'arrêt et ne souhaite aucun délai dans l'exécution.

Le baron se retira lentement. Sur le point de sortir, il retourna la tête pour regarder le chevalier, dont l'attitude recueillie annonçait qu'il avait banni toute idée mondaine pour s'absorber dans des actes de dévotion intérieure. La sensibilité du vaillant seigneur n'était pas des plus vives; néanmoins, en cette occasion, il se sentit violemment ému. Se rapprochant de la botte de joncs sur laquelle le prisonnier était assis, il prit une de ses mains chargées de chaînes et lui dit avec autant de douceur que sa voix rude était capable d'en exprimer :

— Sire Kenneth, tu es jeune... tu as un père... Mon fils Ralph, que j'ai laissé au pays, aura un jour ton âge et, sans l'affaire de cette nuit, j'aurais souhaité à sa jeunesse tout ce que promettait la tienne... Ne puis-je rien dire ou faire pour toi?

— Rien, répondit tristement l'Écossais. J'ai abandonné mon poste... La bannière confiée à ma garde a été enlevée. Quand le glaive et le billot seront prêts, la tête et le corps le seront aussi.

— Alors, que Dieu te reçoive en sa miséricorde! Cependant, je voudrais, au prix de mon meilleur cheval, avoir été à ta place. Il y a du mystère là-dedans, jeune homme; le bon sens suffit à vous en avertir, quoiqu'on ne puisse l'expliquer. Est-ce lâcheté? Non, jamais lâche ne s'est battu comme je t'ai vu faire. Est-ce trahison? Pas davantage, un traître ne s'apprête pas à mourir avec tant de calme. Tu auras été détourné de ton poste par quelque ruse diabolique, quelque manigance bien ourdie : les cris d'une damoiselle en détresse auront frappé ton oreille, ou le minois d'une jolie fille t'aura séduit les yeux. Il n'y a pas de quoi rougir ; ces tentations-là nous entraînent tous. Allons, je t'en conjure, soulage ta conscience. Sa colère passée, le roi est indulgent... N'as-tu rien à me confier ?

Le malheureux détourna son visage du compatissant guerrier.

— Rien, répondit-il.

Thomas de Vaux, qui avait épuisé tous ses moyens de persuasion, se leva et sortit, les bras croisés, dépité de ce qu'un accident aussi simple que la mort d'un Écossais pût l'affecter à ce point.

« Cependant, pensa-t-il, quoique ces va-nu-pieds soient nos ennemis dans le Cumberland, on les regarde presque comme des frères en Palestine. »

CHAPITRE XVI.

Ce n'est pas pour son jugement, car assurément il n'a rien que d'ordinaire, et quant à son esprit, ce n'est que le babil d'une femme.

Chanson.

La haute et puissante dame Bérengère, fille de Sancho, roi de Navarre, et compagne de Richard Cœur de Lion, passait pour une des plus belles femmes de son temps. Sa taille était élancée et de proportions parfaites. Elle avait une blancheur de teint peu commune dans son pays, une profusion de cheveux blonds, et des traits si délicats qu'elle paraissait n'être pas sortie de l'adolescence, bien qu'elle eût vingt et un ans. Peut-être cet air d'extrême jeunesse l'avait-il portée à prendre, ou du moins à affecter une pétulance et des caprices d'enfant, qu'elle pouvait supposer convenir dans une jeune épousée, à qui le rang et l'âge donnaient le droit d'avoir des fantaisies et de les satisfaire.

Elle avait un caractère facile et enjoué et, quand on ne lui ménageait pas le tribut d'hommage et d'admiration qu'elle se croyait dû, — et Dieu sait si elle était exigeante, — il était difficile de se montrer plus aimable ou de meilleure composition. Mais, à l'exemple de tous les tyrans, plus on lui cédait, plus elle cherchait à étendre son empire. Quelquefois, quand elle n'avait plus rien à désirer, il lui plaisait de tomber en mélancolie et de se croire malade. Alors les médecins d'un côté, les dames d'honneur de l'autre, se mettaient l'esprit à la torture pour soigner ou distraire la belle indolente.

Bérengère aimait son mari à la passion, mais elle redoutait la rudesse et la fierté de son caractère et, comme elle se sentait d'une intelligence inférieure à la sienne, la préférence qu'il marquait pour Édith Plantagenet, douée d'un esprit étendu et de nobles sentiments, lui tenait fort à cœur. Ce n'est pas à dire qu'elle éprouvât de la haine contre Édith, encore moins qu'elle lui voulût du mal; mais une raillerie piquante à l'adresse de la princesse était un spécifique excellent pour dissiper les vapeurs de Bérengère, et les dames de sa suite ne s'en faisaient faute.

Cette conduite n'était guère généreuse. Édith passait pour orpheline et, quoiqu'on l'appelât Plantagenet et la belle Angevine, qu'elle jouît de certains privilèges royaux et tînt une des premières places à la cour, cependant peu de gens auraient pu dire au juste quel degré de parenté la rattachait à Richard. Elle était venue d'Angleterre avec la reine-mère, la célèbre Éléonore de Guienne, et avait rejoint le roi à Messine, comme une des dames destinées à accompagner Bérengère, qu'il allait épouser.

Pendant quelque temps, les dames de la reine n'avaient eu d'autre avantage sur Édith que celui de critiquer une coiffure peu soignée ou une robe mal coupée. Quand elles eurent pénétré le secret de la passion du chevalier écossais, ses couleurs et emblèmes, ses devises et faits d'armes leur fournirent matière à mainte plaisanterie. Vint ensuite le pèlerinage d'Engaddi, entrepris par la reine, en exécution d'un vœu qu'elle avait formé pour la guérison de son époux, et sur le conseil de l'archevêque de Tyr, qui cachait là-dessous des motifs politiques. Dans la chapelle de ce saint lieu, qui communiquait par en haut avec un couvent de carmélites et par en bas avec la cellule de l'anachorète, une des femmes de Bérengère remarqua le signe d'intelligence qu'Édith avait donné à son amant; elle ne manqua pas d'en faire part à la reine.

Au retour, le cortège royal fut augmenté des deux abominables nains dont nous avons parlé, et qui étaient envoyés par la ci-devant reine de Jérusalem. Tout d'abord, Bérengère voulut voir, par simple passe-temps, quel effet produirait l'apparition de ce couple fantastique sur les nerfs du chevalier, resté seul dans la chapelle ; le sang-froid de l'Écossais et l'intervention de l'ermite dérangèrent sa plaisanterie. Alors elle en combina une autre dont les conséquences menaçaient d'être plus sérieuses.

Après le départ de Kenneth, les dames se réunirent de nouveau, et la reine, peu émue des vifs reproches que lui adressa Édith, se contenta d'y répondre en l'accusant de pruderie, et avec force sarcasmes sur l'équipement, la nation et la pauvreté du chevalier. Lorsque, au point du jour, Édith apprit ce qui s'était passé dans la nuit, elle courut à l'appartement de Bérengère et la supplia de se rendre sur-le-champ chez le roi, afin de prévenir, par sa puissante médiation, les suites fatales de sa plaisanterie.

La reine, effrayée à son tour, rejeta, selon l'usage, le blâme de sa propre folie sur celles qui l'entouraient, et s'efforça de calmer la douleur d'Édith et d'apaiser son mécontentement par mille arguments déraisonnables. Tandis qu'Édith cherchait inutilement à rompre un torrent de paroles vides, ses yeux se portèrent sur une dame qui venait d'entrer. L'horreur était peinte sur son visage, et ce fut au milieu des sanglots et des larmes qu'elle s'adressa ainsi à la reine :

— Madame, il faut sauver cet homme... C'est encore possible... On m'apprend à l'instant qu'il a été conduit devant le roi... Tout n'est pas perdu, mais tout le sera bientôt, à moins d'agir au plus vite.

— Je fais vœu, dit la reine poussée à l'extrémité, d'offrir un chandelier d'or au saint sépulcre, une châsse d'argent à Notre-Dame d'Engaddi, un manteau de cent besants à saint Thomas d'Orthez !

— Non, Madame, levez-vous ! Appelez tous les saints à votre aide, mais soyez vous-même votre propre saint.

— La princesse a raison, ajouta la dame. Levez-vous, et allons demander au roi la vie du pauvre chevalier.

— J'irai... J'y vais à l'instant.

Bérengère se leva, toute tremblante, et, comme ses femmes s'agitaient dans une confusion égale à la sienne, Édith, calme en apparence mais d'une pâleur de mort, l'habilla de ses propres mains.

— Vous le voyez, Édith, dit la reine, elles ne sont bonnes à rien...

Je ne serai jamais prête à temps. Nous ferions mieux d'envoyer quérir l'archevêque et de le charger d'un message.

— Oh! non, non, s'écria Édith. Allez-y vous-même; vous avez fait le mal, à vous d'apporter le remède.

— Soit, j'irai; mais si Richard est en colère, je n'oserai lui parler; il me tuerait.

— Allez toujours, gracieuse souveraine, reprit la dame d'honneur; il n'y a pas de lion en fureur qui pût jeter un regard sur tant de charmes et conserver une ombre de colère; à plus forte raison, un chevalier amoureux comme le roi Richard, pour qui vos moindres désirs sont des ordres.

— En es-tu sûre, Calliste? Ah! tu ne le connais guère... Enfin, j'irai. Mais voyez un peu, qu'avez-vous fait? M'affubler d'une robe verte, la couleur qu'il déteste. Tenez, donnez-m'en une bleue, et cherchez le collier de rubis qui faisait partie de la rançon du roi de Chypre; il doit être dans la cassette de fer ou quelque autre part.

— Voilà ce qui vous occupe, et la vie d'un homme est en jeu! s'écria Édith dans un transport d'indignation. Cela dépasse toute patience. Ne vous dérangez pas, Madame, c'est moi qui vais aller chez le roi... J'y suis intéressée... Il faut que je sache s'il est permis de jouer avec l'honneur d'une pauvre fille de son sang, au point d'abuser de son nom pour détourner de son devoir un brave gentilhomme, l'exposer à la mort et à l'infamie, et livrer du même coup la gloire de l'Angleterre aux risées de l'armée chrétienne.

Bérengère écouta cette explosion soudaine de colère, immobile d'étonnement et d'effroi; puis, voyant Édith près de quitter la tente, elle s'écria d'une voix faible :

— Arrêtez-la! arrêtez-la!

— N'allez pas plus loin, Damoiselle, dit Calliste en la retenant doucement par le bras; et vous, noble reine, partez, sans tarder davantage, n'est-ce pas? Si la princesse va seule chez le roi, il se mettra dans une colère terrible, et une seule mort ne lui suffira pas.

Enfin, la reine céda à la nécessité et fut prête à partir en aussi peu de temps qu'il était permis de l'espérer. Elle s'enveloppa en hâte d'une mante, qui cachait les irrégularités de sa toilette; et, accompagnée d'Édith et de ses dames d'honneur, escortée de quelques hommes d'armes, elle se dirigea vers le pavillon de son redoutable époux.

CHAPITRE XVII.

> S'il avait autant de vies humaines que de cheveux sur la tête, et qu'il fît quatre fois autant de prières pour chacune d'elles, l'une après l'autre disparaîtrait cependant comme les étoiles s'effacent avant le jour, ou comme les lampes d'un festin, après avoir prêté leur éclat à l'orgie nocturne, s'éteignent au départ des convives.
>
> Vieille Comédie

QUAND Bérengère se présenta devant l'appartement du roi, les chambellans de service s'opposèrent, avec tout le respect possible, à ce qu'elle pénétrât plus avant ; elle put même entendre la voix sévère de son époux leur en donner l'ordre.

— Vous le voyez, dit-elle à Édith comme si elle eût déjà épuisé toutes les voies d'intercession, je m'en doutais, le roi refuse de nous recevoir.

En même temps, la voix de Richard se fit de nouveau entendre.

— Écoute, drôle, disait-il, tu vas faire vite ; c'est en cela que consiste ta merci. Il y aura dix besants pour toi, si tu l'expédies d'un seul coup. Fais bien attention à ses moindres mouvements ; j'aime à savoir comment meurt un brave.

— S'il voit mon glaive se lever sans tressaillir, ce sera le premier, répondit une voix rauque et sourde.

Édith, à ces paroles significatives, frémit d'impatience.

— Madame, décidez-vous à forcer la porte, ou je vais le tenter moi-même. Messires, la reine demande à parler au roi, son époux.

— Noble dame, répondit un des chambellans, en baissant la baguette, insigne de sa charge, le roi est occupé d'une question de vie et de mort.

— Et c'est pour une affaire de vie et de mort que nous voulons le voir. Madame, je vais vous faire passage.

Édith, écartant d'une main l'officier, ouvrit la portière de l'autre. Le passage se trouvant libre, la reine se vit obligée d'entrer dans la chambre de Richard.

Le monarque était étendu sur son lit et, à quelque distance, un homme attendait, dont il n'était pas difficile de deviner le métier. Serré dans une jaquette de drap rouge et les bras à moitié nus, il portait par-dessus une cotte ou tabard, sans manches, en cuir de bœuf tanné et souillé par places de larges taches d'un rouge noirâtre. Jaquette et tabard ne dépassaient pas les genoux, et ses houseaux étaient du même cuir que le tabard. Il avait une épaisse barbe rousse, des cheveux embroussaillés, et tout ce qu'on distinguait de son visage, en partie caché par un bonnet fourré, avait un air sombre et farouche. Il était de taille courte et trapue, avec un cou de taureau, de larges épaules, des bras trop longs, le buste carré, les jambes grosses et cagneuses. Ce truculent personnage avait un bras appuyé sur un glaive démesuré, dont la poignée, entourée d'un cercle de plomb pour faire contrepoids à la lame, s'élevait au-dessus de sa tête.

A la soudaine invasion des dames, Richard, surpris et mécontent, se jeta brusquement de l'autre côté pour leur tourner le dos, et ramena sur lui la couverture du lit, qui consistait en deux peaux de lion, préparées à Venise avec tant d'art qu'elles avaient la douceur d'une peau de daim.

Bérengère, telle que nous l'avons décrite, savait bien — et quelle femme l'ignore? — par quels moyens s'assurer la victoire. Après avoir jeté un regard effaré sur le sinistre exécuteur des conseils secrets de son époux, elle se précipita vers la couche royale, tomba à genoux, et sa mante, en glissant à terre, découvrit ses épaules, et la profusion de ses longues boucles d'or. Puis elle s'empara du bras droit de Richard, l'attira à elle avec une force à laquelle il essaya faiblement de résister, et, l'emprisonnant dans ses belles petites mains, elle y appuya son front et le pressa de ses lèvres.

— Que signifie cela, Bérengère? demanda le roi sans détourner la tête.

— Renvoyez cet homme ; sa vue m'est odieuse.

— Va-t'en, drôle! Es-tu bon à te montrer aux dames? Qu'attends-tu donc?

— La volonté de Votre Grâce touchant la tête.

— Hors d'ici, chien! Une sépulture chrétienne.

L'homme disparut, non sans un dernier regard sur la belle reine, que le désordre de sa toilette rendait plus belle encore, et sans un sourire d'admiration, plus hideux encore que l'air habituel de sa physionomie cynique.

— A présent, jeune folle, que me veux-tu? dit Richard, en se tournant comme à regret vers la suppliante.

Mais il n'était pas dans la nature d'un homme tel que lui, grand admirateur de la beauté à laquelle il ne préférait que la gloire, de voir sans émotion les traits altérés et l'effroi d'une aussi charmante créature, et de sentir, sans éprouver de sympathie, ses lèvres s'appuyer sur une main qu'elle arrosait de larmes. Peu à peu, il tourna de son côté son mâle visage, et adoucit autant que possible l'éclat fulgurant de ses grands yeux bleus. Caressant cette jolie tête et fourrageant de ses larges doigts cette chevelure d'un si coquet désordre, il releva et baisa tendrement la figure de chérubin qui semblait vouloir se cacher dans sa main. Les formes athlétiques du héros, son front noble et ouvert, son air de majesté, les fauves dépouilles qui le couvraient, et l'adorable et mignonne femme agenouillée devant lui, auraient pu servir de modèle pour peindre la réconciliation d'Hercule et de Déjanire.

— Eh bien, demanda Richard, que vient chercher la maîtresse de mon cœur dans la tente de son chevalier, à cette heure matinale et si peu ordinaire?

— Pardon, mon gracieux sire, pardon!

— Pardon! et de quoi?

— D'abord de me présenter à vos yeux avec tant de hardiesse...

Ses terreurs la reprirent, et elle ne put en dire davantage.

— Toi, trop hardie! dit le roi. C'est comme si le soleil s'excusait d'entrer par la fenêtre d'un pauvre prisonnier. Mais j'étais occupé d'une affaire où ta présence n'eût pas été convenable ; et puis, ma douce amie, je craignais de compromettre ta précieuse santé dans une chambre où la maladie a fait rage.

— Mais tu es guéri maintenant?

— Assez bien pour rompre une lance contre le téméraire qui refuserait de te proclamer la belle des belles.

— Alors tu m'accorderas une grâce, rien qu'une, la vie de...

— Achève.

— La vie de ce malheureux Écossais.

— Assez, Madame! Son arrêt est prononcé ; il mourra.

— Grâce, mon roi, mon bien-aimé! Ce n'est qu'une bannière de perdue ; Bérengère t'en brodera une autre de sa propre main, et plus riche qu'aucune de celles où se joua le vent. J'y appliquerai toutes les perles de ma cassette, et chaque perle sera accompagnée d'une larme de reconnaissance pour mon généreux chevalier.

— Tu ne sais ce que tu dis, s'écria le roi dont la colère montait. Des perles! toutes les perles de l'Orient pourraient-elles réparer l'injure faite à l'honneur de ma couronne, et toutes les larmes contenues dans l'œil d'une femme, laver une tache sur la gloire de mon nom? Allez, Madame, connaissez votre temps et votre place. Nous avons aujourd'hui des devoirs que vous ne sauriez partager avec nous.

— Édith, tu l'entends, dit la reine à demi-voix, nous ne faisons que l'irriter davantage.

— Et quand cela serait? dit Édith en s'avançant. Monseigneur, c'est donc à moi, votre humble parente, d'implorer justice plutôt que merci, et en tout temps, en tout lieu, en toute circonstance, les oreilles d'un roi doivent être ouvertes au cri de justice.

— Ah! c'est au tour de notre cousine? dit Richard en se mettant sur son séant. Elle parle toujours en roi, et je lui répondrai de même, pourvu que sa requête ne soit pas indigne d'elle ou de moi.

La beauté d'Édith, moins séduisante que celle de la reine, respirait

surtout la noblesse et l'intelligence; mais l'impatience et l'anxiété avaient prêté à son teint un éclat peu ordinaire, et donnaient à son maintien une dignité énergique, qui imposa silence à Richard, au moment où il semblait vouloir l'interrompre.

— Monseigneur, reprit-elle, le brave chevalier dont vous allez répandre le sang a rendu plus d'un service à la croisade. Il a manqué à son devoir en tombant dans un piège qu'on lui a tendu par pure légèreté et désœuvrement d'esprit. Un message, envoyé au nom d'une personne... et pourquoi ne le dirai-je pas? envoyé en mon nom, l'a entraîné à quitter pour un instant son poste. Quel chevalier chrétien n'aurait pas commis la même faute sur l'ordre d'une damoiselle, qui, sans autre qualité, a néanmoins dans les veines le sang des Plantagenet?

— Ainsi, cousine, vous l'avez vu? demanda le roi en se mordant les lèvres pour maîtriser sa colère.

— Oui, je l'ai vu. Il est inutile d'expliquer pourquoi : je ne suis venue ni pour me justifier, ni pour accuser autrui.

— Et où lui avez-vous fait un tel honneur?

— Dans le pavillon de madame la reine.

— Chez notre royale épouse! Par le ciel, par saint Georges et tous les bienheureux qui foulent aux pieds le cristal du firmament, c'est le comble de l'audace! J'avais remarqué, sans la punir, l'insolente admiration de ce vassal pour une dame d'un rang si supérieur au sien, et je ne pouvais empêcher que cette dame étendît sur lui, du haut de sa grandeur, la même influence que le soleil dispense à notre monde. Mais, ciel et terre! l'avoir admis à une entrevue de nuit, dans le pavillon de notre royale épouse, et m'offrir ensuite une pareille excuse pour sa désobéissance! Par l'âme de mon père, Édith, tu en feras pénitence le reste de ta vie dans un monastère!

— Sire roi, répondit-elle, votre rang autorise la tyrannie. Mon honneur n'a pas plus souffert que le vôtre, et madame la reine peut l'attester, si elle veut s'en donner la peine. Mais, je le répète, je ne suis ici ni pour me justifier ni pour accuser les autres. Veuillez octroyer à celui qui n'a failli que par tentation cette miséricorde qu'il vous faudra, Monseigneur, implorer un jour devant un juge plus élevé, et pour des fautes moins vénielles peut-être ; voilà tout ce que je demande.

— Est-ce là Édith Plantagenet, la sage, la noble Édith? n'est-ce pas plutôt quelque fille affolée d'amour et qui fait litière de sa réputation?

En vérité, j'ai bonne envie d'ordonner qu'on apporte de l'échafaud le crâne de ton mignon pour le mettre, en guise d'ornement, au pied du crucifix de ta cellule.

— Quand même le feriez-vous, je n'en dirais pas moins que c'est la relique d'un brave chevalier, mis à mort par l'injustice et la cruauté de... d'un prince qui aurait dû mieux savoir récompenser le mérite. Vous l'appelez mon amant, ajouta-t-elle avec une véhémence croissante; il l'était en effet, et le plus loyal, n'ayant jamais tenté de me gagner par œillade ou par discours, content de me rendre hommage comme on fait aux saints... Et voilà pourquoi ce vaillant, ce fidèle, ce vertueux amant doit périr!

— Par pitié, taisez-vous! lui dit la reine; vous ne faites que l'offenser davantage.

— Peu m'importe, répliqua Édith; la vierge sans tache ne craint pas le lion rugissant. Qu'il frappe à son gré ce digne chevalier; Édith, pour laquelle il meurt, saura comment pleurer sa mémoire. On ne rebattra plus mes oreilles d'alliances politiques à sanctionner par le don de cette malheureuse main... Vivant, je n'aurais ni le pouvoir ni la volonté de lui être unie, une trop grande distance nous séparait... Mort, tous les rangs sont égaux... et je suis dorénavant la fiancée de la mort.

Richard allait riposter avec emportement lorsqu'un moine se précipita dans la chambre, la tête et le corps enveloppés du capuce et du froc de laine grossière, qui distinguaient l'ordre des carmes. Il tomba à genoux devant le roi et le conjura, par tout ce qu'il y avait de sacré, de surseoir à l'exécution.

— Par le sceptre et l'épée! s'écria Richard, tout le monde est ligué pour me faire perdre l'esprit. Les fous, les femmes, les moines me contrarient à l'envi. Comment! il vit encore?

— Gracieux sire, dit le moine, j'ai supplié le baron de Vaux de différer l'exécution jusqu'à mon retour.

— Et il a été assez hardi pour t'accorder ta requête! je reconnais bien là son entêtement ordinaire. Enfin, qu'as-tu à me dire? Parle, au nom du diable!

— Monseigneur, c'est un secret d'importance, reçu sous le sceau de la confession, et je n'ose le révéler ni même en ouvrir la bouche. Toutefois, je vous le jure par mon saint ordre, par l'habit que je porte, par le bienheureux Élie, notre fondateur, qui fut ravi au ciel sans subir les angoisses de la mort, ce jeune homme m'a confié un secret qui, s'il m'était permis de le divulguer, vous ferait renoncer avec horreur à votre fatal dessein.

— Bon père, dit Richard, les armes que j'ai prises pour le salut de l'Église montrent assez que je la respecte. Apprenez-moi ce secret, et je verrai ce qu'il me convient de faire ; mais je ne suis pas aveugle comme le coursier Bayard pour céder à l'éperon d'un prêtre et faire un saut dans les ténèbres.

Le saint homme, rejetant son capuce en arrière et entr'ouvrant sa robe, laissa voir un corps vêtu de peaux de chèvre et un visage tellement ravagé par le climat, le jeûne et les austérités, qu'il avait l'air d'un squelette vivant plutôt que d'une figure humaine.

— Monseigneur, dit-il, il y a vingt ans que je châtie cette misérable carcasse dans la grotte d'Engaddi, en pénitence d'un grand crime. Croyez-vous que moi, qui suis mort au monde, j'irais fabriquer un mensonge qui mettrait mon âme en péril? ou que, lié par les serments les plus solennels, et n'ayant plus qu'un désir ici-bas, celui d'assister à la résurrection de la Sion chrétienne, je voudrais livrer les secrets du confessionnal? L'un et l'autre parti me fait également horreur.

— Ainsi, dit Richard, tu es l'ermite dont on parle tant? Tu ne ressembles pas mal, je l'avoue, à ces esprits qui errent dans les lieux déserts ; mais Richard n'a pas peur des esprits. C'est donc à toi, ce me semble, que les princes de la croisade ont envoyé ce criminel chevalier pour ouvrir des négociations avec le soudan, pendant que moi, qui aurais dû être consulté le premier, j'étais retenu au lit par la fièvre. Arrangez-vous ensemble comme il vous plaira ; je n'irai pas fourrer mon cou dans le nœud coulant de la cordelière d'un carme. Quant à votre messager, il n'en mourra que plus tôt et plus sûrement, puisque tu intercèdes pour lui.

— Que Dieu te pardonne, Sire roi! dit l'ermite avec émotion. Tu vas commettre une mauvaise action que tu regretteras un jour de n'avoir pas empêchée, eût-il dû t'en coûter un membre. Homme aveugle et téméraire, arrête!

— Hors d'ici! va-t'en!... Le soleil s'est levé sur la honte de l'Angleterre, et elle n'est pas encore vengée. Femmes et toi, prêtre, retirez-vous, si vous ne voulez pas entendre des choses désagréables, car, j'en jure par saint Georges...

— Ne jure pas! dit un nouveau personnage qui entrait dans le pavillon.

— Ah! c'est toi, savant Hakim, dit le roi; tu viens mettre enfin notre générosité à l'épreuve.

— Je viens te prier de m'entendre sur-le-champ; il s'agit d'affaires du plus grave intérêt.

— Tourne-toi d'abord du côté de ma femme, Hakim, et qu'elle connaisse le sauveur de son époux.

— Il ne m'appartient pas, répondit le médecin, en baissant les yeux et croisant les bras, de regarder la beauté sans voile et dans toute sa splendeur.

— Retirez-vous donc, Bérengère, et vous aussi, Édith. Surtout, ne renouvelez pas vos importunités; l'exécution n'aura lieu qu'à midi, je ne puis vous accorder davantage. Allez, ma bien-aimée, tranquillisez-vous... Édith, ajouta-t-il avec un regard qui frappa de terreur l'âme de sa courageuse parente, partez, s'il vous reste un grain de sagesse.

Les dames sortirent pêle-mêle, oubliant le rang et l'étiquette, et semblables à une troupe d'oiseaux sauvages assaillie par un faucon. Elles rentrèrent dans leur pavillon pour donner cours à des regrets et à des récriminations inutiles. Édith fut la seule qui parût dédaigner d'épancher sa douleur par ces moyens vulgaires. Sans un soupir, sans une larme, sans un mot de reproche, elle prodigua ses soins et ses consolations à la reine, dont le faible caractère éclata en lamentations passionnées et en une violente attaque de nerfs.

— Elle n'aimait pas ce chevalier, dit dame Florise; cela est impossible, et nous nous sommes trompées. Elle s'afflige de son sort uniquement parce qu'elle en a été la cause involontaire.

— Chut! lui répondit dame Calliste, qui avait de meilleurs yeux et plus d'expérience. Elle est de cette orgueilleuse maison des Plantagenet, qui ne conviennent jamais qu'ils se sont fait mal. On en a vu qui, blessés à mort et perdant leur sang, bandaient les égratignures qu'avaient reçues des compagnons au cœur pusillanime. Florise, nous avons fait une chose effroyable et, en ce qui me concerne, je donnerais tous mes bijoux pour que notre fatale plaisanterie n'eût pas eu lieu.

CHAPITRE XVIII.

Ceci exige le concours planétaire de Jupiter et du soleil, et ces puissantes intelligences sont fantasques et orgueilleuses. Il faut de grandes choses pour leur faire quitter la conduite de leurs sphères et les amener à s'occuper des mortels.

Albumazar.

'ermite suivit les dames, comme l'ombre suit un rayon de lumière quand le vent chasse les nuages sur la face du soleil. Au seuil de la chambre, il se retourna et, le bras tendu vers le roi, s'écria d'une voix menaçante :

— Malheur à qui rejette les conseils de l'Église et qui s'abandonne à ceux de l'infidèle! Richard, je ne secoue pas encore la poussière de mes pieds pour sortir de ton camp. Le glaive ne tombe pas encore, mais il n'est suspendu qu'à un cheveu. Prince orgueilleux, nous nous reverrons.

— Ainsi soit-il, orgueilleux moine, répondit Richard, plus orgueilleux sous ta peau de bouc qu'un monarque sous le lin et la pourpre!

L'ermite sortit, et le roi poursuivit, en s'adressant au médecin maure :

— Les derviches de l'Orient, sage Hakim, usent-ils de telles familiarités à l'égard des princes?

— Un derviche, dit Adonibec, est sage ou fou ; il n'y a pas de milieu. D'où il résulte qu'il doit avoir assez de sagesse pour se conduire en présence des princes ; ou que, la raison lui faisant faute, il n'est pas responsable de ses actions.

— M'est avis que nos moines penchent surtout de ce dernier côté. Ah! çà, venons-en à nos affaires. En quoi puis-je t'obliger?

— Grand roi, dit El-Hakim en faisant un profond salut à la mode orientale, permets à ton serviteur de te parler avec franchise et de n'en être pas victime. Je voudrais te rappeler que tu dois, non pas à moi qui ne suis qu'un humble instrument, mais aux intelligences dont je dispense les faveurs aux mortels, le bienfait de la vie...

— Et je gage que tu veux m'en demander une autre en retour, interrompit le roi.

— Telle est l'humble prière que je viens adresser au grand Melek-Ric. C'est, en effet, la vie de ce brave chevalier condamné à mourir, pour une faute semblable à celle où succomba le sultan Adam, surnommé Aboul-Beschar, ou père de tous les hommes.

— Ta sagesse aurait pu te rappeler, Hakim, qu'Adam expia cette faute par la mort.

Richard se mit à arpenter gravement l'étroit espace de sa tente en se parlant à lui-même avec agitation.

— Merci de moi! murmurait-il, j'ai deviné ce qu'il voulait de moi dès que je l'ai vu entrer. Voilà une misérable vie que j'ai justement condamnée à s'éteindre, et moi, roi et soldat, moi qui ai fait périr des milliers d'hommes par mes ordres, et qui en ai occis des vingtaines de ma main, il me sera défendu d'en disposer, quoique l'honneur de mes armes, de ma maison, de mon épouse elle-même ait été compromis par sa faute! De par saint Georges! je ne puis m'empêcher d'en rire... Cela me rappelle le conte du castel enchanté. Le chevalier qui s'y présente se voit successivement arrêté dans son projet par les figures et apparitions les plus différentes : l'une n'a pas plutôt disparu que l'autre prend sa place. Femme, cousine, ermite, médecin, chacun se montre à son tour dans la lice sitôt que l'autre a été vaincu! En vérité, j'ai l'air d'un chevalier aux prises avec la mêlée entière d'un tournoi.

Et Richard éclata de rire ; il avait changé d'humeur, ses accès de colère étant en général trop violents pour avoir une longue durée.

Pendant ce temps, le médecin le regardait avec un air de surprise, qui n'allait pas sans un mélange de dédain ; car les Orientaux ne savent pas excuser ces changements de caractère aussi subits que ceux de la température, et regardent surtout un éclat de rire comme dérogeant à la dignité de l'homme et ne convenant qu'aux femmes et aux enfants.

— Un arrêt de mort ne peut sortir des lèvres que le rire épanouit, dit-il. Permets à ton serviteur d'espérer que tu lui as accordé la vie de cet homme.

— Accepte en place la liberté de mille captifs, rends un pareil nombre des tiens à leurs tentes et à leurs familles, et j'en donnerai l'ordre à l'instant. La vie de cet homme ne peut te servir à rien, et il est condamné à mort.

— Nous sommes tous dans le même cas, dit Hakim en portant la main à son turban ; mais notre suprême créancier est miséricordieux, et il n'exige pas le payement de la dette avec rigueur et avant le temps.

— Quel intérêt particulier te pousse à empêcher l'action de la justice, que j'ai juré comme roi de faire observer ? Aucun.

— Tu as juré de pratiquer la clémence aussi bien que la justice; mais ce qui te préoccupe en ce moment, c'est l'exécution de tes volontés. Quant à l'intérêt que je puis avoir, sache que la vie de bien des hommes dépend de ta décision.

— Explique tes paroles, et ne cherche pas à m'abuser par de faux semblants.

— Loin de moi une telle pensée ! Eh bien, la médecine à laquelle toi, Sire roi, avec beaucoup d'autres, tu dois ta guérison, est un talisman, composé sous l'influence de certains astres, à l'heure où les célestes intelligences sont le plus favorables. Pour moi, humble dispensateur de ses vertus, je la trempe dans l'eau, j'attends l'instant convenable pour l'administrer au malade, et la puissance du breuvage opère la guérison.

— Voilà une rare médecine, et des plus commodes! et comme elle peut tenir dans la bourse du médecin, elle épargne toute une caravane, employée à transporter des drogues et tout l'attirail ordinaire. Comment se fait-il qu'on se serve d'autre chose ?

— Il est écrit, répondit Hakim avec une gravité imperturbable : « Ne raille pas le coursier qui t'a ramené de la bataille. » S'il est possible d'obtenir de semblables talismans, bien peu d'adeptes ont osé en essayer l'efficacité. Des privations rigoureuses, des règles sévères, le jeûne et la pénitence sont imposés au sage qui veut y recourir ; et si, par négligence, par amour du repos, ou pour satisfaire ses passions, il omet de guérir au moins douze personnes dans le courant de chaque lune, la vertu du don divin abandonne l'amulette ; le médecin ainsi que le dernier malade se trouvent exposés à de grands malheurs et ne passent pas l'année. J'ai encore besoin d'une vie pour compléter le nombre voulu.

— Fais un tour dans le camp, mon brave, et tu n'en manqueras point sans enlever ses pratiques au bourreau. Il ne sied pas à un médecin de ton mérite de faire du tort à un autre. D'ailleurs, je ne vois pas comment, en délivrant un criminel de la mort, tu compléterais ton compte de cures miraculeuses.

— Quand tu pourras m'expliquer pourquoi un gobelet d'eau froide t'a guéri, alors que les remèdes les plus précieux avaient échoué, tu seras à même de raisonner sur les effets mystérieux de ce breuvage. Pour moi, je suis inhabile à opérer le grand œuvre, ayant touché ce matin un animal impur. Ne m'adresse donc plus de questions, et qu'il te suffise de savoir qu'en épargnant la vie de cet homme à ma requête, tu éviteras, grand roi, à toi et à ton serviteur, un danger imminent.

— Écoute, Adonibec, que les médecins enveloppent leurs paroles d'obscurité, et prétendent tirer leurs connaissances des astres, je n'y vois pas d'objection ; mais dire à Richard Plantagenet qu'un danger le menace à cause de quelque vain présage, ou d'une question de forme, halte-là! Tu n'as pas affaire, sache-le bien, à une buse de Saxon, ou à une vieille radoteuse, qui renonce à ce qu'elle voulait faire parce qu'elle aura vu passer un lièvre, ouï croasser un corbeau ou éternuer son chat.

— Je ne puis t'empêcher de douter de mes paroles ; cependant, admets un instant que la langue de ton serviteur n'ait pas fourché : serait-il juste de priver le monde, et tous les infortunés atteints du mal qui te clouait tout à l'heure encore sur ce lit, du bienfait d'un admirable talisman, plutôt que d'étendre ta clémence jusqu'à un pauvre criminel? Songes-y, grand roi, bien que tu puisses faire périr des milliers d'hommes, tu ne peux en rappeler un seul à la santé ; car les rois ont le pouvoir de Satan pour détruire et les sages, celui d'Allah pour guérir. Prends donc garde à ne pas ravir à l'humanité un bien que tu es impuissant à lui donner.

— C'est par trop de hardiesse, s'écria le roi, qui s'endurcissait à mesure que le ton de l'Arabe devenait plus impérieux; nous t'avons accepté pour médecin, et non pour directeur de conscience.

— Est-ce ainsi que le prince le plus renommé du Frangistan reconnaît le service rendu à sa personne royale? reprit El-Hakim, cessant d'être un humble suppliant pour prendre une attitude imposante et pleine de majesté. Alors, dans toutes les cours de l'Orient et de l'Occident, aux musulmans et aux nazaréens, aux chevaliers et aux dames, partout où résonne une harpe et où l'on porte une épée, partout où l'on révère l'honneur et où l'on hait l'infamie, dans tous les coins du monde, je te dénoncerai, Melek-Ric, comme un prince sans foi ni générosité; et même les nations, s'il en existe, auxquelles ton nom n'est jamais parvenu, entendront parler de ta honte.

— Oses-tu bien me tenir un tel discours, vil infidèle? s'écria Richard, furieux. Es-tu las de vivre?

— Frappe! ta conduite te peindra mieux que ne pourraient le faire mes paroles, seraient-elles armées chacune de l'aiguillon d'une guêpe.

Le roi se détourna brusquement, et recommença à marcher avec agitation.

— Sans foi ni générosité! dit-il enfin; autant vaudrait être appelé lâche et païen! Hakim, tu as choisi ton salaire; et bien que j'eusse préféré te donner les joyaux de ma couronne, je n'agirais pas en roi si je repoussais ta demande. Prends donc l'Écossais sous ta garde : voici l'ordre au prévôt de te le remettre.

Il traça à la hâte quelques lignes sur un parchemin, qu'il tendit au médecin maure.

— Fais-en ton esclave, poursuivit-il ; dispose de lui à ton gré ; seulement, qu'il ne se représente jamais devant moi. Apprends une chose : il s'est conduit en audacieux envers celles au charmant visage et au faible jugement de qui nous confions notre honneur, de même que vous, Orientaux, vous enfermez vos trésors dans des cassettes de fils d'argent aussi fins et fragiles que ceux d'un ver à soie.

— Ton serviteur a compris tes paroles, répondit Hakim, en reprenant le ton respectueux sur lequel il avait commencé l'entretien. Quand un riche tapis est souillé, le fou montre la tache, mais le sage la couvre de son manteau. J'ai entendu la volonté de mon seigneur ; et entendre, c'est obéir.

— C'est bien ; qu'il consulte donc sa sûreté personnelle, et ne paraisse jamais en ma présence. Ne puis-je faire autre chose pour t'obliger ?

— La bonté du roi a rempli ma coupe jusqu'aux bords : oui, elle a été aussi abondante que la source qui jaillit au milieu du camp des descendants d'Israël, quand le rocher fut frappé par la verge de Moussa-ben-Amram.

— Oui, répliqua Richard en souriant ; mais il a fallu, comme dans le désert, frapper un grand coup sur le rocher avant d'en obtenir ce bienfait. Je voudrais connaître quelque chose qui te fût agréable, et te l'accorder aussi librement qu'une source naturelle épanche ses eaux.

— Laisse-moi toucher cette main victorieuse, afin que si, un jour, Adonibec El-Hakim requiert une grâce de Richard d'Angleterre, il puisse alors lui rappeler sa promesse.

— Reçois-la en toute assurance ; seulement, tâche de t'arranger de manière à compléter ton compte de guérisons sans avoir à me demander quelque criminel réservé à ma justice ; car j'aimerais mieux acquitter ma dette de toute autre façon.

— Puissent tes jours être multipliés ! dit El-Hakim ; et il se retira en faisant de profondes salutations.

Le roi le regarda sortir, de l'air d'un homme qui n'est qu'à demi satisfait de ce qui s'est passé.

— L'obstination de ce médecin est vraiment étrange, dit-il, et non moins singulière la chance qui dérobe cet audacieux Écossais au châtiment qu'il avait si bien mérité! Bah! qu'il vive; il y aura un vaillant de plus dans le monde. Maintenant au tour de l'Autrichien... Holà! le baron de Vaux est-il là?

Sire Thomas, s'entendant ainsi appeler, présenta immédiatement sa forme massive à l'entrée de l'appartement, tandis que derrière lui se glissait comme un spectre, sans être annoncé, et sans pourtant rencontrer d'obstacle, la figure sauvage de l'ermite d'Engaddi, couvert de ses peaux de chèvre.

Richard, sans faire attention à sa présence, cria à haute voix au baron :

— Sire Thomas de Vaux, prenez un trompette et un hérant, et rendez-vous à l'instant à la tente de celui qu'on nomme le duc d'Autriche. Ayez soin d'en approcher au moment où il sera entouré de ses chevaliers et vassaux, comme il doit l'être probablement à cette heure, car le sanglier allemand déjeune avant d'entendre la messe. Présentez-vous devant lui aussi cavalièrement que possible, et accusez-le, au nom de Richard d'Angleterre, d'avoir, cette nuit, de sa propre main ou par celle d'autrui, enlevé de sa hampe notre bannière royale. En conséquence, vous lui direz que notre volonté est que, dans une heure, à compter du moment où je parle, il restaure ladite bannière avec tous égards, lui et ses barons se tenant debout et tête nue. De plus, il plantera, d'un côté, sa propre bannière d'Autriche renversée, comme ayant été déshonorée par le vol et la félonie, et, de l'autre, une lance, portant la tête de celui qui a été son conseil ou son aide dans cet acte infâme. Et dites-lui que, nos ordres fidèlement exécutés, nous consentirons, à cause de nos vœux et pour le bien de la Terre sainte, à lui pardonner ses autres méfaits.

— Et si le duc, demanda Thomas, déclare n'avoir eu aucune part à cet acte de félonie?

— Vous répondrez que nous le prouverons sur sa personne, fût-il soutenu de ses deux plus braves champions. Oui, nous le prouverons en chevalier, à pied ou à cheval, au désert ou en champ clos, lui laissant le choix du temps, du lieu et des armes.

— Songez, gracieux sire, à la paix de Dieu et de l'Église, que les chefs de la croisade doivent maintenir.

— Et vous, mon homme lige, songez à exécuter mes ordres. Est-ce qu'on s'imagine, par hasard, qu'il suffit d'un souffle pour me faire changer d'avis? La paix de l'Église! qui s'en soucie à présent? Pour les croisés, la paix de l'Église signifie la guerre aux Sarrasins, et, les princes ayant conclu une trêve avec eux, le commencement de l'une marque la fin de l'autre. D'ailleurs, ne vois-tu pas que chacun d'eux cherche son intérêt particulier? Moi aussi, je veux chercher le mien, et c'est l'honneur. C'est pour l'honneur que je suis venu ici; et si je n'en dois pas acquérir aux dépens des Sarrasins, du moins n'y souffrirai-je pas la moindre tache par égard pour ce misérable duc, quand tous les princes de la croisade lui serviraient de rempart.

Le baron se retournait pour exécuter les ordres du roi, tout en haussant les épaules, quand l'ermite s'avança de l'air d'un homme chargé d'ordres supérieurs à ceux de tous les potentats de la terre. Et, en effet, ses vêtements de peaux de bête, ses cheveux et sa barbe en désordre, son corps décharné, ses traits sauvages, le feu de ses regards égarés, offraient en lui le portrait vivant d'un de ces prophètes de l'ancienne loi, qui sortaient de leurs cavernes pour confondre les rois pécheurs d'Israël ou de Juda au milieu de leur orgueil, et lancer contre eux les menaces brûlantes du Très-Haut.

Dans ses plus violents accès de colère, Richard n'avait cessé de respecter l'Église et ses ministres; et, quoique offensé de voir l'ermite s'introduire de la sorte dans sa tente, il le salua courtoisement, et fit signe au baron d'aller remplir son message. Mais le moine, du geste, du regard et de la voix, lui défendit d'obéir; puis, levant son bras nu, avec un brusque mouvement qui rejeta sa peau de chèvre en arrière et découvrit un corps émacié et zébré de coups de discipline, il apostropha le roi en ces termes :

— Au nom de Dieu et du très saint Père, chef de l'Église chrétienne sur la terre, j'interdis ce défi profane, cruel et sanguinaire entre deux princes chrétiens, dont l'épaule porte le bienheureux signe au nom duquel ils se sont juré alliance. Malheur à celui qui la romprait! Richard d'Angleterre révoque le message impie que tu viens de donner à ce baron. Le danger et la mort t'environnent, le poignard brille sur ta gorge.

L'ermite d'Engaddi dans la tente du roi Richard.

— Le danger et la mort sont les compagnons de Richard, répondit le monarque avec orgueil, et il a bravé trop d'épées pour craindre un poignard.

— Le danger et la mort sont proches, répéta l'ermite, et baissant la voix de manière à lui donner un ton sourd et sépulcral, il ajouta : Et après la mort, le jugement !

— Bon père, je révère ta personne et ta sainteté ; mais...

— Ne me révère pas ! autant révérer le vil insecte qui rampe sur les rivages de la mer Morte et se nourrit de son limon impur. Garde ton respect pour celui au nom de qui je parle, et dont tu as fait vœu de reconquérir le sépulcre ! Respecte le serment de concorde que tu as juré, et ne romps pas les nœuds de fidélité qui t'unissent aux princes chrétiens.

— Bon père, répliqua le roi, vous autres, gens d'Église, vous me semblez vous prévaloir un peu de la dignité de votre saint caractère, s'il est permis à un laïque de s'exprimer ainsi. Sans vous contester le droit de diriger notre conscience, vous devriez, du moins, nous laisser celui de veiller à notre honneur.

— Moi, me prévaloir ! répéta le moine. Est-ce à moi de le faire, Sire roi, à moi qui ne suis que la clochette agitée par la main du sacristain, ou le clairon qui traduit machinalement l'ordre de celui qui en sonne. Vois, je me traîne à tes genoux pour te supplier d'avoir en pitié la chrétienté, l'Angleterre et toi-même !

— Lève-toi, lève-toi, dit le roi en le forçant de se relever ; il ne faut pas que des genoux qui fléchissent si souvent en l'honneur de la Divinité pressent la terre devant un homme... Quel danger nous menace, révérend père ? Et depuis quand le pouvoir de l'Angleterre est-il si faible, que la bruyante fanfaronnade d'un duc de fraîche date doive l'alarmer, elle ou son souverain ?

— Du haut de la tour située au faîte de mes montagnes, j'ai observé les astres dans la voûte étoilée, chacun, pendant sa course nocturne, communiquant à l'autre son influence, ainsi que la science aux rares humains qui savent pénétrer leur langage. Il y a un ennemi dans ta maison de vie, Sire roi, un ennemi qui en veut à la fois à ton renom et à ta prospérité ; cette émanation de Saturne te menace d'un péril immédiat et sanglant et, si ta volonté ne cède pas devant la règle du devoir, elle t'écrasera tout à l'heure dans l'orgueil de ta puissance.

— A d'autres ! C'est là une science païenne ; les chrétiens la rejettent, et les sages n'y croient pas. Tu radotes, bonhomme.

— Non, Richard, je n'ai pas cette chance. Je me connais, et je sais qu'une lueur de raison m'est encore accordée, non à mon avantage, mais pour celui de l'Église. Je suis l'aveugle qui porte une torche sur le chemin d'autrui, sans pouvoir profiter lui-même de sa lumière. Questionne-moi touchant les intérêts de la chrétienté et de la croisade, et le conseiller le plus doué de persuasion n'aura pas de plus sages réponses. Au contraire, si tu me parles de mon misérable individu, je retomberai dans les extravagances de l'insensé que je suis.

— Je ne voudrais pas rompre les liens d'union entre les princes croisés, dit Richard d'un ton plus doux ; mais quelle réparation m'offriront-ils pour l'outrage que j'ai souffert ?

— C'est là-dessus que je suis prêt à vous répondre, et autorisé à le faire par le conseil, qui s'est assemblé à la hâte, sur l'invitation de Philippe de France, et a pris des mesures à cet effet.

— Il est singulier que le soin appartienne à d'autres de régler ce qui est dû à la dignité blessée de l'Angleterre.

— On s'est préoccupé de prévenir vos réclamations, s'il est possible. Voici la résolution unanime du conseil : la bannière d'Angleterre sera replacée sur le mont Saint-Georges ; l'auteur de l'outrage, mis au ban et condamné ; et récompense royale, promise à qui le dénoncera, pour que sa chair serve de pâture aux loups et aux corbeaux.

— Et que dit l'Autrichien, sur qui pèsent de si fortes présomptions ?

— Afin de prévenir toute cause de discorde, le duc d'Autriche se justifiera des soupçons en se soumettant à telle épreuve que le patriarche exigera de lui.

— L'épreuve du duel en champ clos, par exemple ?

— Son vœu le lui défend, et d'ailleurs le conseil des princes...

— Le conseil, interrompit le roi, n'autorisera le combat ni contre l'ennemi, ni contre personne. C'en est assez, mon père ; vous m'avez démontré la folie d'agir en pareille occurrence comme je l'avais résolu. Il est plus facile d'allumer une torche dans une flaque d'eau que de faire jaillir une étincelle du cœur d'un lâche. Y a-t-il honneur à gagner avec l'Autrichien ? Point, qu'il s'arrange ! Cependant, j'aurai le plaisir de le voir se parjurer, et j'insisterai pour qu'il subisse l'épreuve. Ah ! je rirai bien quand il calcinera ses gros doigts sur le globe de fer rougi au feu, ou quand il s'enflera la gargoulette pour avaler l'hostie consacrée.

— Paix, Richard ! paix, par respect humain, sinon par charité ! Qui louera, qui honorera des princes qui s'insultent et se calomnient les uns les autres ? Hélas ! toi si noble, si grand par tes pensées et ta généreuse audace, toi qui pourrais être, en sachant commander à tes passions, l'honneur et le conseil de la chrétienté, pourquoi faut-il que tu joignes la fureur sauvage du lion à la dignité et au courage de ce roi des forêts ? Et, après un moment de songerie, il ajouta : Mais le ciel, qui connaît notre nature imparfaite, accepte notre imparfaite soumission, et a retardé, sans la révoquer, la fin sanglante de ta vie. L'ange exterminateur s'est arrêté comme il le fit jadis sur le seuil d'Araunah, le Jébuséen, et il tient dans sa main l'épée qui, dans un temps peu éloigné, abaissera Richard Cœur de Lion au niveau du dernier vilain.

— Quoi ! si tôt ? Enfin, n'importe ; que ma vie soit brillante si elle doit être courte !

— Hélas ! noble roi, reprit le solitaire, et il sembla que sous ses paupières desséchées venait perler une larme, il sera court, mélancolique et marqué par le malheur et la captivité, l'intervalle qui te sépare encore du tombeau, entr'ouvert pour te recevoir. Tu y descendras sans laisser de postérité, sans y être suivi par les regrets d'un peuple qu'auront épuisé des guerres continuelles, sans avoir ajouté aux connaissances de tes sujets, ni rien fait pour leur bonheur.

— Mais non sans renommée, moine ; non sans les larmes de la dame de mes pensées. Ces consolations, que tu ne peux ni connaître ni apprécier, attendent Richard dans son tombeau.

— Moi ! ne pas connaître, ne pas apprécier la valeur des louanges d'un ménestrel ou de l'amour d'une dame ! répondit l'ermite, dont l'enthousiasme sembla un moment égaler celui qui animait Richard. Roi d'Angleterre, ajouta-t-il en étendant son bras décharné, le sang bleu qui bouillonne dans tes veines n'est pas plus noble que celui qui s'est refroidi dans les miennes, et quelque glacées que soient les gouttes qui s'y trouvent encore, c'est le sang royal des Lusignan, de l'héroïque et bienheureux Godefroi... Je suis, c'est-à-dire j'étais, au temps où je vivais dans le monde, Aubry de Mortemart...

— Celui dont les prouesses, interrompit le roi, ont si souvent occupé les trompettes de la renommée? Est-ce vrai, bien vrai? Se peut-il qu'un astre tel que toi soit tombé du ciel de la chevalerie, sans qu'on ait même appris où ses derniers feux se sont éteints?

— Cherche une étoile disparue, et tu ne trouveras qu'une trace blanchâtre qui, en sillonnant l'horizon, a produit pendant un moment une traînée de lumière. Richard, si je croyais qu'en arrachant le voile sanglant qui couvre l'horreur de ma destinée, je pusse incliner ton âme hautaine à la discipline de l'Église, j'aurais encore la force de te révéler un secret qui n'a cessé de dévorer mon sein, où je le tenais enfoui. Écoute donc, et puissent le regret et le désespoir, d'un secours inutile aux misérables débris de ce qui fut jadis un homme, offrir un salutaire exemple à un être aussi supérieur, mais aussi effréné que toi!.. Oui, je le veux, je rouvrirai cette blessure, longtemps inconnue, dussé-je en mourir à tes pieds!

Richard, sur qui l'histoire d'Aubry de Mortemart avait fait une profonde impression dans les premières années de sa jeunesse, quand les ménestrels remplissaient les salles de son père du bruit des chansons guerrières de la Terre sainte, écouta avec respect un récit qui, tout incomplet et obscur qu'il était, n'en indiquait pas moins la cause des accès de démence où tombait parfois cet homme extraordinaire.

— Je n'ai pas besoin de rappeler, dit-il, que j'étais de naissance noble, d'une grande fortune, vaillant au combat, estimé au conseil ; tous ces avantages, je les possédais. Tandis que les plus hautes dames de la Palestine se disputaient à qui me ferait porter ses couleurs, j'avais donné mon cœur, oh! donné éperdûment et sans retour, à une fille de bas étage. Son père, vieux soldat de la croix, découvrit notre passion, et connaissant la différence de rang qui nous séparait, il ne vit d'autre refuge pour l'honneur de sa fille que la solitude d'un cloître. Je revins d'une expédition lointaine, chargé de dépouilles et de gloire, et ce fut pour apprendre que mon bonheur était à jamais détruit. Moi aussi je me réfugiai dans un cloître ; et Satan, qui m'avait marqué comme sa proie, me souffla une bouffée d'orgueil spirituel, qui ne pouvait s'échapper que de ses régions infernales. J'étais monté aussi haut dans l'Église qu'auparavant dans le monde. Oui, vraiment, je passais pour sage, infaillible, à l'abri du péché ; j'étais le conseiller des conciles, le directeur des évêques. Comment aurais-je trébuché en route? ou appréhendé la tentation? Misère de moi! je devins confesseur d'une communauté religieuse, et parmi elles je retrouvai celle que j'avais tant aimée et perdue depuis longtemps. Épargne-moi de plus pénibles aveux... Une nonne séduite, que la honte entraîna au suicide, repose maintenant sous les voûtes d'Engaddi, et au-dessus de sa tombe pleure, gémit et hurle de douleur une créature, qui n'a juste de raison que pour sentir profondément l'horreur de ses crimes.

— Infortuné! dit Richard, ton désespoir ne m'étonne plus. Comment as-tu échappé à la sentence que prononcent en pareil cas les canons de l'Église?

— Demande-le à qui est encore plongé dans ce monde d'amertume, et il te parlera d'une existence épargnée par des motifs purement humains, par des considérations pour le rang et la naissance... Mais moi, Richard, je te dirai que la Providence m'a conservé pour m'élever aussi haut que la lumière d'un phare, dont les cendres, lorsque le feu terrestre en sera éteint, ne seront pas moins jetées au vent. Tout flétri et contracté que soit ce misérable corps, deux sentiments l'animent encore : l'un, actif, pénétrant et subtil, est dévoué à la cause de l'Église de Jérusalem ; l'autre, vil, abject et désespéré, flottant entre la folie et la douleur, n'est capable que de pleurer sur mes misères, et de garder les saintes reliques sur lesquelles je ne pourrais, sans profanation, lever les yeux... Ne me plains pas ; ce serait un péché de plaindre une ordure de ma sorte. Ne me plains pas, et profite de mon exemple. Tu occupes la place la plus élevée, et par conséquent la plus dangereuse, parmi tous les princes chrétiens ; ton cœur est plein d'orgueil, ta vie est dissolue, ta main rouge de sang. Chasse loin de toi les péchés qui sont tes filles et, en dépit de l'affection qu'elles t'inspirent, arrache de ton sein ces trois furies, l'orgueil, la luxure et la cruauté.

— Il bat la campagne, dit le roi en se tournant vers le baron avec l'air d'un homme atteint par un reproche dont il sent la vérité ; puis, s'adressant à l'ermite, il ajouta d'un ton froid et méprisant : Tu m'as déniché une jolie couvée de filles, mon révérend, à moi qui suis marié depuis si peu de temps ; mais, puisqu'il me faut les chasser du logis, c'est mon devoir comme père de les établir convenablement. En conséquence, je donne mon orgueil aux princes de l'Église, ma luxure, ainsi que tu l'appelles, aux moines réguliers, et ma cruauté aux chevaliers du Temple.

— O cœur d'acier et main de fer, pour qui exemple et conseil sont également perdus ! s'écria l'anachorète. Et cependant tu seras épargné quelque temps, afin que tu puisses changer de vie et te rendre agréable au ciel. Quant à moi, il faut que je retourne à l'endroit d'où je suis venu... *Kyrie, eleison !* Le pauvre doit être appelé au banquet, puisque le riche a refusé de s'y asseoir. *Kyrie, eleison !*

En parlant ainsi, il s'élança hors de la tente en poussant de grands cris.

— C'est un fou, fit observer Richard, dans l'esprit duquel les sorties furibondes de l'ermite avaient à peu près effacé l'impression produite par le récit de ses malheurs. Suis-le, Thomas, et veille à ce qu'il ne lui arrive rien, car tout croisés que nous sommes, un jongleur rencontrera plus d'égards parmi nos valets qu'un prêtre ou un saint, et il se pourrait qu'on fît de lui un objet de risée.

Le baron obéit, et Richard, resté seul, s'abandonna aux pensées que lui inspiraient les prédictions menaçantes du moine.

— Mourir jeune, sans enfants, sans laisser de regrets après soi ! C'est un arrêt sévère, et il est heureux qu'il ne soit pas rendu par un juge plus compétent. Cependant, les Sarrasins, qui sont habiles aux sciences occultes, prétendent que Dieu souffle souvent l'esprit de sagesse et de prophétie à l'être qui nous paraît frappé de démence. On dit aussi que ce moine sait lire dans les astres, dont la connaissance est généralement répandue dans ce pays, où les corps célestes furent autrefois un objet d'idolâtrie. J'aurais dû l'interroger sur l'enlèvement de ma bannière ; car le bienheureux fondateur de son ordre ne pouvait être plus complètement ravi en extase, ni parler un langage plus semblable à celui d'un prophète... Ah ! te voilà de retour, Thomas ; qu'est devenu cet insensé ?

— Hum! Monseigneur, répondit le baron, m'est avis qu'il a plutôt l'air d'un saint Jean-Baptiste en mission. Il est monté sur un de nos engins de guerre et, de là, il prêche les soldats comme jamais nul n'a prêché depuis les temps de Pierre l'Ermite. Tout le camp, ému par ses cris, est accouru en foule; et lui, rompant par moments le fil de son sermon, apostrophe les nations à tour de rôle, chacune en sa langue, et les excite, par les arguments les mieux choisis, à persévérer dans la délivrance de la Palestine.

— Par la lumière du ciel! c'est un noble ermite, reprit Richard. Mais que ne doit-on pas attendre du sang de Godefroi? Il désespère de son salut pour avoir autrefois cédé à l'amour. Je lui obtiendrai du pape une bonne absolution de ses péchés, et je le ferais avec autant de plaisir si sa belle amie avait été abbesse.

Comme il finissait de parler, on vint lui dire que l'archevêque de Tyr demandait une audience pour l'inviter à assister, si sa santé le lui permettait, à un conseil secret des chefs de la croisade, où l'on devait lui faire part des événements politiques et militaires qui s'étaient passés pendant sa maladie.

CHAPITRE XIX.

> Faut-il donc remettre dans le fourreau notre épée toujours victorieuse? Faut-il faire rétrograder notre marche triomphale, nous qui n'avons cessé de fouler aux pieds les corps de nos ennemis dans le sentier de la gloire? Déposerons-nous le haubert que nous avons endossé dans le temple de Dieu, en prononçant un serment solennel, et ce serment lui-même sera-t-il vain comme la promesse d'une nourrice à son enfant pour apaiser ses cris, promesse aussi vite oubliée que faite?
>
> La Croisade, tragédie.

GUILLAUME de Tyr était un ambassadeur bien choisi pour communiquer à Richard des nouvelles que le roi au cœur de lion n'aurait pu entendre de tout autre, sans les plus violentes explosions de ressentiment. Ce révérend prélat, malgré toute sa finesse, eut quelque peine à le disposer à écouter des paroles qui détruisaient toutes ses espérances de reconquérir le saint sépulcre par la force des armes.

D'après le rapport de l'archevêque, Saladin appelait à la guerre sainte ses innombrables tribus, et les princes de l'Occident, déjà dégoûtés, par divers motifs, d'une expédition si hasardeuse, et qui le devenait chaque jour davantage, avaient résolu de renoncer à leur dessein. Ils étaient en cela soutenus par l'exemple du roi de France qui, avec mille protestations amicales et des assurances répétées qu'il voulait voir d'abord son frère d'Angleterre en bonne santé, avait déclaré son intention de retourner en Europe. Son grand vassal, le comte de Champagne, avait adopté le même parti ; et il n'était pas surprenant que Léopold d'Autriche, après l'affront qu'il avait reçu de Richard, eût saisi avec empressement l'occasion d'abandonner une cause dont son orgueilleux adversaire était considéré comme le chef. D'autres, enfin, manifestaient la même opinion. Qu'adviendrait-il du roi Richard, s'il s'obstinait à rester en Palestine ? Évidemment, il serait réduit au concours des volontaires qui pourraient, en des conjonctures si décourageantes, rallier l'armée anglaise, et à l'appui douteux du marquis de Montferrat et des ordres militaires du Temple et de Saint-Jean, moins jaloux de conquérir la Terre sainte que d'y fonder pour leur propre compte des États indépendants.

Il ne fallut pas beaucoup d'arguments pour faire comprendre à Richard sa véritable position. Après le premier mouvement de colère, il s'assit avec calme, et, la tête baissée, l'œil sombre, et les bras croisés sur sa poitrine, il écouta en silence les raisonnements de l'archevêque sur l'impossibilité de continuer la croisade, une fois la ligue rompue. Il s'abstint même d'interrompre le prélat, lorsque celui-ci se hasarda, en termes mesurés, à faire sentir à Richard que son impétuosité naturelle avait, en grande partie, rebuté les princes.

— *Confiteor!* répondit le roi, d'un air abattu et avec un sourire mélancolique. J'avoue, révérend père, que je pourrais sur quelques points dire le *mea culpa*. Mais n'est-il pas bien dur d'encourir une telle pénitence pour des faiblesses de caractère ? Quelques accès d'emportement, excusables après tout, me condamneraient à voir se flétrir sous mes yeux cette riche moisson de gloire et d'honneur, pour Dieu et la chevalerie ? Non, elle ne sera pas flétrie... Par l'âme de mes aïeux, je planterai la croix sur les tours de Jérusalem, ou on la plantera sur ma tombe.

— Vous pouvez le faire, dit l'archevêque, et cela sans répandre dans cette entreprise une seule goutte de sang chrétien.

— Ah! oui, moyennant un compromis ? Mais le sang des chiens d'infidèles cessera aussi de couler.

— Il y aura assez de gloire à avoir arraché de Saladin, par la force des armes et par le respect qu'inspire votre nom, des conditions qui nous rendent sans délai le saint sépulcre, ouvrent la Terre sainte aux pèlerins, garantissent leur sûreté par des places fortes, et, ce qui est plus encore, assurent le salut de la ville sainte en donnant à Richard le titre de roi-gardien de Jérusalem.

— Comment! dit Richard, dont les yeux s'animèrent d'un éclat extraordinaire, moi, moi, moi! roi-gardien de la ville sainte! La victoire, si ce n'est qu'elle est la victoire, ne pourrait obtenir rien de plus, que dis-je! à peine autant, remportée qu'elle serait par une armée désunie et de mauvais vouloir! Mais Saladin se propose-t-il de conserver sa domination en Terre sainte?

— Oui, en qualité de souverain conjoint et allié du grand Richard, à titre de parent, si cela se peut, parent par alliance.

— Par alliance? répéta le roi surpris, moins pourtant que le prélat ne s'y attendait. Ah! oui, Édith Plantagenet. L'ai-je rêvé, ou m'en a-t-on parlé? J'ai encore la tête peu solide, cette fièvre m'a tant secoué... Est-ce l'Écossais, le médecin ou l'ermite de là-bas qui a fait allusion à cet étrange marché?

— C'est probablement l'ermite d'Engaddi. Il s'est donné beaucoup de peine dans cette affaire; et depuis que le mécontentement des princes a éclaté, et qu'une séparation de leurs forces est devenue inévitable, il a eu plusieurs conférences, avec les chrétiens et les infidèles, pour arranger un accord qui pût faire atteindre à la chrétienté, du moins en partie, le but de cette sainte entreprise.

— Ma parente épouser un infidèle! Ah! fit Richard, et ses yeux recommencèrent à étinceler.

L'archevêque se hâta de prévenir sa colère.

— En premier lieu, et sans nul doute, il faudra obtenir la permission du pape, et le saint ermite, qui est bien connu à Rome, traitera directement de la chose.

— Quoi! sans savoir si j'y consens?

— Non certes; avec votre sanction, et pas autrement.

— Sanctionner l'union de ma parente à un infidèle? dit Richard d'un air d'hésitation. Combien j'étais loin de songer à un pareil arrangement quand, de la proue de ma galère, je sautai sur le rivage de la Syrie avec l'ardeur d'un lion qui tombe sur sa proie ! Et maintenant... Mais continuez, je vous écoute.

Aussi ravi qu'étonné de trouver sa tâche bien plus facile qu'il ne l'avait espéré, Guillaume de Tyr s'empressa d'énumérer les exemples d'alliances de ce genre, qui avaient eu lieu en Espagne avec l'approbation du saint-siège, et les avantages incalculables que l'union de Richard et de Saladin, cimentée par un lien si sacré, procurerait à toute la chrétienté ; et notamment il parla avec beaucoup de chaleur et d'onction de la probabilité que Saladin fût amené, par suite de son mariage, à changer sa fausse religion contre la véritable.

— A-t-il témoigné quelque disposition à devenir chrétien ? S'il en est ainsi, il n'y a pas un roi au monde à qui j'accorderais plus volontiers la main d'une parente, d'une sœur même, qu'au généreux soudan ; oui, n'eût-il à offrir que sa bonne épée et son excellent cœur, je le préférerais à n'importe quel porte-couronne !

— Saladin a entendu nos docteurs, moi-même prêtre indigne et quelques autres, répondit le prélat d'une façon évasive, et comme il écoute avec patience et répond avec calme, il n'est pas défendu de croire qu'on puisse l'arracher au feu de l'enfer. *Magna est veritas et prævalebit.* La vérité est grande ; elle finira par vaincre. D'ailleurs, l'ermite d'Engaddi, dont les paroles tombent rarement à terre sans porter fruit, est convaincu que la conversion des Sarrasins et autres infidèles est proche, et que le mariage en question y aidera puissamment. Il sait lire dans les astres et, vivant dans ces lieux sacrés que les prophètes ont habités jadis, il reçoit l'esprit d'Élie, le fondateur de son ordre, comme le reçut Élisée, quand son maître étendit sur lui son manteau.

Le roi d'Angleterre écouta en silence les raisonnements de l'archevêque ; ses yeux baissés, son air inquiet attestaient le trouble de son âme.

— Je ne sais ce qui se passe en moi, dit-il ; m'est avis que les froides raisons des princes m'ont frappé l'esprit de paralysie. Il fut un temps où, si un laïque m'eût parlé d'une telle alliance, je lui aurais cassé la tête, et, si c'eût été un prêtre, je lui aurais craché au visage comme à un renégat ou un adorateur de Baal. Cependant, aujourd'hui la proposition ne sonne pas si mal à mes oreilles. Pourquoi refuserai-je de former une alliance fraternelle avec un Sarrasin brave, juste, généreux, qui aime et honore un ennemi digne de lui à l'égal de son propre ami, tandis que les princes chrétiens se séparent de leurs alliés et oublient la cause du ciel et de la chevalerie? Mais prenons patience, et ne pensons pas à eux. Je ne ferai plus qu'une tentative pour empêcher cette brave armée de se dissoudre; si j'échoue, nous reviendrons à votre idée, sire évêque; quant à présent, je ne l'accepte, ni ne la repousse. Rendons-nous au conseil; il est l'heure. Vous dites que Richard a un caractère intraitable; vous allez le voir se plier docilement comme l'humble genêt d'où lui est venu son surnom.

A l'aide des domestiques de sa chambre, le roi mit un surtout et un manteau de couleur sombre et, sans autre marque de la dignité royale qu'un cercle d'or autour de la tête, il se rendit, en compagnie de Guillaume de Tyr, au conseil de la croisade. On n'attendait que lui pour ouvrir la séance.

Le siège du conseil était une vaste tente, au seuil de laquelle flottaient deux bannières : celle de la croix, et celle de Jérusalem, représentant une femme à genoux, les cheveux épars, les vêtements en désordre, et qui personnifiait l'Église affligée et persécutée. Des gardes, choisis avec soin, tenaient les curieux à distance, afin que les discussions, parfois bruyantes et orageuses, n'arrivassent point à des oreilles profanes.

C'était là que les chefs de la croisade attendaient l'arrivée de Richard, et ce retard, quoique assez court, fut tourné au désavantage du prince. On se plut à rappeler maint trait de son orgueil et de ses prétentions peu fondées à s'arroger la première place. Chacun cherchait à se fortifier dans l'opinion défavorable qu'il avait de lui, et à justifier à ses propres yeux le ressentiment qu'il éprouvait, en interprétant de la manière la plus sévère des circonstances insignifiantes; tout cela peut-être, parce que chacun, frappé d'un respect involontaire envers Richard, sentait qu'on ne pourrait le vaincre à moins d'un effort extraordinaire.

En conséquence, il avait été convenu qu'on lui ferait peu d'accueil à son arrivée, c'est-à-dire qu'on se renfermerait dans les règles du cérémonial. Mais dès que l'on vit la noble personne du héros, cet air royal, ces traits pâlis par la maladie, ce regard qualifié par les ménestrels d'astre de la victoire, quand revinrent à la mémoire ces exploits si fort au-dessus de la valeur humaine, tous se levèrent à la fois et tous crièrent d'une voix unanime : « Vive le roi Richard ! Longue vie au vaillant Cœur de Lion ! »

Avec une physionomie ouverte et sérieuse comme la matinée d'un jour d'été, Richard distribua des remerciements à la ronde et se félicita de reprendre sa place au milieu de ses frères. Puis il demanda à leur adresser quelques mots sur lui-même, sujet indigne assurément de les occuper, au risque de retarder un peu leurs graves délibérations.

Les princes retournèrent à leurs sièges, et il se fit un profond silence.

— Ce jour, commença le roi, est celui d'une fête solennelle, et il convient à des chrétiens, en pareille occasion, de se réconcilier avec leurs frères, et de se confesser mutuellement leurs fautes. Nobles princes et pères de cette sainte entreprise, Richard est un soldat ; son bras agit plus vite que sa langue, et sa langue n'est que trop accoutumée au rude langage de son métier. Mais pour quelques paroles vives ou quelques actes peu réfléchis de Richard, n'abandonnez pas la noble cause de la délivrance de la Palestine. Ne renoncez pas à la gloire dans ce monde, au salut dans l'autre, et vous pouvez ici les mériter, si jamais homme en est digne, parce qu'un soldat s'est conduit trop brusquement, parce que ses discours ont eu la dureté de ce fer dont il est revêtu depuis son enfance. Si Richard a eu des torts envers l'un de vous, Richard est prêt à les réparer en paroles et en actions... Mon noble frère de France, aurais-je eu le malheur de vous offenser ?

— Le roi de France n'a aucune réparation à demander au roi d'Angleterre, répondit Philippe avec une dignité toute royale, en serrant la main que Richard lui présentait. Quelque parti que je puisse adopter touchant la continuation de cette guerre, il dépendra de l'intérêt de mes propres États, et non certes d'un sentiment de colère ou de jalousie contre mon vaillant frère.

Ensuite, Richard s'avança vers Léopold, qui se leva machinalement, et lui dit avec un mélange de franchise et de dignité :

— L'Autriche croit avoir des motifs d'en vouloir à l'Angleterre, et l'Angleterre, de se plaindre de l'Autriche. Qu'elles échangent entre elles un généreux pardon, pour maintenir la paix en Occident et la concorde dans l'armée. Nous soutenons en commun la bannière la plus glorieuse qui fût jamais déployée devant aucun prince de la terre, la bannière du salut. Qu'il n'y ait donc point de querelle parmi nous sur les symboles de nos grandeurs mondaines ; mais que Léopold remette en sa place la bannière d'Angleterre, si elle est en son pouvoir, et Richard avouera, sans autre raison que son amour pour la sainte Église, qu'il se repent de la précipitation avec laquelle il a insulté la bannière d'Autriche.

Le duc resta immobile, sombre et déconcerté, les yeux fixés à terre, portant sur sa physionomie les traces d'un courroux étouffé qu'un sentiment d'effroi et de timidité l'empêchait d'exhaler en paroles. Le silence devenait embarrassant lorsque le patriarche de Jérusalem déclara que le duc d'Autriche s'était disculpé par serment de toute connaissance directe ou indirecte de l'agression commise contre la bannière anglaise.

— Alors, reprit Richard, notre tort est d'autant plus grave, et nous demandons pardon au noble duc de l'avoir accusé d'un outrage si lâche. Voici notre main en signe de paix et d'amitié... Qu'est-ce à dire? Le duc refuse de toucher notre main nue, comme il a déjà fait pour notre gantelet? Quoi ! ni en paix ni en guerre, ni antagoniste ni camarade ! Eh bien, soit ; nous regarderons la mince estime où il nous tient comme une pénitence de tout ce que nous avons pu faire contre lui dans un moment de vivacité, et de cette façon nous serons quittes.

A ces mots, il se détourna avec plus de hauteur que de mépris, et l'Autrichien, à l'exemple d'un écolier pris en faute, parut soulagé de n'avoir plus à soutenir son regard.

— Noble comte de Champagne, continua Richard, marquis suzerain de Montferrat, vaillant grand maître du Temple, je suis ici comme un pénitent au confessionnal. Parlez : de quoi m'accusez-vous? quelle réparation exigez-vous de moi?

— Une réparation? répéta Conrad à la langue dorée. Et quel en serait le motif, si ce n'est que le roi d'Angleterre récolte pour lui toute

la gloire que ses pauvres frères d'armes espéraient tirer de cette expédition?

— Mon sujet d'accusation, puisque je suis sommé d'en fournir un, dit à son tour le grand maître du

Temple, est plus grave et plus important que celui du marquis de Monferrat. Il paraîtra peut-être malséant à un moine militaire tel que moi d'élever la voix, alors que tant de nobles princes gardent le silence; mais l'armée entière, et le noble Richard lui-même, est intéressée à ce qu'on lui rappelle en face les griefs dont trop de gens sont disposés à se plaindre en son absence. Nous louons et honorons la valeur et les grands exploits du roi d'Angleterre, et c'est avec chagrin que nous le voyons, en toute occasion, prendre et maintenir sur nous une supériorité blessante pour des princes indépendants. Nous pourrions, de notre bon gré, concéder beaucoup à sa bravoure, à son zèle, à sa richesse, à sa puissance, mais celui qui s'empare de tout, comme par droit, et qui ne nous laisse rien à lui accorder par courtoisie et faveur, nous fait descendre du rang d'alliés à celui de serviteurs et de vassaux, et ternit, aux yeux de nos soldats et de nos sujets le lustre d'une autorité qui a cessé d'être indépendante. Puisque le roi Richard nous a demandé la vérité, il ne doit être ni fâché ni surpris d'entendre ainsi parler un homme à qui les pompes du monde sont interdites, pour qui le pouvoir séculier ne compte pas s'il n'est employé au service de Dieu. Ce que je dis là, j'en suis sûr, est confirmé au fond du cœur par tous ceux qui m'écoutent, bien que le respect étouffe leur voix.

Richard rougit beaucoup pendant cette attaque franche et directe contre sa conduite, et le murmure d'approbation qui suivit ce discours lui prouva clairement que l'assistance presque entière convenait de la justice de l'accusation. Irrité et mortifié à la fois, il prévit pourtant que s'abandonner à la fougue de son tempérament serait donner à son froid et habile accusateur l'avantage qu'il avait recherché. Grâce à un violent effort, il réussit à se taire jusqu'à ce qu'il eût récité mentalement un *Pater*, expédient que son confesseur lui avait conseillé d'employer dès qu'il se sentirait emporté par la colère. Puis il s'exprima avec sang-froid, non sans un accent d'amertume :

— Est-ce donc bien vrai ? nos frères ont-ils pris tant de peine pour noter les infirmités de notre nature et l'excès de notre zèle, qui nous a parfois emporté jusqu'à donner des ordres, quand le temps ne permettait pas de tenir conseil ? Que des offenses faites par hasard et sans préméditation aient poussé des racines si profondes au cœur de mes alliés, je ne l'aurais pas cru, et c'est à cause de moi qu'ils veulent, au bout du sillon presque achevé, retirer leur main de la charrue, et se détourner, à cause de moi, du chemin de Jérusalem, qu'ils ont ouvert à coups d'épée. D'ailleurs, me disais-je, mes faibles services couvriront les écarts de mon caractère, et si l'on se rappelle avec quelle ardeur je pressais un assaut, on n'oubliera pas que j'étais toujours le dernier à faire retraite. Trop flatteuse illusion ! Quel avantage ai-je retiré des champs de bataille conquis sur l'ennemi ? Celui d'y planter ma bannière, sans réclamer aucune part du butin. J'ai donné mon nom, il est vrai, à une ville prise, mais j'en ai cédé à d'autres la possession. Si je me suis obstiné à conseiller des moyens énergiques, je n'ai pas, ce me semble, épargné mon sang ni celui de mes hommes pour agir avec énergie. Dans la confusion d'une marche ou d'un combat, s'il m'est arrivé de commander à d'autres soldats que les miens, je n'ai mis entre eux aucune différence, employant mes trésors à distribuer les vivres et remèdes que leurs chefs ne pouvaient leur procurer. Mais j'ai honte de vous rappeler ce que tout le monde, excepté moi, paraît avoir oublié. Occupons-nous plutôt des mesures qu'il convient de prendre.

« Croyez-moi, frères, ajouta-t-il dans un transport d'enthousiasme, ce ne sera pas l'orgueil, la colère ou l'ambition de Richard qui vous opposera jamais d'obstacle, sur la route où la religion et la gloire vous appellent d'une voix aussi puissante que la trompette de l'archange. Oh ! non, non ! je ne survivrais pas à la pensée que j'aurais, par ma faute et mes faiblesses, amené la rupture de notre sainte ligue. Oui, je me couperais à l'instant la main droite, si je croyais vous donner par là, une preuve de ma sincérité. Écoutez : je suis prêt à renoncer au commandement, dans l'armée et sur mes propres sujets, et à servir comme simple chevalier sous la bannière du Temple, même sous celle de l'Autriche, s'il plaît au duc de mettre un chef valeureux à la tête de ses soldats. D'autre part, êtes-vous las de cette guerre, et votre armure commence-t-elle à vous peser ? Eh bien, laissez seulement à Richard un corps auxiliaire de dix ou quinze mille hommes pour travailler à l'accomplissement de votre vœu, et, quand Sion sera reconquise, — s'écria-t-il en levant le bras, comme s'il eût déployé l'étendard de la croix sur les créneaux de Jérusalem, — quand Sion sera reconquise, nous inscrirons sur ses portes, non pas le nom de Richard Plantagenet, mais celui des princes généreux qui lui auront fourni les moyens d'en faire la conquête.

La naïve éloquence et le ton énergique du monarque guerrier ranimèrent le courage défaillant des croisés, réchauffèrent leur dévotion, et fixant leur attention sur le principal objet de leur entreprise, firent rougir la plupart de ceux qui étaient présents de s'être laissés émouvoir par de futiles sujets de plainte. Le feu de ses regards passa dans tous les yeux, et l'énergie de ses paroles gagna tous les cœurs. Le cri de guerre qui avait répondu jadis aux prédications de Pierre l'Ermite retentit de nouveau, et l'on cria de tous côtés :

— A toi de commander, Cœur de Lion! Nul n'est plus digne de guider les braves prêts à te suivre.

— Conduis-nous à Jérusalem.

— Oui, à Jérusalem!

— Dieu le veut! Dieu le veut!

— Béni soit celui qui prêtera son bras à exécuter la volonté du Seigneur!

Le bruit des acclamations retentit au delà de la ligne des sentinelles qui gardaient le pavillon du conseil et se répandit parmi les soldats. La vue de Richard rendu à la santé et le cri bien connu qu'ils entendaient rallumèrent leur enthousiasme ; et des milliers de voix répondirent aussitôt :

— Jérusalem! Jérusalem! Bataille! Bataille! Guerre aux infidèles! Dieu le veut! Dieu le veut!

Les clameurs du dehors redoublèrent l'ardeur guerrière qui avait éclaté dans l'assemblée; ceux que la contagion n'avait pas atteints appréhendèrent, pour l'instant du moins, de paraître plus froids que les autres. On ne parla plus que de marcher hardiment sur Jérusalem à l'expiration de la trêve et de prendre, en attendant, les mesures nécessaires pour procurer à l'armée des vivres et des renforts.

Le conseil se sépara. Tous ses membres brûlaient en apparence d'une égale résolution ; mais elle se refroidit bientôt dans le cœur des uns, et elle n'avait pas réellement existé dans celui des autres. Au nombre de ces derniers se trouvaient le marquis de Montferrat et le grand maître Amaury, qui regagnèrent ensemble leurs quartiers, de fort mauvaise humeur et mécontents des incidents de la séance.

— Je l'avais prévu, dit celui-ci sur le ton de sardonique froideur qui lui était particulier, tes misérables pièges n'ont pas arrêté Richard, pas plus qu'un lion ne s'embarrasserait d'une toile d'araignée. Il n'a qu'à ouvrir la bouche, et son souffle agite la foule inconstante, tu le vois, aussi aisément qu'un vent d'orage rassemble ou disperse à son gré des brins de paille.

— Quand l'orage a passé, répondit Conrad, les pailles qu'il a mises en branle retombent à terre, inertes.

— Il y a autre chose, reprit le templier. Suppose que ce belliqueux projet s'en aille en fumée et que chaque prince soit de nouveau livré aux inspirations de son étroite cervelle : Richard n'en deviendra pas moins roi de Jérusalem, en vertu d'un arrangement avec le soudan, et aux mêmes conditions qui, à ton sens, devaient le révolter.

— Par Mahomet! puisque les serments chrétiens ne sont plus de mode, entends-tu par là que l'Anglais hautain allierait son sang à celui d'un chef païen? Je n'avais imaginé cette ruse que pour lui suggérer l'horreur de tout arrangement; qu'il soit notre maître par un traité ou par une victoire, c'est tout un pour nous et aussi fâcheux.

— Ta politique a mal calculé sur les sentiments de Richard; un mot de l'archevêque m'a éclairé là-dessus. Et ton coup de maître au sujet de la bannière? La chose a passé sans plus de bruit que n'en valaient deux aunes de soie brodée. Marquis, ton esprit commence à clocher. Je ne me fierai plus à tes ruses cousues de fil blanc, j'essayerai des miennes. Connais-tu ces gens que les Sarrasins nomment des *Karégites*?

— Oui; ce sont des fanatiques abrutis, dévoués, corps et âme, à la gloire de leur religion, à peu près comme les templiers; seulement, ils ne savent pas s'arrêter dans la route où leur vocation les pousse.

— Trêve de raillerie! Eh bien, l'un de ces hommes a juré, entre autres vœux, d'occire le grand chef d'Occident, comme le principal ennemi de la foi de Mahomet.

— Voilà un païen qui a du bon sens; puisse le Prophète lui octroyer en retour son paradis!

— Un de nos écuyers l'a arrêté en plein camp, et dans un interrogatoire secret, il m'a sans détour avoué son dessein. Il est mon prisonnier, et hors d'état de communiquer avec personne ; mais il arrive aux prisons d'être forcées...

— On a oublié de river les fers, et le captif s'échappe. Il n'y a de prison sûre que la tombe, dit un vieux proverbe.

— Une fois libre, il se remettra en quête ; car il est dans la nature des chiens de cette espèce de s'acharner sur leur proie, dès qu'ils tiennent la piste.

— N'en dis pas davantage, Amaury ; je vois ta politique, elle est affreuse, mais la circonstance nous presse.

— Je t'en ai parlé pour que, au jour dit, tu sois sur tes gardes ; cela fera un bruit du diable, et il est impossible de prévoir contre qui les Anglais tourneront leur rage. Il y a même un autre danger : mon page est instruit des intentions du Karégite. C'est un drôle hargneux et volontaire, dont je voudrais être débarrassé, parce qu'il me contrarie souvent en prétendant voir par ses yeux, et non par les miens. Heureusement, les règles de l'ordre me donnent le moyen de remédier à cet inconvénient. Ou plutôt, une idée ! Le Karégite peut trouver un bon poignard dans son cachot, et je réponds qu'il s'en servira pour s'enfuir, juste au moment, par exemple, où le page lui apportera sa nourriture.

— Cela donnera une couleur à l'affaire ; et cependant...

— *Mais* et *cependant* sont des mots qu'il faut laisser aux fous. Le sage ne sait ni hésiter ni se dédire : il décide et il exécute.

CHAPITRE XX.

> Vous entendez bien que ce n'était pas d'après leurs femmes que Dante et Milton, tracèrent le portrait de Béatrix et d'Ève.
>
> BYRON. *Don Juan*.

RICHARD, ayant réussi pour le moment, à faire triompher parmi les princes croisés la résolution de continuer la guerre avec vigueur, n'eut rien de plus à cœur que de rétablir la paix dans sa propre famille. Maintenant qu'il était en état de juger les choses de sang-froid, il lui tardait de s'enquérir à fond des circonstances qui avaient amené la perte de sa bannière, ainsi que de la liaison qui existait entre sa parente Édith et le chevalier écossais qu'il avait banni.

En conséquence, le baron de Vaux fut chargé d'aller chez la reine pour inviter dame Calliste, sa première femme de chambre, à se rendre sur-le-champ en présence du roi.

— Que vais-je lui dire? demanda-t-elle, effrayée. Il nous tuera toutes.

— Rassurez-vous, Madame, dit le baron; notre sire a fait grâce à l'Écossais, qui était le principal coupable, et l'a donné au médecin maure; il ne sera pas sévère pour une dame, fût-elle en faute.

— Imagine quelque histoire ingénieuse, ma fille, dit la reine ; mon mari n'a pas le temps d'aller au fond des choses.

— Dis-lui franchement ce qui s'est passé, intervint Édith, si tu ne veux pas que je le dise à ta place.

— J'en demande humblement pardon à la reine, dit le baron, damoiselle Édith a donné un bon conseil. Bien qu'il puisse plaire au roi de croire ce qu'il plairait à Votre Grâce de lui dire, je doute qu'il ait la même déférence pour dame Calliste, surtout en pareille affaire.

— Le sire de Vaux a raison, dit Calliste. D'ailleurs, eussé-je assez de présence d'esprit pour inventer une histoire passable, je n'aurais jamais le courage de la débiter au roi.

Ainsi disposée à ne rien dissimuler, Calliste, conduite en présence de Richard, lui fit un aveu complet de la ruse qui avait servi à éloigner de son poste le malheureux chevalier du Léopard. Quant à Édith, elle la disculpa entièrement, sachant d'avance qu'elle n'eût pas manqué de se disculper elle-même, et rejeta toute la charge sur la reine, sa maîtresse, à qui le roi ne ferait certes pas un grand crime d'avoir trempé dans cette espièglerie. Dans le fait, Richard était non seulement un époux passionné, mais encore, pour ainsi dire, l'esclave de sa femme. Le premier emportement de la colère était depuis longtemps passé, et il n'était pas d'humeur à blâmer sévèrement une faute à laquelle il n'y avait plus de remède.

La rusée femme de chambre, versée dès l'enfance dans les intrigues de cour, et habituée à deviner au moindre signe la volonté du souverain, retourna près de Bérengère avec la rapidité d'un vanneau, et lui annonça, de la part du roi, qu'elle allait recevoir sa visite. En outre, elle ajouta, d'après ses propres observations, qu'il ne témoignerait à sa royale épouse que la sévérité nécessaire pour lui inspirer le regret de sa folie, après quoi il accorderait à tout le monde un gracieux pardon.

— Le vent souffle-t-il de ce côté, ma bonne? dit la reine, très soulagée par cette nouvelle. Eh bien, crois-moi, tout grand guerrier qu'il est, Richard aura de la peine à nous faire poser les armes. Comme le disent nos bergers des Pyrénées, dans mon pays de Navarre : « Tel qui vient chercher de la laine, souvent s'en retourne tondu. »

Après avoir obtenu de Calliste tous les renseignements qu'elle pouvait donner, Bérengère se vêtit de ses plus seyants atours, et attendit avec confiance l'arrivée de son héroïque époux.

Il vint, et se trouva dans la situation d'un prince qui, entrant dans une province coupable, avec la conviction qu'il n'aura qu'à adresser des réprimandes et à pardonner, la surprend, contre son attente, dans un état complet d'inimitié et de révolte. Bérengère connaissait le pouvoir de ses charmes, et jusqu'où s'étendait l'affection de Richard ; elle se sentait assurée qu'elle pourrait dicter ses conditions, maintenant que la première explosion de l'ire maritale avait eu lieu sans accident. Loin d'écouter les reproches que le roi voulut lui faire, comme se les étant justement attirés par la légèreté de sa conduite, elle tenta de la défendre comme une innocente plaisanterie. Elle nia, dans les formes les plus aimables, qu'elle eût ordonné à Nectabanus d'attirer le chevalier au-delà de l'éminence sur laquelle il était de garde ; et elle disait vrai, en ce sens qu'elle n'avait pas eu l'intention de le faire entrer dans le pavillon.

Éloquente à se défendre, elle le fut plus encore à accuser Richard de cruauté, pour lui avoir refusé une bagatelle comme la grâce d'un infortuné qui, par suite d'une malice innocente, avait encouru la rigueur des lois militaires. Elle fondit en larmes en insistant sur la dureté de son mari. N'avait-il pas failli empoisonner toute sa vie par la pensée qu'elle avait été la cause involontaire d'une sanglante catastrophe ? L'image de cette victime sacrifiée l'aurait poursuivie dans ses rêves ; et qui sait même, puisqu'on avait ouï parler de semblables choses, qui sait si le spectre de la victime n'aurait pas hanté ses nuits d'insomnie ? Et qui l'aurait exposée à tant de misères ? Celui qui n'avait pas voulu abdiquer une piètre vengeance, au risque de faire le malheur de la femme dont il se prétendait l'esclave.

Ce torrent d'éloquence féminine fut accompagné de pleurs et de sanglots, arguments infaillibles en pareil cas, et il s'y joignait une expression et des gestes destinés à prouver que le ressentiment de la reine provenait non d'orgueil ou de dépit, mais d'une sensibilité blessée par cette preuve que son empire sur son époux était moindre qu'elle ne l'avait imaginé.

Grand fut l'embarras du bon roi Richard. Après avoir inutilement essayé de raisonner avec Bérengère, trop jalouse de le posséder sans partage pour être en état d'écouter ses raisons, il fut réduit à rester sur la défensive, et chercha, en la grondant doucement de ses soupçons, à calmer son déplaisir; il lui rappela qu'elle pouvait songer au passé sans remords et sans craindre aucune apparition surnaturelle du chevalier écossais, qui était bien vivant et qu'il avait donné au médecin arabe. Ces derniers mots ne firent que rendre la blessure plus cuisante, et la reine éclata derechef en récriminations, à l'idée qu'un païen, un charlatan, avait obtenu une grâce qu'elle avait en vain implorée de son époux, à deux genoux devant lui et la tête nue.

— Bérengère, dit Richard qui commençait à perdre patience, vous oubliez que ce charlatan m'a sauvé la vie, et si vous y attachez quelque prix, vous ne lui envierez pas l'unique récompense que j'aie réussi à lui faire accepter.

— Pourquoi, répondit la reine, sentant qu'elle devait borner là ses manèges de coquetterie, pourquoi mon Richard ne m'a-t-il pas amené ce grand savant? J'aurais été fière de lui témoigner l'estime où je tiens celui qui a conservé le flambeau de la chevalerie, la gloire de l'Angleterre, la lumière et la vie de la pauvre Bérengère.

Ce fut le dernier mot de la querelle conjugale; mais, afin que la justice ne perdît pas tout à fait ses droits, les deux époux s'accordèrent à rejeter sur Nectabanus tout le blâme de l'affaire. Il fut condamné à être banni de la cour, avec sa royale moitié, dame Genièvre, et s'il échappa au châtiment des verges, ce fut sur les assurances de la reine qu'il avait déjà subi une punition corporelle. Comme le monarque se proposait d'envoyer à Saladin un magnifique présent en reconnaissance du service que lui avait rendu El-Hakim, on décida d'y joindre les deux malheureuses créatures qui, par leur figure grotesque et leur espèce de folie, étaient des objets de curiosité dignes d'être offerts à un souverain.

Richard eut à soutenir un nouvel assaut, et il s'y prépara quasiment avec indifférence. En effet, il s'agissait d'une autre femme, Édith, jeune et belle aussi, mais qui, après tout, n'était ni son épouse, ni sa maîtresse. Ayant demandé à l'entretenir en particulier, il fut conduit dans son appartement, attenant à celui de la reine, et deux esclaves cophtes, agenouillées dans un coin, assistèrent à l'entrevue. Un léger voile noir couvrait de ses larges plis la haute et gracieuse taille de l'illustre damoiselle, qui ne portait sur sa personne aucune espèce d'ornement. Elle se leva, fit une profonde révérence au roi, s'assit de nouveau sur sa prière, et, quand il eut pris place à côté d'elle, attendit, sans proférer une parole, qu'il lui exprimât ses volontés.

Accoutumé à traiter Édith sur le pied de familiarité que leur parenté autorisait, Richard se sentit glacé par cet accueil et entama la conversation avec un peu d'embarras.

— Notre belle cousine nous en veut, dit-il, et, nous l'avouons, il a fallu de graves circonstances pour nous amener, mal à propos, à la soupçonner d'une conduite contraire à ce que nous savions d'elle jusqu'à présent. Hélas! tant que nous cheminerons dans cette obscure vallée de la vie, nous prendrons des ombres pour des réalités. Ma belle cousine ne pardonnera-t-elle pas à Richard un emportement passager?

— Qui refuserait de pardonner à Richard, répondit Édith, si Richard peut obtenir son pardon du roi?

— Allons, cousine, ceci est par trop solennel... Sainte Vierge! quel air d'enterrement! Ne dirait-on pas, à te voir, que tu viens de perdre un mari, ou tout au moins un amant adoré? Courage! tu as sans doute appris qu'il n'y a pas raison de s'affliger. Pourquoi donc porter le deuil?

— Pour l'honneur éteint des Plantagenet, pour la gloire disparue de la maison de mes pères.

— Honneur éteint! gloire disparue! répéta le roi, en fronçant le sourcil. Ma cousine use de ses privilèges. Je l'ai jugée trop vite, elle a le droit de me rendre la pareille; mais en quoi ai-je failli?

— Plantagenet devait pardonner la faute ou la punir. Il ne lui convient pas de livrer des hommes libres, des chrétiens, de braves chevaliers aux fers de l'infidèle; il ne lui convient pas de faire de tels compromis, ni d'accorder la vie au prix de la liberté. Condamner cet infortuné à mort eût été un acte de sévérité qui conservait une apparence de justice; le vouer à l'esclavage et à l'exil est un acte de tyrannie sans excuse.

— Je vois, aimable cousine, que vous êtes de ces belles qui estiment la mort d'un amant préférable à son absence. Ayez patience! une demi-douzaine d'alertes cavaliers l'auront bientôt rejoint, et il leur sera facile de réparer l'erreur, si votre galant est dépositaire d'un secret qui rende sa mort préférable à l'exil.

— Trêve d'injurieuses bouffonneries! dit-elle en rougissant d'indignation. Songez plutôt que, pour assouvir votre colère, vous avez privé l'armée d'un bon soldat, ravi à la croix un de ses plus vaillants champions, livré un serviteur du vrai Dieu aux mains des païens. Enfin, des gens aussi soupçonneux que vous venez de l'être auront quelque droit de dire : « Richard a banni de son camp le plus brave de ses chevaliers, de peur qu'il ne vînt à acquérir un renom égal au sien. »

— Moi! moi! s'écria Richard, vivement ému. Est-ce à moi d'être jaloux de personne? Que n'est-il ici pour prétendre à cette égalité! Sans plus de souci de mon rang et de ma couronne, j'irais le combattre en champ clos, afin qu'on voie si Richard Plantagenet a lieu de craindre ou d'envier les exploits d'aucun mortel. Allons, Édith, tu n'y penses pas... L'absence de ton amant ne doit pas te rendre injuste envers un parent qui, malgré ta mauvaise humeur, fait le plus grand cas de ton estime.

— L'absence de mon amant? Oui, on peut l'appeler mon amant, il a payé ce titre assez cher. Quelque indigne que je pusse être d'un tel hommage, j'étais pour lui comme un flambeau, qui le guidait dans la noble route de la chevalerie... Mais que j'aie oublié mon rang ou qu'il ait osé sortir du sien, c'est un mensonge, même quand un roi l'affirmerait.

— Ma belle cousine, ne me prêtez pas des discours que je n'ai pas tenus. Je n'ai jamais dit que vous eussiez accordé à ce jeune homme d'autres faveurs que celle qu'un bon chevalier, quelle que soit sa naissance, peut obtenir, même d'une princesse. Moi aussi, par Notre-Dame, je me connais un peu aux manèges de l'amour : on commence par le silence et le respect, l'adoration à distance ; l'occasion rend plus familier, et bientôt... Mais à quoi bon dire ces choses à une femme qui se croit un modèle de sagesse?

— J'écouterai volontiers les conseils d'un parent, quand ils n'auront rien d'injurieux pour mon rang et mon caractère.

— Les rois, belle cousine, donnent des ordres, et non des conseils.

— Cela s'applique aux soudans, qui ont pour sujets des esclaves.

— Allons, allons, tu pourrais mettre de côté ton mépris des soudans, toi qui portes si haut un Écossais. Il viendra peut-être un moment où tu préféreras un loyal Sarrasin à l'un de ces hypocrites montagnards.

— Non, jamais! quand même vous embrasseriez la fausse religion que vous avez fait vœu de détruire.

— Tu veux avoir le dernier mot? soit. Pense de moi ce qu'il te plaira, ma belle; je n'oublierai jamais que nous sommes de bons et proches parents.

A ces mots, il se retira, de bonne humeur en apparence, mais au fond très peu satisfait du résultat de sa visite.

Le quatrième jour après le départ de Kenneth, le roi Richard, assis dans sa tente, jouissait de la brise du soir qui, soufflant de l'ouest avec une fraîcheur peu commune, semblait venir d'Angleterre pour ranimer son monarque aventureux, et aider au rétablissement des forces qu'il recouvrait peu à peu. Il n'y avait personne auprès de lui; le sire de Vaux avait été envoyé à Ascalon afin d'y chercher des renforts et des munitions de guerre, et la plupart des autres officiers étaient occupés de différentes manières pour la reprise des hostilités, et pour une grande revue de l'armée des croisés, qui devait avoir lieu le lendemain.

Le roi était assis; il écoutait le bourdonnement des soldats affairés, les coups de marteau des forgerons qui ferraient les chevaux, et des armuriers qui réparaient les armes. Les soldats, en passant et repassant, parlaient d'un ton bruyant et joyeux, qui indiquait une pleine confiance en leur courage et semblait être un présage de victoire. Pendant que Richard s'enivrait de ces clameurs martiales, un écuyer vint lui dire qu'un messager de Saladin demandait à être introduit.

— Qu'il entre, Jocelin, dit le roi, et traite-le convenablement.

C'était un esclave de Nubie, dont l'aspect inspirait un intérêt au-dessus de sa condition. D'une taille imposante, il se distinguait par la beauté des formes et la noblesse des traits qui, presque d'un noir de jais, ne rappelaient en rien la race nègre. Sur ses cheveux, noirs comme le charbon, il portait un turban aussi blanc que la neige, et sur ses épaules, un manteau court, de même couleur, fendu sur le devant et aux manches, et laissant voir par-dessous un pourpoint de peau de léopard, qui dépassait un peu le genou. Ses membres nerveux étaient nus, si ce n'est qu'il avait des sandales aux pieds, un collier et des bracelets d'argent. Un sabre droit, à poignée de buis et renfermé dans une gaîne de peau de serpent, était suspendu à sa ceinture. Il tenait, de la main droite, une petite javeline, armée d'une large et longue lame d'acier, et, de la gauche, il menait, par une laisse tressée d'or et de soie, un grand et magnifique lévrier.

Le Nubien se prosterna, en se découvrant les épaules en signe d'humilité, et ayant touché la terre du front, il se releva sur un genou et, dans cette attitude, présenta au roi un sachet de soie, qui en contenait un autre de drap d'or ; dans celui-ci se trouvait une lettre de Saladin, écrite en langue arabe, avec une traduction en anglo-normand, qui peut être rendue comme suit :

« Saladin, roi des rois, à Melek-Ric, le lion d'Angleterre.

« Attendu que nous avons été informé par ton dernier message que tu préfères la guerre à la paix, et notre inimitié à notre alliance, nous te regardons comme aveuglé en cette affaire, et nous espérons te convaincre bientôt de ton erreur, à l'aide des forces invincibles de nos mille tribus, alors que Mahomet, le prophète de Dieu, et Allah, le dieu de Mahomet, décideront cette querelle entre nous. Quant au reste, nous faisons de toi grande estime, et te remercions des présents que tu nous as envoyés, ainsi que des deux nains, non moins singuliers qu'Ysop * dans leur difformité. En retour de ces gages de ta générosité, nous t'envoyons un esclave de Nubie, nommé Zohak, dont il ne faut pas juger d'après sa couleur, selon les sottes coutumes du monde, vu que le fruit hâlé du soleil a la saveur la plus exquise. Il est prompt à exécuter les ordres de son maître, et tu le trouveras plein de sagesse quand tu auras appris à communiquer avec lui, car la reine de la parole a été frappée de silence entre les murs d'ivoire de son palais. Nous le recommandons à tes soins, espérant que l'heure n'est pas éloignée où il pourra te rendre de bons services.

« Sur quoi, nous te disons adieu, dans la confiance que notre saint prophète t'appellera un jour à la vraie lumière ; dans le cas contraire, nous n'avons pas de vœu plus ardent que de te voir promptement rendu à la santé, afin qu'Allah puisse juger entre nous sur un champ de bataille. »

Cette missive était revêtue de la signature et du sceau de Saladin.

---

* Ésope.

Richard contempla en silence le Nubien, qui, debout, les yeux fixés sur la terre, les bras croisés sur sa poitrine, offrait l'image d'une statue de marbre noir du plus admirable travail, prête à s'animer sous la main de Prométhée. Le roi d'Angleterre, ainsi qu'on l'a dit d'un de ses successeurs, Henri VIII, aimait à regarder un homme; aussi examinait-il avec plaisir les membres vigoureux et les belles proportions de celui qui était devant lui.

— Es-tu païen? lui demanda-t-il en langue franque.

L'esclave secoua la tête, porta le doigt à son front, fit le signe de la croix, et reprit son attitude humble et immobile.

— Un chrétien de Nubie, sans doute, mutilé par des chiens de païens?

Le muet secoua encore une fois la tête, en signe de négation, leva l'index vers le ciel et le posa ensuite sur ses lèvres.

— Oui, je comprends; cette infirmité te vient du ciel, et non de la cruauté des hommes. Sais-tu nettoyer une armure et un ceinturon, et en revêtir un chevalier?

Le Nubien inclina la tête et, s'avançant vers le trophée d'armes suspendu à l'un des piliers de la tente, il en décrocha une cotte de mailles et la mania adroitement, de façon à prouver qu'il s'entendait au service d'un écuyer.

— Tu es un gaillard intelligent, et en état de m'être utile. Pour montrer combien j'estime à sa valeur le don du soudan, je t'attache à ma personne et tu resteras dans ma chambre. Puisque tu n'as pas de langue, tu ne feras point de rapports naturellement, et tu n'exciteras point ma colère par une réponse déplacée.

Le muet se prosterna jusqu'à terre et attendit ensuite, à quelque distance, les ordres de son nouveau maître.

— Tu vas commencer sur-le-champ ton service. Voici un bouclier taché de rouille; rends-le clair et brillant, et qu'il soit digne d'être porté en face de Saladin.

Le son d'un cor se fit entendre au dehors, et, le moment d'après, le sire de Neville entra, avec un paquet de dépêches.

— Cela vient d'Angleterre, Monseigneur, dit-il en les remettant au roi.

— D'Angleterre! de notre chère Angleterre! répéta Richard, pris de subite mélancolie. Hélas! on n'y songe guère à quel point son souverain a été harcelé par le chagrin et la maladie, au milieu d'amis tièdes et d'ennemis remuants. Ayant ouvert les dépêches, il ajouta : Ah! voilà qui n'arrive pas d'un royaume paisible ; il est aussi en proie à la discorde. Retire-toi, Neville ; il faut que je lise ces dépêches, seul et à loisir.

Richard s'absorba dans la lecture des tristes nouvelles qu'on lui envoyait d'Angleterre, touchant les factions qui troublaient ses domaines héréditaires : mésintelligence de ses frères Jean et Geoffroy, et leurs querelles avec le chancelier Guillaume de Longchamp, évêque d'Ely ; oppression des serfs par les nobles, et révolte des serfs contre leurs maîtres. A ce récit d'événements mortifiants pour son orgueil et attentatoires à son autorité succédaient les avis et les prières que lui adressaient les plus sages et les plus fidèles de ses conseillers, afin qu'il se hâtât de retourner en Angleterre, où sa présence seule pouvait sauver le royaume des horreurs d'une guerre civile, dont il était probable que la France et l'Écosse ne manqueraient pas de profiter. Richard lut et relut ces lettres, pleines de tristes présages ; il les compara les unes aux autres, et, en proie à de pénibles soucis, il devint bientôt insensible à ce qui se passait autour de lui, quoique, pour jouir de la fraîcheur, il fût assis à l'entrée de sa tente, dont les rideaux étaient ouverts.

Au fond du pavillon, dans l'ombre, et tout au travail que son nouveau maître venait de lui donner, l'esclave nubien était assis, le dos tourné vers le roi. Il avait fini d'ajuster et de fourbir le haubert et la cotte de mailles, et tenait un pavois ou large bouclier, d'une grandeur peu commune, et couvert de lames d'acier ; Richard s'en servait dans les reconnaissances, ou pour monter à l'assaut des places fortifiées, comme offrant une protection plus efficace que l'étroit écu triangulaire, dont on faisait usage à cheval. Ce pavois ne portait ni les lions d'Angleterre, ni aucune autre armoirie qui aurait pu attirer l'attention de l'ennemi.

Pendant que le monarque et son nouveau serviteur étaient ainsi occupés, un nouvel acteur parut sur la scène, et se mêla au groupe de soldats anglais, dont une vingtaine, respectant l'attitude pensive de leur souverain, observaient un silence relatif. Les uns jouaient aux dés avec des cailloux ; les autres causaient à voix basse de la reprise des hostilités, et plusieurs, couchés sur la terre, dormaient enveloppés de leurs capes vertes.

Parmi ces sentinelles négligentes se glissa la maigre forme d'un petit vieillard turc, habillé en marabout ou santon du désert. Ces fanatiques se risquaient quelquefois dans le camp des croisés, quoiqu'ils y fussent toujours traités avec mépris, souvent même exposés aux coups. Il faut dire que le luxe et la vie dissolue des chefs chrétiens attiraient autour d'eux un concours varié de musiciens, de courtisanes, de marchands juifs, de Cophtes, de Turcs, et de tout le rebut des différentes nations orientales ; de sorte que le cafetan et le turban qu'on avait résolu de chasser de la Terre sainte se rencontraient fréquemment, et sans causer d'alarme, au milieu des envahisseurs.

Quand le pauvre hère que nous avons décrit fut assez près des soldats pour craindre d'être arrêté, il ôta son mauvais turban vert ; sa barbe et ses sourcils étaient rasés comme ceux d'un bouffon de profession, et l'expression de ses traits bizarres et ridés et l'éclat de ses petits yeux noirs annonçaient une imagination en délire.

— Danse, marabout! s'écrièrent les soldats, habitués aux manières de ces vagabonds. Danse, ou nous te flagellerons avec les cordes de nos arcs jusqu'à ce que tu tournes comme jamais toupie n'a tourné sous le fouet d'un écolier.

Le marabout, comme s'il n'eût demandé qu'à leur faire plaisir, bondit de terre, et se mit à tourner sur lui-même avec une agilité singulière qui, peu d'accord avec ses membres chétifs et sa petite taille, le faisait ressembler à une feuille sèche tourbillonnant au gré d'un vent d'hiver. Du sommet de sa tête, chauve par devant et rasée par derrière, se dressait une seule mèche de cheveux, comme pour donner prise à quelque génie invisible ; ne semblait-il pas, en effet, qu'un art surnaturel était nécessaire à l'exécution du divertissement sauvage, pendant lequel on voyait à peine la pointe des pieds du danseur toucher la terre? S'abandonnant aux caprices de son humeur sautillante, il voltigeait çà et là, d'un endroit à l'autre, se rapprochant peu à peu, sans en avoir l'air, de la tente royale ; à la fin, après deux ou trois bonds prodigieux, il se laissa tomber, épuisé de fatigue, à une trentaine de pas de la personne du roi.

— Donnez-lui de l'eau, dit un des soldats ; ils crèvent de soif, leurs cabrioles finies.

— Ah! oui, de l'eau, répliqua un autre. Serais-tu bien aise d'en boire, Long Allen, après cet exercice d'enragé?

— Du diable s'il en boit ici une goutte! ajouta un troisième. Donnons-lui du vin de Chypre à ce vieux sauteur, pour en faire un bon chrétien.

— C'est cela, dit un quatrième, et, en cas qu'il se rebiffe, qu'on lui entonne la corne de Dick Hunter, avec quoi il purge sa jument.

Un cercle se forma autour du santon étendu par terre, et tandis qu'un robuste archer le soutenait sur son séant, un de ses camarades approcha de ses lèvres le goulot d'une énorme dame-jeanne. Incapable de proférer une parole, le vieillard secoua la tête et éloigna de la main la liqueur défendue par le Prophète. Mais ses persécuteurs ne le tinrent pas quitte.

— La corne! la corne! s'écria l'un d'eux. Entre un Turc et un cheval turc, il n'y a pas grande différence ; aussi le traiterons-nous de même.

— Par saint Georges! dit Long Allen, vous allez l'étouffer... Et puis c'est un péché de gaspiller, pour un chien d'infidèle, tout le vin qui gorgerait un bon chrétien trois jours de suite.

— Bah! tu ne connais rien au tempérament des Turcs et des païens, objecta Henri Woodstall. Cette pinte de vin, vois-tu, lui fera tourner la cervelle en sens inverse de la danse, et la remettra par conséquent dans son assiette naturelle. L'étouffer? ah! bien oui, pas plus qu'une livre de beurre n'étouffe la chienne de Ben.

— Quant à la dépense, ajouta Thomas Blacklees, pourquoi regretterais-tu de payer à ce pauvre mâtin une bonne rasade ici-bas, puisqu'il n'en aura pas une goutte pour rafraîchir le bout de sa langue pendant toute l'éternité?

— C'est diablement dur tout de même, reprit Long Allen ; et cela parce qu'il est Turc comme son père. Ah! s'il avait renoncé à notre religion, le coin le plus chaud de l'enfer serait encore trop bon pour lui.

— Allons, tais-toi, Long Allen, dit Woodstall; tu as la langue trop longue, elle te causera des histoires avec le père François, je te le prédis, comme ça t'est déjà arrivé à propos de la petite Syrienne aux yeux noirs. Ah! voici la corne... Allez-y rondement, et qu'on lui desserre les dents avec le manche d'un poignard.

— Pas si vite! dit Thomas; il ne dit plus non. Voyez, il fait signe qu'on lui passe le gobelet. Place, place, camarades!... Houp! ça y est, comme dit le Français. Cela file comme de l'huile. Oh! une fois partis, ces Turcs sont de fameux biberons; jamais ils ne rechignent sur la boisson et n'en perdent pas une goutte.

Dans le fait, l'homme avait bu ou paru boire d'un seul trait le contenu de la dame-jeanne; lorsqu'il la détacha de ses lèvres, après l'avoir épuisée jusqu'au fond, il dit seulement avec un profond soupir : « *Allah kerim* (Dieu est miséricordieux). » Les témoins de cette libation peu commune poussèrent des éclats de rire si bruyants, que le roi, arraché à sa rêverie, leur cria avec colère :

— Comment! drôles, est-ce ainsi que vous me manquez de respect?

Le silence se rétablit tout à coup, chacun connaissant bien le caractère de Richard, qui permettait tantôt beaucoup de liberté à ses soldats et tantôt exigeait d'eux une discipline rigoureuse. Ils se hâtèrent de mettre entre eux et le roi une distance respectueuse, et voulurent emmener le marabout; mais celui-ci, soit qu'il fût épuisé par la fatigue, soit qu'il cédât aux fumées enivrantes du vin, se débattit en criant et refusa d'aller plus loin.

— Laissez-le en paix, brutes que vous êtes, dit Long Allen à ses compagnons. Par saint Christophe! vous allez jeter notre sire hors de lui, et il nous fera sentir sa dague sur les côtes. Qu'il reste là, ce vieux sauteur; dans une minute, il dormira comme un loir.

CHAPITRE XXI.

> Le meurtre hideux, averti par le hurlement du loup qui fait sentinelle, avance à pas furtifs et pressés comme le ravisseur Tarquin, et s'achemine vers son but, semblable à un fantôme.
>
> SHAKESPEARE, *Macbeth*.

PENDANT l'espace d'un quart d'heure, ou plus, après l'incident que nous venons de raconter, tout resta parfaitement tranquille devant la demeure royale.

Richard continua de lire et de rêver à l'entrée du pavillon. Derrière lui, et toujours dans la même position, l'esclave nubien travaillait encore à fourbir le pavois. Au dehors, à cent pas environ de distance, les soldats de la garde jouaient ou causaient sans bruit, et sur l'esplanade qui les séparait de la tente était étendu, semblable à un paquet de chiffons, le corps sans mouvement du marabout.

Dans le bouclier qu'il achevait de polir, le Nubien trouvait une espèce de miroir, dont la surface, d'un parfait poli, réfléchissait tout ce qui se passait à l'extérieur. Or, voici ce qu'il y vit se produire avec autant de terreur que de surprise : le marabout commença par lever doucement la tête et par tout examiner autour de lui ; puis, s'étant assuré qu'il n'avait rien à craindre, il opéra lentement, de tout le corps, une suite de déplacements qui semblaient l'effet du hasard, et de façon à s'approcher du roi par degrés insensibles ; entre temps, il s'arrêtait et devenait immobile, comme fait l'araignée qui, en marche vers sa proie, tombe dans une torpeur complète, si elle se croit observée. Cette manœuvre parut suspecte au Nubien ; il se tint sur ses gardes, prêt à intervenir au moment où cela serait nécessaire.

Cependant, le marabout continuait de ramper, sans plus de bruit qu'un limaçon. Quand il fut arrivé à une dizaine de pas du roi, il sauta sur ses pieds, s'élança d'un bond derrière lui, et leva contre lui un poignard, qu'il avait caché dans sa manche.

La présence de toute son armée n'aurait pu sauver le monarque, mais les mouvements du Nubien avaient été aussi bien calculés que ceux du fanatique : avant que ce dernier pût frapper, l'esclave lui saisit le bras. Tournant alors sa rage sur l'adversaire qui s'interposait si brusquement entre lui et sa victime, le Karégite — car tel était le soi-disant marabout, — lui porta un coup de poignard à fleur de peau, ce qui ne l'empêcha pas d'être terrassé et désarmé.

Voyant ce qui se passait, Richard se leva et, sans montrer plus d'étonnement ou de courroux, ni même plus d'intérêt que s'il s'était agi d'une guêpe importune, il empoigna l'escabeau sur lequel il était assis et en brisa le crâne de l'assassin.

— Ah ! chien, dit-il seulement.

— *Allah akbar* (Dieu est grand) ! répondit l'autre, et il expira.

Attirés par cette scène, les soldats, frappés de terreur, étaient accourus en désordre.

— Vous faites bien votre service, leur dit le roi d'un ton méprisant ; vraiment, je suis bien gardé, s'il faut que je fasse moi-même l'office de bourreau ! Silence, tas d'imbéciles, et ne criaillez pas comme des oies ! N'avez-vous donc jamais vu de païen mort ? Allons, emportez cette charogne hors du camp, coupez-lui la tête, et piquez-la au bout d'une lance ; n'oubliez pas de tourner la face du côté de la Mecque, afin qu'il lui soit plus facile de dire à l'infâme imposteur dont l'inspiration l'a amené ici comment il a rempli sa mission. Quant à toi, mon noir et silencieux ami... ajouta-t-il en s'adressant au Nubien. Mais quoi ! tu es blessé, et par une arme empoisonnée, je gage, car un si chétif animal ne pouvait guère espérer que d'égratigner le cuir du lion. Holà ! que l'un de vous suce sa blessure ; le venin est sans danger pour les lèvres, quoique mortel quand il se mêle au sang.

Les soldats se regardèrent l'un l'autre, confus et hésitants, ayant peur surtout d'un péril inconnu.

— Eh bien, mes gars, reprit Richard, pourquoi hésiter? Avez-vous donc la bouche si délicate ou est-ce crainte de la mort?

— Mourir en homme, c'est bien, dit Long Allen, que le roi avait regardé en parlant ; mais crever comme un rat empoisonné, pour l'amour d'un de ces bestiaux noirs qu'on vend au marché !

— Sa Grâce, grommela un autre, parle de sucer du venin comme d'avaler une groseille.

— Je n'ai jamais rien ordonné à personne, ajouta Richard, que je ne sois prêt à faire moi-même.

Et sans plus de cérémonie, en dépit des représentations de tous ceux qui l'entouraient et de la respectueuse opposition du Nubien, le roi d'Angleterre appliqua ses lèvres à la blessure de l'esclave. Il n'eut pas plutôt suspendu, pour respirer, cette singulière occupation, que le Nubien se recula, et jetant une écharpe sur son bras, il déclara par gestes qu'il ne consentirait plus à ce que le monarque renouvelât une si vile expérience. Long Allen intervint aussi, en disant que ses lèvres, sa langue et ses dents étaient au service du noiraud, et qu'il l'avalerait tout entier avant de souffrir que Richard y touchât davantage.

Neville, qui entra avec d'autres officiers, joignit ses remontrances à celles des assistants.

— Allons, allons, dit Richard, ne faites pas tant de bruit pour un lièvre dont les chiens ont perdu la piste, c'est-à-dire pour un danger qui n'existe plus. La blessure n'aura pas de suite, car à peine si elle saigne. Un chat en colère aurait fait une égratignure plus profonde ; et quant à moi, je n'ai qu'à prendre une dragme d'orviétan par simple précaution, et encore est-ce bien inutile !

Ainsi parla Richard, un peu honteux peut-être de sa condescendance, quoiqu'elle eût été inspirée par l'humanité et la gratitude. Mais quand Neville voulut continuer de lui représenter le danger auquel il venait d'exposer sa personne royale, le roi lui imposa silence.

— Paix ! je t'en prie... qu'il n'en soit plus question ! En agissant de la sorte, je n'avais d'autre intention que de montrer à ces drôles, aussi pleins de préjugés que d'ignorance, comment ils pourraient se secourir les uns les autres quand ces lâches esclaves décochent contre nous des dards empoisonnés. Neville, emmène ce Nubien dans ton quartier, et qu'on ait bien soin de lui. Encore un mot : veille à ce qu'il ne s'échappe pas, il n'est pas ce qu'il paraît être, vois-tu... Or çà, vous autres, mangeurs de bœuf et sacs à vin, allez reprendre votre poste, et plus de vigilance, s'il vous plaît ! Ne vous croyez pas encore au pays, où l'on joue franc jeu, où l'on s'avertit avant de frapper, où l'on se touche dans la main avant de se couper la gorge. Chez nous le danger marche à découvert : c'est l'épée hors du fourreau qu'on attaque en face l'ennemi. Au contraire, ici l'on vous défie avec un gant de soie au lieu d'un gantelet de fer, on vous coupe le cou avec une plume de tourterelle, on vous poignarde avec une épingle, on vous étrangle avec un lacet de femme. Allez, ayez l'œil ouvert et la bouche close, buvez moins et regardez un peu ce qui se passe, ou gare que je ne soumette vos estomacs voraces à une pitance qui paraîtrait insupportable à des Écossais.

Les soldats, tout honteux, retournèrent à leur poste. Neville voulut alors représenter à son maître le danger de pardonner si facilement leur négligence, et la nécessité d'un exemple dans un cas aussi grave, où ils avaient laissé un individu vraiment suspect s'approcher de sa personne à la portée du poignard.

— Laissons cela de côté, Neville, interrompit Richard. Le risque insignifiant que j'ai couru serait donc puni plus sévèrement que ne l'a été la perte de ma bannière ? Elle a disparu, volée par un brigand ou livrée par un traître, et ce crime n'a pas coûté une goutte de sang... L'ami, ajouta-t-il en se tournant vers le Nubien, tu es habile à ce que dit le soudan, dans l'art d'éclaircir les mystères ; eh bien, je te donnerai ton pesant d'or si, en évoquant un être encore plus noir que toi ou par un moyen quelconque, tu parviens à découvrir le scélérat qui a fait cet outrage à mon honneur. Y consens-tu ?

L'esclave ouvrit la bouche, mais sans proférer autre chose que des sons inarticulés ; croisant alors les bras sur sa poitrine, il fixa sur le roi un œil plein d'intelligence et hocha la tête en signe d'assentiment.

— Quoi! s'écria Richard tout joyeux, tu t'en charges? Mais il faut

nous entendre; sais-tu écrire par hasard?... Oui?... Eh bien, donnez-lui des plumes, un parchemin; il doit y avoir une écritoire quelque part, pourvu que la chaleur n'en ait pas séché l'encre... Sur ma foi, Neville, ce gaillard-là est un vrai joyau, un diamant noir!

— Ne vous déplaise, beau sire, fit remarquer Neville, il me semble peu prudent de trafiquer de cette marchandise. Ce nègre doit être sorcier, et les sorciers ont des intelligences avec le diable, qui a grand intérêt à mêler l'ivraie au bon grain, à attiser la discorde parmi nous et...

— Bon! bon! dit Richard. Quand tes chiens soufflent au poil du cerf, tu peux te flatter, en les rappelant, de leur faire lâcher prise ; mais arrêter un Plantagenet qui espère venger son honneur, c'est une tâche impossible.

Le Nubien, qui, pendant cette discussion, avait manié la plume d'une façon qui prouvait son habileté, se leva, porta le parchemin à son front et, après s'être prosterné, suivant l'usage oriental, le présenta au roi. Il avait écrit en français, bien que Richard lui eût jusque-là parlé en langue franque.

« A Richard, le victorieux et invincible roi d'Angleterre, ceci est adressé par le plus vil de ses esclaves. Les mystères sont des cassettes scellées par le ciel, mais la sagesse peut trouver les moyens d'en ouvrir la serrure. Si ton esclave était placé de manière à voir passer l'un après l'autre les chefs de l'armée, ne doute pas que l'iniquité du coupable, s'il était parmi eux, ne soit rendue manifeste, fût-elle ensevelie sous sept voiles! »

— Ta réponse, dit le roi, vient on ne peut plus à propos. Tu sais, Neville, que, dans la revue de demain, les princes doivent, pour expier l'insulte faite à l'Angleterre, défiler tous devant notre nouvel étendard arboré sur le mont Saint-Georges, et le saluer dans toutes les règles. Assurément, le traître encore inconnu n'osera pas manquer à la cérémonie, de peur que son absence ne l'expose au soupçon. Tu posteras notre conseiller noir en bonne place, et si son art lui fait découvrir notre homme, c'est moi qui me charge du reste.

— Sire roi, dit Neville avec la franchise d'un baron anglais, prenez garde à ce que vous allez faire. Contre toute attente, voici la concorde rétablie dans l'armée. Voulez-vous, sur la dénonciation d'un esclave noir, raviver des blessures si fraîchement fermées? Voulez-vous que la cérémonie solennelle, destinée à réparer votre honneur, serve au contraire à exciter de nouveaux ressentiments ou à réveiller d'anciennes querelles? Il serait à peine trop fort de dire qu'en agissant ainsi Votre Grâce violerait elle-même la déclaration qu'elle a faite au conseil suprême.

— Neville, dit Richard d'un ton sévère, ton zèle t'emporte trop loin et tu t'oublies. Jamais je n'ai promis de renoncer à découvrir l'infâme qui m'a insulté ; avant de me lier par une telle promesse, j'aurais plutôt renoncé à ma couronne, à la vie. Toutes mes déclarations ont été faites sous cette réserve absolue et indispensable. Seulement, si l'Autrichien se fût avancé pour confesser publiquement sa faute, je lui aurais pardonné, dans l'intérêt de la chrétienté.

— Mais quelle apparence y a-t-il que cet esclave ne se joue pas de Votre Grâce ?

— Tu te crois bien sage, mon pauvre Neville, et tu raisonnes de travers. Songe aux ordres que je t'ai donnés au sujet de cet homme ; il y a en lui quelque chose que tu n'es pas de force à pénétrer. Et toi, l'ami, prépare-toi à tenir ta promesse, et, sur ma parole royale, tu choisiras toi-même ta récompense... Eh bien, le voilà encore à griffonner !

Le muet, après avoir achevé d'écrire, remit au roi, avec la même cérémonie qu'auparavant, le parchemin sur lequel il avait tracé ces mots :

« La volonté du maître est la loi de son esclave, et il ne sied pas à l'esclave de réclamer guerdon pour avoir fait son devoir. »

— Guerdon ! devoir ! répéta Richard en interrompant sa lecture. Ces Orientaux ont gagné à la croisade : ils apprennent le langage de la chevalerie. Regarde-le, Neville : comme il a l'air déconfit ! Si ce n'était sa couleur, il rougirait. Je ne serais pas étonné qu'il comprît l'anglais. On ne doit se fier à de pareilles gens en aucune langue.

— Le pauvre diable, répondit Neville, ne peut supporter l'éclat de vos regards ; voilà tout.

— Ceci est mieux, reprit le roi en frappant de la main sur l'écrit dont il avait achevé la lecture. Notre muet nous apprend qu'il est chargé par Saladin d'un message pour Édith, notre cousine, et il demande comment et en quelle occasion il peut le lui remettre. Que penses-tu de cette humble requête, Neville ?

— C'est affaire à vous d'en juger, Monseigneur, mais je ne répondrais pas du cou du messager qui en porterait, de votre part, une semblable au soudan.

— Grâce au ciel, je ne convoite aucune de ses beautés brûlées du soleil. Quant à châtier ce drôle parce qu'il exécute l'ordre de son maître, et cela au moment où il vient de me sauver la vie, ce serait, il me semble, une injustice un peu trop criante. Je vais t'apprendre un secret, Neville; quoique nous ayons un témoin, tu sais qu'il ne pourrait le répéter, quand même il le voudrait... Sache donc que, depuis quinze jours, je suis sous l'influence d'un charme étrange, et je voudrais bien que cela finît. Un service ne m'est pas plutôt rendu que le mérite en est détruit par une grave injure; et d'autre part, celui qui méritait la mort pour outrage ou trahison se trouve précisément m'avoir mis dans l'obligation de révoquer ma sentence. Par ainsi, me voilà privé en grande partie de mes attributions royales, puisqu'il m'est impossible de punir ou de récompenser. Jusqu'à ce que l'influence de cet astre défavorable soit dissipée, je ne veux rien dire sur la requête de ce noir, sinon qu'elle est d'une audace peu commune, et que le meilleur moyen qu'il ait de trouver grâce à nos yeux est de tâcher à réussir dans la découverte qu'il nous a promise. En attendant, Neville, veille sur lui et traite-le comme il faut... Ah! ajouta-t-il à voix basse, cherche-moi l'ermite d'Engaddi et amène-le; que ce soit un saint ou un sauvage, un sage ou un fou, j'ai besoin de lui parler en secret.

Après avoir fait signe au Nubien de le suivre, Neville se retira, fort surpris de ce qu'il venait de voir et d'entendre, et surtout de la conduite extraordinaire de son maître. En général, on n'avait pas grand'peine à démêler le cours que prenaient les idées et sentiments de Richard, bien qu'il fût en certains cas malaisé d'en calculer la durée. Or, ses manières étaient empreintes, ce jour-là et contre son habitude, de contrainte et de mystère; comment savoir ce qui le dominait à l'égard de son nouveau serviteur, bienveillance ou mécontentement? et le service que le roi s'était empressé de rendre au Nubien pour prévenir le danger qui aurait pu résulter de sa blessure pouvait balancer celui que l'esclave avait rendu au monarque en détournant le coup de l'assassin; il semblait, pourtant, qu'il existât entre eux un compte plus ancien, et que Richard, doutant si, en somme, il serait le débiteur ou le créancier, avait adopté provisoirement une attitude neutre, qui s'accordait avec l'un et l'autre cas.

Pour le Nubien, de quelque manière qu'il eût acquis la connaissance des langues de l'Europe, le baron resta convaincu que celle d'Angleterre, du moins, lui était étrangère; car, l'ayant examiné avec soin pendant la dernière partie de la conversation, il jugea impossible à un homme qui en eût été le sujet d'y paraître à ce point insensible, s'il l'avait comprise.

CHAPITRE XXII.

Qui est là ? Approchez... C'est mon savant médecin, c'est un ami.

CHAMBRE, *Sir Eustache Grey.*

N se souvient que le malheureux chevalier du Léopard avait été donné au médecin maure par le roi, plutôt comme un esclave qu'en toute autre qualité. Il suivit donc son maître, avec la stupéfaction d'un homme qui, tombé dans un précipice, et à peine échappé à la mort d'une manière inattendue, n'a que la force de se traîner hors du lieu fatal, sans être capable de sentir toute l'étendue du mal qu'il a souffert.

En entrant dans la tente d'El-Hakim, il se jeta, sans mot dire, sur une couche couverte d'une peau de buffle, et, plongeant sa figure dans ses mains, il gémit et sanglota, comme si son cœur allait se briser. Le médecin l'entendit, pendant qu'il donnait l'ordre à ses nombreux esclaves de tout préparer pour partir, le lendemain, avant le jour, et, touché de compassion, il vint s'asseoir près de l'infortuné pour lui offrir des consolations à la manière orientale.

— Ami, dit-il, aie bon courage ; car, comme dit le poète, il vaut mieux être le serviteur d'un bon maître que l'esclave de ses mauvaises passions. Je le répète, bon courage, et songe que si Yousouf ben Yacoub*

* Joseph, fils de Jacob.

a été vendu par ses frères à Pharaon, roi d'Égypte, ton roi t'a donné à un homme qui sera pour toi un frère.

Kenneth fit un effort pour remercier El-Hakim ; mais son cœur était trop plein, et les sons confus qui accompagnèrent ses tentatives infructueuses engagèrent le bon médecin à suspendre ses consolations prématurées. Il laissa son nouveau serviteur, ou son hôte, se livrer sans contrainte à son chagrin ; et ayant veillé à tous les préparatifs nécessaires, il s'assit sur le tapis de la tente et prit un léger repas. Quand il l'eut terminé, les mêmes mets furent offerts au chevalier ; mais quoique les esclaves lui fissent entendre que la journée du lendemain serait fort avancée avant qu'ils pussent faire halte pour se rafraîchir, il ne put vaincre la répugnance que lui inspirait toute nourriture, et n'accepta qu'un gobelet d'eau fraîche.

Il avait encore les yeux ouverts longtemps après que le médecin s'était endormi. Vers minuit, s'éleva parmi les esclaves un brouhaha léger, qui lui fit comprendre qu'on chargeait les chameaux. Au cours de ces préparatifs, il fut invité à se lever par une espèce de majordome, ce qu'il fit aussitôt, pour le suivre, au clair de lune, dans un endroit du camp où les bêtes de somme étaient réunies, toutes chargées, à l'exception d'une seule qui attendait, les genoux pliés, que sa charge fût complète.

Un peu à l'écart étaient les chevaux, bridés et sellés. El-Hakim, en monta un avec autant d'agilité que le permettait la gravité de son caractère, et en désigna un autre pour être donné à Kenneth. Un officier anglais devait les escorter à travers le camp et veiller à leur sûreté. Tout étant prêt pour le départ, la tente qu'ils venaient de quitter fut enlevée avec une promptitude merveilleuse, et les poteaux qui la soutenaient ainsi que la couverture composèrent la charge du dernier chameau. Le médecin prononça alors d'une voix solennelle ce verset du Coran : « Que Dieu soit notre guide, et Mahomet notre protecteur dans le désert comme dans la prairie fertile ! » et toute la cavalcade se mit en route.

En traversant le camp, ils furent reconnus par les différentes sentinelles qui y étaient de garde et qui les laissèrent aller en silence, ou en murmurant quelque malédiction. Après avoir franchi les barrières, ils commencèrent à prendre les précautions d'une troupe en marche. Quelques cavaliers formèrent l'avant-garde, quelques autres restèrent en arrière à une portée d'arbalète, et quand le terrain était favorable, plusieurs se détachaient sur les flancs. Tandis qu'ils s'avançaient ainsi en colonne, Kenneth jeta un regard sur le camp, éclairé par les rayons de la lune. Privé à la fois de l'honneur et de la liberté, il se voyait chassé bien loin de ces bannières éclatantes sous lesquelles il avait espéré obtenir un grand renom, et de ces tentes asile de la chevalerie, de la chrétienté et d'Édith Plantagenet.

El-Hakim, qui chevauchait à son côté, fit observer avec le ton grave qui lui était ordinaire :

— Il n'est pas sage de regarder en arrière quand la route s'ouvre devant nous.

Au même moment, le cheval de Kenneth fit un faux pas si périlleux, qu'il courut le risque de confirmer par expérience la vérité de cette maxime. Il prêta dès lors plus d'attention au maniement de sa monture ; c'était une cavale ardente et douce à la fois, mais qui avait besoin d'être surveillée de près.

— Les qualités de cet animal, dit le sentencieux médecin, sont comme celles de la fortune ; c'est au moment où son pas est le plus égal et le plus léger, que le cavalier doit se tenir en garde contre une chute ; de même, lorsque nous sommes au plus haut point de prospérité, notre prudence doit veiller et s'employer à prévenir l'infortune.

Un estomac rassasié repousserait un rayon de miel. On ne s'étonnera donc pas que le chevalier, accablé de malheurs et d'humiliations, éprouvât de l'impatience en voyant ses chagrins fournir à chaque instant le texte d'un proverbe ou d'une sentence, quelle que fût d'ailleurs la justesse de l'application.

— M'est avis, répondit-il avec un peu d'humeur, que je n'avais pas besoin d'un nouvel exemple de l'instabilité de la fortune ; et j'aurais lieu de te remercier, sire Hakim, du choix de ton cheval s'il lui arrivait de trébucher de façon à nous rompre les os à tous deux.

— Frère, dit l'Arabe, imperturbable, tu parles comme un être privé de raison. Tu penses dans ton cœur qu'un vrai sage aurait dû donner à son hôte le plus jeune cheval et le meilleur, et se réserver le plus vieux pour lui. Mais apprends que les défauts du vieux cheval peuvent être compensés par l'énergie du jeune cavalier, et que le plus jeune a besoin d'être modéré par le sang-froid du vieillard.

Ainsi parla le sage ; et fatigué d'offrir des consolations à quelqu'un qui ne voulait pas être consolé, il fit signe à un de ses gens d'approcher.

— Hassan, lui dit-il, n'as-tu rien à nous dire pour charmer les ennuis du chemin ?

A cet appel, Hassan, conteur d'histoires et poète de profession, commença un récit d'amour et de magie, entremêlé d'exploits guerriers et orné d'abondantes citations de poésie persane. Toute l'escorte d'El-Hakim, à l'exception des conducteurs de chameaux, se pressa autour du narrateur, afin de goûter un plaisir qui a toujours été le passe-temps favori des Orientaux.

En toute autre circonstance, notre Écossais aurait pu s'intéresser à cette histoire qui, bien que dictée par une imagination encore plus extravagante, et exprimée en des termes plus boursouflés et métaphoriques, avait pourtant un grand air de ressemblance avec les romans de chevalerie, alors à la mode en Europe. A peine s'aperçut-il qu'un homme, au centre de la cavalcade, déclamait et chantait tour à tour durant deux heures. Le conteur modulait ses intonations sur les différents caractères introduits dans son récit, et recevait, en retour, tantôt de sourds murmures d'approbation, tantôt des expressions involontaires d'étonnement, quelquefois des soupirs et des larmes ; enfin, ce qui était plus difficile à arracher à un auditoire de ce genre, un tribut de sourires et même de rires bruyants.

Pendant le récit, l'attention de l'exilé, absorbée par ses profonds chagrins, fut de temps en temps distraite par le gémissement d'un chien, attaché dans une cage d'osier suspendue sur un des chameaux ; en chasseur expérimenté, il n'eut pas de peine à reconnaître la voix de son fidèle lévrier.

« Hélas! pauvre Roswall, se dit-il, tu invoques l'assistance et la pitié d'un malheureux dont l'esclavage est plus dur que le tien... Je ne ferai pas semblant de t'entendre, et je ne répondrai point à tes plaintes, puisque ce serait redoubler l'amertume de notre séparation. »

Ainsi se passèrent les heures de la nuit et de cette aurore vaporeuse qui forme en Syrie le crépuscule du matin. Mais quand le disque du soleil commença d'émerger de l'horizon, quand son premier rayon vint raser la surface du désert, la voix sonore d'El-Hakim couvrit et interrompit tout d'un coup le récit du narrateur, en répétant l'invitation solennelle que les muezzins adressent, chaque jour, aux vrais croyants, du haut des minarets :

« A la prière! à la prière! Il n'y a d'autre dieu qu'Allah! A la prière! à la prière! Et Mahomet est son prophète. A la prière! à la prière! Le temps fuit loin de nous. A la prière! à la prière! Et le jugement est proche. »

Dans un instant, chaque musulman fut en bas de son cheval, tourna le visage vers la Mecque, et fit avec du sable les ablutions qu'il était obligé, en tout autre lieu, de faire avec de l'eau ; en même temps, chacun, par une courte mais fervente prière, invoqua la protection de Dieu et du Prophète, ainsi que le pardon de ses péchés.

Le chevalier lui-même, dont la raison et les préjugés étaient également révoltés de voir ses compagnons de voyage se livrer à ce qu'il regardait comme un acte d'idolâtrie, ne put s'empêcher de respecter la sincérité de leur dévotion, et d'être excité par leur zèle à adresser au ciel des supplications dans une forme plus pure. Cet acte de piété, accompli dans une société si étrange, partait du sentiment naturel qu'il avait de ses devoirs religieux, et il en ressentit bientôt l'effet ; son esprit recouvra le calme, qui lui avait été enlevé par une suite si rapide de malheurs.

Cependant, les Sarrasins étaient remontés à cheval et continuaient leur route. Le narrateur Hassan avait repris le fil de son récit ; mais il n'était plus écouté par des auditeurs attentifs. Un cavalier, qui avait gravi une hauteur, sur la droite de la caravane, était revenu à toute bride pour entretenir à part le médecin arabe. Quatre ou cinq cavaliers avaient été dépêchés au même endroit, et la petite troupe, composée d'une trentaine de personnes, les suivit des yeux comme pour surprendre, dans leurs mouvements, quelque signe de bon ou mauvais augure. Hassan, ayant remarqué ce qui se passait, interrompit de nouveau son histoire, et la marche fut reprise en silence.

Cet état d'incertitude dura jusqu'à ce qu'on eût tourné une chaîne de collines de sable, dérobant aux regards l'objet qui avait excité l'alarme des vedettes. Alors

Kenneth vit, à une distance assez éloignée, une masse noire qui semblait se mouvoir rapidement; son œil exercé eut bientôt reconnu la présence d'une troupe de cavalerie qui leur était supérieure en nombre; et d'après les éclairs brillants que le soleil du matin en faisait jaillir, il ne douta point qu'il n'eût devant lui des croisés couverts de leurs armures. L'approche du danger, ou de ce qu'on redoutait comme tel, rendit Kenneth à lui-même.

— Ces cavaliers sont des chrétiens, à ce qu'il me semble, dit-il au médecin ; qu'avez-vous à craindre ?

— Le sage ne craint que Dieu ; mais, de la part des méchants, il s'attend toujours au pire des maux.

— Ce sont des chrétiens, et la trêve dure encore ; ils n'ont point de motif pour la violer.

— Ce sont les prêtres-soldats du Temple, et ils ont fait vœu de ne connaître ni bonne foi ni trêve avec les sectateurs de l'Islam. Puisse le Prophète les détruire jusqu'au dernier! Leur paix est la guerre, leur foi n'est que trahison. Les autres ennemis de la Palestine ont leurs moments et façons de courtoisie. Le lion d'Angleterre épargne ceux qu'il a vaincus ; l'aigle de France reploie ses ailes ; l'ours d'Autriche même s'endort quand il est rassasié ; mais cette bande de loups sans cesse affamés ne connaît ni satiété ni relâche dans ses rapines. Regarde : les voilà qui détachent un petit corps dans la direction de l'Orient ; ce sont leurs pages et écuyers qu'ils instruisent dans leurs horribles mystères. Comme ils sont plus légèrement montés, on les envoie en avant pour nous couper le chemin de la fontaine. Ils seront désappointés ; je connais mieux qu'eux la guerre du désert.

Il adressa quelques mots à son lieutenant, et, par une soudaine métamorphose, on vit succéder au calme solennel d'un sage d'Orient, plus accoutumé à méditer qu'à agir, le maintien fier et décidé d'un brave soldat, dont l'énergie est excitée par l'approche d'un danger qu'il prévoit et qu'il méprise.

Aux yeux de Kenneth, la crise qui se préparait avait un tout autre aspect, et lorsque Adonibek lui ordonna de rester à son côté, il s'y refusa résolument.

— Là-bas, ajouta-t-il, sont mes compagnons d'armes, ceux avec lesquels j'ai juré de combattre ou de mourir. Sur leur étendard brille le signe de notre bienheureuse rédemption. Je ne fuirai pas la croix pour suivre le croissant.

— Insensé! leur premier acte serait de te mettre à mort, rien que pour cacher leur violation de la trêve.

— C'est une chance à courir; mais je ne subirai pas un moment de plus l'esclavage des infidèles, quand je puis m'en affranchir.

— En ce cas, je te forcerai à me suivre.

— Me forcer, moi! s'écria Kenneth avec colère. Si tu n'étais pas mon bienfaiteur, ou du moins si tu ne t'étais montré disposé à l'être, et si je ne devais à ta confiance la liberté de ces mains que tu aurais pu charger de fers, je te prouverais que, tout désarmé que je suis, employer la force avec moi n'est pas chose facile.

— Il suffit; nous perdons un temps qui commence à devenir précieux.

Cela dit, il leva le bras en l'air et poussa un cri fort et perçant. A ce signal, toute sa suite se dispersa aussitôt sur la surface du désert, de même qu'un collier de perles dont le fil est rompu. Kenneth n'eut pas le temps de remarquer ce qui s'ensuivit, car El-Hakim saisit les rênes de son cheval; et, excitant l'ardeur du sien, il les fit partir tous deux avec la promptitude de l'éclair. Le sable s'envolait sous leurs pieds; ils semblaient dévorer l'espace; et cependant, leur vigueur ne faiblissait pas, et ils respiraient aussi librement qu'au début de cette course vertigineuse.

Au bout d'une heure, El-Hakim, rassuré sur le danger d'une poursuite, modéra le pas des chevaux et leur fit prendre un galop ordinaire. Alors, d'une voix calme et reposée, il se mit à faire l'éloge de ses bêtes au chevalier, qui, hors d'haleine, étourdi, moitié sourd, moitié aveugle, comprenait à peine les paroles que son compagnon débitait avec une rare aisance.

— Ces coursiers, dit-il, sont de la race dite *ailée*, et qui ne le cède en vitesse qu'à la jument du Prophète. On les nourrit avec l'orge dorée du Yémen, mêlée d'épices et de tranches de mouton séché. Des rois ont donné des provinces pour en obtenir, tant ils conservent de feu jusqu'à leur dernier souffle. Tu es le premier de ta croyance, Nazaréen, qui ait jamais pressé les flancs d'un de ces nobles animaux, dont le Prophète fit présent lui-même à son lieutenant Ali. La main du temps les effleure si légèrement, que la jument qui te sert de monture a vu s'écouler cinq fois cinq années, et pourtant elle n'a rien perdu de sa force et de sa rapidité d'autrefois ; seulement, l'aide d'une bride, maniée par une main plus expérimentée que la tienne, est devenue nécessaire pour la diriger dans la carrière. Béni soit le Prophète qui a donné aux vrais croyants les moyens d'attaque et de retraite, tandis que leurs ennemis, couverts de fer, succombent sous leur propre poids ! Comme les chevaux de ces chiens de templiers ont dû souffler et renâcler, après s'être enfoncés dans le sable jusqu'au fanon, pendant la vingtième partie de l'espace que ces braves coursiers viennent de parcourir, sans haleter, sans qu'une goutte de sueur mouillât leur robe lisse et veloutée !

Kenneth ne put s'empêcher de reconnaître en lui-même la supériorité d'une race si admirablement adaptée aux déserts plats et sablonneux de la Syrie ; mais ne voulant pas en convenir, il laissa tomber la conversation. Puis, regardant autour de lui, il s'aperçut que l'endroit où il se trouvait ne lui était pas inconnu.

Les bords désolés et les eaux stagnantes de la mer Morte, la chaîne de montagnes nues et escarpées qui s'élevaient à gauche, le petit groupe de palmiers qui formait le seul point de verdure sur la face de ce vaste désert, tout cela composait une scène qu'il n'était pas possible d'oublier après l'avoir vue une fois. Kenneth reconnut donc qu'ils approchaient de la fontaine appelée le *Diamant du désert*, qui avait été le théâtre de son entrevue avec l'émir sarrasin. Un peu plus tard, ils s'arrêtèrent près de la source et débridèrent leurs chevaux, laissant aux esclaves, qui ne tarderaient pas à les rejoindre, le soin de s'en occuper davantage.

— En attendant, dit El-Hakim en plaçant sur l'herbe quelques aliments, bois et mange, Nazaréen, et ne te décourage pas. La fortune peut élever ou abaisser l'homme vulgaire, mais le sage et le guerrier doivent se montrer au-dessus d'elle.

L'Écossais, ne voulant pas être en reste de courtoisie, s'efforça de goûter au frugal repas ; mais le violent contraste de sa situation présente avec celle où il était lors de son passage dans ce même lieu, comme envoyé des princes et vainqueur d'un combat singulier, ce contraste emplissait son esprit de nuages, et un long jeûne, la fatigue et le chagrin lui ôtaient l'usage de ses forces. Le médecin, frappé de sa respiration oppressée, lui tâta le pouls, toucha sa main brûlante et examina ses yeux rouges et enflammés.

— Les veilles, dit-il, fortifient l'esprit en sagesse ; le corps, son frère, composé de matériaux plus grossiers, a besoin de repos pour se soutenir. Il faut que tu dormes ; et, afin que ton sommeil soit rafraîchissant, tu vas prendre un peu de cet élixir.

Il tira de son sein une fiole de cristal, entourée d'un filigrane d'argent, et versa dans une petite tasse d'or quelques gouttes d'une liqueur brunâtre.

— Voilà, dit-il, une de ces productions qu'Allah a envoyées sur la terre pour notre bien, quoique la faiblesse et la méchanceté de l'homme en aient quelquefois fait une malédiction. Autant que le vin des Nazaréens, elle a le pouvoir de fermer l'œil fatigué d'insomnie et de soulager le fardeau d'un cœur trop plein ; si l'on en fait abus, elle agite les nerfs, détruit les forces, affaiblit la raison et ruine la vie. Ne crains pas, toutefois, de recourir à ses vertus au moment du besoin ; car le sage se chauffe avec le même tison qui ne sert au fou qu'à incendier sa tente.

— J'ai trop vu, répondit Kenneth, les effets de ta science pour te contredire.

Après avoir avalé le narcotique délayé dans l'eau de la source, il s'enveloppa dans le *haïk* ou manteau arabe, attaché au pommeau de sa selle, et s'étendit à l'ombre pour y goûter le repos.

Au lieu du repos qu'il attendait, il éprouva une suite de sensations agréables, qui le laissaient entre la veille et le sommeil. En cet état indéfinissable, pendant lequel il gardait conscience de ses malheurs, il se sentait capable de les contempler sans alarme, et même aussi tranquillement que s'il en eût vu représenter l'histoire sur un théâtre. De cette situation d'esprit qui, sur les choses du passé, touchait presque à l'indifférence, il passa rapidement à celles de l'avenir ; et malgré tout ce qui en pouvait obscurcir la perspective, l'avenir lui apparut avec des couleurs telles que ses plus ambitieux désirs n'auraient pu le rêver si séduisant. La liberté, la gloire, l'amour heureux devaient récompenser, dans un temps prochain, l'esclave banni, le chevalier déshonoré, l'amant sans espoir.

A mesure que son imagination en travail s'engourdit sous l'influence du narcotique, ces brillantes visions s'obscurcirent, comme les lueurs mourantes du soleil couchant, pour se perdre dans un néant absolu. Notre dormeur resta étendu aux pieds d'El-Hakim, et, si ce n'eût été sa respiration paisible, on aurait pu le prendre pour un corps d'où la vie s'était retirée.

CHAPITRE XXIII.

> Au milieu de ces lieux sauvages, la baguette d'un enchanteur a touché cette contrée mystérieuse, et en a changé tout à coup la surface; et les scènes qui nous entourent ressemblent aux vaines images que présentent les rêves de la fièvre.
>
> Le roman d'Astolphe.

QUAND le chevalier du Léopard sortit de son long et profond sommeil, il se trouva dans une situation si différente de celle dans laquelle il s'était endormi, qu'il se demanda s'il ne rêvait point, ou si la scène n'avait pas été changée par magie.

Au lieu de l'herbe humide, il reposait sur une couche, d'un luxe plus qu'oriental; des mains obligeantes l'avaient dépouillé du pourpoint de chamois qu'il portait sous son armure pour y substituer le linge le plus fin et une grande robe de soie. Il s'était endormi abrité par les palmiers du désert, et il se réveillait sous un riche dais, tendu des plus brillants tissus de la Chine; son lit était entouré d'un léger rideau de gaze, destiné à protéger son repos contre les moustiques, dont il avait été constamment la proie depuis son arrivée en Orient.

Il regarda autour de lui pour se convaincre qu'il était réellement éveillé, et tout ce qui vint frapper ses yeux était d'accord avec la magnificence de sa couche. Un bain était préparé dans une baignoire portative de bois de cèdre, doublée en argent, et il exhalait les parfums dont on s'était servi pour le composer. Sur une petite table d'ébène, à côté du lit, était un gobelet d'argent, contenant un sorbet exquis, froid comme la neige, et que la soif qui suit l'usage des narcotiques lui fit paraître encore plus délicieux. Pour dissiper les fumées d'ivresse qu'ils laissent après le réveil, il se décida à profiter du bain et en ressentit un singulier bien-être.

Après s'être essuyé avec des serviettes de laine des Indes, le chevalier se préparait à reprendre ses vêtements militaires, afin d'aller voir si le monde était aussi changé au dehors qu'autour de lui. Il les chercha vainement et, à leur place, il trouva un splendide costume sarrasin, avec le cimeterre et le poignard, tels qu'en portaient les émirs de distinction. Comment expliquer un semblable raffinement, sinon par le soupçon qu'on cherchait à ébranler sa foi? Soupçon légitime, car la haute estime du soudan pour les connaissances et le savoir des Européens le portait à combler de dons ceux qui, après avoir été ses prisonniers, se laissaient persuader de prendre le turban. Kenneth se signa dévotement et résolut de braver tous ces pièges ; comme il se sentait la tête lourde et que, d'ailleurs, il ne pouvait sortir en robe de nuit, il se rejeta sur son lit et s'endormit encore une fois.

Il ne tarda pas à être réveillé par la voix du médecin maure, qui lui demandait, du dehors, comment il se portait et s'il avait assez dormi.

— Puis-je entrer? ajouta-t-il. Le rideau de la tente n'est pas ouvert.

— Le maître, répondit Kenneth qui n'oubliait pas la condition où il était réduit, n'a pas besoin de permission pour entrer chez son esclave.

— Et si je ne viens pas en maître?

— Le médecin a toujours le droit de visiter son malade.

— Ni en médecin?

— A qui vient en ami, et tu t'es montré le mien jusqu'à présent, la maison de l'ami n'est jamais fermée.

— Mais, reprit El-Hakim qui, en bon Oriental, se plaisait aux circonlocutions, supposons que je ne me présente pas en ami.

— A ton aise! s'écria le chevalier impatienté de ce manège. Sois ce que tu voudras. Tu sais bien que je n'ai ni le pouvoir ni l'envie de t'interdire ma porte.

— Eh bien, tu vois en moi ton ancien ennemi, mais un ennemi franc et généreux.

Il entra en parlant ainsi, et, lorsqu'il s'approcha du lit, la voix était toujours celle d'Adonibek, le médecin arabe, mais la taille, le costume et les traits étaient ceux d'Ilderim du Kourdistan, surnommé Chir-Kof. Kenneth le regarda comme s'il s'attendait à tout moment à le voir disparaître ainsi qu'une vision créée par son imagination.

— Faut-il t'étonner, reprit Ilderim, toi, guerrier de haut renom, de voir qu'un soldat entende quelque chose à l'art de guérir? Un cavalier accompli doit savoir dresser son cheval, aussi bien que le monter, forger son épée sur l'enclume aussi bien que s'en servir au combat, fourbir ses armes aussi bien que les porter, et par-dessus tout être aussi habile à guérir les blessures qu'à les faire.

Pendant qu'il parlait, le chevalier chrétien ferma les yeux à plusieurs reprises; tant qu'ils étaient fermés, l'image du Hakim, avec sa longue robe flottante, d'une couleur sombre, son haut bonnet tartare, et ses gestes pleins de gravité, venait se présenter à sa mémoire; mais aussitôt qu'il les rouvrait, le gracieux turban éclatant de pierreries, le léger haubert de mailles, dont le tissu d'acier et d'argent miroitait aux inflexions du corps; enfin, des traits dépouillés de leur masque rigide, un teint moins basané, une barbe moins fournie et peignée avec soin, lui rappelaient le guerrier plutôt que le savant.

— Es-tu encore aussi étonné? demanda l'émir; as-tu parcouru le monde en observateur si peu attentif pour ignorer que les hommes ne sont pas toujours ce qu'ils semblent être? Toi-même, es-tu donc ce que tu parais?

— Non, de par saint André! car je passe dans tout le camp chrétien pour un traître, et j'ai la conscience d'être loyal, quoique j'aie failli.

— C'est ainsi que je t'ai jugé, et comme nous avons mangé le sel ensemble, je me suis cru obligé de t'arracher à la mort et à la honte. Mais pourquoi garder le lit quand le soleil est déjà haut sur l'horizon? Les vêtements dont mes chameaux étaient chargés sont-ils indignes que tu les portes?

— Non pas indignes assurément, mais peu convenables à ma situation. Donne-moi l'habit d'un esclave, noble Ilderim, et je le revêtirai volontiers ; toutefois, je ne saurais me résoudre à porter le costume d'un guerrier libre de l'Orient et le turban du musulman.

— Nazaréen, ta nation se livre si facilement aux soupçons qu'à son tour elle en devient suspecte. Ne t'ai-je pas dit que Saladin ne veut convertir que ceux que le Prophète dispose à embrasser sa loi? La violence et la corruption sont des moyens qui lui répugnent. Écoute, frère. Quand l'aveugle fut miraculeusement rendu à la lumière, le voile tomba de ses yeux par la volonté divine. Crois-tu qu'aucun médecin de la terre aurait été capable d'en faire autant? Non : il aurait tourmenté le malade avec ses outils, ou peut-être l'eût-il soulagé par des baumes et des cordiaux, sans pouvoir le sauver des ténèbres où il était plongé. Il en est de même de l'aveuglement de l'esprit. Si chez les Francs il y a des gens qui, pour l'amour du lucre, ont pris le turban du Prophète et suivent les lois de l'Islam, que le blâme en retombe sur leur conscience! Ils ont d'eux-mêmes cherché l'appât, ce n'est pas le soudan qui le leur a offert ; et quand ils seront précipités comme hypocrites dans le gouffre le plus profond de l'enfer, au-dessous du chrétien et du juif, des magiciens et des idolâtres, et qu'ils mangeront le fruit de l'arbre *yacoum,* qui est la tête des démons, c'est à eux et non au soudan que le crime et le châtiment seront imputés. Ainsi donc, porte sans aucun scrupule les habits qui ont été préparés ; car, si tu te rendais au camp de Saladin, ton costume ordinaire t'exposerait à une fâcheuse curiosité, et peut-être à l'insulte.

— Hélas! suis-je libre d'agir, et ne dois-je pas aller où il te plaira de me conduire?

— Tu n'as pour guide que ta volonté, et elle te conduira librement, comme le vent chasse devant lui le sable du désert. Le noble ennemi qui m'a combattu, et qui faillit se rendre maître de mon épée, ne peut devenir mon esclave. Si la richesse et le pouvoir avaient assez d'influence pour te rallier à notre parti, je pourrais t'en assurer la possession ; mais celui qui a refusé les faveurs du soudan quand la hache était suspendue sur sa tête ne les acceptera pas, je le crains, dès qu'il a la liberté de choisir.

— Mets le comble à ta générosité, noble émir, en ne parlant plus de m'acquitter envers toi d'une façon que désavouerait ma conscience. Laisse-moi plutôt t'exprimer, comme la courtoisie l'exige, la reconnaissance que m'inspire cette bonté chevaleresque, si peu méritée...

— Pourquoi dire si peu méritée? N'est-ce pas d'après ta conversation et le récit que tu me fis des beautés qui ornent la cour de Melek-Ric, que je me hasardai à m'introduire, déguisé, dans son camp? et n'est-ce donc pas toi qui m'as procuré le spectacle le plus doux dont j'aie jamais joui, dont je jouirai jamais, jusqu'à ce que les gloires du paradis resplendissent à mes yeux?

Kenneth rougit et pâlit tour à tour, sentant que la conversation prenait une tournure embarrassante et délicate.

— Je ne comprends pas, balbutia-t-il.

— Comment! tu ne comprends pas? s'écria l'émir : si le spectacle qui m'a frappé dans la tente du roi Richard a échappé à ton attention, il faut qu'elle soit aussi émoussée que le sabre de bois d'un fou. Il est vrai qu'alors tu te trouvais sous le coup d'une sentence de mort. Eh bien, moi, aurais-je eu la tête sur le billot, le dernier regard de mes yeux se serait tourné avec délices vers cette vision enchanteresse, et ma tête aurait roulé d'elle-même aux pieds de ces houris incomparables, pour baiser de ses lèvres tremblantes le bord de leurs vêtements... Ah! cette reine d'Angleterre! elle mérite, pour sa beauté souveraine, de commander à l'univers. Quelle tendresse dans son œil d'azur! quel éclat dans l'or de ses cheveux flottants! Par la tombe du Prophète, j'ai peine à croire que la houri qui me présentera la coupe de diamant de l'immortalité puisse mériter d'aussi ardentes caresses!

— Sarrasin, dit sévèrement Kenneth, tu parles de l'épouse de Richard d'Angleterre : il est permis de s'occuper d'elle, non comme d'une femme à conquérir, mais comme d'une reine à respecter.

— Pardonne-moi ; j'avais oublié le culte superstitieux que professent les Francs pour un sexe dont nous faisons un objet d'amour et de jouissance. Puisque tu exiges tant de respect à l'égard de cette idole blonde et fragile, qui, par ses mouvements, ses pas, ses regards, décèle une vraie femme, je conviens avec toi que la brune aux yeux éloquents est absolument digne d'être adorée. Il y a, dans la noblesse de son maintien, dans son air de majesté, quelque chose de pur et de courageux ; et pourtant, vaincue par l'occasion, elle saurait gré, je te l'assure, à un amant hardi qui la traiterait en mortelle plutôt qu'en déesse.

— Respecte la parente de Cœur de Lion ! dit Kenneth avec une colère qu'il ne cherchait pas à réprimer.

— Si je la respecte, reprit l'émir d'un ton dédaigneux, ce sera comme épouse de Saladin.

— Le païen est indigne de baiser la trace de ses pieds !

— Que dis-tu, *giaour?*

Sur cette exclamation injurieuse, l'émir porta la main à son poignard ; son front se teignit d'une couleur cuivrée, les muscles de son visage se contractèrent, et chaque poil de sa barbe se hérissa comme s'il eût frémi d'une rage instinctive. Kenneth, qui avait affronté sans pâlir le courroux de lion du roi Richard, ne sourcilla pas devant la fureur de tigre du Sarrasin.

— Ce que j'ai dit, répliqua-t-il en croisant les bras d'un air intrépide, je le soutiendrais, si j'étais libre, envers et contre tous ; et je ne regarderais pas comme l'action la plus mémorable de ma vie de le prouver avec ma bonne épée contre une vingtaine de ces faux et de ces épingles.

Et par ces mots il désignait le cimeterre et le kandjiar de l'émir.

— Par le glaive du Prophète, dit celui-ci, encore grondant de colère, par ce glaive qui est la clef du ciel et de l'enfer, c'est peu estimer la vie que de parler de la sorte ! Si tu avais les bras libres, comme tu le disais, un seul des vrais croyants leur donnerait tant d'ouvrage, que tu souhaiterais bien vite de les voir chargés de fers.

— Ah ! plutôt les voir arrachés jusqu'aux épaules !

— Soit ! mais à présent tu t'es lié par un sentiment exagéré de délicatesse, et je n'ai pas dessein de te délivrer. Nous avons une fois éprouvé notre force et notre courage ; il se peut que nous nous retrouvions face à face sur le champ de bataille, et honte alors à qui s'éloignerait le premier de son adversaire ! En ce moment, nous sommes amis, et j'attends plutôt de toi des services que des paroles d'insulte et de défi.

Il y eut quelques instants de silence. L'ardent Sarrasin se mit à parcourir la tente à grands pas,

ainsi que le lion qui, après un violent accès de rage, recourt, dit-on, à ce moyen pour calmer la chaleur de son sang avant de s'étendre dans son antre. L'Écossais, plus froid, garda la même attitude, cherchant aussi de son côté, à maîtriser les sentiments tumultueux qui avaient subitement soulevé son cœur.

— Raisonnons tranquillement, dit l'émir. Je suis médecin, tu le sais, et il est écrit que celui qui veut guérir de ses blessures ne doit pas reculer quand il faut y introduire la sonde. Je vais donc mettre le doigt sur la plaie. Tu aimes la parente de Melek-Ric. Soulève le voile qui couvre tes pensées, ou, si tu le préfères, ne le soulève pas, mais sache que mes yeux t'ont pénétré.

— Je l'ai aimée, répondit Kenneth après un moment de silence, aimée comme on aime la grâce du ciel; et j'ai sollicité ses regards comme on sollicite le pardon du ciel.

— Et tu ne l'aimes plus?

— Hélas! je ne suis plus digne de l'aimer... Changeons de conversation, je te prie; chacune de tes paroles est pour moi un coup de poignard.

— Permets encore une seule question : lorsque, soldat pauvre et obscur, tu osas placer si haut ton affection, avais-tu bon espoir de réussir?

— L'amour n'existe pas sans espérance, et pourtant la mienne était bien vaine. Je ressemblais au marin, livré à la merci des flots, et qui, tout en nageant, aperçoit, par intervalle, la lueur d'un phare lointain; il sait que le salut est là, mais son cœur abattu et ses membres épuisés l'avertissent qu'il ne l'atteindra point.

— Et maintenant cette étoile de salut s'est voilée pour jamais?

— Pour jamais!

— Il me semble que, si tu n'as besoin, pour être heureux, que des faibles lueurs d'un phare éloigné, le phare peut reparaître, l'espoir se remettre à flot, et le bon chevalier, reprendre l'occupation agréable d'alimenter sa passion idéale avec l'idéale substance d'un clair de lune : car si demain tu étais aussi pur de réputation que tu le fus jamais, celle que tu aimes n'en serait pas moins la fille des princes et la fiancée de Saladin.

— Plût à Dieu qu'il en fût ainsi, et aussitôt je...

— Tu défierais le soudan en combat singulier, dit l'émir en achevant la phrase interrompue.

— Et quand cela serait, ce n'est ni le premier, ni le plus brave musulman contre lequel j'aurais mis ma lance en arrêt.

— C'est possible ; il me semble, toutefois, qu'il pourrait regarder la chance comme trop inégale pour risquer ainsi l'espoir d'une fiancée royale, et peut-être l'issue d'une grande guerre.

— On peut le rencontrer au premier rang, un jour de bataille.

— On est toujours sûr de le rencontrer là, et il n'est pas habitué à détourner la tête de son cheval quand un brave lui offre le combat... Mais ce n'est pas du soudan que je voulais te parler. En un mot, s'il te suffit d'avoir la satisfaction de faire connaître à Richard le brigand qui a volé la bannière d'Angleterre, je puis te mettre en bon chemin d'accomplir cette tâche.

— Pourvu que tu ne me demandes rien qui soit contraire à l'honneur et à la foi, je t'obéirai sans hésiter.

— Écoute-moi. Ton noble chien est guéri par la vertu d'un divin remède, aussi salutaire aux hommes qu'aux animaux, et sa sagacité te fera découvrir celui qui l'a blessé.

— Ah! je crois te comprendre. Comment n'y ai-je pas pensé moi-même ?

— Mais, dis-moi, n'as-tu dans le camp aucun partisan ou serviteur qui connaisse ton lévrier?

— Au moment où je m'attendais à recevoir la mort, j'ai renvoyé en Écosse, avec des lettres pour ma famille, le vieil écuyer que tu as guéri et le varlet qui me servait. En dehors d'eux, nul ne connaissait le chien. Mais il y a ma personne, qui est bien connue : le son de ma voix suffirait pour me trahir, dans un camp où je n'ai pas joué le dernier rôle pendant plusieurs mois.

— Tu seras déguisé, ainsi que lui, de manière à échapper au plus rigoureux examen... Crois-moi, ton frère d'armes, même ton propre frère, ne te reconnaîtrait pas si tu te laisses guider par mes conseils. Tu m'as vu faire des choses plus difficiles : celui qui peut rappeler les mourants des ombres de la mort, peut aisément couvrir d'un nuage les yeux des vivants. Cependant, pèse bien ceci, c'est à la condition que tu remettras une lettre de Saladin à la cousine de Melek-Ric, dont le nom est aussi difficile à prononcer pour notre langue orientale que sa beauté est délicieuse à nos yeux.

Kenneth réfléchit un moment avant de répondre, et le Sarrasin, le voyant hésiter, lui demanda s'il craignait de se charger du message.

— Non, quand même la mort devrait en suivre l'exécution, répondit le chevalier; seulement, j'examinais si mon honneur me permettait de porter la lettre du soudan, et s'il convenait à la noble dame d'en recevoir une d'un prince païen.

— Par la tête de Mahomet et par l'honneur d'un soldat! par la tombe de la Mecque et par l'âme de mon père! je te jure que cette lettre est écrite en tout honneur et respect. Le chant du rossignol flétrira plutôt la rose dont il est amoureux, que les paroles de Saladin n'offenseront les oreilles de la belle parente de Richard.

— En ce cas, je porterai la lettre du soudan aussi fidèlement que si j'étais son vassal; bien entendu qu'excepté ce message, je suis de tous les hommes le moins disposé à lui servir d'intermédiaire ou de conseil dans ses étranges amours.

— Saladin a le cœur bien placé, et il ne forcera point un généreux coursier à sauter plus haut qu'il ne pourrait le faire. Viens avec moi dans ma tente, et tu seras promptement pourvu d'un déguisement aussi impénétrable que la nuit, de façon à parcourir le camp des Nazaréens avec autant de sécurité que si tu avais au doigt l'anneau de Gygès.

CHAPITRE XXIV.

> Un grain de poussière, tombé dans notre coupe, nous fera rejeter avec répugnance le breuvage après lequel nous soupirions ; le moindre clou rouillé, placé près de la boussole fidèle, la détournera de la droite voie, et fera périr le bâtiment. Ainsi la plus petite cause de mécontentement et de colère rompra les liens d'alliance qui unissent les princes, et causera la ruine de leurs nobles desseins.
>
> *La Croisade*, tragédie.

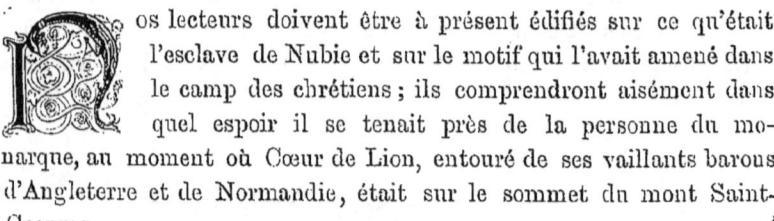os lecteurs doivent être à présent édifiés sur ce qu'était l'esclave de Nubie et sur le motif qui l'avait amené dans le camp des chrétiens ; ils comprendront aisément dans quel espoir il se tenait près de la personne du monarque, au moment où Cœur de Lion, entouré de ses vaillants barons d'Angleterre et de Normandie, était sur le sommet du mont Saint-Georges.

D'après quelques expressions échappées au roi, le jour précédent, dans son entretien avec Neville, le Nubien avait de fortes raisons de craindre que son déguisement n'eût été pénétré, d'autant plus que le roi semblait savoir de quelle façon le lévrier devait concourir à la découverte du voleur de la bannière. Comme le roi n'avait rien changé à sa manière de le traiter, notre prétendu noir demeurait à cet égard dans l'incertitude, et il résolut de ne pas se trahir sans nécessité.

Cependant, les troupes alliées, conduites par leurs princes en personne, s'avançaient en longues files et entouraient la base du monticule. A mesure qu'arrivait le corps d'une nation, le chef qui marchait en tête se détournait de quelques pas pour adresser un salut à Richard et à l'étendard anglais « en signe d'estime et d'amitié, non de soumission et de vasselage », comme on avait eu soin de le déclarer dans le protocole de la cérémonie. Les dignitaires de l'Église qui, dans ces temps-là, ne se découvraient pas la tête devant des hommes, donnaient au roi et à l'emblème de sa puissance une bénédiction au lieu d'un salut.

Les troupes défilèrent ainsi ; et, quoique diminuées par diverses causes, elles formaient encore une armée formidable, à laquelle la conquête de la Palestine pouvait paraître une entreprise facile. Les guerriers, ranimés par ce déploiement de forces, se redressaient sur leurs selles de fer, et il semblait que les trompettes sonnaient des fanfares plus joyeuses, et que les chevaux, rafraîchis par le repos et la nourriture, couvraient leurs mors d'écume et foulaient la terre avec plus de fierté. Ils défilaient, par corps d'armée, sans interruption, bannières déployées, armes luisantes, panaches flottant au vent. Cette foule hétérogène, composée de nations diverses, différant entre elles par le teint, les traits, le langage et les armes, était alors enflammée du pieux, mais romanesque dessein, de délivrer la fille désolée de Sion, et de racheter la terre sacrée du joug des infidèles.

Richard était à cheval, à mi-côte à peu près de la colline ; un morion sans visière, surmonté d'une couronne, laissait ses traits mâles à découvert. D'un œil calme et attentif, il examinait tous les rangs qui passaient devant lui, et rendait aux chefs leur salut. Il portait une tunique de velours bleu de ciel, à lames d'argent, et des hauts-de-chausses, de soie cramoisie, taillades de drap d'or. A son côté, le faux esclave tenait son chien en laisse, comme s'il l'eût conduit à la chasse ; ce qui n'attirait nullement l'attention, car beaucoup de princes croisés, à l'exemple des Sarrasins, avaient introduit des esclaves noirs dans leur maison. Au-dessus de la tête du roi, flottaient les larges plis de la bannière, et ses regards, qui s'y portaient de temps en temps, semblaient indiquer que cette cérémonie, indifférente pour lui-même, n'avait d'importance qu'en ce qu'elle offrait la réparation d'un outrage fait à son royaume. En arrière, et sur le sommet de l'éminence, on avait élevé tout exprès une tour de bois pour la reine Bérengère et les premières dames de sa suite. Le roi y jetait aussi les yeux ; il les reportait quelfois sur le Nubien et son chien, mais seulement quand il voyait approcher des chefs que, d'après leurs opinions malveillantes, il pouvait soupçonner d'être auteurs ou complices du méfait.

Ce fut un geste qu'il ne songea point à faire au moment où Philippe-Auguste se montra à la tête des brillants escadrons de sa chevalerie. Bien au contraire, il alla au-devant du roi de France, et descendit le talus pendant que celui-ci le gravissait, de sorte qu'ils se rencontrèrent à mi-chemin ; ils échangèrent leurs salutations de si bonne grâce, que leur rencontre parut avoir lieu sur un pied d'égalité fraternelle. La vue des deux plus grands souverains de l'Europe en rang et en puissance, se donnant ces témoignages publics de concorde, excita dans l'armée des croisés de bruyantes acclamations, qui retentirent au loin, jusqu'à répandre l'alarme dans le camp de Saladin.

Toute différente fut l'attitude de Richard lors du défilé des chevaliers du Temple, aux sombres armures, au teint presque aussi basané que celui des Arabes, et supérieurement montés. Le roi jeta un regard rapide de côté, mais le Nubien ne bougea pas, et son chien fidèle, assis à ses pieds, semblait contempler d'un œil intelligent et satisfait les troupes qui défilaient devant eux. Le grand maître, profitant de son double caractère, donna sa bénédiction à Richard comme prêtre, au lieu de le saluer comme chef militaire.

— Cet être orgueilleux et amphibie veut jouer le moine avec moi, dit Richard au comte de Salisbury, son frère naturel. Bah ! laissons cela de côté ; la chrétienté ne doit pas, pour une semblable vétille, perdre l'avantage de ces bonnes lances, que leurs victoires ont remplies de présomption... Ah ! ah ! voici notre vaillant adversaire, le duc d'Autriche... Remarque bien ses manières et son maintien, Guillaume ; et toi, Nubien, aie soin que ton lévrier le voie bien en face... Par le ciel ! il a traîné ses bouffons jusqu'ici.

En effet, par habitude, ou, ce qui est plus probable, pour indiquer son mépris de la cérémonie à laquelle il allait se soumettre, Léopold était accompagné de son fou et de son orateur, et en approchant de la butte, il se mit à siffler pour se donner un air d'indifférence, et pourtant son épais visage exprimait la mauvaise humeur, et un peu de cette crainte qu'éprouve un écolier en faute quand il paraît devant son maître. Tandis qu'il s'acquittait à contre-cœur du salut exigé, le diseur de sentences agita sa baguette et proclama à haute voix, comme un héraut, que le duc d'Autriche, en agissant ainsi, ne devait pas être considéré comme dérogeant au rang et aux privilèges d'un prince souverain ; à quoi le bouffon répondit par un *amen* sonore, qui provoqua de grands éclats de rire parmi les assistants.

Le roi, sur ces entrefaites, regarda plus d'une fois le Nubien et son chien ; mais le premier resta immobile, et le second ne tira point sur sa laisse ; ce qui fit dire à Richard :

— Ami noir, tu as eu beau faire appel à la sagacité de ton chien pour seconder la tienne, tu ne réussiras pas, j'en ai peur, à prendre une place d'honneur parmi les sorciers, non plus qu'à rehausser ton mérite à nos yeux.

Le Nubien ne répondit, comme à l'ordinaire, qu'en s'inclinant profondément.

C'était aux troupes du marquis de Montferrat à défiler devant le roi d'Angleterre. Ce prince artificieux, pour faire un plus grand étalage de ses forces, les avait divisées en deux corps. A la tête du premier, composé de ses vassaux et levé sur ses États de Syrie, était son frère Enguerrand ; et Conrad lui-même suivait avec une troupe brillante de douze cents Stradiots, espèce de cavalerie légère à la solde des Vénitiens, et dont ils avaient confié le commandement au marquis, allié de la république. Ces mercenaires, levés en Dalmatie, étaient habillés en grande partie à l'orientale. Ils portaient des hauberts assez courts avec des tuniques de plusieurs couleurs, des pantalons bouffants, des demi-bottes et de grands bonnets pointus comme ceux des Grecs. Leurs armes consistaient en petits boucliers ronds, arcs et flèches, cimeterres et poignards. Ils montaient des chevaux de race, entretenus aux frais de la république de Venise, et harnachés à la turque, avec des selles hautes et des étriers courts. Ces cavaliers étaient fort utiles dans les escarmouches contre les Arabes et incapables, par conséquent, de s'engager dans une mêlée.

Le marquis de Montferrat portait le costume des Stradiots, mais d'une étoffe si riche qu'il était tout étincelant d'or et d'argent. La blanche plume, attachée à son bonnet par une agrafe de diamant, semblait vouloir toucher les nuages. Le noble coursier sur lequel il était monté bondissait, caracolait et déployait une ardeur et une agilité qui auraient pu troubler un cavalier moins habile ; celui-ci, avec une grâce admirable, le gouvernait d'une main, tandis que, de l'autre, il brandissait le bâton de commandement. Toutefois, il avait sur les mercenaires une autorité plus apparente que réelle. A côté de lui, monté sur un paisible palefroi, l'on voyait un petit vieillard, vêtu tout de noir, sans barbe ni moustache, et de mesquine apparence au milieu de la splendeur qui l'entourait. C'était un de ces députés que Venise envoyait dans les camps pour surveiller la conduite de ses généraux, afin d'exercer ce système d'espionnage et d'inquisition qui a toujours distingué la politique de cette république.

Conrad, en se prêtant à l'humeur de Richard, avait obtenu de lui un certain degré de faveur ; il ne parut pas plus tôt au pied de la butte, que le roi d'Angleterre descendit un pas ou deux à sa rencontre, en s'écriant :

— Ah ! ah ! seigneur marquis, te voilà à la tête de tes légers Stradiots, et suivi de ton ombre comme à l'ordinaire, que le soleil brille ou non ! Pourrait-on savoir si c'est le corps ou l'ombre qui commande ?

Conrad préludait à sa réponse par un sourire, quand Roswall poussa un hurlement furieux et fit un bond en avant. Au même instant, le Nubien lâcha la laisse, et le lévrier, s'élançant avec impétuosité, sauta sur le noble coursier du prince et, l'empoignant lui-même à la gorge, le renversa en arrière. L'élégant cavalier roula sur le sol, et le cheval effrayé s'enfuit à travers le camp.

— Ton chien a dépisté le gibier, et le bon, j'en suis sûr, dit Richard au Nubien ; un cerf dix-cors ! Va le détacher, de peur qu'il ne l'étrangle.

Le Nubien, non sans beaucoup de peine, arracha Conrad à l'étreinte du lévrier, qui, pris d'un accès de fureur, se débattait pour rompre sa laisse. Une grosse foule s'était amassée au bas du monticule, composée surtout de Stradiots ; en voyant leur chef renversé, les yeux hagards, ils éclatèrent en menaces et en vociférations.

— A mort l'esclave et son chien ! criaient-ils.

La voix forte et sonore de Richard se fit entendre au-dessus des clameurs.

— Meure de male mort qui touche à ce chien ! dit-il. Qu'a-t-il fait, ce brave animal, sinon son devoir en cédant à l'instinct qu'il a reçu de Dieu ? Et toi, hypocrite, avance... Conrad, marquis de Monferrat, je t'accuse de trahison !

Plusieurs des chefs syriens s'étaient approchés, et Conrad, dont la voix et le maintien indiquaient le combat que se livraient en lui la honte, la colère et la confusion, s'écria :

— Qu'est-ce à dire, et de quoi m'accuse-t-on ? Pourquoi cet indigne traitement et ces termes de mépris ? Est-ce là le pacte d'alliance que l'Angleterre vient de renouveler ?

— Les princes de la croisade, ajouta la voix sépulcrale du grand maître, sont-ils changés en daims ou en lièvres aux yeux du roi Richard pour qu'il lâche des chiens sur eux ?

— Il y a là quelque chose d'étrange, dit Philippe, qui revint sur ses pas, une fatale méprise.

— Une illusion de l'enfer, dit l'archevêque.

— C'est une ruse des Sarrasins, dit Henri de Champagne. On ferait bien de pendre le chien et de mettre l'esclave à la torture.

— Que nul ne les touche, s'il tient à la vie ! s'écria Richard. Avance, Conrad, si tu l'oses, et nie l'accusation que l'instinct de cet animal a portée contre toi d'avoir failli le tuer et insulté à l'honneur de l'Angleterre.

— Je n'ai pas touché à la bannière, répondit le marquis avec précipitation.

— Ta langue te trahit, Conrad, et ta conscience parle ; autrement, saurais-tu qu'il s'agit de la bannière ?

— Est-ce donc pour cela seul, que tu excites tout ce tumulte dans le camp ? répliqua Conrad. Oses-tu imputer à un prince, à un allié, une action qui, après tout, a probablement été commise par quelque misérable pour l'appât d'un galon d'or ? Et serait-ce sur la garantie d'un chien que tu voudrais accuser un confédéré ?

L'alarme était alors devenue générale, et le roi de France jugea nécessaire d'intervenir.

— Princes et nobles sires, dit-il, vous parlez en présence de gens qui ne tarderont pas à s'égorger les uns les autres s'ils entendent leurs chefs échanger de semblables paroles. Au nom du ciel! retirons-nous avec nos hommes dans nos quartiers respectifs, et dans une heure d'ici réunissons-nous dans la salle du conseil, afin de délibérer sur les moyens de rétablir l'ordre.

— J'y consens, répondit Richard, quoique j'eusse aimé à interroger ce félon pendant que son brillant costume était encore souillé de poussière. Le bon plaisir de la France sera le nôtre.

Les princes se séparèrent ainsi qu'il avait été proposé ; chacun d'eux alla se replacer à la tête de ses vassaux, et l'on ouït de tous côtés retentir les différents cris de guerre et le son des cors et des trompettes donnant aux traînards le signal de ralliement. Bientôt tous les contingents se mirent en marche et traversèrent le camp en différentes directions pour regagner leurs quartiers.

Cette prompte dispersion eut pour effet de prévenir une explosion de violence ; mais l'incident qui venait d'avoir lieu occupait tous les esprits. Ceux-là même qui, parmi les étrangers, saluaient tout à l'heure Richard comme le guerrier le plus digne de commander à l'armée, reprirent leurs préjugés contre son orgueil et son intolérance. Les Anglais, croyant l'honneur de leur pays intéressé dans cette querelle, considéraient les autres nations comme jalouses de la gloire de l'Angleterre et de son roi, et disposées à la flétrir par les artifices les plus bas. On fit courir à cette occasion des bruits de toute sorte ; on assura notamment que la reine et ses dames avaient été fort effrayées du tumulte, et que l'une d'elles s'était même évanouie.

Le conseil s'assembla à l'heure convenue.

Conrad avait eu le temps de mettre de côté son habit déshonoré, et avec lui la honte et le trouble dont, malgré sa présence d'esprit ordinaire, il n'avait pu se défendre devant une accusation si soudaine. Il parut sous la longue robe d'un prince souverain, et entra dans la salle, en compagnie du duc d'Autriche, des deux grands maîtres du Temple et de Saint-Jean, et de plusieurs autres personnages illustres qui paraissaient vouloir le soutenir, peut-être par des motifs politiques, ou parce qu'ils nourrissaient des sentiments d'inimitié personnelle contre Richard.

Cette apparence de ligue en faveur du marquis fut loin d'avoir aucune influence sur Cœur de Lion. Il prit place dans le conseil, d'un air aussi indifférent qu'à l'ordinaire, et dans le costume avec lequel il venait de descendre de cheval. Après avoir jeté un regard insouciant et presque dédaigneux sur les chefs qui avaient mis une certaine affectation à se ranger autour de Conrad comme s'ils embrassaient sa cause, il accusa, dans les termes les plus formels, le marquis de Montferrat d'avoir volé la bannière d'Angleterre et blessé le fidèle animal qui la défendait.

Conrad se leva hardiment pour répondre, et déclara qu'en dépit des hommes et des brutes, des rois et des chiens, il était innocent du crime qu'on lui imputait.

— Mon frère d'Angleterre, dit alors Philippe, qui se chargeait volontiers du rôle de conciliateur, voici une accusation extraordinaire. Vous paraissez n'avoir aucune connaissance personnelle du fait en question, et votre conviction repose sur la manière dont un animal a traité le marquis de Montferrat. Certes, la parole d'un chevalier et d'un prince devrait l'emporter sur les aboiements d'un roquet.

— Mon royal frère, répondit Richard, souvenez-vous que le Tout-Puissant, en nous donnant le chien pour compagnon de nos plaisirs et de nos travaux, l'a doué d'un naturel noble et incapable d'astuce. Il n'oublie ni un ami, ni un ennemi, et se rappelle exactement le bienfait et l'injure. Il a une portion de l'intelligence humaine, sans avoir rien de sa fausseté. On peut corrompre un soldat pour en faire un assassin, un témoin pour perdre un innocent; on ne tournera pas la rage d'un chien contre son bienfaiteur. Il est l'ami de l'homme, à moins que l'homme n'encoure son inimitié. Habillez votre marquis comme vous voudrez, déguisez-le, changez son air et son teint, cachez-le parmi une centaine d'hommes, et je gage ma couronne que ce chien le découvre et lui exprime ses sentiments, comme il l'a fait sous vos yeux. Cet événement, tout singulier qu'il semble, n'est pas nouveau : des meurtriers et des voleurs ont déjà été convaincus et punis de mort sur de semblables témoignages, et les juges ont dit qu'ils y reconnaissaient le doigt de Dieu. Dans votre propre royaume, mon royal frère, et en pareille circonstance, l'affaire fut décidée par un combat judiciaire entre l'homme et le chien, l'un défendant, l'autre appelant dans une accusation de meurtre. Le chien fut victorieux, l'homme avoua son crime et fut puni. Croyez-moi, mon frère de France, des crimes cachés ont été souvent mis au jour par le témoignage même de choses inanimées, sans parler d'animaux fort inférieurs en sagacité naturelle au chien, qui est l'ami et le compagnon de notre race.

— En effet, mon royal frère, répondit Philippe, un duel de ce genre eut lieu sous le règne d'un de nos prédécesseurs, que Dieu ait en sa grâce ; mais il y a longtemps de cela, et ce n'est pas un exemple qui doive nous servir de règle. Le défendant était alors un noble homme, de petite naissance, et il n'avait pour arme qu'un bâton et pour armure qu'une jaquette de cuir. Nous ne pouvons dégrader un prince jusqu'à l'ignominie d'un tel combat, avec des moyens si grossiers.

— Je ne le prétends pas non plus, dit Richard ; il serait odieux de hasarder la vie d'un noble lévrier contre celle d'un traître à double face, tel que ce Conrad... Du reste, voici notre gage de bataille : nous le défions en combat singulier, en vertu du témoignage que nous avons produit contre lui. Un roi, du moins, n'est pas un adversaire indigne d'un marquis.

Conrad ne mit aucun empressement à ramasser le gant que Richard venait de jeter au milieu de la salle, et le roi de France eut le temps d'intervenir.

— Un roi, dit-il, dominerait un marquis de toute la distance qu'un chien lui serait inférieur. Richard, il est impossible que cela soit ; vous êtes le chef de notre expédition, l'épée et le bouclier de la chrétienté.

— Je proteste contre un tel combat, dit le provéditeur vénitien, jusqu'à ce que le roi d'Angleterre ait rendu les cinquante mille besants qu'il doit à la république. C'est assez d'être menacé de perdre cette somme si notre noble débiteur vient à périr par la main des infidèles, sans courir encore le risque de le voir succomber dans une querelle entre chrétiens pour un chien et une bannière.

— Et moi, dit le comte de Salisbury, je proteste à mon tour contre tout dessein qu'aurait le roi mon frère d'exposer ainsi sa vie, qui appartient à son peuple d'Angleterre. Reprenez donc votre gant, mon noble frère, et qu'il n'en soit pas autre chose que si le vent l'avait emporté. Je mettrai le mien à la place ; un fils de roi, quoique avec le chevron de bâtardise sur ses armes, est un adversaire assez noble pour ce freluquet de marquis.

— Princes et nobles chefs, dit Conrad, je n'accepte pas le défi du roi Richard. Nous l'avons choisi pour nous conduire contre les Sarrasins ; et si sa conscience lui permet de provoquer un allié dans une querelle si frivole, la mienne du moins ne peut souffrir le reproche de l'accepter. Quant à son frère bâtard, Guillaume de Woodstock, ou à tout autre qui osera se faire le champion de cette accusation abominable, je défendrai contre lui mon honneur en champ clos, et prouverai que quiconque l'attaque est un parjure et un menteur.

— Le marquis de Montferrat, dit l'archevêque de Tyr, a parlé en prince sage et modéré, et, à mon avis, cette discussion pourrait s'arrêter là, sans qu'aucun parti s'en trouvât déshonoré.

— C'est aussi mon avis, dit Philippe, pourvu que le roi Richard voulût rétracter son accusation, comme fondée sur des preuves trop légères.

— Philippe de France, répondit Cœur de Lion, mes paroles ne démentiront pas à ce point ma pensée. J'ai accusé Conrad d'être venu, dans l'ombre de la nuit, voler l'emblème qui représente la dignité de l'Angleterre. Je le crois coupable de ce vol et je persiste à l'en accuser ; et quand on aura fixé le jour du combat, ne doutez pas, puisque Conrad refuse de m'avoir pour adversaire, que je ne trouve un champion qui soutienne mon défi. Pour toi, Guillaume, ta longue épée ne doit pas être tirée dans cette querelle sans notre consentement exprès.

— Puisque mon rang me rend arbitre en cette malheureuse affaire, reprit Philippe, je fixe le cinquième jour, à compter de celui-ci, pour le jugement de Dieu, suivant l'usage de la chevalerie, entre Richard, roi d'Angleterre, comme appelant, représenté par son champion, et Conrad, marquis de Montferrat, en propre personne, comme défendant. Toutefois, je ne sais quel terrain neutre assigner pour champ clos, car il ne faut pas que ce duel ait lieu dans le voisinage du camp, où les soldats voudraient peut-être prendre parti.

— Nous ferions bien, dit Richard, d'avoir recours à la générosité de Saladin ; car, tout païen qu'il est, je n'ai jamais vu de chevalier plus noble, ni à la bonne foi duquel nous puissions plus sûrement nous fier. Je parle ainsi pour ceux qui auraient quelque contretemps à craindre ; quant à moi, mon champ clos, c'est l'endroit où je trouve mon ennemi.

— Qu'il en soit ainsi, dit Philippe ; nous communiquerons cette affaire à Saladin, quoique ce soit faire montre à un ennemi du malheureux esprit de discorde qu'il vaudrait mieux, s'il était possible, nous cacher à nous-mêmes. En attendant, je lève la séance, et je vous recommande à tous, comme chrétiens et nobles chevaliers, de ne pas souffrir que cette malheureuse querelle en engendre d'autres dans le camp ; regardez-la plutôt comme solennellement remise au jugement de Dieu, et priez-le d'octroyer justice au bon droit. En quoi, sa volonté soit faite !

— *Amen ! amen !* répondit-on de tous côtés.

L'assemblée se dispersa, et le marquis sortit en compagnie du grand maître Amaury et de quelques autres chefs.

— Conrad, dit le templier, es-tu donc décidé à te battre ?

— Sans doute. Je n'aurais pas volontiers affronté le bras de fer de Richard, et je n'ai pas honte d'avouer que je me réjouis d'en être délivré ; mais, parmi ses gens, y compris son bâtard de frère, il n'existe personne que je craigne.

— Il est heureux que tu aies tant de confiance ; et, dans ce cas, les griffes de ce lévrier auront plus fait pour rompre la ligne des princes que tous tes complots et le poignard même du Karégite. N'as-tu pas vu que, sous un front qu'il s'efforce de rendre chagrin, Philippe ne peut dissimuler la satisfaction qu'il éprouve à la perspective d'être dégagé d'une alliance qui lui pèse ? Et le comte de Champagne ? as-tu remarqué son sourire discret ? Et l'Autrichien, qui s'épanouit à l'idée de se voir vengé sans qu'il lui en coûte ni risque ni peine ?

Et comme Léopold s'approchait des deux amis, le templier ajouta en lui adressant la parole :

— C'est une cruelle mésaventure, royal prince, que de pareilles brèches faites aux murailles de notre Sion !

— Parlez-vous de la croisade ? répliqua le duc. Eh bien, je vous le dis en confidence, mieux vaudrait qu'elle allât au diable et que chacun fût tranquille chez soi !

— Et penser, dit Conrad, que cette ruine est l'œuvre du roi Richard, pour le bon plaisir duquel nous avons tout enduré, oui tout, jusqu'à lui obéir comme des esclaves, dans l'espoir qu'il déploierait sa valeur contre l'ennemi au lieu de la tourner contre ses amis!

— A-t-il réellement plus de valeur que bien d'autres? fit observer Léopold. Si le noble marquis l'eût rencontré en champ clos, je crois qu'il en aurait eu raison; car, bien que l'insulaire porte des coups pesants avec la hache, il n'est pas fort adroit à la lance. Moi-même, je n'aurais pas craint de vider avec lui notre dernière querelle, si l'intérêt de la chrétienté eût permis à deux princes souverains d'entrer en lice. Pour peu que vous le désiriez, noble marquis, je vous servirai de parrain dans le combat.

— Moi aussi, dit Amaury.

— Venez donc dîner chez moi, nobles seigneurs; nous parlerons de cette affaire en dégustant du vrai vin du Rhin.

Tandis que leur maître emmenait ses hôtes, les deux inséparables serviteurs, qui l'avaient rejoint à la sortie du conseil, s'arrêtèrent devant le pavillon d'Autriche.

— De quoi causaient le patron et ces deux grands personnages? demanda le bouffon.

— Esclave de la folie, répondit le diseur de sentences, un peu moins de curiosité: il ne convient pas que je t'apprenne les secrets du maître.

— Oracle de la sagesse, tu te trompes; nous sommes tous deux attachés aux pas du patron, et il nous importe également de savoir qui, de toi ou de moi, de la sagesse ou de la folie, a sur lui le plus d'influence.

— Il a dit au marquis et au grand maître qu'il était las de cette guerre et qu'il serait content d'être en paix chez lui.

— C'est un coup nul, et l'on n'en tient pas compte; car s'il est sage de le penser, il est bien fou de le dire. Continue.

— Ensuite, il a dit que Richard n'était pas plus brave qu'un autre, ni fort adroit à la lance.

— Le point est de mon côté; c'est de la folie pure. Après?

— Voyons; j'ai la mémoire courte... Après, il les a invités à boire d'un fameux vin, du Nierenstein.

— A la bonne heure ! il y a ombre de sagesse là dedans, et tu peux l'ajouter à ton crédit ; mais, s'il boit trop, comme c'est probable, je le marquerai au mien. Rien de plus alors ?

— Si, ma foi ; il a regretté de n'avoir pas saisi l'occasion de se mesurer avec Richard.

— Allons donc ! au diable ! il y a tant de sottise dans cette folie que je suis presque honteux qu'elle me fasse gagner la partie. Quoi qu'il en soit, suivons-le, très sage ami, afin d'avoir notre part du vin de Nierenstein.

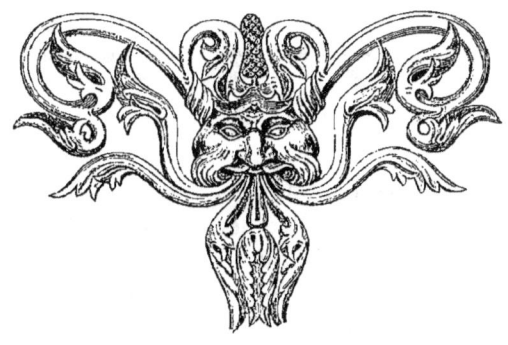

CHAPITRE XXV.

> Mais cette inconstance est telle que tu l'approuveras toi-même ; car je ne pourrais t'aimer autant, mon amour, si je n'aimais l'honneur encore plus que toi.
>
> *Vers de* Montrose.

Quand le roi Richard fut de retour dans sa tente, il ordonna que le Nubien fût amené devant lui. Celui-ci, après les saluts d'usage, resta debout, dans l'attitude d'un esclave qui attend les ordres de son maître.

— Tu t'entends au fait de vénerie, lui dit Richard ; tu as levé le gibier et tu l'as mis aux abois aussi bien que si le fameux Tristan t'eût donné des leçons. Ce n'est pas tout : il reste à le forcer maintenant. Je n'aurais pas été fâché de lui asséner moi-même un bon coup d'épieu ; mais il paraît que les convenances s'y opposent... Tu vas revenir au camp de Saladin avec un message, pour solliciter de sa courtoisie qu'il désigne un terrain propice au combat, et qu'il veuille bien y assister avec nous. A présent, parlant par conjecture, ne pourras-tu rencontrer par là quelque cavalier qui, pour l'honneur et le bon droit, consente à combattre ce traître de Montferrat ?

Le Nubien leva les yeux, et les fixa sur le roi d'un air de zèle impatient, puis il les tourna vers le ciel avec un sentiment si profond de reconnaissance, qu'on y vit briller des larmes. Il inclina ensuite la tête en signe d'assentiment, et reprit de nouveau sa posture soumise et attentive.

— C'est bien, dit le roi, et je vois que ton désir est de m'obliger en cette affaire. Voilà en quoi, je dois le dire, gît l'excellence d'un serviteur tel que toi, qui n'as pas la faculté de la parole pour discuter nos projets, ou pour nous faire expliquer ce que nous avons résolu. Un de mes officiers anglais, à ta place, m'eût brutalement conseillé de remettre ce combat à quelque bonne lance de ma maison; un Français se fût ingénié de mille façons à découvrir pourquoi je choisissais un champion dans le camp des infidèles; toi, au contraire, mon serviteur muet, tu remplis mon message sans me questionner et sans avoir besoin de comprendre; pour toi, entendre c'est obéir.

Une inclinaison du corps et une génuflexion furent la réponse que le Nubien jugea convenable de faire à ces observations.

— Maintenant, passons à un autre sujet, ajouta brusquement le roi. Connais-tu Édith Plantagenet?

Le muet leva les yeux comme s'il allait parler; ses lèvres même avaient commencé à proférer un *non* assez distinct; mais cet effort avorté se perdit dans des murmures inintelligibles.

— Voyez donc! s'écria le roi, le nom seul d'une fille royale, d'une beauté aussi accomplie que celle de notre charmante cousine, semble avoir eu presque le pouvoir de faire parler un muet! Quels miracles ne doit-on pas attendre de ses yeux! J'en veux faire l'épreuve, l'ami : tu verras cette perle de notre cour en lui remettant toi-même le message du soudan.

Un éclair de joie passa encore dans les yeux du muet; mais, après avoir plié le genou, il sentit sur son épaule la forte main de Richard, qui continua d'un ton de gravité sévère :

— Il faut que je t'avertisse d'une chose. Si, par hasard, l'influence bénigne de celle que tu vas voir avait pour effet de délier les nœuds qui retiennent ta langue captive entre les murs d'ivoire de ton palais, comme dit le brave soudan, prends garde de renoncer à ton état de muet et de proférer un seul mot en sa présence, quand même il s'agirait d'un miracle. Autrement, je te ferais arracher la langue jusqu'à la racine; et quant à son palais d'ivoire, ce qui signifie, je présume, ta double rangée de dents, je les ferais tirer l'une après l'autre. Ainsi, sois prudent et tais-toi. Nous te parlons comme à un esclave. Si tu étais chevalier, nous n'exigerions de toi que de promettre sur l'honneur de garder le silence, condition absolue de notre confiance royale.

Le Nubien se redressa avec fierté, regarda le roi en face, et mit sa main sur son cœur.

Richard appela alors son chambellan.

— Neville, lui dit-il, conduis cet esclave au pavillon de la reine; tu lui diras que notre bon plaisir est qu'il obtienne une audience de notre cousine, une audience particulière; il est chargé d'un message pour elle. En cas de besoin, tu lui montreras le chemin, quoique tu aies dû remarquer à quel point il est déjà familier avec les détours du camp. Et toi, l'ami, expédie promptement ta besogne et sois de retour dans une demi-heure.

Les bras croisés et les yeux baissés, le prétendu Nubien suivit le baron anglais, qui le conduisait rapidement chez la reine.

« La ruse est découverte, se disait-il; le roi m'a reconnu, c'est évident, et pourtant il ne m'a point paru trop irrité contre moi. A bien comprendre ses paroles, et il est impossible de s'y tromper, il m'offre une chance glorieuse de réparer mon honneur aux dépens de ce perfide marquis, dont les regards égarés et les lèvres tremblantes confessaient assez clairement le crime. Mais que signifie la permission de voir celle que je désespérais de jamais revoir? Que Richard consente à ce qu'elle reçoive une missive d'un amant païen, et cela par les mains d'un autre amant qui est si fort au-dessous d'elle; ces deux choses sont également incroyables et, de plus, contradictoires. Richard, il est vrai, quand il ne s'abandonne pas à ses passions, est d'un naturel généreux et magnanime, j'agirai avec lui en conséquence. Je dois obéissance absolue à qui me fournit une si belle occasion de laver mon honneur flétri, et, quoi qu'il puisse m'en coûter, j'acquitterai ma dette.

« Et cependant, pensait-il encore dans la fierté de son amour blessé, Cœur de Lion, puisqu'on l'appelle ainsi, aurait dû juger des autres par lui-même. Moi, parler d'amour à sa parente, moi qui ne lui adressai pas un mot quand je reçus de sa main le prix du tournoi ! Et j'oserais le faire aujourd'hui, en l'approchant sous un vil déguisement, en qualité d'esclave, et avec une tache sur ce qui était naguère mon écu ! M'abaisser de la sorte ! Ah ! qu'il me connaît peu ! Grâces lui soient rendues toutefois d'avoir fait naître une circonstance qui peut nous être utile aux uns et aux autres. »

Comme il en arrivait à cette conclusion, ils s'arrêtèrent devant le pavillon de la reine.

On les laissa entrer sans difficultés ; et Neville, laissant l'esclave dans une pièce trop bien connue de lui, passa dans la chambre qui servait de salle de réception. Il fit part à la reine des volontés de son maître, d'un ton bas et respectueux, bien différent de la brusquerie de Thomas de Vaux, pour qui Richard était tout, et le reste de la cour, Bérengère comprise, n'était rien. Un éclat de rire suivit la communication de son message.

— A quoi ressemble l'esclave nubien qui vient en ambassadeur du soudan ? C'est un nègre, n'est-ce pas, Neville ? dit une voix de femme, facile à reconnaître pour celle de Bérengère ; un nègre, avec une peau noire, une tête frisée comme celle d'un bélier, un nez camard et de grosses lèvres ?

— Que Votre Grâce, ajouta une autre voix de femme, n'oublie pas les jambes cagneuses et recourbées comme un cimeterre sarrasin.

— Plutôt comme l'arc de Cupidon, puisqu'il est question d'un message d'amour, reprit la reine. Bon Neville, toi qui es toujours prêt à nous faire plaisir, à nous autres pauvres femmes qui ne savons à quoi passer le temps, tu vas nous amener ce galant envoyé. J'ai vu beaucoup de Turcs et de Maures ; mais de nègre, point.

— Je suis à vos ordres, Madame, mais ce que vous allez voir ne ressemble guère à l'idée que vous vous faites.

— Tant mieux ! Il est encore plus laid, et c'est lui que le soudan envoie auprès de sa dame ?

— Gracieuse souveraine, dit Calliste, permettez, je vous en prie, à notre bon chevalier de conduire tout droit cet ambassadeur chez la princesse Édith, à qui son message est adressé. Une fantaisie de ce genre a déjà failli nous coûter cher.

— Tu peux avoir raison, prudente Calliste; que ce Nubien aille d'abord chez notre cousine. N'avez-vous pas dit qu'il était muet, Neville?

— Oui, Madame.

— Elles sont bien heureuses, ces dames d'Orient, servies par des gens devant qui elles peuvent tout dire et qui ne peuvent rien répéter! Dans notre camp, comme dit l'évêque, un oiseau qui passe rapporte jusqu'au moindre propos.

— Parce que Votre Grâce oublie qu'elle parle entre des murs de toile.

Cette observation eut pour effet de modérer les éclats de voix et, après quelques instants d'une conversation moins bruyante, Neville alla rejoindre l'esclave et lui fit signe de le suivre. Arrivé à un petit pavillon, dressé non loin de celui de la reine, il remit à une des servantes cophtes le message du soudan ; presque aussitôt, le Nubien fut introduit en la présence d'Édith, tandis que le chevalier anglais restait dehors.

Ce fut avec une profonde humiliation, d'âme et de corps tout ensemble, que l'infortuné chevalier, si étrangement travesti, se précipita un genou en terre, les yeux baissés et les bras croisés comme un criminel qui attend son arrêt. Édith était vêtue de la même manière que le jour où elle avait reçu le roi Richard; ses longs voiles noirs et transparents flottaient sur elle, comme les ombres d'une nuit d'été sur un beau paysage. Elle tenait à la main une lampe d'argent, alimentée d'huile aromatique et qui brillait d'un vif éclat.

Lorsqu'elle se fut approchée à un pas de l'esclave immobile et agenouillé, elle tourna la lumière vers sa figure et l'examina avec attention ; puis elle plaça la lampe derrière elle, de façon à ce que le profil du Nubien se dessinât sur un rideau qui était auprès. Alors elle parla d'une voix grave, mais douloureuse.

— Est-ce vous? est-ce bien vous, brave chevalier du Léopard ? Vaillant sire Kenneth d'Écosse, est-ce réellement vous, sous ce déguisement servile, environné de mille dangers?

En entendant la voix de sa dame, qui s'adressait à lui d'une manière inattendue, et sur un ton de compassion qui approchait de la tendresse, une réponse passionnée monta aux lèvres du chevalier. A peine le souvenir des ordres de Richard et de l'engagement qu'il avait pris de se taire put-il l'empêcher de s'écrier que ce qu'il venait de voir et d'entendre suffisait à le dédommager de toute une vie d'esclavage. Ayant maîtrisé son émotion, il ne répondit que par un gémissement à la question d'Édith.

— Ah ! je comprends, reprit-elle, j'ai deviné juste. Dès l'instant où vous avez paru sur la plate-forme, je vous ai reconnu, et le brave chien aussi. Elle aurait un cœur déloyal et indigne des services d'un chevalier tel que toi, la dame à qui un changement d'habit ou de couleur pourrait faire méconnaître un serviteur fidèle. Parle donc sans crainte à Édith Plantagenet ; elle saura consoler dans l'adversité le guerrier qui l'a servie et honorée par mainte prouesse quand la fortune lui était propice... Tu ne dis rien ? Est-ce la crainte ou la honte qui t'empêche de parler ? La crainte, elle devrait être au-dessous de toi, et la honte, laisse-la à ceux qui t'ont fait du mal.

Le chevalier, au désespoir d'être obligé de jouer le muet dans une entrevue si intéressante, ne put exprimer sa mortification qu'en posant un doigt sur ses lèvres. Édith, mécontente, fit un pas en arrière.

— Quoi ! dit-elle, ai-je devant moi un véritable muet d'Asie ? Je ne m'attendais pas à cela. Ai-je eu tort à tes yeux de convenir franchement que j'avais remarqué tes hommages ? Ce serait mal juger Édith : elle connaît les bornes que la réserve et la modestie prescrivent aux filles d'un sang illustre, et elle sait quand et jusqu'à quel point la reconnaissance lui permet d'en sortir, et d'avouer son désir sincère de réparer les maux qu'un brave chevalier a soufferts pour elle. Pourquoi joindre les mains et les tordre avec cette violence ? Est-ce possible, ajouta-t-elle tressaillant à cette idée, que leur cruauté t'eût réellement privé de la parole ? tu secoues la tête ? Eh bien, que ce soit un sortilège ou de l'obstination, je ne te questionnerai pas davantage. Remplis ton message à ta manière ; moi aussi, je puis être muette.

Le chevalier déguisé fit un geste comme pour se plaindre de son sort et conjurer le ressentiment de sa maîtresse ; puis, il présenta la lettre du soudan enfermée, selon l'usage, dans un sachet d'or et de soie. Elle la prit, y jeta un coup d'œil et, la mettant de côté, elle laissa échapper ces paroles :

— Pas même un mot, pour t'acquitter de ton message ?

Il pressa son front de ses deux mains, comme pour exprimer la douleur qu'il éprouvait de ne pouvoir lui obéir ; mais elle se détourna de lui avec colère.

— Il suffit, dit-elle ; j'ai assez parlé, trop peut-être, à quelqu'un qui ne daigne pas me répondre un seul mot. Retire-toi... Si je t'ai fait du mal, je l'ai bien expié; car, si j'ai malheureusement été cause que tu sois dégradé d'un rang honorable, j'ai, dans cette entrevue, oublié ce que je me devais à moi-même en m'abaissant ainsi à tes yeux et aux miens.

Elle parlait d'une voix oppressée, et une larme perla sous sa paupière. Kenneth fit un mouvement pour se rapprocher.

— Hors d'ici ! s'écria-t-elle, toi dont le ciel a pétri l'âme sur sa nouvelle condition ! Tout autre moins craintif et moins brute qu'un esclave muet eût dit un mot de reconnaissance, ne fût-ce que pour me réconcilier avec ma propre faiblesse. Qu'attends-tu ?

Le malheureux Écossais regarda machinalement du côté de la lettre, comme pour s'excuser de différer son départ. Édith la saisit, en disant d'un ton d'ironie et de mépris :

— Ah ! je l'avais oubliée. L'esclave soumis attend la réponse à son message. Eh quoi ! une lettre du soudan, à moi ?

Elle en parcourut rapidement le contenu, qui était écrit en arabe et en français ; et, lorsqu'elle eut fini, elle reprit avec un sourire amer :

— Voilà qui passe l'imagination ! Aucun jongleur ne saurait opérer une telle métamorphose. Changer des sequins en liards, c'est possible ; mais faire d'un chevalier, qui comptait au nombre des plus vaillants croisés, l'esclave rampant d'un chef païen, le porteur de ses insolentes propositions à une fille chrétienne !... Mais à quoi bon parler à un être volontairement avili ? Rapporte à ton maître, quand son fouet t'aura délié la langue, ce que tu m'as vu faire.

A ces mots, elle jeta à terre la missive de Saladin et la foula aux pieds. Comme elle allait s'élancer hors de la présence du chevalier, celui-ci, à genoux devant elle et en proie à une douleur déchirante, essaya de la retenir par un des pans de sa robe.

— N'as-tu pas entendu mes ordres, vil esclave ? reprit-elle en se retournant avec hauteur. Dis à l'infidèle soudan, ton maître, que je méprise ses offres autant que l'humilité d'un indigne parjure à sa religion et à la chevalerie, à son Dieu et à sa dame.

D'une brusque saccade, elle lui arracha sa robe des mains et sortit de la tente.

Au même instant, Neville, qui était resté dehors, appela le Nubien. Épuisé par tout ce qu'il avait souffert pendant cette entrevue, l'infortuné suivit presque en chancelant le baron anglais jusqu'au pavillon du roi, à l'entrée duquel plusieurs cavaliers venaient de descendre de cheval. Il y avait à l'intérieur de la lumière et un certain mouvement, et lorsque Neville y entra avec son compagnon, ils trouvèrent le roi entouré de quelques-uns de ses barons, et occupé à recevoir ceux qui venaient d'arriver.

CHAPITRE XXVI.

> Elle gémissait sur un mal plus cruel que la mort et l'absence ; elle pleurait l'honneur flétri d'un amant, et enflammée de tout l'orgueil de la naissance, elle pleurait aussi le nom souillé d'un guerrier.
>
> *Ancienne Ballade.*

À l'entrée des barons, la voix sonore de Richard éclata en félicitations joyeuses.

— Voici Neville et Thomas de Vaux! Par la tête de mon père, vous êtes aussi bien venus qu'un flacon de vin le fut jamais d'un franc buveur. Du diable si j'aurais su, brave Tom, comment ranger ma bataille, n'ayant pas devant les yeux ton épaisse corpulence pour aligner les rangs! Avec l'aide de Dieu, il va bientôt pleuvoir des coups, et si l'on s'était battu en ton absence, je n'aurais pas été étonné d'apprendre qu'on t'avait trouvé pendu.

— Oh! oh! dit Thomas, j'aurais eu, je l'espère, la patience de subir ce désagrément. Je n'en remercie pas moins Votre Grâce de son bon accueil, qui est d'autant plus généreux qu'il s'agit d'un régal de coups de lance, dont, ne vous déplaise, vous avez coutume d'accaparer la plus grosse part. Mais je vous amène un compagnon qui, j'en suis sûr, sera encore plus chaudement reçu.

Le compagnon qui s'avança pour saluer le roi était un jeune homme bien pris dans sa petite taille; modeste de tournure comme de vêtements, il portait à sa toque une boucle d'or, garnie d'un brillant, dont l'éclat n'était comparable qu'à celui de ses yeux noirs. A son cou était suspendue, par une écharpe de soie, une clef d'or, qui lui servait à accorder sa harpe. Il allait fléchir le genou, quand Richard s'y opposa vivement, le serra dans ses bras et l'embrassa sur les deux joues.

— C'est toi, Blondel, s'écria-t-il gaiement ; tu arrives de Chypre, mon roi des ménestrels ? Sois le bien venu chez le roi d'Angleterre, qui n'attache pas plus de prix à sa dignité qu'à la tienne ! J'ai été malade, ami, et je crois, sur mon âme, que c'était faute de toi ; car, si j'étais à moitié parti pour l'autre monde, m'est avis que tes chansons auraient suffi à me rappeler ici-bas. Eh bien, gentil maître, quelles nouvelles du pays de la lyre ? quoi de récent des troubadours de Provence, ou des trouvères de Normandie ? Et, avant tout, as-tu bien travaillé ? Mais à quoi bon te le demander : tu ne pourrais être oisif quand même tu le voudrais ; ton noble génie ressemble à un feu intérieur, qui a besoin de se répandre au dehors dans les vers et les chants qu'il t'inspire.

— J'ai appris de nouvelles chansons, j'en ai fait aussi quelques-unes, gracieux sire, répondit Blondel avec une timide réserve, que l'admiration enthousiaste de Richard n'avait pu vaincre.

— Nous t'entendrons, ami, nous t'entendrons sur l'heure, reprit le roi et, lui frappant amicalement sur l'épaule, il ajouta : C'est-à-dire si le voyage ne t'a pas trop fatigué, car j'aimerais mieux crever mon plus beau cheval que de briser une seule note de ta voix.

— Aujourd'hui comme toujours, dit le trouvère, ma voix est au service de mon royal patron. Au surplus, ajouta-t-il en désignant du regard les parchemins étalés sur une table, Votre Grâce me semble occupée d'une manière plus sérieuse, et il est déjà tard.

— Mais non, mon cher Blondel, pas le moins du monde, je traçais seulement un plan de bataille contre les Sarrasins ; c'est l'affaire d'un moment, cela va presque aussi vite qu'à les mettre en déroute.

— Hum ! fit Thomas de Vaux, il ne serait pourtant pas mal à propos de savoir de quelles forces on peut disposer. J'apporte là-dessus des nouvelles d'Ascalon.

— Tu es un mulet, Thomas, riposta le roi, un vrai mulet pour l'entêtement et la stupidité... Allons, Messires, place ! place ! Rangez-vous autour de lui. Qu'on donne l'escabeau à Blondel. Où est son porteur de harpe ? Attendez, donnez-lui la mienne ; sa harpe peut avoir souffert du voyage.

— Ne vous plairait-il pas, Monseigneur, d'entendre mon rapport ? reprit le baron. J'ai fait une longue route, et j'ai plus besoin de mon lit que de me faire chatouiller les oreilles.

— Te chatouiller les oreilles ! ce serait donc avec une plume de bécasse. Dis-moi, Thomas, sais-tu distinguer la voix de Blondel de celle d'un âne ?

— Ma foi, Monseigneur, je ne puis trop vous dire ; mais, en laissant de côté Blondel, qui est de noble origine et doué sans doute de grands talents, je ne pourrais désormais voir de ménestrel sans me rappeler la question de Votre Grâce et penser à un âne.

— Et votre politesse n'aurait-elle pas dû m'excepter aussi, moi qui suis noble aussi bien que Blondel, et comme lui, un confrère de la gaie science ?

— Votre Grâce devrait songer, objecta de Vaux en souriant, qu'il est inutile d'attendre de la politesse d'un mulet.

— C'est la pure vérité, dit le roi, et surtout d'un mulet aussi mal léché que toi. Approche, maître mulet, qu'on te décharge, afin que tu puisses retourner à l'écurie, sans perdre de temps à écouter la musique... En attendant, toi, mon bon frère Salisbury, cours à la tente de ma femme et dis-lui que Blondel est arrivé, les poches pleines de chansons les plus nouvelles. Qu'elle vienne nous retrouver ici sous ton escorte, et veille à ce que notre cousine Édith l'accompagne.

Ses yeux s'arrêtèrent en ce moment sur le Nubien avec cette expression équivoque que sa figure prenait d'ordinaire en le regardant.

— Ah ! ah ! dit-il, voilà notre secret et silencieux messager de retour ! Avance, esclave, et tiens-toi derrière Neville. Tu vas entendre des accords qui te feront bénir le ciel d'avoir affligé ta langue plutôt que tes oreilles.

Puis, attirant le sire de Vaux à l'écart, il ne parut plus occupé que d'affaires militaires. Comme le baron achevait son rapport, un officier annonça que la reine et sa suite approchaient de la tente royale.

— Holà! cria Richard, un flacon de vin! de ce vin de Chypre que le vieux tyran Isaac tenait en réserve et qui nous vient de la prise de Famagouste. Qu'on en verse une pleine coupe au baron de Vaux! Jamais prince n'eut un serviteur plus soigneux et plus fidèle.

— Je suis bien aise, dit Thomas, que vous trouviez le mulet un serviteur utile, quoique sa voix soit mélodieuse comme un fil de fer.

— Comment! tu n'as pas encore digéré cette plaisanterie de mulet? Fais-la couler avec une rasade, l'ami, ou cela t'étouffera... Très bien; voilà qui s'appelle boire! A présent, sache que tu es un soldat comme moi, et que par conséquent il faut nous passer l'un à l'autre nos plaisanteries sous la tente, comme les bons coups dans un tournoi; et plus nous frappons fort, plus nous devons nous aimer. Mais voici la différence qu'il y a entre toi et Blondel : tu n'es que mon camarade, je pourrais dire même mon élève dans l'art de la guerre, et Blondel est mon maître dans la science des troubadours et des ménestrels. A toi je te permets la familiarité de l'intimité; mais lui, je le respecte comme mon supérieur dans son art... Allons, Thomas, n'aie pas cet air revêche, et reste avec nous pour écouter la musique.

— Par ma foi, pour voir Votre Grâce de si bonne humeur, dit le baron, je resterais jusqu'à ce que Blondel eût fini de chanter la geste du roi Arthur, qui dure trois jours.

— Nous ne mettrons pas ta patience à une si rude épreuve, dit le roi. Ah! je vois la lueur des torches qui nous annonce l'arrivée de notre royale épouse. Va vite au-devant d'elle, l'ami, et tâche de trouver grâce aux yeux les plus brillants de la chrétienté. Eh bien, que fais-tu là à ajuster ton manteau? Vois, tu as laissé passer Neville entre le vent et les voiles de ta galère.

— Il ne m'a jamais précédé sur le champ de bataille.

— Non, ni lui ni personne, mon brave Tom, si ce n'est nous-même de temps en temps.

— C'est vrai, quoique, pour rendre justice aux malheureux, j'ai vu quelquefois devant moi le chevalier du Léopard, qui...

— Paix! dit le roi en l'interrompant d'un ton impérieux ; pas un mot de lui!

En même temps, il se porta à la rencontre de la reine, et lui présenta Blondel comme le roi des ménestrels et son maître en la gaie science. Bérengère, qui n'ignorait pas que la passion de son époux pour la poésie et la musique égalait presque sa soif de gloire militaire, et que Blondel était son plus cher favori, n'oublia rien pour le recevoir avec toutes les distinctions flatteuses dues à celui que le roi voulait honorer. Cependant, il était évident que, tout en répondant convenablement aux compliments que la belle reine faisait pleuvoir sur lui avec un peu trop d'abondance peut-être, Blondel se montrait plus flatté et plus reconnaissant de l'accueil gracieux que lui fit Édith, dont l'affabilité lui paraissait d'autant plus sincère, qu'elle l'exprimait avec plus de concision et de simplicité.

La reine et son époux s'aperçurent de cette distinction ; et Richard, voyant que la reine paraissait un peu piquée de la préférence donnée à sa cousine, préférence dont il n'était pas fort satisfait lui-même, dit de manière à être entendu de toutes deux :

— Nous autres ménestrels, Bérengère, ainsi que tu peux en juger par la conduite de Blondel, nous avons plus d'égards pour un juge sévère comme notre parente, que pour une amie indulgente comme toi, qui veux bien nous en croire sur parole.

Édith, blessée de ce sarcasme, répondit sans hésiter « que d'être un juge dur et sévère n'était pas un attribut réservé à elle seule parmi les Plantagenet ».

Elle aurait peut-être été plus loin, ayant une forte dose du caractère de cette maison, une des plus orgueilleuses qui aient jamais gouverné l'Angleterre, si son regard n'eût croisé celui du prétendu Nubien. A cette vue, elle devint fort pâle et retomba sur son siège. Aussitôt la reine Bérengère se crut obligée de demander de l'eau et des essences, et d'avoir recours à toutes les cérémonies d'usage pour une dame qui s'évanouit.

Richard, qui appréciait plus justement la force d'esprit de sa cousine, dit à Blondel de s'asseoir et de commencer, assurant que la musique était la meilleure des recettes pour rappeler une Plantagenet à la vie.

— Chante-nous, dit-il, la romance de *la Robe sanglante,* dont tu m'as communiqué le sujet avant mon départ de Chypre. Tu dois l'avoir achevée maintenant, ou, comme disent nos archers, ton arc est brisé.

L'œil inquiet du ménestrel s'était arrêté sur Édith, et ce ne fut qu'après avoir vu ses joues reprendre leur couleur qu'il obéit aux invitations réitérées du roi. Alors s'accompagnant de la harpe, de manière à prêter plus de charme à sa voix, il chanta, sur une espèce de mélopée, une de ces anciennes aventures d'amour et de chevalerie qui ne manquaient jamais de captiver l'attention des auditeurs. Dès qu'il se mit à préluder, son extérieur peu remarquable se transforma subitement : sa physionomie rayonna d'inspiration, et sa voix mâle, sonore et suave, guidée par le goût le plus pur, pénétra jusqu'au cœur.

Aussi joyeux qu'un jour de victoire, Richard donna le signal du silence, et animé du double zèle d'un patron et d'un élève, il fit ranger le cercle autour de lui, en recommandant l'attention à tout le monde ; lui-même s'assit avec l'air d'un profond intérêt, non sans y mêler quelque chose de la gravité d'un critique de profession. Les courtisans ne quittèrent pas leur prince des yeux, afin d'être prêts à reproduire les émotions qu'ils pourraient lire sur ses traits, et Thomas de Vaux lâcha un bâillement formidable, en homme qui se soumet avec répugnance à une pénitence ennuyeuse.

Le lai de Blondel était en langue normande, mais les stances qui suivent en indiqueront le sens et en donneront une idée.

LA ROBE SANGLANTE.

CHANT PREMIER.

C'était sous les remparts de Bénévent, la belle cité, quand le soleil se couchait sur le bois et la colline, et que les chevaliers s'apprêtaient, au château et sous la tente, pour le tournoi du lendemain Saint-Jean. Un gentil jouvenceau, vêtu de drap vert de Lincoln, page de belle apparence, envoyé par la princesse, errait dans le camp et, sur son passage, s'enquérait d'un Anglais, Thomas de Kent.

Loin il va, et plus loin il faut aller, jusqu'à ce qu'il trouve sa tente, ni luxueuse ni singulière; peu de chose y a-t-il, hormis du fer et de l'acier. Et, faute d'argent pour payer le travail d'un armurier, de ses bras nerveux, nus jusqu'aux épaules, le bon chevalier, avec lime et marteau, réparait la cotte de mailles qu'il doit endosser demain, en l'honneur de saint Jean et de sa dame.

« Voici les paroles de ma maîtresse, » dit le page, et le chevalier courba le front et plia le genou; « elle est princesse de Bénévent, d'un rang illustre, et tu es aussi bas que chevalier puisse être. Celui qui veut s'élever à la hauteur d'un arbre, ou franchir un abîme comme celui qui la sépare de toi, doit entreprendre un exploit hardi, et cela fera voir au monde que son ambition est soutenue par un grand courage.

« Voici donc les paroles de ma maîtresse, » dit le gentil page, et le chevalier inclina plus bas ses mains et sa tête; « laisse de côté la bonne armure dont tu es couvert, et mets à la place ce vêtement de sa toilette de nuit, une tunique de fil au lieu d'un haubert d'acier. Ainsi équipé, charge dans le tournoi redoutable; combats, suivant ton habitude, au plus fort du danger, et récolte de l'honneur ou reste parmi les morts. »

Sans trouble dans les yeux, sans trouble dans son cœur, le chevalier a pris le vêtement et l'a baisé avec respect. « Béni soit l'heure et béni le messager! Fort honoré me tiens des ordres de ma dame, et dis-lui que, vêtu de cette précieuse robe de nuit, j'irai défier le champion le mieux armé; mais si je sors vivant et honoré, ce sera mon tour de la mettre à l'épreuve. »

— Tu nous as pris au dépourvu, ami Blondel, dit le roi, en changeant la mesure du dernier couplet.

— C'est vrai, Monseigneur, répondit le trouvère. J'ai traduit ces vers de l'italien, d'après un vieux jongleur que j'ai rencontré en Chypre; n'ayant pas eu le temps d'en faire une version bien exacte, ni de les apprendre par cœur, je suis obligé de suppléer, comme je peux et sous l'inspiration du moment, aux lacunes qui se trouvent dans la musique et les vers, à peu près comme vous voyez les paysans raccommoder une haie vive avec un fagot.

— Sur ma foi, je préfère les longs vers, pleins et sonores, qui, à mon avis, se marient mieux à la musique que des vers plus courts.

— Votre Grâce n'ignore pas que l'une et l'autre mesure est permise.

— Oui, je le sais; toutefois, à présent qu'il va y avoir bataille, la scène serait mieux décrite en rimes de douze syllabes, qui roulent comme des tonnerres.

— Il en sera suivant votre bon plaisir.

Blondel chante devant le roi et la reine.

— Avant de continuer, échauffe ton imagination avec une coupe de vin de Chypre... Et si tu veux m'en croire, tu mettras de côté cette nouvelle invention de ton cru, de forger ton dernier couplet sur une seule rime. C'est une gêne que tu imposes à ta pensée. Quant à moi, j'aurais été incapable de rien composer avec une pareille contrainte.

Blondel baissa la tête et feignit d'accorder sa harpe pour dissimuler un sourire, qui n'échappa point aux yeux perçants de Richard.

— Ouais! fit-il, tu te moques de moi; en bonne conscience, c'est ce que mérite tout écolier qui s'avise de jouer au maître. Nous autres rois, nous avons la mauvaise habitude de tenir à notre opinion... Allons, achève ton lai, cher Blondel, et comme il te plaira; ta manière vaudra mieux que tout ce que nous pourrions dire.

Blondel se remit à chanter. Comme l'improvisation lui était familière, il ne manqua pas de suivre les avis du roi en reprenant les rimes croisées, et peut-être ne fut-il pas fâché de montrer par là avec quelle facilité il pouvait changer la forme des vers, même pendant qu'il les débitait.

LA ROBE SANGLANTE.

CHANT SECOND.

La Saint-Jean du lendemain fut témoin de merveilleuses prouesses. Les uns chantèrent victoire, les autres roulèrent à terre ; il y eut de grands coups d'épée et plus d'une lance brisée ; chacun eut sa part : au vainqueur la gloire, au vaincu la tombe. Oh! maint chevalier combattit là moult bravement ; mais un d'eux fut réputé pour n'avoir pas d'égal, celui qui portait, en guise de cuirasse, le simple vêtement de nuit de sa dame.

Des uns il reçut de larges et rudes blessures, et d'autres, par respect pour son gage, l'épargnèrent. « C'est un serment d'honneur, disaient-ils, et, ma foi, puisqu'il remplit son vœu, il est indigne de le tuer. » Alors le prince, par pitié, fit cesser le tournoi : il jeta son sceptre dans l'arène, les trompettes sonnèrent la paix, et les juges déclarèrent, du consentement des tournoyeurs, que le chevalier à la robe de nuit était le mieux faisant du jour.

On préparait le banquet, les cloches annonçaient la messe. Devant l'illustre damoiselle un écuyer s'incline humblement, et lui remet un vêtement horrible à voir, de coups de lance et d'épée tout percé et taillé, tout déchiré, tout en lambeaux, tout plaqué de sang, de bave, de poussière et de boue, et dont pas une place blanche et nette n'aurait pu, je crois, recevoir le bout de son petit doigt mignon.

« Ce gage, sire Thomas de Kent, mon maître, le restitue à la princesse de Bénévent la belle. Celui qui atteint le faîte de l'arbre en doit cueillir le fruit, et celui qui franchit l'abîme touche au but de ses désirs. Au risque de sa vie, il a remporté le prix. A présent, il faut que paraisse la foi de sa dame ; car, celle qui envoie un chevalier courir de tels dangers doit reconnaître son fidèle service à la face du soleil.

« Je rends, a dit mon maître, le vêtement que j'ai porté, et je réclame de la princesse qu'elle le porte à son tour ; ses taches et déchirures le lui feront estimer davantage : il n'est pas souillé de honte, quoique empourpré de sang. » Alors elle, toute rougissante, baisa le tissu infecté et le pressa sur ses lèvres et sur son sein. « Va dire à mon chevalier fidèle que l'église et le palais montreront si je fais cas ou non du sang tombé sur cette robe. »

Quand ce fut le temps aux seigneurs de se rendre en procession solennelle à la messe de la cathédrale, première marchait la princesse en habits de cour, mais elle portait la robe ensanglantée par dessus. Et, bien plus, dans la salle du festin, lorsqu'elle s'agenouilla devant son père et lui offrit à boire, sur sa riche parure et ses joyaux de prix elle portait encore la même guenille, horriblement tachée de sang.

Alors les seigneurs parlèrent tout bas aux dames, comme bien vous pensez, et les dames de répondre par de petits rires, en clignant de l'œil et hochant la tête. Le prince, qui, honteux et courroucé, baissait les yeux, à la fin se tourna vers sa fille et lui dit d'un ton sévère : « Or, puisque tu as publié ta folie et ta faute, tu payeras de ta main le sang que tu as fait répandre ; mais vous vous repentirez tous deux de votre audace, en errant comme exilés loin de Bénévent la belle. »

Alors dit tout haut le vaillant Thomas, présent au banquet, faible, épuisé, mais d'un cœur inébranlable : « Ce sang que j'ai versé pour ta fille, je l'ai versé librement comme une coupe répand son vin, et si, pour moi, elle souffre blâme et pénitence, j'espère la sauver de la douleur et de la honte, et peu lui importera ton riche domaine quand je la saluerai, en Angleterre, comtesse de Kent ! »

Un murmure d'applaudissement courut dans l'assemblée, chacun suivant l'exemple de Richard, qui combla de louanges son ménestrel favori, et finit par lui faire cadeau d'une bague d'un prix considérable. La reine s'empressa de lui donner aussi un riche bracelet, et plusieurs des barons qui étaient présents s'associèrent à la générosité de leurs souverains.

— Notre cousine, demanda le roi, est-elle devenue insensible aux sons de la harpe, qu'elle aimait autrefois?

— Elle remercie Blondel de son lai, répondit Édith; mais elle est encore plus sensible à la bonté du parent qui en a choisi le sujet.

— Vous êtes irritée, cousine, d'avoir entendu l'éloge d'une femme plus capricieuse que vous; mais vous ne m'échapperez pas. Je veux vous accompagner jusqu'au pavillon de la reine; car j'ai besoin de vous entretenir, avant que la nuit fasse place au matin.

La reine et ses dames d'honneur se préparèrent à partir et les autres personnes présentes prirent congé tour à tour. Les serviteurs portant des torches et un détachement d'archers attendaient Bérengère à la porte, et elle se mit en marche pour retourner dans sa tente. Richard, comme il l'avait annoncé, rejoignit sa cousine et, l'ayant forcé de s'appuyer sur son bras, s'attarda un peu en arrière, afin de lui parler sans témoins.

— Quelle réponse dois-je faire au noble soudan? commença-t-il. Les rois et les princes se détachent de moi, Édith; cette nouvelle querelle me les aliène de nouveau. Je voudrais pouvoir faire quelque chose pour le saint sépulcre, par accommodement, sinon par la force des armes, et la seule chance que j'aie d'y réussir, dépend, hélas! des caprices d'une femme... J'aimerais mieux avoir à joûter contre les dix meilleures lances de la chrétienté qu'à raisonner avec une fille qui s'entête à ne pas voir où est son intérêt. Quelle réponse ferai-je donc au soudan? Il faut qu'elle soit décisive.

— Dites-lui, répliqua-t-elle, que la plus pauvre des Plantagenet choisirait un mari dans la misère plutôt que parmi les païens.

— Ne serait-ce pas dans l'esclavage, Édith, que vous choisiriez? Cela me semble plus conforme à vos secrètes pensées.

— Il n'y a pas lieu d'insinuer ce grossier soupçon. L'esclavage du corps peut inspirer de la pitié, celui de l'âme ne soulève que le mépris. Quelle honte pour toi, roi d'Angleterre, d'avoir réduit en servitude le corps et l'âme d'un chevalier, dont la renommée était naguère presque égale à la tienne!

— Ne devrais-je pas empêcher une parente de boire du poison

en souillant le vase qui le contient, si je n'avais nul autre moyen de la dégoûter de cette funeste liqueur?

— Mais c'est toi qui m'invites à boire du poison, parce qu'il m'est offert dans un vase d'or.

— Édith, je ne puis contraindre ta résolution; mais prends garde de fermer une porte que nous ouvre la Providence. L'ermite d'Engaddi, que des papes et des conciles ont regardé comme un prophète, a lu dans les astres que ton mariage doit me réconcilier avec un ennemi puissant, et que ton époux sera chrétien. Ainsi nous avons les meilleurs motifs d'espérer que la conversion du soudan et l'entrée des fils d'Ismaël dans le giron de l'Église seront les fruits de ton mariage avec Saladin. Ne feras-tu pas quelque sacrifice plutôt que de détruire un si beau plan d'avenir?

— On sacrifie des béliers et des chèvres, mais non l'honneur et la conscience. J'ai ouï dire que la honte d'une fille chrétienne avait introduit les Sarrasins en Espagne; est-il probable que le déshonneur d'une autre parvienne à les chasser de Palestine?

— Appelles-tu honte le don d'une couronne?

— Profaner un sacrement chrétien en le recevant avec un infidèle qu'il ne pourrait lier, voilà ce que j'appelle honte et déshonneur; et je me croirais avilie sans rémission si moi, descendante d'une princesse chrétienne, je devenais, de mon plein gré, la première sultane d'un sérail de concubines païennes.

Le roi réfléchit un moment.

— Voyons, cousine, reprit-il, ne nous fâchons pas, bien que ta situation à la cour aurait pu, ce me semble, te disposer à plus de complaisance.

— Monseigneur, vous êtes le digne héritier de la richesse, des honneurs et des domaines de la maison des Plantagenet; ne reprochez donc pas à votre pauvre parente sa part d'hoirie dans leur orgueil.

— Par le ciel, ma fille, tu m'as désarçonné d'un seul mot. Allons, embrassons-nous et faisons la paix. Je vais dépêcher un courrier à Saladin. Mais, au fait, ne serait-il pas préférable de ne lui répondre qu'après l'avoir vu toi-même? On dit que c'est le plus bel homme de son pays.

— Il n'y a aucune chance que je le rencontre.

— C'est presque certain, au contraire. Saladin, je n'en doute pas, nous permettra de former un champ clos sur ses terres, et il voudra être témoin du combat. Ma femme meurt d'envie d'y assister aussi, et j'oserais jurer que pas une de ses dames ne restera en arrière, toi moins que personne, belle cousine. Allons, nous voici arrivés ; séparons-nous, et sans rancune. Il faut sceller notre amitié, ma belle, des lèvres comme de la main. C'est mon droit comme suzerain d'embrasser mes jolies vassales.

Après l'avoir embrassée avec autant de réserve que d'affection, Richard reprit, au clair de la lune, le chemin de sa demeure, en fredonnant quelques passages du lai de Blondel, qui lui revenaient à la mémoire. Aussitôt arrivé, il ne perdit pas un instant pour préparer ses dépêches pour Saladin, et les remit au Nubien, en lui ordonnant de partir à la pointe du jour.

CHAPITRE XXVII.

> Nous entendîmes le *teckir* ; c'est ainsi que les Arabes appellent leur cri de bataille, lorsque, par de bruyantes acclamations, ils invoquent le ciel pour en obtenir la victoire.
>
> J. HUGHES, *Siège de Damas.*

E lendemain matin, Richard eut une entrevue avec Philippe Auguste, dans laquelle ce prince, après l'avoir assuré de sa plus haute estime, lui communiqua en termes courtois son intention positive de retourner en Occident, pour s'occuper des affaires de son royaume, attendu que la diminution de l'armée et les querelles qui la divisaient lui avaient enlevé tout espoir dans l'heureuse issue de la croisade.

Richard essaya vainement de le dissuader ; et, la conférence finie, il reçut, sans surprise, un manifeste signé du duc d'Autriche et de plusieurs autres princes, exprimant sans ménagement une résolution semblable à celle de Philippe ; ils y déclaraient que leur retraite n'avait pour cause que l'ambition désordonnée et les tendances tyranniques du roi d'Angleterre. Toute idée de continuer la guerre avec quelque chance de succès s'évanouissait, et Richard versa des larmes sur ses projets envolés, larmes rendues plus amères par la pensée qu'il lui fallait, jusqu'à un certain point, attribuer cet échec aux avantages que son imprudence et son caractère impétueux avaient donnés sur lui à ses ennemis.

L'arrivée d'un ambassadeur de Saladin le força de donner un autre cours à ses pensées.

Ce nouvel envoyé était un émir très estimé du soudan, et qui se nommait Abdallah El-Hadji. Il descendait de la famille du Prophète et portait, en témoignage de cette origine, un turban vert, de dimension peu commune. Il avait aussi fait trois fois le voyage de la Mecque, ce qui lui avait valu le surnom d'*hadji* ou pèlerin. Malgré ces diverses prétentions à la sainteté, Abdallah était, pour un Arabe, un bon vivant qui se plaisait aux devis joyeux et à une franche ripaille, quand le secret le rassurait contre la médisance. Saladin avait employé ses talents politiques dans plusieurs négociations avec les princes de la croisade, et principalement avec leur chef, à qui sa personne était fort agréable. Satisfait de l'empressement que Saladin mettait à lui accorder un terrain convenable pour le combat, et un sauf-conduit pour tous ceux qui désiraient y assister, Richard oublia bientôt le chagrin que lui causaient ses espérances trompées et la dissolution de la ligue, dans la discussion intéressante des préliminaires d'un duel en champ clos.

Le lieu appelé *le Diamant du désert* fut désigné pour le combat, comme étant à peu près à une distance égale du camp des chrétiens et de celui du soudan. Il fut convenu que Conrad de Montferrat et ses parrains, le duc d'Autriche et le grand maître du Temple, y paraîtraient, au jour fixé, avec cent hommes armés à leur suite; que Richard d'Angleterre et son frère Salisbury, qui soutenaient l'accusation, s'y rendraient avec un nombre égal de guerriers pour protéger leur champion, et que Saladin amènerait une garde de cinq cents hommes d'élite, nombre considéré comme l'équivalent des deux cents lances chrétiennes. Les personnes de distinction invitées par l'un et l'autre parti ne devaient avoir que leur épée, et point d'arme défensive. Le soudan se chargeait d'aménager le terrain et de pourvoir à tout ce qui était nécessaire au bien-être et aux besoins de l'assistance.

Tous les préliminaires ayant été réglés et communication en étant faite au défendant et à ses parrains, Abdallah fut admis à une audience plus intime, et il entendit avec délices les accords harmonieux de Blondel. Après avoir eu soin de mettre de côté son turban vert, et de choisir à la place un bonnet grec, il chanta à son tour une chanson à boire tirée du persan, et vida un flacon de vin, pour prouver que sa pratique ne démentait pas sa théorie. Le lendemain, aussi grave et austère qu'un buveur d'eau, il courba son front jusqu'à terre devant le trône de Saladin, et rendit compte au soudan de son ambassade.

La veille du jour marqué pour le combat, Conrad et ses amis partirent, au point du jour, pour le lieu du rendez-vous, et Richard quitta le camp à la même heure et dans le même but, mais, comme il avait été convenu, par une route différente, afin d'éviter un prétexte de querelle entre les hommes d'armes.

Quant à Cœur de Lion, il n'était pas d'humeur à quereller personne. Rien n'aurait pu ajouter au plaisir qu'il se promettait d'un combat à outrance, si ce n'est d'être lui-même un des combattants, et il se sentait réconcilié avec le monde entier, voire avec Conrad de Montferrat! Armé à la légère, richement vêtu, et aussi rayonnant qu'un fiancé la veille de ses noces, Richard caracolait à côté de la litière de Bérengère, lui faisant remarquer les différents lieux qu'ils traversaient, et égayant, par des contes et des chansons, la monotonie de la route. Pour elle, en effet, qui, lors de son pèlerinage à Engaddi avait passé de l'autre côté de la montagne, le désert était un spectacle nouveau.

Toutefois, Bérengère ne put se défendre d'une certaine terreur en se voyant perdue au milieu de l'effrayante solitude, avec une faible escorte qui semblait n'être qu'un point mouvant sur l'immensité de l'espace. Elle se disait aussi qu'ils n'étaient pas éloignés du camp de Saladin, et qu'ils pouvaient être surpris et exterminés, d'un moment à l'autre, par un détachement nombreux de sa redoutable cavalerie, si le païen était assez déloyal pour profiter d'une occasion si favorable. Ces soupçons furent loin de diminuer quand, vers la tombée du soir, on signala un cavalier isolé, remarquable par son turban et sa longue lance, et immobile au sommet d'une hauteur comme un faucon qui plane dans les airs. Aussitôt qu'il vit émerger de l'horizon le cortège royal, il partit avec la rapidité que cet oiseau déploie pour disparaître.

— Nous ne devons pas être loin du champ clos, dit le roi, et ce cavalier est sans doute un des éclaireurs de Saladin... Mais n'entendez-vous pas le bruit des trompettes et des cymbales? Rangez-vous en ordre, mes enfants, et formez-vous autour des dames dans une attitude militaire.

Chaque chevalier, écuyer ou archer se hâta de prendre son poste, et, l'escorte marcha en rangs pressés, ce qui la fit paraître encore plus faible. Il y avait autant d'inquiétude que de curiosité dans l'attention avec laquelle on prêtait l'oreille aux éclats sauvages de la musique maure, qui devenait de plus en plus distincte du côté où avait disparu le cavalier en sentinelle.

— Ne serait-il pas opportun, Monseigneur, dit Thomas à demi-voix, d'envoyer un page là-haut sur cette motte de sable? ou aimez-vous mieux que je m'y rende moi-même? M'est avis que, d'après un tel vacarme, s'ils ne sont pas plus de cinq cents derrière les hauteurs, la moitié du cortège du soudan doit se composer de musiciens. Faut-il aller voir?

Et le baron, impatient, serrait déjà la bride de son cheval et se disposait à lui donner de l'éperon.

— Non, lui dit le roi, pour rien au monde! Une telle précaution annoncerait de la méfiance, et ne nous servirait pas à grand'chose en cas de surprise, ce que je ne crains pas.

Ils continuèrent donc à s'avancer en bon ordre, jusqu'à ce qu'ils fussent parvenus en haut des collines de sable et en vue du terrain désigné par le soudan. Là, un spectacle magnifique et saisissant à la fois se déroula sous leurs yeux.

Le *Diamant du désert,* cette fontaine solitaire qui ne se distinguait ordinairement que par un groupe de palmiers, était devenu le centre d'un camp, dont les bannières brillantes et les ornements dorés étincelaient de mille teintes riches et variées aux rayons du soleil couchant. Les étoffes qui couvraient les grands pavillons offraient les tons les plus éclatants, l'écarlate, le jaune d'or, le bleu d'azur et autres couleurs chatoyantes, et les piliers de soutien étaient décorés de grenades dorées et de banderoles de soie. Outre ces pavillons de luxe, il y avait un nombre prodigieux de tentes ordinaires, qui parut de sinistre augure à Thomas de Vaux, et capable, à son estime, de loger une armée de cinq mille hommes. Des Arabes et des Kourdes arrivaient en foule, chacun menant sa monture par la bride, au bruit assourdissant de leur musique guerrière. Ils formèrent une masse énorme et confuse en avant du camp, et à un sifflement aigu qui se fit entendre par-dessus les fanfares, chaque cavalier, qui était à pied, fut en selle.

Un nuage de poussière, qui s'éleva au moment de cette manœuvre, déroba aux yeux de Richard et de sa suite le camp, les palmiers et la crête éloignée des montagnes : on cessa même d'apercevoir les troupes dont le mouvement soudain avait soulevé ces nuées, qui prenaient dans les airs la forme fantastique de colonnes torses, de dômes et de minarets. Un autre cri aigu partit de ce tourbillon de sable, et la cavalerie s'élança au galop, en s'éparpillant, de façon à envelopper de toutes parts la petite escorte de Richard. A travers le rideau de poussière qui les suffoquait, les croisés distinguaient par-ci par-là les figures grimaçantes et farouches des Sarrasins, brandissant leurs armes dans toutes les directions, avec des hurlements et des clameurs sauvages; ils lançaient souvent leurs chevaux jusqu'à une portée de lance des chrétiens, tandis que ceux qui étaient derrière décochaient d'épaisses volées de flèches. Une de ces flèches vint frapper contre la litière de la reine, qui se mit à pousser des cris de frayeur, et le front de Richard se rembrunit au même instant.

— Par saint Georges! s'écria-t-il, il est temps de rappeler à l'ordre ce vil ramas d'infidèles.

Mais Édith, dont la litière était proche, avança la tête en dehors, et, tenant à la main une de ces flèches :

— Beau cousin, dit-elle, prenez garde à ce que vous allez faire; voyez, ces flèches n'ont point de fer.

— Juste ciel! tu as raison, noble fille, reprit le roi, et ta présence d'esprit nous fait honte à tous. Ne vous inquiétez pas, mes braves : leurs flèches sont émoussées comme leurs lances. Ils nous souhaitent la bienvenue à leur mode, et ce serait leur faire plaisir que d'en paraître émus. Avancez lentement et d'un pas ferme.

Lorsqu'on fut arrivé à mi-chemin du camp, Richard et sa suite formant, pour ainsi dire, le noyau autour duquel cette multitude de cavaliers hurlait, escarmouchait et galopait dans une confusion indescriptible, un autre signal se fit entendre, et tous ces guerriers, disséminés de tous côtés, firent un rapide mouvement de conversion et allèrent se ranger, en longue colonne, à la suite de

l'escorte de Richard. La poussière commençait à se dissiper devant les Anglais, lorsqu'ils virent s'avancer à leur rencontre un corps de cavalerie régulière et d'un genre tout différent : il était muni d'armes d'attaque et de défense, et digne de servir de garde particulière au plus fier des despotes de l'Orient. Cette nouvelle troupe, d'environ cinq cents hommes, se composait d'esclaves tirés de la Géorgie et de la Circassie, tous à la fleur de l'âge, et montés sur des chevaux, dont chacun valait la rançon d'un comte. Leurs casques et hauberts à mailles étaient d'un acier si poli qu'il avait l'éclat de l'argent; ils avaient des casaques aux vives couleurs, parfois même en drap d'argent ou d'or, et des ceintures tissues d'or et de soie. Sur leurs riches turbans flottaient des plumes et étincelaient des joyaux ; et la poignée et le fourreau de leurs cimeterres à lame de Damas étaient incrustés d'or et de pierres précieuses.

Cette troupe brillante marchait au son de la musique militaire, et quand elle joignit le petit corps des chrétiens, elle ouvrit ses rangs à droite et à gauche pour le laisser passer. Richard se mit alors à la tête de sa troupe, comprenant que Saladin n'était pas loin. En effet, un moment après, au milieu de sa garde, des officiers de sa maison et de ces nègres hideux qui gardent les harems, et dont la difformité ressortait plus encore sous la magnificence de leurs vêtements, parut le soudan, avec le regard et le maintien d'un homme sur le front duquel la nature avait écrit : « Voici un roi ! »

Dans ses habits blancs comme la neige, retenus par une ceinture de soie rouge et sans ornement, Saladin pouvait paraître, au premier coup d'œil, plus simplement vêtu qu'un des cavaliers qui l'entouraient. En le regardant de plus près, on remarquait à son turban cette perle inestimable que les poètes avaient qualifiée d'*Océan de lumière;* le diamant qu'il avait au doigt, et sur lequel son sceau était gravé, valait probablement tous les joyaux de la couronne d'Angleterre, et le saphir qui terminait la poignée de son kangiar ne lui était pas inférieur. On doit ajouter que, pour se protéger contre la poussière, qui, dans le voisinage de la mer Morte, ressemble à des cendres tamisées, ou peut-être par un raffinement d'orgueil oriental, il portait, attaché à son turban, un voile de mousseline, qui dérobait en partie la vue de ses nobles traits. Il montait un coursier arabe, d'une blancheur laiteuse, et qui semblait, à ses fières allures, avoir conscience du noble fardeau dont il était chargé.

Les deux héros, car ils l'étaient véritablement l'un et l'autre, mirent pied à terre en même temps. Les deux troupes firent halte, et la musique s'arrêta tout d'un coup. Ils s'avancèrent en silence et, après un salut courtois, s'embrassèrent comme des frères et des égaux. Le luxe et la magnificence étalées des deux côtés cessèrent d'attirer l'attention ; l'on n'avait plus d'yeux que pour Richard et Saladin, et eux aussi ne voyaient plus qu'eux-mêmes.

Ce fut le soudan qui parla le premier.

— Melek-Ric, dit-il, est aussi bien venu près de Saladin que l'eau dans ce désert. J'espère que ce grand nombre de cavaliers ne lui inspire pas de méfiance. Hormis les esclaves armés de ma maison, ceux qui vous entourent avec des regards d'étonnement et d'admiration, sont, jusqu'au plus humble d'entre eux, les nobles privilégiés de mes mille tribus. Quel est celui qui, ayant le droit d'être présent, aurait voulu rester chez lui quand il s'agissait de voir un prince comme Richard, dont le nom inspire tant de terreur, que dans les sables de l'Yémen la nourrice s'en sert pour faire taire son enfant, et le Bédouin nomade pour soumettre son coursier rétif?

— Sont-ce là tous les nobles de l'Arabie? demanda Richard.

Et il promena sa vue sur ces cavaliers à demi sauvages, couverts de haïks, au teint brûlé du soleil, aux dents blanches comme l'ivoire, à l'œil noir, brillant d'un feu farouche et presque surnaturel, et vêtus en général avec une simplicité qui ressemblait à de la négligence.

— Ils ont droit à ce titre, répondit Saladin ; mais, quoique nombreux, ils ne dépassent pas les conditions du traité, et ne portent d'autres armes que le sabre ; l'acier même de leur lance a été laissé de côté.

— Je crains, murmura le sire de Vaux en anglais, qu'ils ne l'aient laissé en bon lieu, facile à retrouver. Voilà, sur ma foi, une brillante assemblée de pairs, et que Westminster aurait de la peine à contenir.

— Silence, Thomas! dit Richard. Noble Saladin, ajouta-t-il, le soupçon et toi ne sauraient aller de compagnie. Regarde ces litières : moi aussi, j'ai amené quelques champions de plus, et armés ceux-là de toutes pièces, malgré nos conventions ; car de beaux yeux et de charmants visages sont des armes qu'on ne peut laisser en arrière.

Le soudan, se tournant du côté des litières, fit une inclinaison aussi profonde que s'il se fût humilié devant la Mecque, et baisa la poussière en signe de respect.

— Elles n'ont pas peur d'être vues de près, dit Richard. Ne veux-tu pas en approcher, frère? On ouvrira les rideaux.

— Qu'Allah m'en préserve! répondit Saladin; car il n'y a pas un Arabe ici qui ne regardât comme une honte pour ces nobles dames d'être vues à visage découvert.

— Alors, tu les verras en particulier.

— A quoi bon? reprit Saladin avec mélancolie. Ta dernière lettre a éteint les espérances que j'avais conçues, comme l'eau éteint le feu. Pourquoi m'exposer à voir se rallumer une flamme qui me consumerait en vain? Mais mon frère ne veut-il pas passer sous la tente que son serviteur lui a fait préparer? Mon premier esclave noir a reçu des ordres pour la réception des princesses. Les officiers de ma maison s'occuperont de ta suite, et nous-même voulons être le chambellan du roi Richard.

Il le conduisit vers un des grands pavillons, où se trouvait réuni tout le luxe que l'imagination asiatique avait pu inventer. Le sire de Vaux, qui avait suivi son maître, lui ôta sa cape, espèce de long manteau de voyage, et le roi parut alors sous un vêtement étroit, propre à faire ressortir la force et la symétrie de sa personne, et formant un contraste frappant avec le costume flottant qui dissimulait les membres grêles de son hôte. Ce qui attira surtout l'attention de celui-ci fut l'épée à deux mains, large et droite, et qui s'étendait depuis l'épaule jusqu'au talon de Richard.

— Si je n'avais vu ce glaive, dit le soudan, flamboyer dans la bataille comme celui de l'ange Azraël, j'aurais eu de la peine à croire qu'un bras mortel pût le manier. Oserai-je demander au noble Melek-Ric d'en frapper un coup en toute amitié, et pour me donner un échantillon de sa force?

— Volontiers, noble Saladin, répondit le roi.

Et cherchant autour de lui l'objet qui servirait à l'expérience, il aperçut une masse de fer que portait un des esclaves, et dont le manche, de même métal, avait à peu près un pouce et demi de diamètre. Le soin jaloux que prenait le baron de l'honneur de son maître l'excita à lui dire tout bas en anglais :

— Au nom de la sainte Vierge, Monseigneur, attention à ce que vous allez faire ! Vos forces ne sont pas encore revenues ; ne prêtez pas le flanc à l'infidèle.

— Tais-toi, imbécile ! dit Richard, l'œil fier et dans une attitude de défi. Crois-tu que je vais manquer de force, lui présent ?

Saisissant à deux mains sa lourde épée, il l'éleva au-dessus de son épaule gauche, et la brandissant autour de sa tête, la fit retomber avec la force d'un engin de guerre : le fer roula par terre, fendu en deux morceaux, comme une branche de sapin sous la serpe d'un bûcheron.

— Par la barbe du Prophète, s'écria le soudan, voilà un coup merveilleux !

Puis, avec l'attention d'un connaisseur, il se mit à examiner, d'une part, la barre qui venait d'être tranchée, et, de l'autre, la lame de l'épée, d'une trempe si supérieure qu'elle ne portait aucune brèche après un coup si violent. Il prit alors la main du roi et sourit en la plaçant à côté de la sienne, si fine et délicate.

— Oui, oui, regarde bien, marmotta le baron ; il passera de l'eau sous le pont avant que tes longs doigts de singe puissent en faire autant avec ta belle faucille dorée.

On eût dit que le soudan avait compris ou deviné ce propos malséant ; car il dit, un moment après :

— Je voudrais bien essayer à mon tour… s'il n'était présomptueux aux faibles de joûter avec les forts. Cependant, chaque pays a son genre d'exercices, et en voici un qui paraîtra peut-être nouveau à Melek-Ric.

Et, en posant d'aplomb devant lui un coussin de soie garni de duvet, il ajouta :

— Ton arme peut-elle couper en deux ce coussin, frère ?

— Non certes, répondit le roi ; aucune épée au monde, serait-ce l'Excalibar du roi Arthur, ne peut couper ce qui n'oppose point de résistance.

— Eh bien, regarde.

Saladin retroussa la manche de sa robe et mit à nu son bras droit, auquel un exercice constant n'avait laissé que des os, des muscles et des nerfs. Il tira du fourreau son cimeterre, dont la lame étroite et recourbée, était d'un bleu mat, au lieu d'étinceler comme celle des Francs, et sillonnée en tous sens d'une infinité de lignes qui attestaient le travail minutieux de l'armurier. Levant cette arme, qui avait l'air d'un jouet d'enfant, comparée à la grande épée de Richard, il porta le poids de son corps sur le pied gauche, un peu incliné en avant, et se balança un moment, comme pour assurer son coup ; puis, allongeant le pied droit, il lança son sabre avec tant d'adresse et si peu d'effort en apparence, que le coussin parut tomber de lui-même, partagé en deux.

— C'est le tour d'un escamoteur, s'écria le baron ; il y a de la sorcellerie là dedans.

Et il tournait et retournait une moitié du coussin pour constater par ses yeux la réalité du fait. Le soudan détacha ensuite de son turban le voile qu'il avait porté, le mit en double sur le tranchant du cimeterre, fit un mouvement de côté pour dégager le voile, et le coupa par le milieu.

— Franchement parler, frère, dit Richard, tu es sans rival au jeu de l'épée, et très dangereux comme adversaire ! Je n'en ai pas moins confiance dans un bon coup à l'anglaise et, puisque l'adresse ne nous réussit pas, il faut bien recourir à la force. Quoi qu'il en soit, tu es vraiment aussi habile à faire des blessures que mon sage Hakim l'était à les guérir. Ne verrai-je point ce savant homme ? Je lui ai apporté un modeste cadeau.

A ces mots, Saladin changea son turban contre un bonnet tartare ; il n'en fut pas plutôt coiffé que sire Thomas ouvrit à la fois la bouche et les yeux, et le roi demeura frappé de surprise. Lors le soudan parla, d'une voix changée et d'un ton sentencieux :

— Le malade, tant qu'il souffre, dit le poète, reconnaît le médecin au bruit de son pas ; à peine guéri, il ne reconnaît plus même ses traits, quand il l'a devant lui.

— Est-il possible que j'aie méconnu mon savant Hakim, dit Richard, faute de sa robe et de son bonnet, et que je le retrouve dans mon royal frère Saladin !

— Ainsi va le monde, répondit le soudan ; la robe en guenilles ne fait pas le derviche.

— Et c'est par ton intercession que le chevalier du Léopard a été sauvé de la mort, et par ton artifice qu'il est rentré déguisé dans mon camp ?

— Précisément. J'étais assez médecin pour comprendre qu'à moins que la blessure faite à son honneur fût guérie, il n'aurait que peu de jours à vivre. Son déguisement a été plus aisément découvert que je ne l'avais imaginé d'après le succès du mien.

— Un accident, dit Richard, en faisant allusion à la circonstance où il avait appliqué ses lèvres sur la blessure du Nubien, un accident me fit d'abord connaître que la couleur de sa peau était artificielle, et, cela découvert, le reste devenait facile à deviner, car sa taille et ses traits ne sont pas de ceux qu'on oublie. Je compte sur lui pour me représenter demain.

— Il est plein d'espérance et tout entier à ses préparatifs. Je lui ai fourni des armes et un cheval, ayant une haute opinion de lui, d'après ce que j'ai vu sous différents déguisements.

— Sait-il maintenant à qui il a tant d'obligations ?

— Oui.

— N'a-t-il rien avoué ?

— Rien de précis ; mais ce qui s'est passé entre nous m'a donné à penser qu'il avait placé son amour trop haut pour en attendre une heureuse issue.

— Et savais-tu que cette passion téméraire s'opposait à tes propres désirs ?

— J'ai pu le deviner ; mais qu'y faire ? Sa passion existait avant que j'eusse conçu mes désirs et, je dois l'ajouter, il est probable qu'elle leur survivra. L'honneur ne me permet pas de me venger d'un refus sur celui qui n'y eut pas de part. D'ailleurs, si cette illustre dame le préfère, qui osera dire qu'elle n'a pas rendu justice à un chevalier plein de noblesse ?

— Mais de trop bas lignage pour mêler son sang à celui des Plantagenet.

— Telles peuvent être vos maximes dans le Frangistan. Nos

poètes disent qu'un vaillant chamelier est digne de baiser les lèvres d'une belle reine, et qu'un prince sans courage ne mérite pas de presser des siennes le bas de sa robe... Avec ta permission, noble frère, il faut que je te quitte, afin d'aller recevoir le duc d'Autriche et son compagnon, envers qui je dois exercer les devoirs de l'hospitalité, non par égard pour eux, mais pour moi. En effet, qu'enseigne le sage Lokman? « La nourriture donnée à l'étranger n'est point du bien perdu ; si elle a fortifié son corps, ton renom et ta gloire en ont également profité. »

Le monarque sarrasin se sépara du roi Richard et, lui ayant indiqué l'endroit où était situé le pavillon de la reine et de ses dames, il se rendit au-devant du marquis de Montferrat et de ses parrains, pour qui, avec moins de plaisir peut-être, mais avec autant de luxe, il avait fait préparer des logements. On servit à ces nouveaux hôtes des rafraîchissements en abondance, et des esclaves grecs furent chargés de leur verser la liqueur défendue aux disciples du Prophète.

Avant que Richard eût achevé son repas, le vieil Abdallah, qui avait apporté la lettre du soudan au camp des croisés, vint lui présenter le plan du cérémonial qui devait être observé le lendemain, jour du combat. Le roi s'occupa de fixer les conditions, ce qui prit un temps considérable ; car il fut nécessaire, sur quelques points, de se concerter avec les parties adverses aussi bien qu'avec le soudan.

Tout cela fut enfin réglé, et l'on rédigea, en français et en arabe, un protocole, qui fut signé par Saladin, en qualité d'arbitre, et par Richard et Léopold, comme garants des deux champions. Au moment où Abdallah prenait congé du roi, le sire de Vaux entra.

— Le bon chevalier, dit-il, qui doit combattre demain demande s'il lui sera permis, ce soir, de rendre ses hommages à son royal parrain ?

— L'as-tu vu, Thomas? dit Richard en souriant; n'as-tu pas retrouvé une ancienne connaissance?

— Par Notre-Dame de Lanercost ! il y a tant de surprises et de changements dans ce pays que j'en ai la cervelle à l'envers. J'aurais eu de la peine à reconnaître messire Kenneth sans la présence de son beau lévrier, qui est venu me faire des caresses ; et encore n'ai-je reconnu le chien qu'à la largeur de son poitrail, à la rondeur de ses pattes et à sa manière d'aboyer ; car la pauvre bête est peinturlurée comme une courtisane de Venise.

— Tu te connais mieux en bêtes qu'en hommes, Thomas. Mais occupons-nous de l'affaire en question : notre chevalier est-il bien armé et équipé ?

— Complètement, Monseigneur, et noblement ; l'armure qu'il porte est celle que le providiteur de Venise offrit à Votre Grâce, avant sa maladie, pour cinq cents besants.

— Il l'a vendue à l'infidèle soudan, je gage, pour quelques ducats de plus, et en argent comptant. Ces Vénitiens vendraient jusqu'au saint sépulcre !

— Plût au ciel que Votre Grâce voulût parler avec plus de prudence ! Nous voici abandonnés de tous nos alliés pour des questions d'offense aux uns et aux autres ; nous n'avons plus d'avantage à espérer sur terre, et il ne reste plus qu'à nous brouiller avec cette république amphibie pour perdre les moyens de nous retirer par mer.

— C'est bon, je serai prudent ; mais assez de leçons ! Dis-moi plutôt, car cela est intéressant, si le chevalier a un confesseur.

— Il en a un : c'est ce même ermite d'Engaddi, qui lui a déjà rendu ce service lorsqu'il se préparait à la mort. Le bruit du combat l'a sans doute attiré ici.

— Quant à la demande d'audience, dis-lui que je le recevrai, quand il aura rempli son devoir, de façon à réparer la faute commise au mont Saint-Georges. En traversant le camp, va prévenir la reine que mon intention est d'aller la voir dans sa tente, et dis à Blondel de s'y trouver.

Une heure plus tard, Richard, enveloppé dans sa cape et une harpe à la main, se dirigea vers le pavillon de la reine. Sur son chemin, il rencontra des Arabes ; mais tous baissaient les yeux en passant, quoiqu'il s'aperçût qu'ils retournaient la tête avec empressement après l'avoir croisé. Il en conclut avec raison que sa personne leur était connue, et que l'ordre du sultan ou la politesse orientale leur défendait de remarquer un souverain qui voulait garder l'incognito.

Quand le roi arriva au pavillon de la reine, il le trouva sous la surveillance de ces malheureux esclaves que la jalousie des Orientaux place autour de leurs harems. Blondel se promenait devant la porte en jouant de temps en temps de la harpe, et les Africains, tout réjouis, montraient leurs dents d'ivoire, se démenaient en gestes bizarres et l'accompagnaient de leur voix aigre et contre nature.

— Que fais-tu là, Blondel, avec ce troupeau de bétail noir? demanda le roi. Pourquoi n'es-tu pas entré?

— Parce que mon art ne mettrait à l'abri ni ma tête ni mes doigts, dit Blondel; et ces honnêtes moricauds ont menacé, au premier pas, de me tailler en pièces.

— Hé bien, entre avec moi et je serai ta sauvegarde.

Les eunuques baissèrent piques et sabres devant le roi, et fixèrent les yeux à terre, comme s'ils étaient indignes de le regarder. Pendant que Bérengère accueillait le ménestrel et l'invitait à chanter, Richard s'entretint quelques moments à demi-voix avec sa cousine.

— Sommes-nous encore ennemis, belle Édith? lui dit-il.

— Non, Monseigneur, répondit-elle; personne ne peut conserver d'inimitié contre le roi Richard, quand il daigne se montrer ce qu'il est réellement, aussi généreux et noble qu'il est vaillant et plein d'honneur.

En disant ces mots, elle lui tendit la main; le roi la baisa en signe de réconciliation, et continua ainsi :

— Vous croyez peut-être, aimable cousine, que ma colère était feinte; vous vous trompez. La peine que j'avais infligée à ce chevalier était juste : il avait trahi ma confiance, et l'attrait d'une séduction, quelle qu'elle fût, ne peut lui servir d'excuse. Mais je me réjouis autant que vous peut-être qu'il ait demain la chance d'être vainqueur, et de rejeter sur le vrai coupable la tache qui a flétri quelque temps son honneur. Non, la postérité pourra blâmer dans Richard une folle impétuosité; mais elle dira que dans ses sentences il consultait la justice quand il le devait, et la clémence quand il le pouvait.

— Ne te loue pas toi-même, cousin ; la postérité pourrait appeler ta justice cruauté, ta clémence caprice.

— Et toi ne fais pas d'avance l'orgueilleuse, comme si ton chevalier, qui n'a pas encore endossé son armure, la déposait après la victoire. Conrad de Montferrat passe pour une bonne lance. Que dirais-tu si l'Écossais perdait la partie ?

— C'est impossible. N'ai-je pas vu de mes propres yeux Conrad frissonner et changer de visage comme un voleur ? Il est coupable, et l'épreuve du combat est un appel à la justice de Dieu. Moi-même, dans une telle cause, je combattrais cet homme sans crainte.

— Par la messe ! je le crois, mignonne, et même que tu en viendrais à bout. Jamais on ne vit de Plantagenet plus véritable que toi. Puis, il ajouta d'un ton sérieux : Songe pourtant à te rappeler toujours ce qui est dû à ta naissance.

— Que signifie cet avis dans un tel moment ? Suis-je d'un caractère assez léger pour oublier mon nom et mon rang ?

— Je vais te parler franchement et en ami. Comment traiteras-tu ce chevalier s'il sort vainqueur de la lice ?

— Comment ? répliqua Édith, rougissant de honte et de déplaisir. Comment puis-je le traiter si ce n'est en noble chevalier, digne des grâces que la reine Bérengère pourrait lui accorder elle-même, s'il l'eût choisie pour sa dame, au lieu de faire un choix moins glorieux ? Le dernier des chevaliers peut se dévouer au service d'une impératrice ; mais la gloire de son choix, ajouta-t-elle avec orgueil, doit être sa récompense.

— Cependant il t'a beaucoup servie et il a bien souffert pour toi.

— J'ai payé ses services par des honneurs et des éloges, et ses souffrances par des larmes. S'il eût désiré une autre récompense, il aurait sagement agi en plaçant ses affections dans sa condition.

— Alors, pour l'amour de lui, tu n'aurais pas porté la tunique sanglante ?

— Pas plus que je ne lui aurais demandé d'exposer sa vie par un acte où il entrait plus de folie que d'honneur.

— Oui, ainsi parlent les jeunes filles ; mais l'amant favorisé devient-il pressant, elles disent en soupirant qu'elles doivent céder à leur étoile.

— Voici la seconde fois que Votre Grâce me menace de l'influence de mon horoscope. Mais croyez-moi, Monseigneur, quelle que soit la puissance des astres, votre pauvre cousine n'épousera jamais un infidèle ou un obscur aventurier. Permettez-moi maintenant d'écouter la musique de Blondel, car elle est au moins aussi agréable à mes oreilles que le ton de vos royales remontrances.

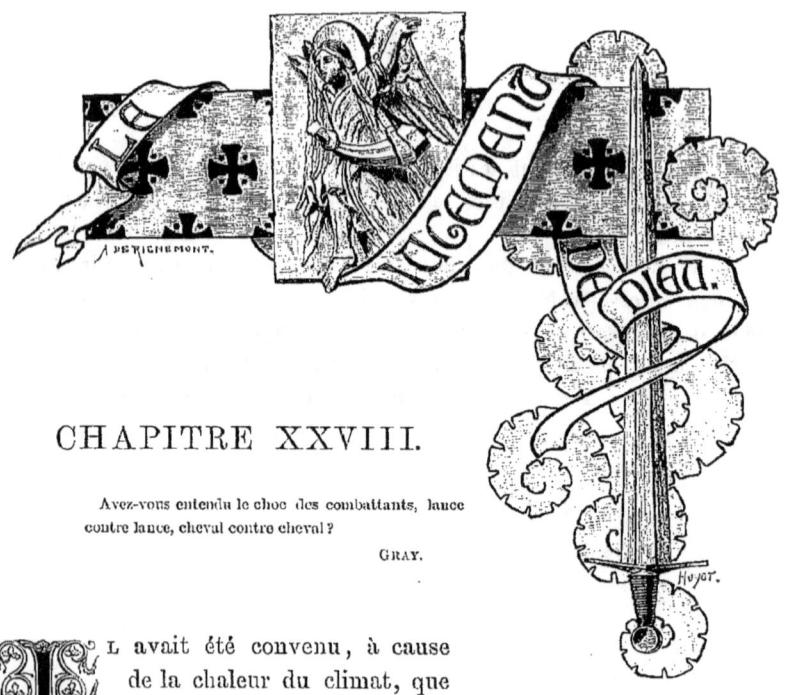

CHAPITRE XXVIII.

<small>Avez-vous entendu le choc des combattants, lance contre lance, cheval contre cheval ?</small>

<small>GRAY.</small>

IL avait été convenu, à cause de la chaleur du climat, que le combat judiciaire aurait lieu une heure après le lever du soleil.

La lice, qui avait été construite sous la surveillance du chevalier du Léopard, entourait un espace de cent vingt mètres de long sur quarante de large, sur un terrain de sable dur, et en s'étendant du nord au sud, de manière à laisser aux deux adversaires la même part de soleil. A l'ouest de ce vaste enclos, et juste au centre, on avait érigé le trône de Saladin et, vis-à-vis, une loge grillée pour les dames, qui pouvaient de la sorte assister au combat, sans être elles-mêmes exposées à la vue. A chaque extrémité, il y avait une barrière en bois, qui s'ouvrait ou se fermait à volonté. Des trônes avaient aussi été réservés au roi d'Angleterre et au duc d'Autriche; mais Léopold, s'étant aperçu que le sien était plus bas que celui de Richard, refusa de l'occuper; et Richard, qui aurait tout supporté plutôt que de voir retarder le combat par un détail d'étiquette, consentit volontiers à ce que les parrains restassent à cheval dans l'arène. A un bout de la lice était placée la suite de Richard, et à l'autre bout, ceux qui avaient accompagné Conrad. Autour du trône destiné au soudan était rangée sa brillante garde géorgienne, et le reste de l'enceinte était occupé par les spectateurs chrétiens et mahométans.

Longtemps avant le jour, la lice fut entourée d'un nombre de Sarrasins encore plus considérable que celui qui avait paru la veille. Quand le premier rayon du soleil glissa à la surface du désert, l'appel sonore : « A la prière ! à la prière ! » fut prononcé par le soudan lui-même, et répété par ceux à qui leur rang et leur zèle donnaient le droit de remplir les fonctions de muezzins. C'était un spectacle frappant que de les voir tous se prosterner à terre, la face tournée vers la Mecque. Quand ils se relevèrent, le disque du soleil, qui grandissait rapidement, sembla confirmer les premiers soupçons du sire de Vaux : ses rayons, en effet, étaient réfléchis par des milliers de lances qui, ce matin-là, n'étaient plus, comme dans la soirée précédente, dépourvues de fers. Aussi le fit-il remarquer à son maître, qui répliqua avec impatience que, pour lui, il se fiait entièrement à Saladin, et que le baron, s'il avait peur, pouvait se retirer.

Bientôt après, on entendit des roulements de tambours, et tous les Sarrasins descendirent de cheval et se prosternèrent comme pour faire une seconde prière. C'était pour laisser à la reine, accompagnée d'Édith et de ses dames, la liberté de passer de son pavillon à la galerie qui lui était destinée. Cinquante gardes du sérail de Saladin les escortaient, le sabre nu, et ils avaient l'ordre de tailler en pièces quiconque, fût-il noble ou vilain, oserait regarder les dames à leur passage, ou seulement lever la tête tant que les tambours n'auraient pas, en cessant de battre, appris à tout le monde qu'elles étaient arrivées à leur place, à l'abri de tout œil profane.

Cette marque du respect des Orientaux pour le beau sexe provoqua, de la part de Bérengère, quelques critiques très défavorables à Saladin et à son pays. Mais la cage — comme elle qualifia la loge — étant fermée avec soin et bien gardée, elle dut se contenter de voir et de renoncer au plaisir plus délicieux d'être vue.

Cependant, les parrains allèrent, suivant l'usage, s'assurer que les deux champions étaient convenablement armés et préparés au combat. Le duc d'Autriche n'était nullement pressé d'accomplir cette partie du cérémonial, ayant fait une orgie plus forte que de coutume, le soir précédent, avec du vin de Schiraz; mais le grand maître du Temple, plus vivement intéressé à l'issue du combat, se présenta de bonne heure à la tente de Conrad de Montferrat. A sa grande surprise, les gens du marquis lui en refusèrent l'entrée.

— Ne me connaissez-vous pas, coquins? demanda-t-il, très courroucé.

— Si fait, révérend grand maître, répondit l'écuyer; mais il y a défense absolue d'entrer. Le marquis va se confesser.

— Bah! et à qui?

— C'est un secret.

Sur cette réponse, Amaury, chez qui un peu d'alarme se mêlait à la surprise, repoussa brusquement l'écuyer et entra.

Le marquis de Montferrat était à genoux devant l'ermite d'Engaddi et au moment de commencer sa confession.

— Qu'est-ce à dire, Conrad? s'écria le templier. Fi donc! relevez-vous; s'il vous faut un confesseur, ne suis-je pas là?

— Ah! vous ne l'avez été que trop, répondit Conrad, pâle et tremblant. Pour l'amour de Dieu, grand maître, sortez et laissez-moi ouvrir mon cœur à ce saint homme.

— En quoi est-il plus saint que moi? Ermite, prophète, insensé, dis-moi, si tu l'oses, en quoi tu m'es supérieur?

— Homme hardi et méchant, répliqua l'ermite, je suis le grillage qui laisse pénétrer la lumière divine pour éclairer les autres, quoique, hélas! je n'en profite pas; et toi, tu es une plaque de fer qui ne reçoit point de lumière et ne la renvoie à personne.

— Trêve de bavardage, et retire-toi à l'instant! Le marquis ne se confessera pas ce matin, excepté à moi, qui ne quitterai point d'ici.

— Est-ce là votre volonté? demanda l'ermite à Conrad; autrement, je n'obéirai pas à cet orgueilleux, si vous désirez que je vous assiste.

— Hélas! balbutia Conrad, que voulez-vous que je dise? Adieu pour un moment; nous nous reverrons tout à l'heure.

— O fatale irrésolution! tu es l'assassin de ton âme, malheureux!... Adieu, non pour un moment, mais jusqu'à ce que nous nous retrouvions ensemble, n'importe où!... Quant à toi, Amaury, tremble!

— Trembler! dit le templier en ricanant, cela m'est impossible quand même je le voudrais.

L'ermite n'entendit pas sa réponse, car il était déjà dehors.

— Allons, reprit Amaury, hâtons-nous d'en finir, puisque tu as besoin d'en passer par cette niaiserie. Mais écoute : je crois savoir par cœur tes plus grosses peccadilles ; ainsi, nous supprimerons les bagatelles, qui nous mèneraient peut-être un peu loin, et je commence par l'absolution. A quoi bon compter les taches d'avance quand on va se laver les mains?

— Sachant ce que tu es toi-même, tu blasphèmes en parlant d'absoudre ton prochain.

— Cela n'est pas conforme aux canons, marquis ; tu as plus de scrupules que de science. L'absolution d'un mauvais prêtre est aussi efficace que celle d'un saint ; sans quoi, que Dieu ait pitié des pauvres pénitents ! A-t-on jamais vu un blessé s'enquérir auprès du chirurgien qui le panse s'il a les mains propres? Eh bien, jouerons-nous la farce?

— Non, j'aime mieux mourir sans confession que de profaner le sacrement.

— Alors, mon noble ami, reprends courage et ne parle plus de la sorte. Dans une heure, tu sortiras victorieux de la lice, ou tu te confesseras sous le casque, comme un vaillant chevalier.

— Vois-tu, Amaury, cette affaire ne se présente pas bien. L'étrange découverte due à l'instinct d'un animal, la résurrection de l'Écossais qui va lutter contre moi, tout cela est de mauvais présage.

— Bah! je t'ai vu joûter avec lui à chances égales. Suppose qu'il s'agit d'un tournoi, c'est-à-dire d'un combat où tu n'as pas encore trouvé ton maître... Holà ! écuyers, faites votre besogne.

Les écuyers accoururent et se hâtèrent d'armer le marquis.

— Quel temps fait-il? demanda celui-ci.

— Le soleil s'est levé sous un nuage, répondit un écuyer.

— Rien ne nous sourit, murmura Conrad.

— Tu combattras à l'ombre, mon fils. Remercie le ciel d'avoir tempéré en ta faveur le brûlant climat de la Palestine.

Ainsi plaisantait le templier ; mais ses plaisanteries avaient perdu leur influence sur l'esprit affaissé du marquis, et quoi qu'il fît pour avoir l'air gai, ce sombre abattement finit par le gagner lui-même.

« Le poltron, pensa-t-il, se laissera vaincre par pure faiblesse et lâcheté de cœur, qu'il appelle des remords de conscience. C'est moi qui aurais dû me présenter en son lieu, moi sur qui les visions et présages n'ont pas de prise, moi qui suis ferme comme un roc dans mes projets! Fasse le ciel que l'Écossais le tue sur la place! Après la victoire, c'est ce qu'il y aurait de plus heureux. En tous cas, il n'aura d'autre confesseur que moi; nous avons trop souvent péché en commun, et il pourrait confesser ma part avec la sienne. »

L'heure arriva enfin; les trompettes sonnèrent, les chevaliers entrèrent dans le champ clos, armés de toutes pièces et montés comme des champions qui vont combattre pour l'honneur d'un royaume. Ils avaient la visière haute, et se montrèrent aux assistants en faisant trois fois le tour de la lice. Tous deux étaient beaux de leur personne et pleins de noblesse. Sur le front de l'Écossais régnait une confiance mâle, et la sérénité de l'espérance y touchait presque à la joie. Conrad, au contraire, chez qui l'orgueil avait ranimé en partie la bravoure naturelle, semblait plier sous le poids de sinistres pensées. Enfin, tandis que le poursuivant parcourait la lice de droite à gauche, suivant le cours du soleil, le défendant fit le même tour en sens contraire, c'est-à-dire de gauche à droite; et l'orateur bouffon du duc d'Autriche secoua la tête en remarquant le fait, qui était regardé, en beaucoup de pays, comme un funeste présage.

Au bas de la loge occupée par la reine, on avait dressé un autel, près duquel se tenait l'ermite d'Engaddi, vêtu de l'habit du Carmel. Les deux champions y furent conduits successivement par leurs parrains. Chacun d'eux, mettant pied à terre, protesta de la justice de sa cause par un serment solennel prêté sur l'Évangile, et implora l'aide du ciel selon qu'il avait affirmé la vérité ou le mensonge. Ils jurèrent aussi de combattre avec les armes ordinaires, sans recourir aux charmes, talismans ou inventions magiques pour faire pencher la victoire de leur côté.

Sire Kenneth prononça ce serment d'une voix ferme et, levant les yeux sur la loge des dames, s'inclina profondément, muet hommage aux beautés invisibles qui s'y trouvaient. Ensuite, il sauta en selle sans user de l'étrier, et retourna, en caracolant, à l'extrémité orientale de la lice. Conrad ne manqua point de hardiesse devant l'autel ; mais il jura d'une voix creuse et étouffée et, lorsqu'il pria Dieu d'aider à son bon droit, ses lèvres blanchirent et frémirent en proférant ces paroles impies et dérisoires. Comme il se détournait pour remonter à cheval, le grand maître s'approcha sous prétexte de redresser son gorgerin, et lui dit à l'oreille :

— Sot conard que tu es, reviens à toi, et que je te voie agir bravement, ou, par le diable, quand même tu échapperais à l'Écossais, tu ne m'échapperas pas, à moi !

Le ton farouche avec lequel cette phrase fut prononcée acheva de troubler les sens du marquis : il faillit tomber et, malgré l'adresse qu'il déploya en regagnant son poste, cet accident n'en fut pas moins remarqué par ceux qui étaient à l'affût des augures.

Après le départ des prêtres qui adressèrent à Dieu une dernière invocation en faveur de la justice, les trompettes du poursuivant sonnèrent une fanfare, et un héraut d'armes fit, à l'orient de la lice, la proclamation suivante : « Le bon chevalier ici présent, sire Kenneth d'Écosse, champion de l'illustre Richard, roi d'Angleterre, accuse Conrad, marquis de Montferrat, de lâche et infâme trahison envers ledit roi. »

Quand les mots Kenneth d'Écosse annoncèrent le nom du champion, qui, jusque-là, n'avait pas été généralement connu, des acclamations bruyantes et joyeuses éclatèrent parmi les Anglais ; aussi eut-on quelque peine à entendre la réponse du défendant, qui, naturellement, protesta de son innocence et offrit son corps au combat. Les écuyers s'approchèrent alors et remirent à leurs maîtres le bouclier et la lance. Sur l'écu de l'Écossais figurait, comme autrefois, un léopard, et, de plus, une chaîne brisée, par allusion à son esclavage ; celui du marquis portait une montagne escarpée et dentelée comme une scie.

Les parrains, les hérauts et les écuyers se retirèrent aux barrières, et les combattants restèrent seuls vis-à-vis l'un de l'autre, la lance en arrêt, la visière baissée, le corps si complètement enfermé dans leur armure, qu'ils ressemblaient plutôt à des statues de fer qu'à des êtres vivants. Le silence de l'attente devint général, et l'âme des spectateurs semblait être passée dans leurs yeux.

A un signal donné par le soudan, cent instruments déchirèrent l'air de leurs sons aigus; les chevaux s'é-lancèrent au galop, et les champions se heurtèrent au milieu de la lice avec un choc semblable au bruit du tonnerre. La victoire ne fut pas douteuse un seul moment. Conrad, à la vérité, se montra guerrier expérimenté : il frappa son antagoniste en vrai chevalier, juste au centre de l'écu, dirigeant sa lance si droit et avec tant de précision qu'elle se brisa en éclats jusqu'au gantelet. Le cheval de Kenneth recula de deux ou trois pas et tomba sur ses hanches, mais son cavalier le releva facilement avec la main et la bride. Au sort de Conrad il y avait peu de remède : la lance de l'Écossais, traversant son bouclier, les plaques de son armure de Milan, et une cotte de mailles qu'il portait par-dessous, lui était entrée profondément dans la poitrine, l'avait renversé à terre et s'était brisée, laissant un tronçon de fer dans la blessure.

On s'empressa autour du marquis, tandis que son adversaire, qui avait tiré l'épée, lui commandait d'avouer son crime.

— Que voulez-vous de plus? dit Conrad, les yeux égarés et tournés vers le ciel. Dieu a décidé avec justice, je suis coupable... Mais il y a de pires traîtres que moi dans le camp... Par pitié pour mon âme, donnez-moi un confesseur!

— Le talisman, frère! dit Richard. Votre infaillible remède!

— Ce traître, répondit Saladin, mériterait d'être traîné par les talons depuis la lice jusqu'à la potence, plutôt que de profiter des vertus de mon divin remède. Un sort à peu près semblable est écrit sur sa figure ; car, bien que sa blessure puisse être guérie, le sceau d'Azraël est sur le front de ce misérable.

— Néanmoins, je vous prie de faire pour lui ce qui sera possible, afin qu'il ait du moins le temps de se confesser. Ne tuons pas l'âme avec le corps. Une demi-heure de temps peut lui être mille fois plus précieuse que la vie entière du plus vieux des patriarches.

— Le vœu de mon frère sera accompli. Esclaves, portez ce blessé dans sa tente.

— N'en faites rien, s'écria le templier, sombre témoin de cette scène ; le duc d'Autriche et moi, nous ne permettrons pas que ce malheureux prince chrétien soit abandonné aux Sarrasins pour qu'ils essaient sur lui leurs sortilèges. En qualité de parrains, nous demandons qu'il soit remis à nos soins.

— C'est-à-dire que vous refusez les moyens certains qui s'offrent de le guérir, dit Richard.

— Non pas, reprit le grand maître en revenant à lui-même. Si le soudan se sert de drogues honnêtes, il peut soigner le malade dans ma tente.

— Fais-le, je t'en prie, mon bon frère, dit Richard à Saladin, quoique la permission en soit accordée de si mauvaise grâce. Passons maintenant à des choses plus joyeuses. Sonnez, trompettes! et vous, braves Anglais, acclamez le champion de l'Angleterre!

Les tambours, les clairons, les trompettes et les cymbales résonnèrent à la fois, et les acclamations régulières et soutenues qui, depuis des siècles ont été en usage parmi les Anglais, retentirent au milieu des hurlements aigus des Arabes, comme le diapason de l'orgue au milieu des sifflements de la tempête.

— Brave chevalier du Léopard, reprit Cœur de Lion, quand le silence se fut rétabli, tu as prouvé que l'Éthiopien peut changer de peau, et le léopard effacer ses taches, quoique les clercs citent l'Écriture pour démontrer le contraire. Mais je t'en dirai davantage en présence des dames, qui savent le mieux juger et récompenser les hauts faits de la chevalerie. Et toi, noble Saladin, ne viendras-tu pas les saluer? La reine, j'en suis sûr, ne croira pas avoir été bien accueillie si tu lui refuses l'occasion de remercier son royal hôte de cette magnifique réception.

Saladin déclina poliment l'invitation.

— Il faut que j'aille voir le blessé, dit-il; le médecin ne quitte pas plus son malade que le champion la lice, quand même il serait appelé dans un séjour comparable au paradis. D'ailleurs, frère, sache que notre sang oriental ne coule pas avec le calme du vôtre en présence de la beauté. Que dit le Prophète? « Celui qui ne veut pas se brûler doit éviter de marcher sur des cendres chaudes, et il n'est pas prudent d'étendre du lin près d'une torche enflammée. »

Richard, comme on peut le croire, respecta le motif d'une délicatesse qui prenait sa source dans des mœurs si différentes des siennes.

— A midi, reprit le soudan en se retirant, vous accepterez tous, je l'espère, une collation sous la tente en peaux de chameau d'un chef du Kourdistan.

La même invitation fut adressée, de sa part, à tous les chrétiens d'un rang assez élevé pour s'asseoir à un banquet royal.

— Écoutez! dit Richard. Les tambourins annoncent que notre souveraine et ses dames vont quitter la galerie ; et voyez, les turbans se précipitent à terre, comme si le regard d'un Arabe pouvait flétrir l'éclat des joues d'une dame! Allons, rendons-nous au pavillon et menons-y notre vainqueur en triomphe. Combien je plains ce noble soudan qui ne connaît de l'amour que ce qui est connu des êtres d'une nature inférieure!

Blondel accorda sa harpe pour célébrer par des accents guerriers l'arrivée du vainqueur. Kenneth se présenta entre ses deux parrains, le roi Richard et son frère Longue Épée, et fléchit le genou devant la reine, hommage qui allait surtout à l'adresse d'Édith, assise près de Bérengère.

— Désarmez-le, Mesdames, dit le roi, qui prenait un plaisir extrême à l'accomplissement des usages chevaleresques ; que la beauté honore la vaillance ! Détache ses éperons, Bérengère, toute reine que tu es, tu lui dois toutes les marques de faveur qui sont en ton pouvoir. Délace son casque, Édith, et de ta propre main, serais-tu la plus fière des Plantagenets, et lui le plus pauvre chevalier de l'univers!

Les deux dames obéirent aux ordres du roi, Bérengère avec une hâte affairée pour complaire à son mari, et Édith rougissant et pâlissant tour à tour, pendant qu'à l'aide de Longue Épée, elle dénouait avec lenteur et embarras les cordons qui attachaient le heaume au gorgerin. Lorsqu'on vit les nobles traits de Kenneth animés par le combat non moins que par l'émotion du moment, le roi s'écria :

— Eh bien, belles dames et braves chevaliers, que vous attendiez-vous à trouver sous cette coquille de fer? Un esclave de Nubie? un aventurier, un inconnu? Par ma bonne épée, ici finit la comédie. Il s'est agenouillé devant vous sans autre recommandation que son mérite; il se relève également distingué par la naissance et la fortune. Dans le chevalier Kenneth, obscur naguère, saluez David, comte de Huntingdon, prince royal d'Écosse.

Il y eut une exclamation générale de surprise, et Édith laissa tomber de ses mains le casque qu'elle venait de recevoir.

— Oui, mes maîtres, ajouta le roi, la chose est ainsi. Vous savez comment l'Écosse nous a trompés : après avoir promis de nous envoyer ce vaillant comte avec une compagnie de ses meilleures lances, elle manqua à ses engagements. Ce noble jeune homme regarda comme une honte de ne point prêter l'appui de son bras à la guerre sainte ; il nous joignit en Sicile à la tête de quelques vassaux dévoués, et de beaucoup d'autres Écossais dont il n'était pas connu. Les confidents du prince, excepté un vieil écuyer, avaient tous péri, et son secret trop bien gardé faillit me laisser anéantir, sous le nom d'emprunt d'un soldat d'aventure, une des plus brillantes espérances de l'Occident. Pourquoi ne m'avez-vous pas révélé votre origine, noble seigneur, quand votre vie fut mise en péril par l'emportement de ma colère? M'avez-vous cru capable d'abuser de l'avantage que j'avais sur l'héritier d'un roi, qui s'est montré si souvent mon ennemi?

— Je n'ai pas poussé à ce point l'injustice, Monseigneur, répondit le comte ; mais ma fierté ne pouvait souffrir de déclarer mon rang pour sauver une vie que j'avais compromise en trahissant mon devoir. En outre, j'avais fait le vœu de rester inconnu jusqu'à la fin de la guerre, et je ne me suis résolu à parler qu'à l'article de la mort, et sous le sceau de la confession.

— C'est donc la connaissance de ce secret qui rendit l'ermite si pressant pour me faire révoquer une sentence cruelle? Il avait bien raison de dire que, si le condamné périssait par mon ordre, le jour viendrait où je souhaiterais n'avoir pas commis cette action, dût-il m'en coûter un de mes membres. Ah! j'aurais voulu l'effacer au prix de ma propre vie ; car le monde aurait pu dire que Richard avait abusé de la situation où s'était placé l'héritier du royaume d'Écosse en se confiant à sa générosité.

— Pouvons-nous savoir de Votre Grâce, demanda Bérengère, par quel heureux et étrange hasard cette énigme se trouve expliquée?

— Des lettres me parvinrent d'Angleterre, répondit le roi, dans lesquelles on me mandait, entre autres nouvelles déplaisantes, que le roi d'Écosse s'était emparé de trois de nos barons pendant qu'ils étaient en pèlerinage à l'abbaye de Saint-Ninian, et qu'il prétendait les retenir comme otages de la sûreté de son fils, qui servait dans notre camp. Ce fut le premier trait de lumière qui m'éclaira sur le véritable état du chevalier du Léopard. Bientôt mes soupçons se changèrent en certitude : à son retour d'Ascalon, Thomas de Vaux ramena avec lui l'écuyer du comte, serf à crâne épais, qui avait fait dix lieues pour aller lui dévoiler un secret qu'il aurait pu me communiquer à moi-même.

— Le pauvre vieux est excusable, dit le baron ; il savait par expérience que j'ai le cœur sensible, un peu plus du moins que si je m'appelais Plantagenet.

— Toi, le cœur sensible ? caillou du Cumberland ! vieille ferraille que tu es ! Nous autres Plantagenet, à la bonne heure, n'est-ce pas, Édith ? Donne-moi ta main, belle cousine, et toi, prince d'Écosse, donne-moi aussi la tienne.

— Arrêtez, Monseigneur ! dit-elle toute rougissante et reculant d'un pas. Souvenez-vous que ma main était destinée à convertir à la foi chrétienne le Sarrasin et l'Arabe, Saladin et toute son armée de turbans.

— Oui, mais le vent de prophétie a changé, et il souffle à présent d'un autre côté.

L'ermite d'Engaddi crut devoir intervenir.

— Ne raillez point, de peur que le ciel ne vous en fasse repentir. L'armée des corps célestes n'inscrit que la vérité dans ses brillantes annales ; ce sont les yeux de l'homme qui sont trop faibles pour en bien lire les caractères. Pendant la nuit où je donnai l'hospitalité à Saladin et à Kenneth, je lus dans les astres que, sous mon toit, reposait un prince, ennemi naturel de Richard, et futur époux d'Édith Plantagenet. Pouvais-je douter qu'il ne fût question du soudan, dont le rang m'était connu ; car il visitait souvent ma cellule pour converser avec moi sur les révolutions des corps célestes ? Les planètes m'annonçaient aussi que ce prince serait un chrétien ; et moi, interprète aveugle et insensé, j'en conclus la conversion du noble Saladin, dont les bonnes qualités semblaient souvent le porter vers une foi meilleure. Le sentiment de ma faiblesse m'a humilié jusqu'à la poussière, mais dans la poussière j'ai trouvé des consolations. Je n'ai pas su lire la destinée des autres ; qui peut m'assurer que je n'ai pas mal lu la mienne ? En venant ici en prophète, en voyant orgueilleux, je me croyais habile à instruire les princes, et doué même de facultés surnaturelles, quoique chargé d'un fardeau que mes épaules seules étaient en état de supporter ; à présent, le bandeau est tombé de mes yeux, je m'en retourne humble et pénétré de mon ignorance, repentant, mais non sans espoir.

A ces mots, il sortit du pavillon, et depuis cette époque, dit-on, ses accès de frénésie devinrent plus rares ; sa pénitence prit un caractère moins sauvage, et il eut confiance dans la miséricorde divine. Il y a en nous une présomption si grande, jusque dans la folie, que l'idée d'avoir conçu et exprimé avec force une prédiction mal fondée sembla produire l'effet d'une saignée pour calmer la fièvre de son cerveau.

L'heure de midi approchait, et Saladin attendait les princes chrétiens dans sa tente, qui, sauf en étendue, ne différait guère de celles qui servent d'asile au simple Arabe ou au nomade du Kourdistan. Cependant, sous son vaste dôme noir, était préparé un banquet des plus magnifiques, servi, d'après la coutume orientale, sur des tapis de riches étoffes, avec des coussins pour les convives. Nous ne nous arrêterons pas à décrire les draps d'or et d'argent, les broderies en arabesques, les châles de Cachemire, les mousselines de l'Inde, qui y étaient déployés dans toute leur splendeur ; bien moins encore les friandises, les ragoûts entourés de riz coloré de différentes manières, et les raffinements de la cuisine orientale. Des agneaux rôtis tout entiers, le gibier et la volaille dressés sur des plats d'or, d'argent et de porcelaine, étaient entremêlés de grands vases de sorbets, rafraîchis dans la neige ou avec la glace des cavernes du mont Liban.

De superbes coussins empilés au haut bout de la table étaient destinés à l'amphitryon et à ceux qu'il voudrait inviter à partager cette place d'honneur. Du toit de la tente flottaient de tous côtés des pennons et des étendards, trophées de batailles gagnées et de royaumes conquis. Au milieu dominait une longue lance, portant la bannière de la Mort, avec cette inscription frappante : *Saladin, roi des rois, Saladin, vainqueur des vainqueurs, Saladin doit mourir*. Autour de la tente, se tenaient les esclaves, la tête basse et les bras croisés, comme autant de statues funèbres.

En attendant l'arrivée de ses hôtes, le soudan, imbu des superstitions de son temps, méditait sur un horoscope, accompagné d'une explication, que l'ermite d'Engaddi lui avait fait remettre à son départ.

« Science étrange et mystérieuse! se disait-il à lui-même; en prétendant écarter le voile qui couvre l'avenir, elle égare ceux qu'elle paraît guider, et remplit de ténèbres le lieu qu'elle veut éclairer! Qui n'aurait dit que j'étais pour Richard ce dangereux ennemi dont l'inimitié devait se terminer par un mariage avec sa parente? et cependant il paraît maintenant que l'union du brave comte avec cette dame établira une alliance entre Richard et le roi d'Écosse, ennemi plus dangereux que je ne le suis moi-même; car un chat sauvage enfermé dans une chambre est plus à craindre qu'un lion dans un désert lointain. Mais aussi l'horoscope annonçait que l'époux serait chrétien... Chrétien! moi, un fidèle serviteur du Prophète! cela seul aurait dû me détromper... Eh bien, que signifie cette audace?

Cette apostrophe s'adressait au nain Nectabanus, qui s'était précipité dans la tente, en proie à une agitation désordonnée; l'expression d'horreur peinte sur ses traits difformes en rendait la laideur encore plus hideuse; ses yeux étaient fixes, sa bouche béante, ses mains aux doigts crochus et décharnés convulsivement étendues.

— Qu'est-ce? demanda Saladin d'un ton sévère.

— *Accipe hoc,* grommela le nain.

— Hein! que dis-tu?

— *Accipe hoc,* répéta le pauvre être terrifié, sans se rendre compte de ce qu'il disait.

— Hors d'ici, fou! je ne suis pas en humeur de plaisanter.

— J'ai besoin de la folie pour m'aider à gagner le pain quotidien, misérable que je suis! Écoutez-moi, grand soudan, de grâce!

— Sage ou fou, tu as le droit de me demander justice. Suis-moi.

Il le conduisit à l'écart, et bientôt leur conférence fut interrompue par des fanfares, qui annonçaient l'arrivée des princes chrétiens. Saladin les reçut avec la courtoisie qui convenait à leur rang et au sien; il fit surtout le plus aimable accueil au jeune comte d'Huntingdon, qu'il félicita, en rival généreux, sur ses espérances de bonheur.

— Ne va pas croire, ajouta-t-il, que le prince d'Écosse soit mieux accueilli de Saladin que ne le fut Kenneth de l'émir Ilderim quand ils se rencontrèrent dans le désert, et le malheureux Nubien du médecin Adonibec! Un naturel aussi franc et brave que le tien a un prix indépendant du rang et de la naissance, de même que le breuvage glacé que je t'offre maintenant est aussi délicieux dans un vase de terre que dans une coupe d'or.

— Le vaillant émir ne connaissait pas la formation de la glace, repartit le comte en souriant; et pourtant l'illustre soudan rafraîchit ses sorbets dans la neige.

— Voudrais-tu qu'un Kourde eût la science d'un médecin? Celui qui se déguise doit mettre ses sentiments et ses connaissances d'accord avec l'habit qu'il porte. Je voulais voir comment un cavalier du Frangistan soutiendrait la discussion avec le chef que je semblais être et sur quels arguments il la fonderait.

Pendant qu'ils échangeaient ces propos, le duc d'Autriche, entendant parler de sorbet glacé, saisit un peu brusquement la large coupe, au moment où le comte allait la remettre en place.

— C'est vraiment délicieux! s'écria-t-il après avoir avalé une large rasade du sorbet, que la température brûlante et la chaleur qui enflamme le sang au lendemain d'une orgie lui rendaient doublement agréable, et il passa la coupe en soupirant au grand maître du Temple.

Saladin fit un signe au nain, qui s'avança et prononça d'une voix rauque ces deux mots latins : *Accipe hoc* (Voilà pour toi)!

Le templier tressaillit, comme un coursier à l'aspect d'un lion qui se jette sur son chemin. Toutefois, il se remit à l'instant, et, pour dissimuler son trouble, il porta la coupe à ses lèvres; mais ses lèvres ne touchèrent même pas le bord du vase. Le cimeterre de Saladin sortit du fourreau comme l'éclair sort de la nue; on le vit briller en l'air, et la tête du grand maître roula à l'extrémité de la tente; le tronc resta un moment debout, la main crispée sur la coupe; puis il tomba, et la liqueur du sorbet se mêla au sang qui jaillissait des veines.

Il y eut un cri général de trahison, et le duc d'Autriche, qui se trouvait près de Saladin, fit quelques pas en arrière, comme s'il eût appréhendé que son tour ne vînt ensuite. Richard et plusieurs autres s'avancèrent, prêts à dégaîner.

— N'ayez pas peur, noble duc, dit le soudan, aussi calme que s'il ne fût rien arrivé, et vous, mon frère d'Angleterre, ne soyez pas courroucé de ce que vous venez de voir. Ce n'est pas pour ses nombreuses trahisons, ni pour avoir attenté à la vie du roi Richard, comme son propre écuyer l'affirmera, ni pour avoir poursuivi le prince d'Écosse et moi dans le désert, de telle sorte que nous n'avons dû la vie qu'à la vitesse de nos chevaux, ni pour avoir excité les Maronites à nous attaquer aujourd'hui même, si je n'avais déjoué son projet en amenant sur les lieux un assez grand nombre d'Arabes; non, ce n'est pour aucun ni pour la totalité de ses crimes que vous voyez cet homme étendu devant vous; c'est parce que, une demi-heure à peine avant de souiller notre présence, il a poignardé son frère d'armes et complice, Conrad de Montferrat, dans la crainte qu'il ne confessât les infâmes complots qu'ils avaient formés ensemble.

— Eh quoi! s'écria Richard, Conrad assassiné, et par le grand maître, son parrain et son plus intime ami! Noble soudan, je ne doute point de ta parole; cependant, il faut des preuves, autrement...

— Voici le témoin, interrompit Saladin en montrant le nain encore tremblant d'horreur. Allah, qui envoie le ver luisant pour éclairer les heures de la nuit, peut faire découvrir les crimes secrets par les moyens les plus méprisables.

Le soudan raconta ce que lui avait appris le nain. Entraîné par une puérile curiosité, ou plutôt, comme il le laissa entendre, dans l'espoir de trouver quelque chose à piller, Nectabanus s'était glissé dans la tente du marquis, que tous ses gens avaient abandonné, soit pour aller prévenir son frère, soit pour faire bombance. Le blessé dormait sous l'influence du merveilleux talisman de Saladin, de sorte que le nain eut l'occasion de fureter à son aise. Effrayé par le bruit d'un pas lourd, il se tapit derrière un rideau, d'où il pouvait néanmoins tout voir et entendre. Le templier entra, ferma avec soin la portière de la tente et s'approcha de sa victime, qui se réveilla en sursaut. Il paraît que Conrad pénétra sur-le-champ le projet de son ancien camarade, car ce fut d'une voix alarmée qu'il lui demanda pourquoi il venait le déranger.

— Je viens te confesser et t'absoudre, répondit le grand maître.

Le nain, épouvanté, n'avait pas retenu grand'chose des propos qu'ils échangèrent ensuite ; mais Conrad, disait-il, « conjura le grand maître de ne point achever de rompre un roseau brisé », et le templier le frappa au cœur avec un poignard turc, en disant : *Accipe hoc,* paroles qui, longtemps après, poursuivirent l'imagination terrifiée du témoin.

— J'ai vérifié ce récit, ajouta Saladin, en faisant examiner le corps, et j'ai ordonné au malheureux être qu'Allah a choisi pour découvrir le crime, de répéter en votre présence la phrase prononcée par le meurtrier ; vous avez vu vous-mêmes l'effet qu'elle a produit sur sa conscience.

— Si cela est vrai, comme je n'en doute plus, dit Richard, nous venons d'assister à un grand acte de justice ; seulement pourquoi a-t-il eu lieu ici, et de ta propre main ?

— Tel n'était pas d'abord mon dessein ; mais si je n'avais pas précipité son sort, il y aurait échappé. Après lui avoir permis de boire dans ma coupe, comme il allait le faire, aurais-je pu, sans violer les saintes lois de l'hospitalité, le punir ainsi qu'il le méritait ? Eût-il tué mon propre père et ensuite bu et mangé avec moi, il m'était défendu de toucher à un seul cheveu de sa tête... N'en parlons plus ; que son corps et sa mémoire disparaissent du milieu de nous.

Le cadavre fut emporté, et l'on effaça les traces du sang avec une adresse et une promptitude qui prouvaient que le cas n'était pas assez rare pour embarrasser les officiers de la maison de Saladin.

La scène qui venait de se passer avait produit une profonde impression sur l'esprit des princes chrétiens, et quoiqu'ils eussent pris place au banquet, le silence de l'inquiétude et de la consternation régnait parmi eux. Richard fut le seul qui s'éleva au-dessus de toute méfiance, et pourtant il semblait réfléchir à quelque proposition qu'il eût souhaité de formuler de la manière la plus agréable. Enfin, après avoir vidé son gobelet, il demanda au soudan s'il était vrai qu'il eût fait au comte d'Huntingdon l'honneur de se mesurer avec lui.

Saladin répondit en souriant, qu'il avait fait l'épreuve de son cheval et de ses armes contre sire Kenneth, selon la coutume des cavaliers qui se rencontrent dans le désert, et il ajouta modestement que, bien que le combat n'eût pas été entièrement décisif, il n'avait pas lieu, pour sa part, de s'en glorifier. L'Écossais, de son côté, nia qu'il eût remporté l'avantage, et voulut l'attribuer au soudan.

— La rencontre t'a fait assez d'honneur, reprit Richard, et je te l'envie plus que tous les sourires d'Édith Plantagenet, quoiqu'un seul suffise à récompenser les dangers d'un jour de bataille. Mais qu'en pensez-vous, nobles princes? est-il séant qu'une si belle assemblée de chevaliers se sépare sans avoir fait quelque chose dont les temps futurs puissent parler? Qu'est-ce que la défaite et la mort d'un traître pour la brillante compagnie qui nous entoure, et qui ne doit pas se disperser avant d'assister à des exploits dignes de ses regards? Qu'en dis-tu, royal Saladin, si tous deux aujourd'hui, en présence de tant d'illustres guerriers, nous décidions par les armes la question long-temps disputée de la Palestine, en mettant fin du coup à ces guerres ruineuses? Nous avons ici une lice toute prête, et l'islamisme ne saurait rencontrer de meilleur champion que toi. Quant à moi, faute d'un plus digne, je jetterai mon gant au nom de la chrétienté, et, en honneur et amitié, nous combattrons à outrance pour la possession de Jérusalem.

Le Sarrasin se recueillit quelque temps avant de répondre; une vive rougeur couvrit son visage et, dans l'opinion de plusieurs convives, il paraissait hésiter à relever le défi.

— En combattant pour la cité sainte, dit-il enfin, contre ceux que nous regardons comme des idolâtres et des adorateurs d'images, je pourrais espérer qu'Allah fortifierait mon bras; ou, si je tombais sous le fer de Melek-Ric, je n'irais pas en paradis par une voie plus glorieuse. Mais Allah a donné Jérusalem aux vrais croyants, et ce serait tenter le dieu du Prophète que de mettre en péril, en ne comptant que sur moi, la terre dont la supériorité de mes forces m'assure la possession.

— Si ce n'est pas pour Jérusalem, répliqua Richard du ton d'un ami qui sollicite une faveur, que ce soit pour la gloire, et rompons au moins une lance à fer émoulu.

— Même cela, il ne m'est pas permis d'y consentir. Le maître place le berger à la tête des moutons, pour l'avantage du troupeau, et non pour celui du berger. Si j'avais un fils pour tenir le sceptre après moi, je serais libre, comme j'en ai le désir, de m'aventurer dans cette rencontre ; mais, vos propres Écritures le disent, quand le berger tombe, adieu le troupeau !

— Allons, Kenneth, dit Richard en soupirant au jeune comte, tout le bonheur a été pour toi. J'aurais donné la plus belle année de ma vie pour cette demi-heure de combat près du Diamant du désert !

Cette folie chevaleresque de Richard ranima la gaieté de la compagnie, et quand, à la fin, on se leva pour le départ, Saladin alla au-devant de Cœur de Lion, et dit, en lui prenant la main :

— Noble roi d'Angleterre, nous allons nous séparer pour ne plus nous revoir. Votre ligue est dissoute sans espoir de la reformer, et, réduit aux ressources de votre royaume, vous ne pouvez continuer l'entreprise ; je sais cela aussi bien que vous. Quant à vous céder cette Jérusalem que vous désirez si fort, cela est impossible : comme vous, nous la tenons pour une ville sainte. Mais toute autre demande vous sera octroyée aussi librement que cette fontaine octroie ses eaux ; oui, et Saladin l'accorderait de bon cœur, quand même Richard, en plein désert, n'aurait que deux archers à sa suite.

Le jour suivant, le roi se mit en route pour le camp des croisés, et, quelques jours plus tard, David, comte d'Huntingdon, épousa Édith Plantagenet. A cette occasion, le soudan lui envoya, en cadeau de noces, le célèbre talisman. Par l'entremise de cet agent mystérieux, on obtint en Angleterre un grand nombre de guérisons ; mais aucune n'égala en succès et en renommée celles que Saladin avait opérées en Palestine.

LE
CHATEAU PÉRILLEUX

CHAPITRE PREMIER.

'était vers le déclin d'un des premiers jours du printemps, dans une des froides régions de l'Écosse; la nature s'éveillait du sommeil de l'hiver, et l'atmosphère adoucie, devançant la végétation, laissait entrevoir la fin des rigueurs de la saison.

A quelques lieues du château de Douglas, deux voyageurs, dont la présence, à cette époque de l'année, dénotait assez une profession ambulante, suivaient les bords de la rivière qui conduisait à cette fameuse forteresse féodale.

Le Douglas sort d'un amphithéâtre de montagnes qui bornent la vallée au sud-ouest, et c'est de leurs tributs, ainsi qu'à l'aide des orages, qu'il entretient son mince filet d'eau. Le long de ses rives, le terrain était plat et capable de produire d'abondantes moissons d'avoine et de seigle, qui fournissaient aux habitants autant de grain qu'ils en avaient besoin. A peu de distance, hormis quelques endroits plus favorisés, le sol cultivable était de plus en plus entrecoupé de prairies et de bois, pour aboutir à des marécages déserts et en partie inaccessibles.

Comme on était d'ailleurs en temps de guerre, il fallait bien que tout ce qui était de simple commodité cédât au sentiment exclusif du péril. Aussi, loin d'améliorer leurs voies de communication, les gens du pays se félicitaient d'être entourés d'obstacles naturels, qui les dispensaient de fortifier les passages découverts. Ils trouvaient, à peu de chose près, de quoi subvenir à leurs besoins dans les chétives productions du mont et de la plaine, tandis que les hauteurs et les clairières des forêts leur offraient des pâturages pour le bétail et les troupeaux. Les profondeurs de ces antiques forêts étant rarement troublées, surtout depuis que les nobles avaient renoncé à la chasse, le gibier s'y était multiplié de telle sorte qu'en les traversant, on apercevait plusieurs variétés de daims, des taureaux et des chats sauvages, et des loups dont la race ne disparut que longtemps après.

D'après ce qui précède, le lecteur peut se faire une idée assez exacte de l'état où se trouvait encore la partie supérieure de la vallée de Douglas pendant les premières années du quatorzième siècle.

Le paysage était encore éclairé par les rayons du soleil couchant, qui, tantôt, se réfléchissaient dans des marais ou des cours d'eau; tantôt s'arrêtaient sur d'énormes rochers grisâtres qui encombraient le sol; tantôt, enfin, ils se contentaient de dorer les bords, prenant alors successivement une teinte grise, verte ou rougeâtre, suivant que le terrain présentait des rocs, du gazon, ou formait de loin comme un rempart de porphyre d'un rouge foncé.

Le plus âgé et le plus robuste de nos deux voyageurs était vêtu avec une certaine recherche. Selon la coutume des ménestrels ambulants, il portait sur son dos, dans un fourreau de cuir, un instrument de musique, harpe, guitare ou viole, destiné à accompagner la voix. Son pourpoint était bleu, ses chausses violettes, avec des taillades de la couleur du pourpoint. Une profusion de rubans étroits ou pointes rattachaient, par des nœuds bleus et violets, les deux parties de l'habillement. Un court mantel aurait dû le couvrir; mais la chaleur du soleil, quoique la saison nouvelle fût peu avancée, avait forcé le ménestrel de plier le sien en forme de paquet long et serré, qu'il avait jeté autour de ses épaules. La toque, portée d'ordinaire avec cet élégant costume, se composait de bandes d'étoffe mi-parties, et d'un panache également nuancé de bleu et de violet.

La physionomie n'avait rien de remarquable, et pourtant, en un pays aussi désolé que l'ouest de l'Écosse, il eût été difficile de rencontrer un tel individu sans lui accorder quelque attention. Aux yeux d'un chevalier ou d'un soldat, il aurait simplement passé pour un bon vivant, en état de chanter ou de conter une gaillardise, et de boire sa part d'une bouteille, sans être trop pressé de la payer. Un homme d'Église l'aurait jugé de mœurs trop libres et d'une société compromettante, bien que son air d'assurance le rendît propre à s'occuper d'affaires sérieuses. Un riche passant, — espèce alors peu nombreuse, — aurait pu craindre de trouver en lui un voleur de profession ou un gaillard qui ne demandait qu'à profiter de l'occasion pour le devenir. Cependant, l'accoutrement du ménestrel n'avait rien de menaçant : on ne lui voyait d'autre arme qu'un petit sabre recourbé, semblable à ce que nous appelons aujourd'hui un couteau de chasse.

Si, du reste, un premier regard pouvait, de la part de certaines gens, lui être défavorable, son compagnon devait en tous cas lui servir de justification et de garantie. Celui-ci paraissait être un doux et gentil garçon, encore dans la fleur de la jeunesse. Il portait la robe d'Esclavonie, vêtement ordinaire du pèlerin, plus serrée autour de son corps que la température ne l'exigeait. Sa figure, vue imparfaitement sous le capuchon, était prévenante au plus haut degré, et s'il portait une épée, c'était plutôt pour se conformer à l'usage que dans le dessein de s'en servir. On pouvait remarquer des traces de chagrin sur son front, et de larmes sur ses joues ; telle était même sa tristesse, qu'elle semblait exciter la sympathie de son compagnon. Ils causaient ensemble, et le plus âgé, tout en prenant l'air de déférence qui convient à l'inférieur parlant à son supérieur, montrait, par le ton et les gestes, autant d'intérêt que d'affection au plus jeune.

— Bertrand, mon ami, dit ce dernier, sommes-nous encore loin du château de Douglas? Nous avons déjà fait plus de six lieues, et c'était là, disais-tu, la distance de Cammock... ou comment appelles-tu l'auberge que nous avons quittée à la pointe du jour?

— Cumnock, très chère dame... Je vous demande mille fois pardon... mon jeune et gracieux seigneur.

— Appelle-moi Augustin, si tu veux te conformer à notre situation.

— Oh! quant à cela, si vous daignez mettre à part votre qualité, mon savoir-vivre ne m'est pas si solidement cousu au corps que je ne puisse le quitter, et le reprendre ensuite sans en perdre un seul lambeau; et puisque Votre Seigneurie, à qui j'ai juré obéissance, a bien voulu m'ordonner de la traiter comme mon propre fils, il serait honteux à moi de ne pas lui témoigner l'affection d'un père. Je puis bien jurer mes grands dieux que je vous dois des attentions toutes paternelles, quoique je n'ignore pas qu'entre nous deux c'est le père qui a été soutenu par la libéralité du fils. Quand j'avais faim ou soif, la table de Berkely n'a-t-elle pas pourvu à mes besoins?

— Que n'en a-t-il toujours été de même! A quoi bon les montagnes de bœuf et les océans de bière que produisent, dit-on, nos domaines, s'il se trouve un seul de nos vassaux qui souffre de la faim? et surtout si c'est toi, Bertrand, toi qui as été pendant plus de vingt ans le ménestrel de notre famille?

— Assurément, Madame, ce serait une catastrophe semblable à celle qu'on raconte du baron de Fastenough, lorsque la dernière souris de sa maison mourut de faim dans la paneterie même; et si, dans ce voyage, j'échappe à une telle calamité, je me croirai, pour le reste de ma vie, à l'abri de la soif et de la famine.

— Tu as déjà souffert une ou deux fois de pareils dangers, mon pauvre ami.

— Ce que j'ai pu souffrir n'est pas grand'chose, et il y aurait ingratitude à donner un nom si sérieux à l'inconvénient de manquer un déjeuner ou d'arriver trop tard pour dîner. Mais je ne vois pas trop comment Votre Seigneurie pourra s'accommoder plus longtemps d'un habillement si lourd. Ah! ce n'est pas une plaisanterie que de cheminer dans ces montagnes, où les lieues écossaises ont si bonne mesure! Quant au château de Donglas, ma foi, il est encore éloigné de deux lieues environ, pour ne rien dire de ce qu'on appelle en Écosse un bout de chemin en sus.

— Il s'agit alors de savoir ce que nous ferons quand, après être venus de si loin, nous trouverons fermées les portes du château.

— Elles le seront, j'en réponds, et les portes de Douglas, confiées à la garde de sire Jean de Walton, ne s'ouvrent pas aussi aisément que celles de l'office de notre château. Si Votre Seigneurie veut suivre mon conseil, nous retournerons vers le sud et, en deux jours au plus tard, nous serons dans un pays où l'estomac est servi sans retard, comme le proclament toutes les enseignes des auberges ; et le secret de cette escapade ne sera connu de personne au monde, vrai comme je suis ménestrel juré et homme d'honneur.

— Merci du conseil, honnête Bertrand, mais je ne puis en profiter. N'as-tu pas connaissance, par ici, de quelque logis honnête, riche ou pauvre, n'importe? Je m'y installerais volontiers jusqu'à demain matin. Alors l'entrée du château sera facile pour de paisibles étrangers comme nous ; et... il faut que je le dise, nous aurions le temps de faire à notre toilette les changements propres à nous assurer un bon accueil, de passer le peigne dans nos cheveux, par exemple.

— Ah! Madame, s'il ne s'agissait pas de Jean de Walton, je sais bien ce que je répondrais : un visage barbouillé, des cheveux en broussailles, et un air effronté, que vous n'avez pas et n'aurez jamais, voilà le meilleur déguisement pour jouer le rôle d'apprenti ménestrel, que vous avez choisi.

— Comment souffrez-vous que vos jeunes élèves soient si malpropres et effrontés? Eh bien, je ne ferai pas comme eux ; et que messire Jean soit au château ou non, je présenterai aux soldats un visage rafraîchi et des cheveux un peu en ordre. Mais rebrousser chemin sans avoir vu un château qui m'apparaît presque dans tous mes rêves, non, Bertrand ; tu es libre de le faire, moi je ne te suivrai pas.

— Pour que j'abandonne Votre Seigneurie dans une pareille situation, à présent que votre fantaisie est si près d'être satisfaite, il faudra que le diable, oui, le diable en personne, m'arrache d'auprès de vous. Vous parliez d'un logis : non loin d'ici est la ferme de Tom Dickson, un des plus honnêtes habitants de la vallée ; quoique simple laboureur, on

l'estimait autant à la guerre, de mon temps, qu'aucun des nobles partisans de Douglas.

— Il est donc soldat ?

— Oui, quand son pays ou son seigneur a besoin de sa claymore ; et, à vrai dire, on jouit rarement ici des douceurs de la paix. D'ailleurs, il n'a d'ennemis que les loups qui viennent attaquer ses troupeaux.

— Mais n'oublie pas, mon fidèle guide, que le sang qui coule dans nos veines est anglais, et que, par conséquent, nous devons redouter tous ceux qui se proclament ennemis de la Croix Rouge.

— Ne craignez rien de sa mauvaise foi ; vous pouvez vous fier à lui comme au plus digne chevalier du pays. Il suffira, pour le décider, d'une ritournelle ou d'une chanson, et, pour toutes les commodités que pourra fournir son logis, le fils du ménestrel n'exprimera pas un désir en vain. Voulez-vous être assez bonne pour dire à votre ami à quoi vous êtes résolue ?

— Oh! assurément nous accepterons l'hospitalité de l'Écossais, puisque tu engages ta parole qu'il est digne de confiance... Tu l'appelles Tom Dickson, n'est-ce pas ?

— Oui, et la vue de ce troupeau m'indique que nous sommes sur ses terres.

— Et comment le sais-tu ?

— D'après la première lettre de son nom marqué sur chaque brebis. La science guide l'homme à travers le monde ; elle vaut bien l'anneau par la vertu duquel Adam comprenait le parler des bêtes dans le paradis. Ah! voyez-vous, il y a plus d'esprit sous la cotte d'un berger que ne se l'imagine une châtelaine qui fait de la tapisserie dans son retrait d'été.

— C'est possible ; et sans être aussi habile que toi dans l'écriture, j'en apprécie la valeur, surtout à présent. Allons donc à la ferme par le chemin que ce troupeau nous indique. L'assurance d'avoir abrégé notre voyage m'a tellement remise de ma fatigue, qu'il me semble que je pourrais en faire le reste en dansant.

CHAPITRE II.

Tandis que les voyageurs s'entretenaient de la sorte, ils atteignirent un endroit où le chemin, en faisant un détour, leur offrit une perspective plus étendue, à travers ce même pays qu'un terrain accidenté leur avait à peine permis d'entrevoir.

Arrosé par un petit cours d'eau, un vallon, d'aspect sauvage mais non désagréable, était planté, çà et là, de bouquets d'aunes, de noisetiers et de chênes en taillis. La ferme ou le manoir — car, à en juger par la grandeur et l'apparence, ce pouvait être l'un ou l'autre, — était un bâtiment grand et bas, assez solide pour résister à une bande de pillards, sinon à des forces puissantes. Dans un pays ravagé par la guerre, le fermier était, alors comme aujourd'hui, obligé de souffrir sa part des grands maux qui accompagnent un tel état de choses ; et sa condition, peu digne d'envie, devenait bien pire encore en ce qu'elle ne présentait aucune sécurité. Un peu plus loin, on voyait un édifice gothique, d'où dépendait une chapelle presque ruinée, tout ce qui restait de l'abbaye de Sainte-Brigitte.

— A ce que j'ai ouï dire, ajouta Bertrand, on l'a laissée debout, parce qu'il s'y trouve deux ou trois vieux moines et autant de nonnes, à qui l'on permet de prier Dieu et de donner asile aux voyageurs de passage. Ils ont, en conséquence, contracté des engagements avec sire Jean de Walton, et si, par hasard, leurs hôtes laissent échapper quelque secret, on croit que, de manière ou d'autre, ce secret finit par arriver aux oreilles du gouverneur anglais. A moins donc que Votre Seigneurie ne l'ordonne, m'est avis que nous ferons bien de ne pas leur demander l'hospitalité.

— Certes non, si tu peux me procurer un logis plus discret.

En ce moment, deux hommes se montrèrent dans une direction opposée à celles que suivaient nos voyageurs. Ils avaient l'air d'être en querelle, et parlaient si haut qu'on distinguait nettement leurs voix. Après les avoir examinés quelques minutes en plaçant sa main au-dessus de ses yeux, le ménestrel s'écria :

— Sainte Vierge! c'est l'ami Dickson, j'en suis sûr... Pourquoi est-il de si méchante humeur contre ce jeune gars, son fils Charles sans doute, que j'ai vu tout bambin trottiner et tresser des roseaux il y a quelque vingt ans? Quelle chance de les avoir trouvés dehors! Tom, je gage, a une bonne pièce de bœuf dans le pot pour son souper, et il faudrait qu'il eût bien changé pour qu'un vieil ami n'en eût point sa part.

Et il se mit à crier d'une voix de tonnerre :

— Dickson! holà! hé! Thomas Dickson! ne veux-tu pas reconnaître un vieil ami, bien disposé à mettre ton hospitalité à contribution pour son souper et son gîte de nuit?

L'Écossais, dont l'attention fut excitée par ces cris, regarda d'abord le long de la rivière, puis il leva les yeux sur les flancs nus de la montagne, et enfin les abaissa sur les deux personnes qui en descendaient.

Avant de quitter la partie abritée du vallon pour aller à leur rencontre, le fermier, trouvant sans doute la soirée trop froide, s'enveloppa plus étroitement dans son plaid grisâtre. C'était un homme vigoureux, d'un tempérament athlétique, ayant passé le milieu de la vie, et dont le visage, sillonné de rides, accusait l'approche de la vieillesse, mais non de ses infirmités. Des yeux vifs, sans cesse en observation, témoignaient d'une longue habitude de vigilance, acquise dans un pays où l'occasion ne manquait pas de regarder autour de soi avec précaution. Ses traits étaient encore gonflés de courroux, et le beau jeune homme qui l'accompagnait paraissait mécontent comme s'il eût reçu des marques frappantes de l'indignation paternelle ; à en juger par la sombre expression de sa physionomie, mêlée à une espèce de honte, il semblait en même temps dévoré de colère et de regret.

— Ne vous souvenez-vous pas de moi, mon vieil ami? demanda Bertrand, lorsqu'ils furent assez près pour s'entendre. Les vingt années qui ont passé sur nos têtes depuis que nous nous sommes vus ont-elles emporté avec elles toute souvenance de Bertrand, le ménestrel anglais?

— Ma foi, répondit l'Écossais, si j'avais à ce point perdu la mémoire, ce ne serait pas faute d'avoir vu assez de vos compatriotes, et je n'en ai jamais ouï siffler un seul, sans songer à quelque air de votre joyeuse viole. Et cependant l'homme est une si pauvre créature que j'avais oublié jusqu'à la mine de mon vieil ami, et que je l'ai à peine reconnu de loin. Ah! nous avons eu du tracas depuis quelque temps. Il y a un millier d'Anglais installés là-bas dans le château de Douglas, et ailleurs dans la vallée, ce qui n'est pas gai à voir pour un véritable Écossais!... Ma pauvre maison n'a pas même échappé à l'honneur de loger un homme d'armes, plus deux ou trois coquins d'archers, un couple de méchants galopins qu'on nomme pages, et de la valetaille, qui ne permettent pas à un homme de dire au coin de son feu : « Ceci est à moi. » Ainsi, mon vieux camarade, ne m'en veuillez pas si je vous fais un accueil plus froid que vous ne devriez l'attendre d'un ami de l'ancien temps ; car, par Sainte-Brigitte de Douglas! on m'a laissé à peine de quoi souhaiter la bienvenue.

— Peu de chose suffira, dit Bertrand. Mon fils, fais ta révérence au vieil ami de ton père. Augustin commence l'apprentissage de mon joyeux métier; mais il a besoin d'exercice avant de pouvoir en supporter les fatigues. Pourvu qu'il ait un morceau à manger et un lit pour dormir, nous serons satisfaits l'un et l'autre. Quand vous voyagiez jadis avec mon ami Charles, que voilà, je pense, vous vous imaginiez avoir toutes vos aises du moment où rien ne lui manquait.

— Le diable m'emporte si je recommencerais à présent! je ne sais pas de quoi les garçons d'aujourd'hui sont faits ; ce n'est pas du même bois que leurs pères, bien sûr. Ils ne sont pas nés de la bruyère qui ne craint ni vent ni pluie, mais de quelque plante délicate d'un pays lointain, qui ne pousse que sous verre. Le bon sire de Douglas, dont j'ai été le copain, eût été fort heureux, du temps qu'il était page, de trouver une chère et un logis dont se contente à peine aujourd'hui un blanc-bec comme votre ami Charles.

— Ah! çà, ce n'est pas que mon Augustin soit exigeant, mais, pour d'autres raisons, je vous prierai de lui donner un lit à part; il relève de maladie.

— Oui, je comprends, il a été pris de ce mal qu'on nomme chez vous *peste noire* et dont on meurt souvent. On parle beaucoup des ravages qu'elle a faits en Angleterre. Vient-elle de nos côtés?

Bertrand fit signe que oui.

— Eh bien, continua le fermier, la maison de mon père a plus d'une chambre, et votre fils en aura une des plus commodes. Quant au souper, vous mangerez votre part de celui qu'on a préparé pour vos compatriotes; puisque je suis forcé d'en nourrir une vingtaine, ils ne s'opposeront pas à la requête d'un ménestrel aussi habile que vous. J'ai honte de le dire, il faut que je fasse leurs quatre volontés sous mon propre toit. Ah! si le bon sire possédait encore le sien, j'aurais assez de cœur et de force pour les chasser tous de chez moi comme... comme...

— Parlez franchement, interrompit Bertrand, comme cette bande d'Anglais maraudeurs, que vous avez un jour jetés dehors, ni plus ni moins qu'une portée de petits chiens, et pas un seul ne retourna la tête pour savoir de qui leur venait cette politesse.

— En ce temps-là, repartit Dickson en se redressant, j'avais une maison à moi, une cause à défendre et un bras pour combattre; tandis qu'à présent... N'importe! le plus noble seigneur d'Écosse n'est pas logé à meilleure enseigne.

— A la bonne heure; voilà comment il faut considérer les choses. En ce monde, qu'on soit riche, fort ou savant, nul n'a le droit d'opprimer son voisin parce qu'il est faible, ignorant ou pauvre; cependant, s'il éclate entre eux une querelle, c'est au dernier à se soumettre au cours de la nature, qui, dans un combat, donnera toujours le dessus à la science, à la force et à la richesse.

— Avec votre permission toutefois, le plus faible, s'il combine tous ses efforts, peut, à la longue se venger de l'auteur de ses maux, ce qui le dédommagerait un peu du passé ; et, au contraire, il agit niaisement comme homme, et d'une manière insensée comme Écossais, s'il souffre l'injustice avec l'insensibilité d'un idiot, ou s'il cherche à s'en venger avant l'heure marquée par le ciel... Mais, à m'entendre bavarder ainsi, vous n'oserez plus entrer dans une maison où l'on risque d'être éveillé au matin pour régler à coups d'épée une querelle nationale.

— Que cela ne vous inquiète pas ; nous sommes de vieilles connaissances, et je ne crains pas plus de rencontrer mauvaise mine chez vous que vous ne me supposez l'intention d'ajouter encore à vos griefs.

— Fort bien ; soyez donc le bienvenu comme au temps où nul hôte n'entrait chez moi sans mon invitation.

— Puis-je vous demander pourquoi vous étiez tout à l'heure si fâché contre mon jeune ami Charles ?

Le jeune homme répondit avant que son père eût le temps de parler :

— Ces temps de troubles, voyez-vous, dérangent la cervelle des gens les plus sages. Mon père a vu des loups se jeter sur trois de nos plus beaux moutons, et, parce que j'ai crié pour donner l'alarme à la garnison anglaise, il s'est mis en colère contre moi, oh ! mais d'une colère à me tuer ; uniquement pour avoir arraché ces pauvres bêtes aux dents qui allaient les dévorer.

— Voilà qui est étrange, mon vieil ami. Êtes-vous d'intelligence avec les loups pour qu'ils volent vos moutons ?

— Laissons cela, s'il vous plaît. Charles aurait pu être plus sincère, s'il avait voulu... Mais parlons d'autre chose.

Comme ils arrivaient à la ferme, ils entendirent deux soldats anglais qui s'expliquaient à l'intérieur.

— Tout beau, Antoine! disait l'un. Robin Hood lui-même ne se mettait jamais à table avant que le rôti fût prêt.

— Comment! prêt? répliqua une voix rude. Je te dis qu'il est brûlé, réduit en charpie. Ah! sans l'ordre exprès du gouverneur, ce coquin de Dickson n'en aurait pas gros pour sa part !

— Allons, cesse de grogner. Tu sais bien qu'il nous est défendu, sous des peines sévères, de chercher noise aux gens du pays.

— A coup sûr, je n'ai rien fait pour cela, et si j'étais également rassuré sur les intentions de ce sombre animal à notre égard... Mais le voici, et que la peste m'étouffe s'il n'amène pas avec lui son enragé de fils, sans compter deux vagabonds, qui ont l'air assez affamé pour dévorer toute la mangeaille !

— Fi, Antoine ! Toi, un vaillant archer, tu affectes d'avoir peur de deux voyageurs fatigués ! Nous sommes ici quatre ou cinq, armés d'arcs

et de haches, et ce ne serait pas une douzaine d'Écossais, errants ou non, qui nous raviraient notre repas.

Sur ces entrefaites, Dickson et ceux qui l'accompagnaient étaient entrés dans la salle.

— Ah ! ah ! mon maître, continua l'archer en s'adressant au fermier, vous n'ignorez pas que, d'après nos instructions, nous devons nous enquérir des personnes que vous pouvez recevoir, en dehors de nous, qui sommes ici bien à contre-cœur. Vous attendez le souper, je gage, comme le souper vous attend, et je vous retarderai seulement, vous et l'ami Antoine, qui commence à perdre patience, jusqu'à ce que vous ayez répondu aux questions d'usage.

— Bande l'Arc, répondit Dickson, tu es un garçon honnête, et, quoiqu'il soit un peu dur d'avoir à conter l'histoire de ses amis, parce qu'ils viennent par hasard passer une nuit ou deux sous notre toit, cependant il faut céder aux circonstances, et je ne ferai pas une opposition inutile. Marquez donc sur votre pancarte que, le quatorzième jour avant le dimanche des Rameaux. Thomas Dickson a amené dans sa ferme de la Coudraie, où vous tenez garnison par l'ordre du gouverneur anglais sire Jean de Walton, deux étrangers, auxquels ledit Thomas Dickson a promis un souper et un lit jusqu'au lendemain, si cela est permis.

— Et qui sont ces étrangers?

— Le plus âgé, répondit Dickson, — qui pensait en son par-dedans : « Joli monde, ma foi, où un brave homme est forcé de satisfaire la curiosité d'un méchant vaurien! » — le plus âgé se nomme Bertrand, ménestrel anglais : il a mission particulière de se rendre au château de Douglas, et il communiquera les nouvelles dont il est porteur au gouverneur en personne. Il y a vingt ans que je le connais, et je n'ai jamais rien entendu dire sur son compte, sinon que c'était un digne homme. Le plus jeune est son fils, à peine rétabli de la maladie anglaise, qui a fait rage dans le Westmoreland et le Cumberland.

— Ce Bertrand n'était-il pas au service, il y a un an, d'une dame anglaise?

— On me l'a dit.

— En ce cas, nous ne courons pas grand risque en permettant à ce vieillard et à son fils de continuer leur route vers le château.

— Vous êtes mon aîné et mon supérieur, fit observer Antoine ; mais est-ce bien notre devoir de laisser passer librement, au milieu d'une garnison de mille hommes de tous grades, un individu à peine guéri d'une maladie contagieuse? Cela ne me semble pas clair, et peut-être le commandant aimerait-il mieux apprendre que Douglas le Noir, avec cent diables comme lui, puisque c'est sa couleur, s'est emparé de notre avant-poste, que de savoir qu'une seule personne infectée de cette maladie infernale est entrée paisiblement au château, et par la porte grande ouverte.

— Il y a du vrai dans ce que tu dis là, Antoine, répliqua son camarade ; et considérant que notre gouverneur, en se chargeant de la maudite besogne de défendre le château le plus périlleux de l'Écosse, est devenu méfiant à l'excès, nous ferons très bien, je pense, de l'informer du fait et de prendre ses ordres en conséquence.

— Et puis je ne serais pas fâché, pour montrer que nous savons comment les choses se pratiquent, d'adresser certaines questions au garçon, par exemple : combien de temps a duré sa maladie ? depuis quand est-il guéri ? quelles preuves en a-t-on ? etc.

— Tu entends, ménestrel, nous voudrions demander certaines choses à ton fils... Eh bien, par où est-il passé ? Il était tout à l'heure dans la salle.

— Sauf votre respect, répondit Bertrand, il n'a fait que la traverser. Maître Dickson, à ma prière, et par égard pour la santé de Vos Honneurs, l'a fait conduire dans sa chambre.

— Il est peu ordinaire, reprit le vieil archer, à des hommes comme nous, qui vivent de la guerre, de se mêler d'interrogatoires et d'enquêtes ; cependant, vu la gravité des circonstances, il faut que nous parlions à votre fils avant de lui permettre de se rendre au château de Douglas, où l'appelle, dites-vous, une mission.

— Non, c'est moi qui en suis chargé.

— En ce cas, nous ferons notre devoir en vous laissant aller au château dès la pointe du jour, et en faisant rester votre fils au lit, la place, je crois, qui lui convient le mieux.

— Et nous pouvons aussi bien, ajouta Antoine, puisque nous devons avoir la compagnie de cet homme à souper, lui faire connaître la consigne de la garnison qui est, pour le moment, établie dans cette ferme.

En parlant ainsi, il tira de sa poche de cuir un rouleau de parchemin, et dit :

— Ménestrel, sais-tu lire ?

— Mon métier m'y oblige.

— Le mien ne s'en embarrasse pas. Lis-nous cette consigne à haute voix ; comme je n'entends rien à ce qui est écrit là-dessus, je ne perds pas l'occasion de me le faire lire, afin d'en fixer le sens dans ma mémoire. Ne manque pas de lire chaque ligne mot à mot, sans y changer une seule lettre ; et gare à toi, si tu n'y vas pas franc jeu.

— Comptez sur moi, foi de ménestrel.

Bertrand se mit à lire très lentement, afin de gagner du temps pour trouver le moyen de n'être point séparé de sa maîtresse. Il commença donc ainsi :

— « Avant-poste de la Coudraie, habitation du fermier Thomas Dickson. » Est-ce ainsi qu'on appelle ta maison, Thomas ?

— C'est l'ancien nom du manoir, répondit l'Écossais, vu qu'il est entouré d'un buisson de coudriers.

— Ne t'amuse pas à bavarder, et continue ta lecture, si tu tiens à tes oreilles.

— « Sa garnison, reprit le ménestrel, se compose d'une lance fournie. » Une lance ! alors c'est un chevalier qui commande le détachement ?

— Ceci ne te regarde pas.

— Si vraiment ; nous avons droit d'être interrogés par le chef du poste.

— Je te montrerai, drôle, dit l'archer en se levant, que je suis assez chevalier pour que tu veuilles bien me répondre, et je te casserai la tête si tu ajoutes un mot de plus.

— Prends garde, Antoine, interrompit son camarade, nous devons traiter les voyageurs avec politesse, et surtout, ne t'en déplaise, ceux qui viennent de notre pays.

— C'est ce qui vous est recommandé ici, ajouta le ménestrel, et il reprit sa lecture : « La garde du poste de la Coudraie arrêtera et interrogera tous les voyageurs qui passeront par le susdit endroit, leur permettant, s'il y a lieu, de continuer leur route vers la ville ou le château de Douglas, mais les détenant au moindre soupçon et leur faisant rebrousser chemin ; du reste, se conduisant en toutes choses avec politesse et courtoisie à l'égard des gens du pays et des personnes qui y voyagent. » Vous voyez, excellent et brave archer, ajouta le commentateur, que la courtoisie et la politesse sont particulièrement recommandées à Votre Seigneurie. J'espère, en tout cas, que vous aurez de l'indulgence pour mon fils, qui est un garçon délicat et inhabile à conduire sa barque à travers le vaste monde.

— Pour te rassurer, dit le plus âgé et le plus civil des deux archers, je crois qu'on pourra permettre à ton fils de rester dans le couvent ici près, où, soit dit en passant, les nonnes sont aussi vieilles que les moines, et avec d'aussi longues barbes, ce qui est fort tranquillisant pour la moralité du jeune homme. Là, il attendra que tu aies terminé tes affaires au château de Douglas, et que tu sois prêt à te remettre en voyage.

— Si une telle permission peut être obtenue, je préfère laisser mon fils à l'abbaye, et aller moi-même, en premier lieu, prendre les ordres de votre commandant.

— C'est le parti le plus sage ; et avec quelques écus, tu peux t'assurer la protection de l'abbé. Mais il faut d'abord avertir ton fils au plus tôt de la visite que nous irons lui faire demain.

— J'y vais à l'instant pour que demain nous puissions être sur pied de bonne heure.

— Va, l'ami, et reviens vite ; notre souper attend que tu sois prêt à le partager avec nous.

— Suis-moi, dit Thomas Dickson, et je vais te montrer où ton oiseau a son nid.

Le fermier monta un escalier de bois, et frappa à une porte qui était celle du jeune étranger.

— Votre père voudrait vous parler, maître Augustin.

— Excusez-moi, mon cher hôte, répondit celui-ci en ouvrant la porte ; cette chambre se trouvant droit au-dessus de votre salle et le plancher n'en étant pas en bon état, il m'a fallu jouer le rôle ridicule d'écouteur aux portes ; aussi n'ai-je point perdu un mot de ce qu'on a dit touchant mon séjour projeté dans le couvent, notre voyage de demain matin, et l'heure un peu incommode à laquelle il me faudra secouer ma paresse.

— C'est bien, mon fils, dit Bertrand ; pour que tu sois prêt à partir de bonne heure, je prie notre hôte de t'envoyer à souper, après quoi tu feras sagement de te mettre au lit pour chasser la fatigue du jour ; demain nous en réserve encore.

Les deux amis se retirèrent, sans ajouter un seul mot. Ils étaient forcés d'abandonner la jeune dame à ces frayeurs exagérées qui, vu la nouveauté de sa situation et la timidité ordinaire de son sexe, devaient naturellement l'assaillir.

Le galop d'un cheval retentit bientôt près de l'habitation, et le cavalier fut accueilli par la garnison avec des marques de respect. Bertrand parvint à comprendre, d'après la conversation des deux soldats, que le nouveau venu était sire Aymar de Valence, sous-gouverneur du château de Douglas et qui commandait le détachement en garnison chez le fermier.

Pour prévenir tout soupçon relativement à lui-même et à sa compagne, aussi bien que pour assurer le repos de celle-ci, le ménestrel jugea convenable de se présenter à l'inspection de ce chevalier. Il le trouva faisant son souper des restes du bœuf rôti, sans plus de scrupule qu'en avaient montré les archers. L'interrogatoire qu'il subit fut plus minutieux et dura plus longtemps qu'il ne lui était agréable, à cause du secret dont il avait la connaissance. Ce n'était pas qu'il eût à se plaindre de son nouveau juge, doux, aimable et modeste comme une fille ; mais, avec ses manières polies, il mettait beaucoup d'intelligence et de finesse dans ses questions. Toutefois, au lieu d'insister pour voir son prétendu fils, il consentit volontiers à ce que le jeune homme demeurât au couvent, lieu tranquille, et partant très convenable pour un convalescent, jusqu'à ce que le gouverneur, sire Jean de Walton, en eût décidé autrement.

Par ordre du jeune chevalier, tout le monde alla se coucher plus tôt qu'à l'ordinaire, les premiers sons des cloches de la chapelle voisine devant être le signal de la réunion dès le point du jour. On se réunit en effet, à l'heure convenue, et l'on se mit en marche pour Sainte-Brigitte, où l'en entendit la messe. Ensuite, le ménestrel eut une entrevue avec l'abbé Jérôme, qui voulut bien, sous la permission du sire de Valence, recevoir le jeune Augustin dans la maison pour quelques jours. En retour de cette hospitalité, Bertrand promit, à titre d'aumône, une gratification qui satisfit pleinement le supérieur.

— Adieu, dit Bertrand, en prenant congé de son prétendu fils ; sois certain que je ne resterai au château de Douglas que le temps nécessaire pour l'affaire en question, c'est-à-dire la recherche des vieux parchemins que tu sais. Je reviendrai promptement te reprendre à l'abbaye pour m'en retourner avec toi en Angleterre.

— O mon père! répondit le jeune homme en souriant, j'ai bien peur qu'une fois entouré de romans et de chroniques, vous ne perdiez la mémoire du pauvre Augustin et de tout ce qui le concerne.

— Ne redoute pas un pareil oubli, Augustin, dit le vieillard, en faisant le geste de lui envoyer un baiser ; tu es bon et vertueux, et le ciel ne t'abandonnerait pas si ton père était assez dénaturé pour le faire. Crois-moi, toutes les vieilles chansons, même celles de Merlin, ne parviendraient pas à t'effacer de mon souvenir.

Ils se séparèrent, le ménestrel ainsi que le chevalier anglais et sa suite pour se diriger vers le château, et le jeune homme pour suivre respectueusement le révérend abbé.

CHAPITRE III.

Afin d'arriver plus aisément et plus vite au château de Douglas, le chevalier offrit au ménestrel un cheval, que les fatigues de la veille lui firent accepter avec plaisir.

Sire Aymar, armé de pied en cap, montait son cheval de guerre. Deux archers, un varlet de rang inférieur et un écuyer qui aspirait aux honneurs de la chevalerie, composaient l'escorte ; et cette petite troupe paraissait aussi propre à empêcher le ménestrel de s'échapper qu'à le protéger contre toute violence.

— Il n'y a pas plus de danger, dit le chevalier à Bertrand, à voyager dans ce pays que dans nos cantons d'Angleterre ; mais, à la suite de quelques troubles, dont vous avez probablement ouï parler, la garnison du château s'est vue obligée d'établir une surveillance plus rigoureuse.

La matinée était brumeuse, noire, humide : le brouillard avait envahi les montagnes et se déroulait sur les ruisseaux, les clairières et les marais ; et la brise du printemps n'était pas assez forte pour soulever ce rideau. La route suivait le cours que la rivière s'était frayé dans le vallon, et ses eaux avaient, en général, cette livrée grisâtre que sire Aymar prétendait être la teinte prédominante du pays. Le soleil, faisant d'infructueux efforts pour se dégager de la brume, lançait de temps à autre un rayon qui allait dorer la cime des montagnes; mais il ne pouvait pas hâter la lenteur du jour, et la lumière, du côté de l'orient, produisait une variété d'ombres plutôt que des flots de splendeur.

Au milieu de ce paysage attristant et monotone, le chevalier semblait chercher à se distraire, en causant avec Bertrand qui, comme les gens de sa profession, possédait un fonds de connaissances et des moyens de conversation capables de faire passer bien vite une ennuyeuse matinée.

— J'ai quelque chose à vous dire, mon maître, dit Aymar. Si vous ne trouvez pas l'air du matin trop vif pour vos poumons, avouez-moi franchement quel motif a pu décider un homme intelligent comme vous à s'enfoncer dans une contrée si sauvage, et en un pareil moment. Camarades, ajouta-t-il en s'adressant aux gens de l'escorte, tenez-vous tant soi peu en arrière, c'est plus convenable; car j'imagine que, pour aller votre chemin, vous n'avez pas besoin d'un ménestrel pour vous distraire.

Les archers obéirent, assez mécontents, du reste, qu'on leur ôtât la facilité d'entendre la conversation qui allait avoir lieu.

— Je dois donc admettre, bon ménestrel, poursuivit le chevalier, que vous, qui avez, dans votre temps, porté les armes, vous vous sentez irrésistiblement attiré vers des régions où l'épée, qui ne tient jamais guère au fourreau, est prête à en sortir à la moindre provocation.

— Il serait difficile, répliqua Bertrand sans détour, de répondre par l'affirmative à une semblable question. Cependant, considérez combien le métier de l'homme qui célèbre les hauts faits d'armes touche de près à celui du chevalier qui les accomplit, et vous m'accorderez qu'un ménestrel, jaloux de remplir son devoir, doit, comme un jeune chevalier, chercher les sujets d'aventures partout où il en peut trouver. Vous et vos pareils, sire de Valence, qui estimez peu la vie en comparaison de la gloire, vous vous laissez conduire en ce monde d'après le même principe qui attire votre humble serviteur, le ménestrel Bertrand, du fond d'une province de la riante

Angleterre vers le noir canton de la raboteuse Écosse, appelé le val de Douglas. Vous brûlez du désir de rencontrer de glorieuses aventures; et moi, — pardon, si j'ose ainsi me nommer après vous, — je cherche à gagner une existence précaire, mais honorable du moins, en conservant pour l'immortalité les détails de ces exploits, et surtout les noms de ceux qui en furent les héros. Chacun de nous suit donc sa vocation; et il n'est pas juste d'admirer l'un plus que l'autre : s'il y a quelque différence dans les périls auxquels le héros et le poëte sont en butte, le courage, la force et l'adresse du vaillant chevalier rendent son rôle plus sûr encore que celui du pauvre rimeur.

— Vous avez raison. C'est, à la vérité, une espèce de nouveauté pour moi que d'entendre mettre sur un même pied votre profession et mon genre de vie. Néanmoins, le ménestrel, qui s'impose de si rudes travaux pour conserver la mémoire des prouesses de la chevalerie, préfère aussi la renommée à l'existence, et un seul acte de valeur à tout un siècle de vie sans gloire. Certes, je ne prétends pas qu'un semblable métier soit vil et déshonorant.

— C'est dans un motif légitime, veuillez le reconnaître, que moi, pauvre hère, qui ai reçu mes degrés devant les professeurs de la gaie science, en la cité d'Aigues-Mortes, je m'efforce d'arriver jusque dans ces confins éloignés, où doivent s'être passés bien des événements. Les fameux ménestrels des anciens jours ont chanté ces hauts faits sur la harpe, et leurs récits ont été déposés dans les archives du château de Douglas, où ils courent risque d'être perdus pour la postérité, à moins d'être transcrits par quelqu'un qui comprenne le vieux langage. Si ces trésors enfouis étaient déterrés et rendus publics par l'art d'un ménestrel, moi ou tout autre, il y aurait bien là de quoi dédommager de quelques égratignures qu'ils auraient pu coûter; et je serais indigne du nom d'homme, et plus encore de celui de trouvère, si je mettais en balance la perte d'une vie si fragile avec la chance de l'immortalité qui survivra dans mes vers.

— A coup sûr, puisque votre âme peut ressentir une si noble émulation, vous avez le droit d'en parler hautement; par malheur,

Sire Aymar et Bertrand se rendant au château de Douglas.

je n'ai point rencontré jusqu'ici beaucoup de ménestrels portés comme vous à préférer la renommée à la vie.

— Il y a, en effet, Messire, des ménestrels, et, sauf votre respect, des chevaliers même, qui ne comprennent point un si noble choix. Il faut laisser à ces pauvres d'esprit la récompense qu'ils ambitionnent : abandonnons-leur la terre et les choses de la terre, puisqu'ils ne sauraient aspirer à la gloire, qui est notre plus belle récompense.

Bertrand prononça ces derniers mots avec un tel enthousiasme, que le chevalier se tourna vers lui, les yeux brillants, le visage enflammé d'une noble ardeur.

— Gloire, gloire à ton cœur, gai compagnon ! s'écria-t-il. Je m'estime heureux de voir qu'il existe encore un pareil enthousiasme dans le monde. Tu as dignement gagné le salaire du ménestrel. Il doit me rester une pièce d'or ou deux de la rançon d'un chevalier français, que le sort des armes a fait tomber entre mes mains ; et cet or, mon digne ami, passera dans les tiennes. Moi, Aymar de Valence, qui te parle, j'appartiens à l'illustre famille de Pembroke, et, bien qu'aujourd'hui sans argent, j'aurai un jour, avec l'aide de Notre-Dame, des terres et un château, et j'y trouverai place pour loger un ménestrel comme toi, si tes talents ne t'ont pas, d'ici là, procuré un meilleur patron.

— Je vous remercie, noble chevalier, de vos généreuses intentions pour le moment, ainsi que de vos promesses pour l'avenir.

— Mais tu ne m'as point encore dit quels motifs particuliers ont attiré tes pas errants dans ce pays sauvage.

— Si je vous le disais, répliqua Bertrand, qui désirait éluder la question, vous pourriez croire que je vous débite un panégyrique étudié de vos propres exploits et de ceux de vos compagnons d'armes ; et tout ménestrel que je suis, j'ai honte de l'adulation, comme je rougirais de présenter une coupe vide aux lèvres d'un ami. Permettez-moi, cependant, de vous dire, en peu de mots, que le château de Douglas et les actes de valeur dont il a été le théâtre ont retenti par toute l'Angleterre. Il n'est pas de brave chevalier ni de véritable ménestrel dont le cœur n'ait tressailli au nom d'une forteresse où jadis aucun Anglais n'avait posé le pied, si ce n'est pour recevoir l'hospitalité. Il y a une espèce de magie dans les noms mêmes de sire Jean de Walton et de sire Aymar de Valence, vaillants défenseurs d'une place si souvent reconquise par ses anciens maîtres, et dans des circonstances si étonnantes que nous l'appelons en Angleterre *le Château périlleux*.

— Je serais bien aise d'entendre raconter, à votre manière, les légendes qui vous ont porté, pour l'amusement des siècles à venir, à visiter un pays où règne à présent tant de désordre.

— Si vous avez la patience d'écouter un long récit de ménestrel, de mon côté, en homme qui chérit sa profession, je suis tout disposé à vous raconter mon histoire.

— Oh! quant à cela, vous aurez en moi un auditeur parfait; et si ma récompense doit être légère, du moins mon attention sera grande.

CHAPITRE IV.

L'AN de grâce 1285, dit le ménestrel, Alexandre III, roi d'Écosse, perdit sa fille Marguerite. L'unique enfant de cette princesse, appelée du même nom et connue aussi sous celui de *Vierge de Norvége*, parce que son père était roi de ce dernier pays, acquit ainsi des droits à la couronne d'Écosse, comme elle en avait déjà au sceptre paternel. Ce fut un événement malheureux pour Alexandre, qui se trouvait n'avoir plus que sa petite-fille pour héritière.

Le monarque écossais tâcha donc de réparer la perte qu'il avait faite en remplaçant sa première épouse, qui était anglaise et sœur de notre Édouard Ier, par Yolande, fille du comte de Dreux. La cérémonie nuptiale fut célébrée dans la ville de Jedburgh, et au milieu d'une des fêtes brillantes données à cette occasion, on vit paraître un spectre, sous la forme d'un affreux squelette... Votre Seigneurie peut rire, si elle trouve à cela quelque chose de plaisant; mais il existe encore des gens qui l'ont vu de leurs propres yeux, et l'événement n'a que trop bien prouvé de quels malheurs cette apparition était le singulier présage.

— Je connais l'histoire, et même le moine qui me l'a contée était d'avis que ledit spectre avait été introduit à dessein dans le spectacle.

— Je n'en sais rien, répliqua sèchement le ménestrel, mais une chose certaine, c'est que, quelques semaines plus tard, Alexandre mourut, au grand chagrin de son peuple. La Vierge de Norvège, son héritière, suivit promptement son grand-père au tombeau, et le roi d'Angleterre, Édouard Ier, invoqua aussitôt un droit de vassalité et d'hommage qui, disait-il, lui était dû par l'Écosse, et dont ni légistes, ni nobles, ni prêtres, ni même les ménestrels de ce royaume n'avaient jamais ouï parler.

— Malédiction! interrompit Aymar, ceci n'est pas dans notre marché. J'ai promis d'écouter avec patience votre récit, mais non de vous laisser outrager Édouard Ier, de bienheureuse mémoire.

— Je suis Anglais, et souhaite à mon pays tout le bien possible; par-dessus tout, je dois dire la vérité, mais j'éviterai les sujets qui pourraient engendrer quelque contestation.

— Eh bien, voyons ta légende du Château périlleux.

— Je n'ai pas besoin, je présume, de rappeler à Votre Seigneurie que les Douglas, qui ont bâti ce château, ne le cèdent à aucun lignage d'Écosse pour l'ancienneté de leur race; ils prétendent même que leurs ancêtres ne sont comptés, comme ceux des autres grandes familles, que du moment où ils ont obtenu un certain degré d'illustration. « Vous pouvez nous voir déjà fleuve, disent-ils, et vous ne sauriez remonter à la source. » En un mot, ils nient que les historiens puissent désigner l'homme de basse naissance, appelé Douglas, qui fut la souche première de leur maison.

— Il suffit; on m'a parlé de l'orgueil et de la puissance de cette famille, et je n'ai pas le moindre intérêt à nier ou à combattre leurs vastes prétentions sous ce rapport.

— Et sans doute, Noble seigneur, on vous a aussi parlé de Jacques, l'héritier actuel de la maison de Douglas?

— Oui, plus qu'il ne faut. Il est connu pour avoir énergiquement soutenu le traître Wallace. Maintenant même, à peine Robert Bruce, qui prétend être roi d'Écosse, a-t-il déployé sa bannière, ce jouvenceau de Jacques vient se mêler aussi de rébellion. Il vole à son oncle, l'archevêque de Saint-André, une grosse somme d'argent, pour remplir le trésor de l'usurpateur, qui n'est jamais bien lourd, débauche les vassaux de son parent et prend les armes. Quoique châtié maintes fois sur les champs de bataille, il ne rabat rien de ses fanfaronnades, et menace de son courroux ceux qui, au nom de son légitime souverain, défendent le château de Douglas.

— Il peut vous plaire de parler ainsi. Cependant, je suis convaincu que, si vous étiez Écossais, vous me laisseriez, avec patience, répéter ce que rapportent de ce jeune homme ceux qui l'ont connu. Ils assurent, par exemple, que l'héritier des Douglas est tout à fait capable de soutenir et même d'augmenter la réputation de ses ancêtres, prêt sans doute à affronter tous les périls pour la cause de Robert Bruce, parce qu'il le regarde comme son légitime souverain; et ne songeant enfin, avec les faibles forces qu'il peut réunir, qu'à se venger des Anglais, qui, depuis plusieurs années et contre tout droit, à ce qu'il pense, se sont violemment emparés des domaines de son père.

— Oh! nous avons les oreilles rebattues de ses projets de vengeance et de ses menaces contre le gouverneur et moi-même! Malgré cela, il n'est guère probable que Jean de Walton abandonne Douglas sans l'ordre du roi, et Jacques, un poussin à peine éclos, risque fort de se fausser la voix en criant comme un coq.

— Sire chevalier, il y a bien peu de temps que nous avons fait connaissance, et je ne crois pas vous offenser en souhaitant que vous ne puissiez jamais vous trouver en présence de Jacques Douglas, avant que l'état des deux royaumes mette la paix entre vous; et si je redoute pour vous une rencontre semblable, c'est uniquement parce qu'il me paraît combattre pour la bonne cause, et que des puissances surhumaines lui ont présagé le succès.

— Oses-tu bien me parler de la sorte, s'écria Aymar d'un ton menaçant, toi qui me connais, moi et mon rang?

— Votre dignité personnelle et votre autorité, répliqua Bertrand, ne peuvent changer le bien en mal, ni empêcher que les décrets de la Providence ne s'exécutent. Vous n'ignorez pas sans doute que Douglas, au moyen de différents stratagèmes, est déjà parvenu à s'emparer trois fois du château. Vous savez aussi que Jean de Walton, le gouverneur actuel, l'occupe avec une garnison qu'on a triplée : il lui a été promis que si, sans se laisser surprendre, il peut s'y maintenir contre les Écossais pendant un an et un jour, il obtiendra pour récompense la baronnie de Douglas, en toute propriété, avec les nombreux domaines qui en dépendent. Si, au contraire, pendant cet espace de temps, il laisse reprendre cette forteresse, soit par ruse soit par force ouverte, comme cela est successivement arrivé à tous les gouverneurs du Château périlleux, il sera dégradé comme chevalier, et proscrit comme sujet ; et les chefs qui serviront sous ses ordres partageront sa gloire ou son châtiment.

— Je sais tout cela ; et je m'étonne seulement que, devenues publiques, ces conditions soient répétées avec tant d'exactitude.

— Vous savez également de quelle façon Jacques de Thirlwall, le dernier gouverneur avant le sire de Walton, a été surpris, et comment on a saccagé le château avec la plus révoltante barbarie.

— Tout le monde a eu connaissance de cette boucherie et de l'infâme conduite du chef écossais, qui fit transporter au milieu d'une forêt l'or, l'argent, les munitions, les armes, tout ce qu'il était possible d'enlever, et détruisit une immense quantité de provisions d'une manière aussi horrible qu'inouïe.

— Peut-être, Sire chevalier, avez-vous été témoin de cette affaire qui a fait tant de bruit, et avez-vous vu le *garde-manger* de Douglas?

— Je n'ai pas vu s'accomplir le brigandage, mais j'en ai assez remarqué les débris pour ne jamais oublier le garde-manger de Douglas, véritable monument d'horreur et d'abomination. Je vais vous raconter sincèrement ce que j'en sais.

« Pendant deux années ou environ, une grande quantité de provisions avaient été réunies de différents côtés ; et le château de Douglas, nouvellement réparé, fut désigné comme l'endroit où elles devaient être mises en magasin pour le service du roi d'Angleterre ou du baron de Clifford, lorsque l'un ou l'autre pénétrerait dans les Marches occidentales avec une armée anglaise. Cette armée devait aussi nous prêter assistance, je veux dire à mon oncle, le comte de Pembroke qui, quelque temps auparavant, s'était jeté avec des forces considérables dans la ville d'Ayr, près de la vieille forêt calédonienne, où nous avions de chaudes escarmouches avec les Écossais. Eh bien! il advint que Thirlwall, tout brave et hardi qu'il était, fut surpris dans le château, vers la Toussaint,

par votre Jacques Douglas. La nouvelle de la mort de son père dans la prison de Berwick avait rempli ce jeune homme d'une rage épouvantable; et ce fut sous cette influence qu'il commit sa vilaine action. Les immenses provisions qu'il avait trouvées dans le château l'embarrassaient beaucoup; ne pouvant, dans le voisinage d'une armée anglaise, ni les emporter, ni les consommer sur place, le diable, je pense, lui inspira un moyen de les rendre inutiles.

« Après qu'on eut caché en lieu sûr l'or, l'argent et tous les objets de valeur, Douglas ordonna qu'on descendît les provisions de bouche, la viande, le blé, l'orge et les autres grains, dans les caves du château : faisant vider le contenu des sacs pêle-mêle, il défonça les tonneaux et les barils, et laissa les liquides couler sur les provisions amoncelées. Les bœufs, destinés à la nourriture des soldats anglais, furent éventrés, et leur sang alla se mêler à cet amas monstrueux. Enfin, il fit couper les bœufs par quartiers, et les jeta également dans ce hideux mélange ; il y ajouta les cadavres des défenseurs du château qui, n'ayant point obtenu de quartier, payèrent leur défaut de vigilance. Cet ignoble gaspillage de provisions utiles et l'acte infâme de souiller l'eau des puits avec des carcasses d'hommes et de chevaux, voilà d'où vient le nom populaire de « garde-manger de Douglas ».

— Je ne prétends pas, sire Aymar, dit le ménestrel, défendre une action que vous flétrissez justement. Ce jeune homme a pu être poussé à une pareille conduite par un ressentiment naturel, qui rend son singulier exploit plus excusable. Songez-y, si votre noble père venait de mourir dans une longue captivité, si votre château était pris et occupé par l'ennemi, n'y aurait-il pas là de quoi vous porter à des représailles que vous auriez raison d'avoir en horreur, en les jugeant de sang-froid ? Respecteriez-vous, dites-moi, des objets qui n'ont ni vie ni sentiment, que nul ne vous blâmerait de prendre pour en faire votre profit ? et même auriez-vous scrupule de refuser quartier à des captifs, chose qui arrive si souvent dans des guerres qu'on appelle néanmoins loyales et humaines ?

— Vous me pressez vivement, ménestrel. Quant à moi, je n'ai pas intérêt à excuser Douglas dans cette affaire, puisque, par suite, moi-même et le reste des troupes de mon oncle, nous avons travaillé, avec Clifford et son armée, à rebâtir ce château périlleux, et que, ne nous sentant aucun appétit pour le ragoût que Douglas avait laissé, nous fûmes réduits à maigre pitance. Je l'avoue en toute franchise, nous devons, nous autres gens de guerre, implorer la merci du ciel, en expiation des misères nombreuses que notre genre d'état nous force à nous infliger les uns aux autres.

— Lorsqu'on sent l'aiguillon de sa propre conscience, il faudrait, à mon avis, se montrer indulgent en parlant des méfaits d'autrui. Ce n'est pas que je compte beaucoup sur une espèce de prédiction faite, dit-on, au jeune Douglas par un homme qui, dans l'ordre de la nature, aurait dû être mort depuis longtemps : cette prédiction lui promettait une longue suite de succès contre les Anglais, parce qu'il avait sacrifié son propre castel pour empêcher qu'on n'y plaçât une garnison.

— Vous avez bien le temps de me conter cette histoire ; elle conviendrait mieux à un chevalier et à un ménestrel que la grave conversation que nous avons tenue jusqu'à présent, et qui eût été fort bien placée, Dieu me pardonne! dans la bouche de deux moines en voyage.

— Soit, répondit Bertrand ; la harpe et la viole peuvent aisément varier de mesure et changer d'air.

CHAPITRE V.

ACHEZ d'abord, gracieux sire, que j'ai entendu conter cette histoire, bien loin du pays où elle est arrivée, par un ménestrel, ancien ami et serviteur de la maison de Douglas. Ce ménestrel, nommé Hugues Hugonnet, accompagnait son jeune maître, suivant sa coutume, à l'époque où il fit l'exploit dont nous parlions tout à l'heure.

« Le plus grand désordre régnait dans tout le château. Ici, les gens de guerre s'occupaient à saccager et à détruire les provisions ; là, ils tuaient hommes, chevaux, bœufs et moutons, et cette besogne était accompagnée du bruit que l'on peut s'imaginer. Les bestiaux, en particulier, avaient pressenti le sort qui les menaçait, et témoignaient, par une résistance apathique et de lamentables mugissements, cette répugnance instinctive avec laquelle ces pauvres créatures approchent d'un abattoir. Les gémissements des hommes qui recevaient ou allaient recevoir le coup mortel, et les cris aigus des chevaux en agonie, formaient un chœur épouvantable. Hugonnet aurait voulu se soustraire à un spectacle si révoltant ; mais il désirait ardemment sauver un livre auquel son vieux maître attachait jadis un grand prix.

« Ce livre contenait les chants d'un ancien barde écossais, Thomas, surnommé le Rimeur, dont le commerce avec les fées était devenu si étroit qu'il pouvait, à leur exemple, prédire les choses futures. Depuis plusieurs années, il avait presque entièrement disparu de la scène du monde ; on ne connaissait ni le temps ni le genre de sa mort, mais la croyance générale était qu'au lieu d'être retranché du nombre des vivants, il avait été transporté dans le pays des fées, d'où il faisait parfois des excursions sur la terre. Hugonnet souhaitait d'autant plus de préserver de la destruction les œuvres du barde, que la plupart de ses prédictions et poèmes se trouvaient seulement dans le château, et qu'il y avait, disait-on, beaucoup de passages relatifs aux Douglas, et à d'autres nobles familles. Il résolut donc de mettre ce volume à l'abri du feu, auquel l'édifice venait d'être condamné par le dernier de ses possesseurs.

« Dans cette intention, il se rendit en hâte dans la petite salle voûtée dite *la Librairie de Douglas*, et renfermant quelques douzaines de vieux rouleaux écrits par les chapelains en lettres noires (gothiques). Il découvrit aussitôt le célèbre lai, intitulé *Sire Tristan*, si souvent altéré et abrégé depuis, qu'il ne ressemble guère à l'original. Hugonnet, connaissant tout le prix que les anciens seigneurs attachaient à ce poème, tira le volume en parchemin des rayons de la bibliothèque, et le posa sur une petite table placée près de la *chaire* du baron. Puis, après s'être ainsi disposé à le sauver, il tomba dans une courte rêverie, favorisée par le jour qui baissait, par le bruit des préparatifs du dehors, et surtout par la pensée qu'il contemplait, pour la dernière fois, des objets depuis longtemps familiers à sa vue.

« Tout à coup, en abaissant les yeux sur le volume du vieux rimeur, il fut surpris de le voir entraîner lentement par une main invisible, loin du vieux pupitre où il l'avait posé. Le vieillard regarda avec terreur le mouvement spontané du livre à la sûreté duquel il était si intéressé, et eut le courage de se rapprocher un peu de la table, afin de découvrir par quel moyen il en avait été retiré.

« Comme je vous l'ai dit, la salle commençait de s'obscurcir, de manière qu'il n'était pas facile de distinguer s'il y avait réellement quelqu'un dans la chaire seigneuriale. Toutefois, il lui sembla qu'une espèce d'ombre ou de vapeur ayant forme humaine y était assise ; à force de regarder, il parvint à découvrir un peu mieux l'objet qui s'offrait à sa vue, et sa vue devint même par degrés plus claire et plus capable de discerner ce qu'il contemplait. Une grande forme maigre, habillée ou plutôt ennuagée d'une longue robe flottante, des cheveux à profusion, une physionomie étrange, tels étaient les seuls traits du fantôme qu'on pût saisir. En redoublant encore d'attention, Hugonnet remarqua deux autres formes qui avaient la tournure d'un cerf et d'une biche, et qui sortaient à demi de la pénombre, derrière le personnage surnaturel. »

— Sur quelle autorité fondez-vous ce conte ? interrompit le chevalier. En supposant qu'il puisse passer après boire, il doit être absolument tenu pour apocryphe durant les heures sobres de la matinée ?

— Hugonnet, après s'être retiré dans un cloître du pays de Galles, m'a communiqué l'histoire que je vous raconte en ce moment ; et, comme je parle d'après l'autorité d'un témoin oculaire, je ne crois pas avoir besoin d'autre excuse.

— Continue, et puisse ta légende échapper à toutes les critiques aussi facilement qu'aux miennes !

— Hugonnet, sire chevalier, fut un saint homme, qui jouit, sa vie durant, d'une bonne réputation... La vision lui parla dans un vieil idiome, que peu de gens auraient compris.

« — Tu es savant, dit la vision, et familier avec les dialectes oubliés ; mais un barde des vieux âges doit avoir en grande estime celui qui, dans un temps déjà éloigné, aime assez la poésie de son pays natal pour songer à en préserver les restes, malgré la terreur de cette nuit.

« — Nuit de terreur, en effet, répondit Hugonnet, celle qui fait sortir les morts du tombeau ! Qui es-tu, au nom de Dieu ?

« — Je suis Thomas le Rimeur, appelé aussi le Véridique. Comme à d'autres sages, il m'est permis de revoir, de temps en temps, les scènes de ma première existence, ainsi que d'écarter, comme autrefois, les ténèbres qui couvrent l'avenir. Apprends, créature affligée, que la situation présente de la malheureuse Écosse n'est point un présage de ce qui arrivera plus tard. Autant les Douglas souffrent aujourd'hui dans la perte de leurs biens, dans la destruction de leur château, conséquences de leur fidélité à l'héritier légitime du royaume, autant est grande la récompense que leur destine le ciel ; et comme ils n'ont pas hésité à brûler leur propre maison et celle de leurs pères pour la cause de Bruce, le ciel a décrété que toutes les fois que le château sera détruit jusqu'au niveau du sol, il sera rebâti avec plus de solidité et de magnificence qu'auparavant. »

« Un cri, poussé par la multitude réunie dans la tendre, cri de joie conr, se fit alors entendre et de triomphe. En même temps, une grande lueur rouge parut sortir des combles et des solives du toit, d'où jaillirent des étincelles comme de l'enclume d'un forgeron, tandis que la flamme, gagnant de proche en proche, se frayait un passage par mille ouvertures.

« — Vois-tu ? dit l'apparition en se tournant vers la fenêtre. Pars ! éloigne-toi !... L'heure d'emporter ce livre n'est pas encore venue ; jusque-là, il sera en sûreté dans l'endroit où je l'ai placé. »

« La voix se faisait encore entendre que l'ombre avait disparu. Hugonnet retrouva à peine assez de force pour s'arracher à ce lieu de terreur. Dans la nuit, le château de Douglas s'évanouit en cendres et en fumée pour reparaître, peu après, plus redoutable et plus fort qu'auparavant. »

Le ménestrel cessa de parler, et le chevalier garda quelques minutes de silence.

— Il est vrai, ménestrel, dit enfin Aymar, que votre histoire est incontestable sur un point : oui, le château, trois fois brûlé par l'héritier de la maison et de la baronnie, a jusqu'à présent été autant de fois relevé par Henri Clifford et d'autres chefs anglais, qui ont toujours cherché à le reconstruire plus solide et plus fort qu'il n'était ; car il occupe une position trop importante à la sûreté de notre frontière du côté de l'Écosse pour que nous puissions l'abandonner. Mais comment croire que la manière dont le château a été détruit doit être une raison providentielle de le relever sans cesse ? Les exploits des Douglas sont accompagnés de barbaries qui ne peuvent assurément obtenir l'approbation du ciel. Tu es décidé, je le vois, à ne pas changer d'opinion, et je ne puis t'en blâmer ; les étonnantes vicissitudes de cette forteresse suffisent à justifier ceux qui y voient l'indication manifeste de la volonté divine. Sois certain, bon ménestrel, qu'il n'y aura point de ma faute si le jeune Douglas trouve l'occasion d'exercer ses talents en cuisine pour une répétition de son garde-manger de famille.

— Je ne révoque en doute ni votre circonspection ni celle du sire Jean de Walton ; mais il n'y a pas de crime à dire que le ciel sait comment accomplir ses desseins. Je regarde le château de Douglas comme un lieu en quelque sorte prédestiné, et je brûle du désir de voir quels changements le temps a pu y apporter. Avant tout, je voudrais posséder, s'il était possible, le volume de Thomas le Rimeur, qui contient tant de lais oubliés et tant de prophéties relatives aux destinées futures de l'Angleterre et de l'Écosse.

La petite troupe, qui suivait une route montueuse le long de la rivière, était parvenue au sommet d'une colline élevée. De ce point, et derrière un énorme rocher, qui paraissait avoir été mis là comme un décor de théâtre, pour que la vue plongeât dans la partie basse de la vallée, on aperçut le château seigneurial qui lui donnait son nom. Le brouillard, qui emplissait toujours le paysage de ses vapeurs cotonneuses, ne laissait voir qu'imparfaitement les fortifications grossières qui servaient de défense à la petite ville de Douglas. Le trait le plus remarquable en était l'église, ancien monument ogival construit sur une éminence, et qui dès lors tombait en ruines. A gauche, et s'effaçant, pour ainsi dire, dans l'éloignement, on pouvait distinguer d'autres tours ; enfin, séparé de la ville par une pièce d'eau artificielle qui l'entourait presque de tous côtés, s'élevait le château périlleux de Douglas.

Il était solidement fortifié à la mode du moyen âge, avec donjon et créneaux, élevant au-dessus des autres la tour majestueuse qui portait le nom de Tour de Clifford.

— Voilà le château, dit Aymar de Valence, en étendant le bras avec un sourire de triomphe ; tu peux juger par toi-même de ce que les défenses construites récemment doivent ajouter aux difficultés d'un siège.

Le ménestrel ne répondit que par un hochement de tête.

— Je crois avoir assez de crédit dans la place pour t'y assurer un bon accueil, et sire Jean de Walton, je l'espère, ne refusera point le libre accès des salles de l'intérieur à une personne de ta profession, dont l'entretien peut nous être si profitable.

On approchait des sentinelles, placées sur les différents points du château à peu de distance les unes des autres : elles admirent respectueusement sire Aymar de Valence, premier commandant après le sire de Walton. Fabien, le jeune écuyer du chevalier, leur fit savoir que le bon plaisir de son maître était qu'on laissât aussi entrer le ménestrel.

Là-dessus, un vieil archer regarda le ménestrel de travers.

— Il ne nous appartient pas, dit-il, à nous ni à personne de notre condition, de nous opposer au bon plaisir de sire Aymar ; mais vous savez, maître Fabien, que la consigne est sévère, et si Salomon, roi d'Israël, nous arrivait comme un ménestrel ambulant, je ne me soucierais pas, ma foi! de lui ouvrir la porte sans l'ordre exprès du gouverneur.

— Douterais-tu, manant, s'écria Aymar en se retournant au bruit de l'altercation, que j'aie le droit d'introduire un hôte, ou prétendrais-tu me le contester?

— A Dieu ne plaise! Ce que j'en dis c'est par respect pour le sire de Walton, qui est votre gouverneur aussi bien que le mien. Je crois donc qu'il ne serait pas mal que votre hôte attendît le retour de sire Jean, qui est allé visiter les avant-postes; et comme, en ceci, je ne fais que mon devoir, Votre Seigneurie ne s'en offensera point, je l'espère.

— Conduis cet homme dans la salle de garde, ne le laisse manquer de rien, et, quand sire Jean sera de retour, dis-lui qu'il est entré sur ma demande. S'il faut quelque chose de plus pour te faire excuser, j'interviendrai volontiers auprès du gouverneur.

L'archer fit un signe d'obéissance avec la pique qu'il tenait à la main, et reprit l'air grave d'une sentinelle en faction. Toutefois, il fit d'abord entrer le ménestrel, et lui procura des rafraîchissements, sans cesser de causer avec Fabien, qui était demeuré en arrière. Ce jeune homme était devenu très fier depuis qu'Aymar l'avait attaché à sa personne en qualité d'écuyer, le premier grade dans la carrière de la chevalerie. De son côté, le vieil archer, s'il avait gagné, par son expérience et sa gravité, la confiance générale, était en butte aux railleries des jeunes freluquets; et ses qualités le rendaient en même temps quelque peu doctoral et pointilleux à l'égard des gens que leur naissance ou leur grade élevaient au-dessus de lui.

— Vois-tu, Fabien, disait-il, si tu veux obliger ton maître, donne-lui à entendre qu'il devrait permettre à un vieil archer ou à un homme d'armes de lui faire une observation franche et polie en matière de service; car ce n'est certes pas dans les premières vingt années de sa vie qu'un homme apprend à connaître les différentes règles du service militaire. Sire Jean de Walton, ce commandant par excellence, s'applique à ne jamais dévier de la ligne du devoir, et, crois-moi, il sera aussi rigoureusement sévère à l'égard de ton maître que s'il était d'un rang inférieur.

— Tu peux en prendre à ton aise, mon vieux Gilbert Vertefeuille, répondit l'écuyer; tu sais que je ne me fâche pas de tes sermons, quoique en vérité tu ailles un peu trop loin, en ne laissant passer un seul jour sans me donner le fouet. Mais ainsi va le monde : les vieux ne sauraient oublier qu'ils ont été jeunes, et les jeunes qu'ils doivent devenir vieux. Voilà un proverbe à ton usage, Gilbert; en connais-tu de meilleur? Accroche-le parmi tes enseignes de sagesse, il servira à te tirer d'affaire quand la cruche au vin — c'est ton unique défaut, — t'aura mis dans l'embarras.

— Garde le proverbe pour toi, sire écuyer; m'est avis qu'il te sera de plus grand profit quelque jour. A-t-on jamais ouï parler d'un chevalier, ou du bois dont on les fait, battu comme l'est un pauvre bonhomme d'archer? Il suffira d'une de ces jolies sentences pour réparer tes pires fautes, et du sobriquet de Fabuliste pour récompenser largement tes services.

Le son d'un cor se fit entendre à la porte, et, à en juger par le mouvement général qui s'opéra dans toute la garnison, il était évident que le gouverneur revenait de sa tournée aux avant-postes. Chaque sentinelle, comme ranimée par sa présence, tint sa pique plus droite, échangea le mot d'ordre avec plus de précaution, et parut mieux comprendre et remplir son devoir. Après avoir mis pied à terre, sire Jean de Walton demanda à Gilbert ce qui était arrivé durant son absence. Le vieil archer se crut obligé à dire qu'un ménestrel, qui avait l'air d'un Écossais ou d'un vagabond des frontières, avait été admis dans le château, tandis que son fils, malade de la contagion qui avait fait tant de bruit, avait été momentanément laissé à l'abbaye de Sainte-Brigitte. Il avait appris de Fabien ces derniers détails, et il ajouta que le père était un homme qui, par ses chansons et ses histoires, pourrait amuser toute la garnison, sans lui laisser le temps de songer à ses affaires.

— Nous n'avons pas besoin de pareils expédients pour passer le temps, répondit le gouverneur. J'aurais préféré que notre lieutenant nous amenât d'autres hôtes, de relations franches et honnêtes, au lieu d'un homme dont le métier est d'offenser Dieu et de tromper ses semblables.

— Cependant, répliqua le vieux soldat, qui ne pouvait pas même écouter son commandant sans se laisser aller à sa manie contrariante, j'ai entendu dire à Votre Seigneurie que le métier de ménestrel, quand on l'exerce comme il faut, est digne d'autant d'estime que la chevalerie.

— Il peut en avoir été ainsi autrefois, mais à présent les ménestrels ont oublié que leur art n'a d'autre but que d'exciter à la vertu. J'en parlerai à Aymar, qui, parmi les jeunes gens que je connais, n'a son pareil ni en bonté ni en idées généreuses.

Tout en causant de la sorte avec le vétéran, Jean de Walton s'était avancé sous le grand manteau de la cheminée de la salle des gardes, et s'y tenait debout, tandis que le fidèle Gilbert l'écoutait avec un silence respectueux. La conduite d'une tierce personne, l'écuyer Fabien, n'était pas aussi respectueuse, mais il était placé de manière à ne pas attirer sur lui l'attention.

On ne pouvait l'apercevoir à cause de sa position derrière la saillie que formait l'antique cheminée, et il tâcha de s'effacer encore plus soigneusement lorsqu'il entendit la conversation tourner au désavantage de son maître. Il était occupé à fourbir les armes de sire Aymar, travail dont il s'acquittait plus aisément en faisant chauffer, contre la paroi du foyer, les différentes pièces de l'armure, pour les recouvrir ensuite d'une légère couche de vernis. Il ne pouvait donc, au cas où il aurait été découvert, être regardé comme coupable d'impertinence ou de manque de respect. Il était d'autant mieux caché qu'une fumée épaisse s'élevait d'un amas de boiseries en chêne, où l'on distinguait en beaucoup d'endroits le chiffre et les armoiries des Douglas.

Le gouverneur, ignorant qu'il eût un supplément d'auditeurs, poursuivait la conversation avec Gilbert.

— Je n'ai pas besoin de rappeler, ajoutait-il, que je suis intéressé à en finir promptement avec ce siège ou ce blocus dont Douglas continue de nous menacer. Mon honneur, encore plus que ma volonté, est engagé à conserver cette place à l'Angleterre, et cela me peine qu'on y ait introduit un étranger. Le jeune Valence eût plus exactement rempli son devoir, s'il lui avait refusé de communiquer avec nos gens, sans ma permission.

— C'est pitié de voir, répliqua le vieux soldat en secouant la tête, qu'un si bon et brave jeune homme se laisse quelquefois aller aux conseils de son écuyer, ce marmot de Fabien qui a de la bravoure,

mais aussi peu d'aplomb qu'une bouteille de petite bière.

— Que la peste te crève! pensa Fabien, vieille relique de corps de garde, farcie de présomption et de routine!

— Je ne songerais pas deux fois à cette affaire, si j'étais moins attaché au chevalier, reprit le gouverneur; mais je veux lui rendre service, quand même je devrais, pour lui apprendre à connaître la discipline militaire, lui causer un peu de peine. L'avis que tu m'as donné, Gilbert, ne sera pas perdu et, à la première occasion, je séparerai nos deux jeunes gens. Quoique j'aime l'un fort tendrement et que je sois loin de vouloir du mal à l'autre, toutefois, comme tu me l'as fait sentir, c'est un aveugle qui conduit un aveugle, et le jeune chevalier a pour aide et conseil un écuyer trop jeune. Il faut aviser à cela.

Fabien, qui entendait tout, enrageait à part lui.

— Le diable t'emporte, vieille chenille! se disait-il. Je t'ai pris sur le fait, calomniant moi et mon maître. Si ce n'était souiller mes armes d'apprenti chevalier, je t'enverrais un cartel sur l'heure, pendant que tes médisances te brûlent encore la langue. Quoi qu'il en soit, tu ne tiendras pas plus longtemps un double langage ; mon maître apprendra tes mauvaises intentions ; et quand nous nous serons concertés ensemble, on verra si ce sont les jeunes courages ou les barbes grises qui doivent être l'espérance et la protection du château.

Il suffira de dire que Fabien exécuta son projet, en faisant à son maître, sous l'impression de sa mauvaise humeur, le récit de ce qui s'était passé entre sire Jean de Walton et le vieux soldat, et qu'il parvint à représenter l'incident comme une offense formelle à l'adresse de sire Aymar. Après avoir écouté le rapport de Fabien, celui-ci crut ne pas faire injure à son supérieur en lui supposant le désir de s'attribuer la grosse part de la gloire acquise dans la défense du château, et d'éloigner à dessein ceux de ses compagnons qui avaient de justes motifs d'y prétendre.

Walton était observateur rigide de la discipline militaire, dans laquelle il avait été élevé dès son extrême jeunesse ; il y conformait sa conduite autant par goût que par principe, et la situation où il se trouvait ne pouvait que donner plus de force à ses sentiments. L'inquiétude le tenait constamment en haleine, et il ne se croyait pas plus hors de l'atteinte du jeune Douglas qu'un bon chrétien ne se croit à l'abri des griffes du diable. Par suite, son caractère ne changea point en bien, comme on doit le penser. Ceux qui lui étaient attachés regrettaient qu'il s'acharnât sans cesse à se plaindre d'un manque de diligence de la part de ses subordonnés ; et ces derniers, n'étant ni investis d'une responsabilité pareille à la sienne, ni animés par l'espoir de brillantes récompenses ne pouvaient pas entretenir des soupçons si continuels et si exagérés. Les soldats murmuraient de ce que la vigilance du gouverneur dégénérait en dureté ; les officiers et les volontaires de marque, venus en assez grand nombre dans une résidence qui offrait un bon apprentissage de la guerre, se plaignaient en même temps que Walton eût interrompu les parties de chasse au vol et à courre, et ne songeât qu'à maintenir une discipline rigoureuse.

Il arrive souvent qu'un caractère généreux — et tel était celui de Jean Walton, — soit modifié, corrompu même, par l'effet d'une vigilance excessive, et jeté hors de ses limites. Aymar de Valence, de son côté, avait subi un changement semblable : le soupçon, quoique partant d'une cause différente, semblait aussi menacer d'une funeste influence son naturel noble et franc et ses brillantes qualités qui l'avaient distingué jusqu'alors. Les germes de mésintelligence ainsi répandus entre eux ne manquèrent pas, comme l'ivraie semée au milieu du bon grain, de se communiquer à toutes les parties de la garnison : les soldats, sans autre raison que celle de passer le temps, prirent parti les uns pour le gouverneur, les autres pour son lieutenant ; et une fois que la pomme de discorde fut lancée dans le château, les bonnes langues ne faillirent pas à la tenir en mouvement.

CHAPITRE VI.

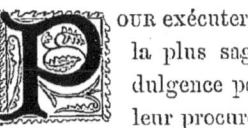OUR exécuter la résolution qui, de sang-froid, lui avait paru la plus sage, Walton résolut de traiter avec toute l'indulgence possible son lieutenant et ses jeunes officiers, de leur procurer les distractions dont le lieu était susceptible, et de les rendre honteux de leur mécontentement en les accablant de bontés. Ainsi, la première fois qu'il vit Aymar de Valence après son retour au château, il lui parla avec un air de bonne humeur, réelle ou affectée.

— Donnez-moi votre avis, mon jeune ami, lui dit-il; si nous essayions de prendre un des amusements en usage dans le pays? Il y a encore dans les environs des buffles sauvages de race calédonienne, et nous avons parmi nous des gens qui ont l'habitude de cette chasse.

— Vous ferez ce qu'il vous plaira, répondit Aymar froidement; ce n'est pas moi, sire Jean, qui vous donnerais le conseil, pour le plaisir d'une partie de chasse, d'exposer toute la garnison à un grand danger. Vous connaissez à merveille la responsabilité du poste que vous occupez, et sans doute vous en avez longtemps pesé le poids avant de nous faire une proposition de ce genre.

— Oui, je connais mes devoirs, répliqua Walton offensé à son tour, et je puis bien penser aussi aux vôtres sans assumer néanmoins plus que ma part de responsabilité ; mais il semble vraiment que le gouverneur de ce château, entre autres difficultés de sa position, est, comme disent les vieilles gens d'ici, sous l'influence d'un charme, et d'un charme qui le met dans l'impossibilité de se conduire de manière à être agréable à ceux qu'il désire le plus obliger. Il n'y a pas une semaine, quels yeux eussent brillé plus que ceux de sire Aymar à la proposition d'une chasse générale et d'une nouvelle espèce de gibier? Maintenant que cette partie lui est proposée, comment y répond-il, sinon pour me désappointer dans mon projet de lui plaire? Un consentement froid tombe à demi formulé de ses lèvres, et il se dispose à venir courre ces animaux sauvages avec la même gravité que s'il allait entreprendre un pèlerinage à la tombe d'un martyr.

— Non pas, Messire. Dans notre situation présente, nous avons des charges communes, et quoique l'autorité supérieure vous soit confiée, comme étant le plus âgé et le plus capable, je n'en sens pas moins que j'ai aussi ma part de sérieuse responsabilité ; j'espère donc que vous écouterez mon opinion avec indulgence et que vous en tiendrez compte, quand même elle vous paraîtrait porter sur cette partie de notre charge commune qui est plus spécialement dans vos attributions. La dignité de chevalier que j'ai eu l'honneur de recevoir comme vous, l'accolade que le royal Plantagenet m'a donnée sur l'épaule, me mettent bien en droit, je pense, de réclamer une pareille faveur.

— Pardon, pardon! j'oubliais à quel important personnage j'avais affaire, armé chevalier par le roi Édouard lui-même, qui sans doute avait ses raisons pour lui conférer, si jeune, un tel honneur. C'est outrepasser son devoir, je l'avoue, que de proposer à un esprit si grave ce qui a l'air d'un passe-temps frivole.

— Sire Jean de Walton, repartit Valence, en voilà bien assez sur ce sujet ; restons-en là. Tant que je contribuerai à la garde du château de Douglas, ce ne sera point de mon consentement qu'une partie de plaisir, qui doit amener un relâchement de discipline, sera faite sans nécessité, je n'ai pas voulu dire autre chose. Songez d'ailleurs qu'il faudrait en ce cas réclamer l'assistance d'un grand nombre d'Écossais, dont les mauvaises dispositions à notre égard ne sont que trop bien connues, et je ne souffrirai pas, quoique mon âge ait pu m'exposer à un pareil soupçon, qu'on m'impute aucune imprudence de cette espèce. Si, par malheur et sans que je sache pourquoi, nous devons à l'avenir rompre ces liens de familiarité amicale qui nous unissaient l'un à l'autre, je ne vois pas le motif qui empêcherait de nous comporter, dans les relations nécessaires, comme il convient à des chevaliers et à des gentilshommes.

— Vous pouvez avoir raison, sire Aymar de Valence, répliqua le gouverneur en s'inclinant d'un air raide ; et puisque vous dites qu'il ne doit plus exister d'amitié entre nous, vous pouvez être certain que je n'aurai jamais à votre égard un sentiment d'hostilité. Vous avez été longtemps, et non, je l'espère, sans en retirer quelque fruit, mon élève à l'école de la chevalerie ; vous êtes le proche parent du comte de Pembroke, mon cher et constant protecteur ; autant de circonstances qui forment entre nous une liaison qu'il serait difficile de rompre, pour moi du moins. Si vous croyez être, comme vous le donnez à entendre, moins étroitement lié par d'anciennes obligations, il faut régler comme il vous plaira nos rapports futurs.

— Ma conduite sera naturellement réglée d'après la vôtre ; et comme vous, Messire, je souhaite vivement que nous puissions remplir nos devoirs militaires, sans songer aux relations d'amitié qui existèrent entre nous.

Les chevaliers terminèrent ainsi une conférence qui avait failli, une ou deux fois, se terminer par une franche et cordiale explication ; mais il manquait un de ces mots partant du cœur pour fondre la glace qui se formait si vite entre leurs deux amitiés ; et ni l'un ni l'autre ne voulut être le premier à faire les avances nécessaires. Ils se séparèrent donc sans qu'il fût davantage question de la partie de plaisir projetée. Mais bientôt Aymar reçut un billet dans les règles, où il était prié d'accompagner le commandant du château de Douglas à une grande partie de chasse, dirigée contre les taureaux sauvages.

. Le rendez-vous était fixé à six heures du matin, à la porte du mur d'enceinte, et la chasse devait finir dans l'après-midi. Suivant l'usage, un avis fut envoyé aux vassaux ou paysans du district; et, malgré leur sentiment d'antipathie pour l'étranger, ils le reçurent en général avec plaisir.

Il était sans doute affligeant pour de fidèles vassaux de reconnaître un autre seigneur que le redoutable Douglas, et de traverser forêts et rivières sous les ordres d'officiers anglais, et dans la compagnie de leurs archers, qu'ils regardaient comme leurs ennemis naturels. Cependant, c'était le seul genre d'amusement qui leur eût été permis depuis longtemps, et ils n'étaient pas disposés à perdre cette rare occasion. La chasse au loup, au sanglier, ou même au cerf ne demandait que les armes ordinaires; celle aux taureaux sauvages exigeaient qu'on fût muni d'arcs et de traits, d'épieux et d'excellents coutelas, ainsi que d'autres engins employés à la guerre. Par ce motif, il était rare qu'on permît aux Écossais de suivre les chasses, à moins qu'on ne déterminât leur nombre et leurs armes, et surtout qu'on ne prît la précaution de déployer une force supérieure du côté des soldats anglais; encore la plus grande partie de la garnison était-elle mise sur pied, et plusieurs détachements, formés suivant l'ordre du gouverneur, étaient postés en différents endroits, de peur qu'il ne survînt quelque querelle soudaine.

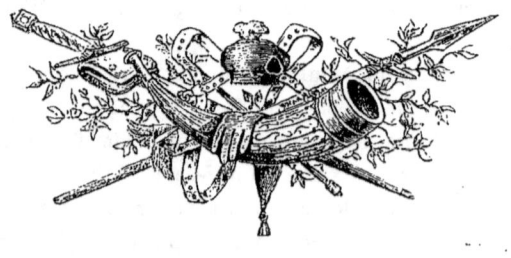

CHAPITRE VII.

La matinée du jour fixé était froide et humide, comme c'est l'ordinaire à l'époque du printemps en Écosse. Les chiens criaient, aboyaient, grelottaient; les chasseurs, quoique animés et joyeux par l'attente d'une journée de plaisir, remontaient leurs plaids jusqu'aux oreilles, et regardaient, d'un œil mécontent, les brouillards qui flottaient à l'horizon, balayés, de la montagne à la vallée, par des rafales brusques et variables.

Une courte trêve semblait avoir été conclue entre les deux nations, et les paysans de l'Écosse ne mettaient aucune répugnance à montrer les exercices de leurs montagnes aux chevaliers accomplis et aux braves archers de la vieille Angleterre. Conduisant les chiens ou battant les buissons, ils délogeaient les pièces de gibier, sans cesser d'avoir les yeux fixés sur les cavaliers, plus faciles à distinguer, et qui se faisaient remarquer encore par la vitesse de leur course et par un mépris complet du danger.

Les règles qui présidaient aux chasses d'autrefois sont aussi différentes que possible de nos usages modernes. Aujourd'hui, l'on regarde un seul renard ou un pauvre lièvre comme récompensant bien la peine que se sont donnée, pendant tout un jour, quarante ou cinquante chiens, et environ autant d'hommes et de chevaux ; mais les chasses anciennes, lors même qu'elles ne se terminaient pas par une bataille, comme il arrivait souvent, présentaient une plus grande importance et un intérêt beaucoup plus vif.

Une ancienne partie de chasse, sauf la nature du carnage, ressemblait presque à une expédition moderne. Tout un canton versait ses habitants, qui formaient un cercle d'une grande étendue ; puis, avançant et resserrant leur ligne par degrés, ils chassaient devant eux les animaux alarmés de toute espèce, qui, à peine sortis des bois ou des marais, étaient, sans distinction, attaqués à coups de flèches et de javelines, ou déchirés par de grands lévriers, ou plus souvent mis à mort par les personnages de marque qui honoraient la chasse de leur présence.

La quantité de gibier qu'on trouva en cette occasion dans le val de Douglas fut considérable. Il y avait longtemps, en effet, qu'une grande battue n'avait été faite par les Douglas, dont les infortunes avaient commencé, quelques années auparavant, avec celles de leur pays, et la garnison anglaise ne s'était pas jusqu'alors jugée assez forte pour exercer ce privilège féodal. Sur ces entrefaites, le gibier s'était multiplié. Les cerfs, les taureaux sauvages, les sangliers venaient gîter jusqu'au pied des montagnes, et faisaient de fréquentes irruptions dans la partie basse de la vallée.

Tandis que les chasseurs traversaient la plaine pour gagner le bois, il régnait toujours parmi eux une stimulante incertitude : on se demandait quelle espèce de gibier on allait rencontrer ; et les tireurs, ayant l'arc bandé, l'épieu en arrêt, leur monture prête à s'élancer, observaient avec attention tout ce qui allait sortir du couvert. Le loup, la plus nuisible des bêtes de proie, n'offrait pas toujours la résistance qu'on s'attendait à rencontrer ; il fuyait en général, très loin, avant d'avoir le courage de tenir tête à ceux qui le poursuivaient. Le sanglier, au contraire, était un animal beaucoup plus irascible et plus hardi.

Le taureau sauvage, le plus formidable de tous les habitants des antiques forêts calédoniennes, intéressait au plus haut degré les cavaliers anglais *. Le sire de Walton fut le seul des chasseurs présents qui, sans être secondé par personne, réussit à terrasser un de ces terribles animaux : comme un toréador espagnol, il abattit et tua de sa lance un taureau furieux. Deux veaux d'une belle taille et trois femelles périrent aussi, accablés sous le nombre des flèches, des javelines et des autres projectiles que leur lancèrent les archers et les piqueurs; mais beaucoup d'autres, en dépit des efforts tentés pour arrêter leur fuite, gagnèrent des retraites inaccessibles, les flancs tout déchirés des marques de l'inimitié des hommes.

Une grande partie de la matinée se passa de cette manière, jusqu'à ce qu'un air de cor particulier, donné par le chef de la chasse, annonçât qu'il n'avait pas oublié l'excellente coutume du repas, qui, en pareille occasion, était préparé avec une abondance proportionnée au nombre d'individus invités ou mis en réquisition. L'assemblée eut lieu dans une clairière, où chacun trouva place pour s'asseoir sur l'herbe. Les pièces de gibier qu'on avait abattues furent sur-le-champ dépecées et rôties, et des tonneaux, mis en perce, fournirent le vin de Gascogne et la bière forte, au gré des amateurs.

Les chevaliers, à qui leur rang imposait plus de retenue, étaient assis à part, servis par leurs pages. Ils occupaient le haut bout d'une table, dressée sous un dôme de verdure; au-dessous d'eux se trouvaient plusieurs moines de Sainte-Brigitte, deux ou trois gros fermiers du pays et autant d'archers qui jouissaient de l'estime de leurs supérieurs.

---

* Ces taureaux sont représentés comme très formidables par Hector Boëtius, chroniqueur écossais du seizième siècle, qui ajoute sur leur compte : « Dans cette forêt (la forêt Calédonienne), on rencontrait quelquefois des taureaux blancs, ayant des crinières crépues et frisées comme celles des lions. Quoiqu'ils ressemblassent pour le reste du corps à leurs pareils que l'homme a rendus domestiques, ils étaient si sauvages, qu'on ne pouvait les prendre qu'à force de ruses, et si impatients de la liberté après avoir été pris, qu'ils mouraient presque toujours comme de douleur. Aussitôt qu'un homme se hasardait à attaquer ces animaux, ils s'élançaient sur lui avec une telle impétuosité, qu'ils le renversaient à terre, sans s'effrayer des chiens, des lances, ou de toute autre arme plus funeste. »

Ces animaux ont été détruits dans les forêts de l'Écosse à cause de leur férocité. On en avait conservé un petit nombre dans les parcs de quelques châteaux; mais, quoique remarquables par leur couleur blanche, avec des museaux noirs, et par une crinière noire, longue de trois ou quatre pouces, ils ne ressemblaient nullement à la terrible description que nous en donnent les anciens auteurs; d'où quelques naturalistes ont conclu que ces animaux appartiennent probablement à des espèces différentes.

Parmi les hôtes qui formaient le cercle autour de lui, un surtout attira l'attention du sire de Walton.

C'était un grand gaillard, fortement charpenté, de mine rébarbative, et dont la peau basanée se montrait à travers les trous de ses vêtements; avec cela, toute la tournure d'un homme d'armes redoutable. Avait-il épousé la cause de Bruce et subi les vicissitudes de la vie d'un proscrit? Le gouverneur en eut comme une idée. Cependant, le sang-froid et la tranquillité complète de l'étranger, assis à la table d'un officier anglais et, par conséquent, en son pouvoir, ne semblaient guère autoriser un soupçon de cette sorte. On avait observé durant la matinée que ce cavalier en haillons, n'ayant de remarquable dans son costume qu'une vieille cotte de mailles, et dans son armure qu'une lourde pertuisane rouillée, longue de huit pieds environ, était plus habile au déduit de la chasse que n'importe quel cavalier de la compagnie.

Après avoir regardé ce personnage suspect jusqu'à ce qu'il lui eût fait comprendre l'attention particulière dont il était l'objet, le gouverneur remplit un gobelet de vin fin, et le pria, comme un des meilleurs disciples de saint Hubert, de lui faire raison.

— Je suppose, ajouta-t-il, que, pour répondre à mon invitation, vous voudrez bien attendre qu'on ait rempli votre coupe d'un vin de Gascogne récolté sur les domaines du roi, et qu'il convient de boire de préférence à la santé de notre sire.

— Une moitié de cette île sera de votre avis, répondit l'étranger avec un grand flegme; mais comme j'appartiens à l'autre moitié, le meilleur vin de la Gascogne ne pourrait me faire boire à cette santé.

Un murmure de désapprobation parcourut le cercle des guerriers; les prêtres baissèrent la tête, prirent un air grave et marmottèrent leurs patenôtres.

— Étranger, reprit Walton, vous voyez que vos paroles indignent toute la compagnie.

— C'est fort possible, répliqua l'homme du même ton bourru, et pourtant il peut se faire qu'il n'y ait pas de mal dans ce que j'ai dit.

— Songez-vous que c'est à moi que vous parlez?

— Oui, sire gouverneur.

— Et avez-vous réfléchi à ce que pourrait vous attirer une semblable insolence?

— Je ne me tromperais guère sur ce que je pourrais avoir à craindre, si le sauf-conduit et la parole d'honneur que vous m'avez donnés en m'invitant à cette chasse méritaient moins de confiance. Mais je suis votre hôte, je viens de manger les mets servis sur votre table, et de vider en partie votre coupe qui était pleine de fort bon vin, en vérité... aussi, maintenant, ne redouterais-je pas le plus terrible infidèle s'il s'agissait d'en venir aux coups, et moins encore un chevalier anglais. Je vous dirai en outre, sire chevalier, que vous n'estimez pas à sa juste valeur le vin que l'on nous a servi. Le fumet exquis de celui que j'ai bu, quelle qu'en soit l'origine, m'enhardit à vous informer de certaines choses qu'une sobriété prudente aurait tenues dans le secret en un moment comme celui-ci. Vous désirez sans doute savoir qui je suis? Mon nom de baptême est Michel, et Turnbull, celui de mon clan, à la réputation duquel j'ai bien contribué pour ma part, soit à la chasse, soit à la guerre. Je demeure au bas de la montagne de Rubieslaw, près des belles eaux du Teviot. Vous êtes surpris que je sache si bien chasser les taureaux? moi qui, tout enfant, n'avais pas de plus grand plaisir que de les poursuivre dans les forêts solitaires, et qui en ai tué, de ma main, plus que vous et aucun des Anglais de votre armée en ayez jamais vus!

L'habitant de la frontière débita cette tirade avec l'air de froideur insultante qui dominait dans toutes ses manières. Son effronterie ne manqua pas de produire un effet violent sur Walton, qui s'écria soudain :

— Aux armes! aux armes! assurez-vous de cet espion! Holà! pages et archers, saisissez le traître, et attachez-le avec les cordes de vos arcs et les laisses des chiens; serrez ferme jusqu'à ce que le sang lui sorte de dessous les ongles!

— Voilà ce qui s'appelle parler, dit Turnbull en ricanant. Si j'étais aussi sûr d'être entendu par une vingtaine d'hommes que je

Le repas de chasse; Turnbull en présence de Walton.

pourrais bien nommer l'issue de la journée ne serait pas douteuse.

Les Anglais s'approchèrent du chasseur, sans mettre la main sur lui toutefois, aucun d'eux ne se souciant de rompre la trève qui avait été convenue.

— Pourquoi es-tu venu ici, traître? demande Walton.

— Uniquement et simplement, répondit Turnbull, pour livrer à Douglas le château de ses ancêtres, et pour t'assurer, sire Anglais, la récompense de tes mérites en te coupant la gorge qui te sert à faire un pareil tapage.

En même temps, s'apercevant que les archers se rassemblaient derrière lui pour mettre les ordres de leur chef à exécution aussitôt qu'il les aurait réitérés, il se retourna brusquement vers ceux qui s'apprêtaient à le surprendre, et les forçant, par cette évolution soudaine, à reculer d'un pas, il reprit :

— Oui, Jean de Walton, mon but en venant ici était de te mettre à mort comme un larron du château et des domaines de mon maître, chevalier plus honorable que toi. Je ne sais pourquoi j'ai hésité... Tu m'as donné à manger quand je mourais de faim depuis vingt-quatre heures, et je n'ai pas eu le cœur de te payer la récompense qui t'était due. Va-t'en, quitte le château et le pays, et profite de l'avertissement d'un ennemi. Tu t'es fait le mortel adversaire de ce peuple, où il y a des gens qu'on n'a jamais insultés ni défiés impunément. Ne prends pas la peine de me rechercher, ce serait inutile ; nous nous reverrons un jour, au gré de mon désir, et non au tien. Ne pousse pas tes perquisitions jusqu'à la cruauté pour découvrir comment je t'ai trompé ; il est impossible que tu l'apprennes. Après cet avis tout amical, regarde-moi bien et fais-moi tes adieux ; car, quoique nous devions nous revoir un jour, il peut se passer du temps avant que l'heure arrive.

Walton gardait le silence, espérant que celui qu'il regardait déjà comme son prisonnier pourrait, dans son humeur communicative, laisser échapper quelques nouveaux renseignements, ne se doutant pas de l'avantage qu'il donnait à l'audacieux chasseur.

Comme Turnbull achevait sa dernière phrase, il fit tout à coup un bond en arrière, et avant qu'on pût soupçonner quel était son dessein, il avait déjà disparu à travers les bois.

— Arrêtez-le! arrêtez-le! cria Walton; il faut l'avoir à discrétion, à moins qu'il n'ait disparu sous terre.

La chose ne semblait pas invraisemblable ; car, près de l'endroit où Turnbull avait sauté s'ouvrait un ravin escarpé, qu'il descendit lestement en s'aidant des racines et des broussailles. Parvenu au fond, il put gagner les bois et s'échapper ensuite, mettant tout à fait en défaut les paysans mêmes qui connaissaient le mieux les localités.

CHAPITRE VIII.

ET incident jeta quelque confusion parmi les chasseurs, surpris tout à coup par l'apparition de Michel Turnbull, car celui-ci, partisan déclaré de la maison de Douglas, était bien l'homme qu'on devait le moins s'attendre à rencontrer dans un canton où son maître passait pour rebelle et bandit, et où lui-même pouvait être reconnu par la plupart des gens du pays.

Cette circonstance produisit une forte impression sur les chevaliers anglais. Le gouverneur, grave et inquiet, ordonna aux chasseurs de se réunir aussitôt, et chargea ses soldats du soin d'examiner tous les Écossais qui avaient suivi la chasse, pour découvrir si, dans le nombre, Turnbull avait des complices; mais il n'était plus temps de procéder à cette enquête. Les uns préparèrent d'avance leurs réponses; les autres, en plus grand nombre, eurent peur d'être maltraités et abandonnèrent la place.

Walton vit le nombre des Écossais diminuer, et leur disparition successive éveilla dans cet esprit ombrageux le soupçon qui avait, depuis un certain temps, altéré son bon naturel.

— Prenez, je vous prie, dit-il à Aymar de Valence, autant d'hommes d'armes que vous pourrez en réunir dans l'espace de cinq minutes, et une centaine d'archers à cheval, et allez, avec toute la promptitude possible, sans leur permettre de s'écarter de l'étendard, renforcer la garnison du château ; car je ne présume que trop ce qu'on peut avoir tenté contre cette forteresse, quand nous voyons de nos propres yeux quelle bande de traîtres est ici rassemblée.

— Révérence parler, sire Jean, répondit Aymar, vous dépassez le but. Que les Écossais aient eu de mauvaises intentions contre nous, je l'avouerai tout le premier ; mais il n'y a pas de quoi s'étonner si, longtemps privés des plaisirs de la chasse, il se dispersent dans les bois et le long de la rivière, et moins encore s'ils ne sont pas fort disposés à se croire en sûreté avec nous. La moindre apparence de rigueur leur inspire, avec la crainte, le désir de nous échapper ; c'est pourquoi...

— C'est pourquoi, répliqua Walton, qui avait écouté son lieutenant avec un degré d'impatience bien éloigné de la politesse grave et cérémonieuse qu'un chevalier témoignait d'ordinaire à un frère d'armes ; c'est pourquoi j'aimerais mieux voir sire Aymar de Valence employer les jambes de son cheval à exécuter mes ordres que donner à sa langue la peine de les censurer.

A cette réprimande un peu vive, les assistants se regardèrent les uns les autres avec des signes d'un mécontentement marqué. Aymar était grandement offensé ; mais ce n'était pas le moment d'user de représailles. Il s'inclina, et si bas, que la plume de sa toque toucha la crinière de sa monture, et ramena, par le plus court chemin, un fort détachement de cavalerie au château de Douglas.

La marche lente et circonspecte du gouverneur lui donna le temps de retrouver son sang-froid et d'oublier que son jeune ami avait montré moins d'empressement que de coutume à exécuter ses ordres. Il fut même disposé à regarder comme une plaisanterie la lenteur et l'extrême étiquette avec lesquelles tous les points de la discipline militaire furent observés pour sa rentrée au château. Cependant, l'air froid d'une humide soirée de printemps lui pénétrait tout le corps ainsi qu'aux gens de sa suite, tandis qu'ils attendaient qu'on échangeât le mot d'ordre, qu'on livrât les clefs, qu'on terminât enfin toutes ces minuties qui

accompagnent les mouvements d'une garnison dans une place bien gardée.

— Allons, dit-il à un vieux chevalier qui censurait aigrement le lieutenant-gouverneur, c'est ma faute. J'ai parlé tout à l'heure à Aymar de Valence d'un ton trop impérieux pour qu'il n'en fût point offensé, lui si récemment élevé aux honneurs de la chevalerie, et cette manière exacte d'obéir n'est qu'une revanche assez naturelle et très pardonnable. Eh bien! nous lui devons quelque chose en retour, sire Philippe, n'est-ce pas? Ce n'est pas une soirée à laisser les gens dehors.

Ce dialogue, entendu par quelques-uns des écuyers et des pages, circula de bouche en bouche jusqu'à ce qu'il perdît entièrement le ton de bonne humeur avec lequel il avait été tenu. On crut que les deux interlocuteurs méditaient une vengeance, et que le gouverneur regardait ce retard comme un affront mortel préparé avec intention.

C'était ainsi que la haine augmentait de jour en jour entre deux guerriers qui, sans aucun juste motif de mésintelligence, avaient, au contraire, toute raison de s'aimer et de s'estimer l'un l'autre. Elle devint visible dans la forteresse même pour les simples soldats, qui espéraient gagner de l'importance en se prêtant à l'espèce d'émulation produite par la jalousie des officiers commandants. Toutefois, le devoir obligeait ces derniers à être souvent ensemble; et alors, bien loin de chercher une occasion de raccommoder les choses, ils n'arrivaient d'ordinaire qu'à raviver d'anciens motifs de discorde.

Dans une entrevue de ce genre, Walton demanda, d'un ton gourmé, à son lieutenant, à quel titre et combien de temps son bon plaisir était que le ménestrel Bertrand restât au château.

— Quel intérêt voulez-vous que je prenne au séjour ou au départ de cet homme? répondit Aymar. Il est venu ici sous prétexte de rechercher les ouvrages de Thomas le Rimeur, ouvrages infiniment curieux, à ce qu'il prétend, et dont il existe, dans le cabinet du vieux Douglas, un volume qui a échappé aux flammes, d'une manière ou d'autre, lors du dernier incendie. Cela dit, vous en savez autant que moi sur le but de sa visite; et si vous trouvez que la présence d'un vieux vagabond et le voisinage de son jeune fils soient dangereux pour le château que vous êtes chargé de défendre, vous ferez bien, sans nul doute, de les congédier. Il ne vous en coûtera qu'un mot à dire.

— L'homme est arrivé comme faisant partie de votre suite, et je ne pouvais, en bonne courtoisie, le renvoyer sans votre agrément. D'où il vient et où il va, nous n'en savons rien. Un bruit a couru dans votre escorte : ce coquin de Bertrand aurait eu l'audace de contester les droits du roi d'Angleterre à la couronne d'Écosse, et même de discuter là-dessus avec vous, tandis que vous aviez invité vos gens à se tenir en arrière, hors de la portée des voix.

— Ah! voudriez-vous trouver là sujet d'incriminer ma loyauté? Songez-y, ce serait attenter à mon honneur, et je suis prêt à le défendre jusqu'à mon dernier soupir.

— Je n'en doute pas, sire chevalier ; mais c'est le ménestrel ambulant, et non le chevalier de haute naissance, que j'accuserais en ce cas. Or, à peine introduit ici, il demande que l'on permette à son fils de loger au couvent de Sainte-Brigitte, où l'on tolère la présence d'une demi-douzaine de frocards, plutôt par respect pour leur caractère qu'en raison de leur attachement aux Anglais ou à leur souverain. Il faut aussi remarquer que cette permission a été, si mes renseignements sont exacts, achetée par une somme d'argent plus considérable qu'il ne s'en trouve d'ordinaire dans la bourse des ménestrels. Que pensez-vous de tout cela?

— Moi? je m'estime heureux que ma situation de subordonné me dispense d'y penser du tout.

— Pour l'amour du ciel, ne me faites pas l'injure de supposer que je veuille vous surprendre en défaut. En refusant de répondre à ma question, vous manquez à votre devoir, comme si vous refusiez de me prêter l'assistance de votre épée.

— Puisqu'il en est ainsi, dites-moi clairement ce que vous désirez savoir, et je répondrai avec franchise, même au risque, impardonnable chez un inférieur et un jeune homme, de différer d'avis avec sire Jean de Walton.

— Eh bien, que pensez-vous du ménestrel? Les soupçons qui s'élèvent contre lui et son fils ne m'obligent-ils pas à leur faire subir à tous deux un sévère interrogatoire, de les mettre à la question ordinaire et extraordinaire, selon l'usage, et de les expulser non seulement du château, mais de tout le territoire des Douglas, sous peine des verges, s'ils reviennent errer dans les environs?

— Je conviens avec vous que la plupart de ceux qui professent la gaie science n'ont nullement qualité pour soutenir les hautes prétentions de ce noble métier ; les vrais ménestrels se sont voués à la glorieuse occupation de célébrer les belles actions et les sentiments généreux. Mon opinion est que ce Bertrand se regarde comme n'ayant point partagé la dégradation de ses confrères, ni fléchi le genou devant l'iniquité des temps. C'est à vous, Messire, qu'il appartient de juger si la présence d'un tel homme peut occasionner le moindre péril au château de Douglas. Mais croyant, d'après les principes élevés qu'il a manifestés devant moi, qu'il est incapable de jouer le rôle de traître, je dois m'opposer de toutes mes forces à ce qu'il soit puni comme tel, ou soumis à la torture dans l'enceinte qu'occupe une garnison anglaise. Je rougirais pour mon pays si, afin de le bien servir, il nous fallait infliger des châtiments si rigoureux à des gens dont la seule faute est l'indigence. Vos propres sentiments de chevalier vous en diront à ce sujet plus qu'il ne convient d'en faire entendre à sire Jean de Walton.

A cette insinuation, la rougeur monta au front du gouverneur, qui se contenta de répondre :

— Vous m'avez donné votre opinion, sire Aymar de Valence, et cela, franchement et hardiment, sans vous préoccuper de la mienne ; je vous en remercie. Quant à m'y conformer, ce n'est pas tout à fait aussi clair, surtout quand les devoirs de ma place, les ordres du roi, mes observations personnelles, m'engageront à tenir une ligne de conduite autre que celle qui vous semble convenable.

En terminant, Walton s'inclina avec gravité ; et le jeune chevalier, lui ayant rendu son salut dans la même forme raide et affectée, se retira.

Sire Jean de Walton, après une exclamation d'impatience, comme s'il était vraiment désappointé en voyant les avances qu'il avait faites vers une explication avec son jeune ami échouer d'une manière inattendue, se promena quelque temps de long en large dans l'appartement, et finit par demander qu'on lui amenât le vieil archer Gilbert, qu'on avait affublé du sobriquet de Vertefeuille.

— Ne m'as-tu pas dit qu'on parle de complots ? lui demanda le gouverneur. Ce n'est pas d'hier que tu sais manier l'arc et la flèche, tu es un malin compère, et de semblables intrigues n'auraient pas lieu à ta barbe, sans que tu en eusses connaissance.

— Je suis assez vieux, le ciel le sait, répondit Gilbert ; j'ai acquis assez d'expérience dans ces guerres d'Écosse, et je sais à quel point un chevalier ou un soldat doit se fier aux Écossais. Croyez-moi, les Écossais sont tous faux, et c'est un brave archer qui vous le dit, un archer qui, lorsque le but est raisonnable ne le manque presque jamais de la largeur de la main... Ah! Votre Honneur sait bien comment il faut agir avec eux, les mener bon train et leur tenir la bride haute! Vous n'êtes pas de ces novices qui s'imaginent qu'on peut tout faire en douceur et qui veulent se montrer polis et généreux envers ces parjures montagnards, comme si jamais, dans le cours de leur vie, ils avaient rien entendu à la politesse ou à la générosité.

— Tu fais allusion à quelqu'un, et je te commande, Gilbert, d'être franc et sincère avec moi.

— Il serait imprudent de communiquer toutes les remarques qui passent par la tête d'un vieux soldat dans les moments de loisir d'une garnison comme celle-ci. On se trompe aussi souvent qu'on a raison, et l'on se fait une réputation de rapporteur et de mauvaise langue parmi ses camarades.

— N'aie pas peur que j'hésite à te croire.

— Eh bien! à vous parler franchement, les grands airs de ce jeune chevalier ne m'ont jamais fait peur, attendu que je suis le plus vieux soldat de la garnison, et que je tirais de l'arc longtemps avant qu'il eût cessé de téter sa nourrice.

— C'est donc sur mon lieutenant et ami, Aymar de Valence, que se portent tes soupçons.

— Il n'y a rien à dire contre l'honneur du jeune homme, aussi brave que son épée ; mais il est jeune, comme Votre Seigneurie le sait, et j'avoue que les gens dont il fait sa compagnie me troublent et m'inquiètent... Puisque sire Aymar a du goût pour entendre conter les vieilles histoires, il ferait mieux, à mon avis, d'aller en demander aux anciens soldats qui ont suivi Édouard Ier, à qui Dieu fasse paix! Oui, cela conviendrait mieux au neveu du comte de Pembroke que de s'enfermer, tous les jours, avec un ménestrel vagabond, qui gagne sa vie à réciter des sottises et des tromperies aux jeunes gens assez complaisants pour le croire ; dont personne ne peut dire s'il est né en Angleterre ou en

Écosse, et pourquoi il rôde sans cesse dans le château, sans doute pour apprendre tout ce qui s'y passe à ces vieux diseurs de patenôtres, par l'entremise de son fils, installé à Sainte-Brigitte, sous prétexte de maladie.

— Comment! sous prétexte? Sa maladie serait donc feinte?

— Oh! il se peut bien qu'il soit malade à en mourir ; mais, dans ce cas, ne serait-il pas plus naturel que le père restât près de son fils, au lieu de fureter dans le château où on le rencontre continuellement?

— On m'a dit qu'il recherchait d'anciens poèmes, des prédictions de Merlin, de Thomas le Rimeur ou de quelque autre barde.

— J'ai rarement ouï parler d'une rébellion d'Écossais qui n'ait été prédite dans de vieilles rimes ; on les retire de la poussière et des toiles d'araignée, afin de donner du cœur aux rebelles, qui, sans cela, n'oseraient pas affronter le sifflement de nos flèches. Mais les têtes frisées sont légères ; et sauf votre respect, sire chevalier, il y en a auprès de vous qui ont trop de feu pour un temps aussi incertain que celui où nous sommes.

— Tu m'as convaincu, Gilbert, et je vais surveiller ce ménestrel de plus près que je n'ai pu le faire. Est-il en ce moment dans ce qu'on nomme la Librairie du baron?

— Votre Seigneurie est sûre de l'y rencontrer.

— Suis-moi donc avec deux ou trois de tes camarades, et placez-vous hors de vue, mais à portée de m'entendre ; peut-être sera-t-il nécessaire de l'arrêter.

Traversant, d'un pas rapide, les antiques corridors du château, le gouverneur parvint sans difficulté jusqu'à la bibliothèque, solidement construite en pierre et voûtée, et dans laquelle une espèce d'armoire en fer était ménagée pour la conservation des objets et des papiers précieux en cas d'incendie. Il y trouva le ménestrel, assis devant une petite table, en train de feuilleter un manuscrit fort ancien et dont il avait l'air de faire des extraits. Les fenêtres de la chambre étaient petites, et portaient encore les traces de vitraux de couleur, représentant l'histoire de sainte Brigitte, marque de la dévotion de la grande famille des Douglas à leur sainte tutélaire.

Le ménestrel, troublé par l'arrivée inattendue de sire Jean de Walton, se leva avec tous les signes du respect et de l'humilité.

— Je dois supposer, sire ménestrel, dit Walton, que vous avez été heureux dans vos recherches, et que vous avez découvert le volume de poésie ou de prédictions que vous désiriez trouver parmi ces tablettes brisées et ces livres en lambeaux ?

— Plus heureux que je ne pouvais m'y attendre, répondit Bertrand, après l'incendie qui a dévoré une partie du château. Voici probablement, sire chevalier, le fatal volume que je cherchais, et il est étonnant, vu le malheureux sort qu'ont éprouvé les autres livres de cette bibliothèque, que j'aie pu encore en réunir quelques fragments, même incomplets.

— Puisqu'on vous a permis de satisfaire votre curiosité, j'espère bien que vous ne refuserez pas de contenter la mienne.

Le ménestrel répondit, toujours avec la même humilité, que « s'il y avait quelque chose dans les modestes limites de ses talents qui pût causer du plaisir à sire Jean de Walton, il allait chercher son luth et serait ensuite à ses ordres. »

— Vous me comprenez mal, reprit Walton un peu durement; je ne suis pas de ceux qui perdent le temps à écouter des histoires ou des chansons d'autrefois. J'ai besoin de renseignements que vous pouvez me donner, j'en suis sûr, pour peu que vous en ayez l'envie. Mon devoir est de vous prévenir que, si vous hésitez à dire la vérité, il y a des moyens de vous l'arracher, et d'une manière plus désagréable que je ne le désirerais.

— Si vos questions, sire chevalier, sont telles que je puisse ou doive y répondre, vous n'aurez pas besoin de me les adresser plus d'une fois ; dans le cas contraire, aucune menace de violence ne m'arrachera une réponse.

— Vous parlez hardiment, mais je vous donne ma parole que votre courage sera mis à l'épreuve, conséquence naturelle de votre obstination. Je vous demande donc si Bertrand est votre véritable nom ; si vous n'avez aucune autre profession que celle de ménestrel ambulant, et enfin si vous avez, hors d'ici, quelque accointance avec des Anglais ou des Écossais.

— Ces questions m'ont déjà été adressées, et j'y ai répondu parlant au digne chevalier Aymar de Valence ; l'ayant pleinement satisfait, il n'est pas, je pense, nécessaire que je subisse un second interrogatoire, qui ne siérait, du reste, ni à l'honneur de Votre Seigneurie, ni à celui de votre lieutenant.

— Notre honneur, à tous deux, est parfaitement en sûreté sous notre garde et peut se passer de vos attentions. Voulez-vous, je le répète, répondre aux questions que mon devoir m'ordonne de vous adresser, ou faut-il vous forcer à l'obéissance en vous soumettant aux rigueurs de la torture ?

En même temps, il frappa des mains, et deux ou trois archers se montrèrent, sans armes et sans jaquettes.

— Je comprends, dit le ménestrel, que vous avez l'intention de m'infliger un châtiment tout à fait étranger à l'esprit des lois anglaises, tant que vous n'avez aucune preuve de ma culpabilité. Je l'ai déjà dit : je suis Anglais de naissance, ménestrel de profession, et je n'ai absolument aucune relation avec quiconque peut former quelque dessein hostile contre le château de Douglas, son gouverneur ou sa garnison. Quant aux réponses que la torture pourra m'arracher, je ne saurais, pour parler en bon chrétien, m'en regarder comme responsable. Je crois pouvoir endurer la souffrance autant que personne : toutes les douleurs que j'ai jamais éprouvées, je préférerais les sentir encore plutôt que de violer la parole que j'ai jurée, ou de courir la chance d'accuser faussement des personnes innocentes. Maintenant que je vous ai prévenu, procédez à l'exécution d'un office que je ne m'attendais guère, permettez-moi de le dire, à voir remplir par un chevalier comme vous.

— Écoutez, sire ménestrel, nous ne sommes pas bons amis, vous et moi; et si je faisais mon devoir, je devrais user tout de suite envers vous des moyens rigoureux dont je vous ai menacé. Mais peut-être avez-vous moins de répugnance à subir l'interrogatoire que je n'en sens, moi, à employer la rigueur à votre égard. Je vais donc, pour le moment, vous faire conduire dans un endroit qui convient à un homme soupçonné d'être espion dans cette forteresse; jusqu'à ce qu'il vous plaise de dissiper ces soupçons, vous serez traité comme un prisonnier. En attendant, et avant de vous soumettre à la question, songez-y bien, je me rendrai moi-même à l'abbaye de Sainte-Brigitte, et je verrai si le jeune garçon que vous voudriez faire passer pour votre fils possède la même fermeté que vous. Il peut arriver que ses aveux comparés aux vôtres jettent une telle lumière sur vous et sur lui, que votre innocence ou votre crime en jaillisse d'une manière évidente, sans qu'il faille recourir au grand moyen de la question extraordinaire. S'il en est autrement, tremblez pour votre fils, sinon pour vous-même... Eh bien! vous ai-je ébranlé? ou craignez-vous pour les tendres chairs de votre enfant des souffrances que vous vous croyez de force à braver?

— Sire Jean, répondit le ménestrel en réprimant l'émotion passagère qu'il avait manifestée, je vous laisse à juger, en chevalier loyal, si, en bonne conscience, vous devez concevoir une opinion défavorable d'un homme, parce qu'il préfère endurer lui-même des tourments qu'il ne voudrait point qu'on infligeât à son fils, garçon débile et qui relève à peine d'une dangereuse maladie.

— Mon devoir, répondit Walton après une courte pause, est d'employer tous les moyens pour remonter à la source de cette affaire ; et si vous désirez qu'on épargne votre fils, vous obtiendrez aisément cette faveur en lui donnant l'exemple de la soumission et de la franchise.

Le ménestrel se rejeta sur son siège, comme fermement résolu à tout souffrir plutôt que d'ajouter un seul mot à ce qu'il avait déjà répondu. Walton lui-même semblait assez indécis sur la marche qu'il avait à suivre. Il sentait une invincible répugnance à procéder, sans y avoir mûrement réfléchi, à ce que bien des gens auraient regardé comme une obligation de sa place, en infligeant la torture au père ainsi qu'au fils. L'extérieur de Bertrand était vénérable, et son éloquence répondait à ce premier indice. Le gouverneur se rappelait qu'Aymar de Valence, à qui l'on ne pouvait, en général, refuser du jugement, le lui avait décrit comme un de ces rares individus qui savaient honorer, par leur bonne conduite personnelle, une profession dégénérée ; et il se disait à part lui qu'il y aurait à la fois barbarie et injustice à nier la sincérité du prisonnier, avant d'en avoir la preuve, en lui disloquant les membres par la torture, ainsi qu'à son fils.

Il avait atteint la porte extérieure de l'appartement, et ses satellites avaient déjà mis la main sur le ménestrel, lorsqu'il entendit celui-ci le prier de revenir pour un seul instant.

— Qu'as-tu à me dire? demanda Walton. Fais vite, car j'ai déjà perdu trop de temps à t'écouter ; aussi je te conseille, dans ton intérêt...

— Et moi, Jean de Walton, interrompit Bertrand, je te conseille, dans le tien, de réfléchir avant de t'obstiner dans ton projet. Si tu fais tomber un cheveu de la tête de cet enfant, si tu le laisses endurer la moindre privation qu'il soit en ton pouvoir d'empêcher, c'est à toi-même que tu prépareras les douleurs les plus vives et les plus cuisantes. J'en jure par tout ce que notre sainte religion a de plus sacré ; j'en prends à témoin le saint sépulcre dont je fus le visiteur indigne, je ne dis que la vérité, et, un jour, tu me sauras gré du rôle que je joue aujourd'hui. Il est de mon intérêt, comme du tien, de t'assurer la possession de ce château, quoique je sache des choses qui le concernent, et toi aussi, mais qu'il m'est interdit de révéler sans la permission de ce jeune homme. Apporte-moi seulement un billet de sa main, où il déclare consentir

à ce que je t'admette dans le secret, et tu verras aussitôt se dissiper tous ces nuages.

Ce langage chaleureux fit une certaine impression sur notre chevalier, qui se trouva plongé dans de nouvelles incertitudes.

— Je serais charmé, répondit-il, de pouvoir atteindre mon but en n'usant que des moyens les plus doux, et je ne tourmenterai ce pauvre jeune homme qu'autant que ton obstination et la sienne paraîtront le mériter. Je te permets de lui écrire un mot, et j'attendrai sa réponse avant de chercher à éclaircir autrement cette affaire, qui semble fort mystérieuse. Cependant, au nom de ton salut, je t'adjure de parler franchement : les secrets dont tu parais être le trop fidèle dépositaire regardent-ils les projets de surprise que méditent Douglas, Bruce et tant d'autres contre ce château?

Le prisonnier réfléchit un moment, puis il répliqua :

— Je n'ignore pas, sire chevalier, à quelles terribles conditions a été confié le commandement de cette forteresse, et s'il était en mon pouvoir de vous prêter assistance, en qualité de ménestrel loyal et de fidèle sujet, soit de la main, soit de la langue, je me sentirais porté à le faire. Bien loin d'être ce que vous soupçonnez, j'étais convaincu que Bruce et Douglas avaient réuni leurs partisans dans l'intention de cesser la guerre et de passer en Palestine. L'apparition de l'étranger, qui, à ce que j'ai ouï dire, vous a bravé à la chasse, m'a fait changer d'avis : quand un vassal si dévoué de Douglas est venu sans crainte au milieu de vous, son maître et ses compagnons ne pouvaient être bien loin. Jusqu'à quel point ses intentions étaient-elles amicales, je vous en fais juge... A présent, faites-moi donner ce qu'il faut pour écrire, ou rendez-moi mon papier, mes plumes et mon encre, car je possède à un assez haut degré les talents de ma profession ; et je ne désespère pas de pouvoir vous procurer une explication de ces mystères avant qu'il soit longtemps.

— Dieu le veuille! quoique je ne voie guère comme je puis espérer un si heureux résultat ; il semble, au contraire, que je cours de grands risques en montrant trop de confiance. Au reste, mon devoir exige qu'en attendant vous soyez soumis à une détention sévère.

— Soit! Je ne demande aucune grâce, pourvu que je parvienne à vous empêcher d'agir avec une précipitation dont vous auriez un éternel repentir.

CHAPITRE IX.

 E n'était pas à tort que Bertrand s'était vanté de manier la plume avec talent. Aucun prêtre du temps n'aurait plus vite expédié, plus proprement ni plus joliment écrit, le peu de lignes qu'il adressa au jeune Augustin.

— Je n'ai ni plié, dit-il, ni attaché cette lettre avec un fil de soie, car elle n'est pas conçue en termes qui puissent rien vous apprendre du mystère. Toutefois, il est bon que vous voyez ce qu'elle ne contient pas, et comment elle est écrite par un homme bien intentionné à l'adresse d'un autre, qui ne l'est pas moins.

— C'est une tromperie d'un usage courant, répondit Walton. Cela tend à prouver néanmoins, quoique d'une façon douteuse, que vous êtes disposé à agir de bonne foi ; et, jusqu'à preuve du contraire, je me croirai obligé de vous traiter avec toute l'indulgence que comporte cette affaire.

Il donna ordre de seller son cheval et, avant de partir, lut tranquillement la lettre du ménestrel.

« Mon cher Augustin,

« Sire Jean de Walton, gouverneur de ce château, a conçu contre nous les soupçons qui, comme je le prévoyais, devaient être la conséquence de notre arrivée dans ce pays sans motif avoué. Je suis prisonnier et menacé d'être mis à la torture pour me faire dire la cause de notre voyage; mais la torture dépouillera mes os de leur chair avant de me contraindre à violer mon serment. Le but de cette lettre est de vous apprendre que vous courez le risque d'être placé dans la même situation, à moins qu'il ne vous plaise de m'autoriser à tout découvrir au gouverneur. Là-dessus, vous n'avez qu'à exprimer vos désirs, et soyez assuré qu'ils seront fidèlement satisfaits par votre dévoué

« Bertrand. »

Cette lettre ne jetait pas la moindre lumière sur le mystère qui enveloppait son auteur. Le gouverneur la lut plus d'une fois et la tourna dans tous les sens, comme s'il eût espéré, par ce mouvement machinal, tirer de la missive des informations qu'à la première vue les mots n'exprimaient pas. N'ayant obtenu aucun résultat de ce genre, il monta à cheval et se rendit à Sainte-Brigitte.

Dès son arrivée, il questionna l'abbé, qui était venu en hâte à sa rencontre, et apprit que le jeune Augustin était tombé malade au couvent depuis que son père l'y avait amené. Après quelques minutes d'entretien, il lui remit la missive du ménestrel. La réponse qu'y fit le jeune homme parut si hardie au vieux prêtre qu'à peine osa-t-il s'en charger : « Il ne pouvait ni ne voulait recevoir en ce moment le chevalier anglais; mais, si celui-ci revenait le lendemain après la messe, il était probable qu'on pourrait lui apprendre quelque chose de ce qu'il désirait connaître ».

— Ce n'est pas une réponse, dit Walton, qu'il convienne à un pareil bambin d'envoyer à un homme de mon rang, et il me semble, père abbé, que vous ne consultez guère le soin de votre sûreté en me transmettant un message si insolent.

L'abbé tremblait sous les plis de sa robe de bure. Walton, attribuant son trouble à une conscience coupable, l'invita à se rappeler ce qu'il devait à l'Angleterre, les bienfaits qu'il avait reçus de lui, et les suites probables de sa complicité dans la conduite insolente d'un jeune étourdi.

Ces reproches frappèrent l'abbé, qui mit à se justifier le plus vif empressement. Après avoir rejeté sur l'état maladif d'Augustin la réponse inconsidérée qu'il avait faite, il rappela à son tour que lui-même, comme chrétien et Anglais, avait des égards à observer envers la communauté de Sainte-Brigitte, qui n'avait jamais donné au roi Édouard le moindre sujet de plainte. Tout en parlant, il semblait puiser du courage dans les privilèges du clergé. Ainsi il ne pourrait permettre qu'un enfant malade, qui s'était réfugié dans le sanctuaire de l'église, fût arrêté ni soumis à aucune espèce de contrainte, à moins qu'il ne fût accusé d'un crime spécial, susceptible d'être immédiatement prouvé. Les Douglas, cette race despotique, avaient toujours respecté le sanctuaire de Sainte-Brigitte, et il n'était pas à supposer que le roi d'Angleterre, fils obéissant de l'église de Rome, agirait avec moins de respect pour les droits de l'abbaye que les partisans d'un usurpateur, d'un homicide, d'un excommunié comme Robert Bruce.

Walton fut fortement ébranlé par cette remontrance. Il savait que, vu l'esprit de l'époque, le pape exerçait une grande prépondérance dans toutes les querelles où il lui plaisait d'intervenir; que, même dans la contestation relative à la suzeraineté de l'Écosse, il avait élevé des prétentions à ce royaume; et il sentait que son souverain lui saurait peu de gré de lui susciter de nouveaux embarras avec Rome. Au surplus, il lui était facile de placer une sentinelle de manière qu'Augustin ne pût s'échapper pendant la nuit; et le lendemain matin, il serait encore à sa disposition aussi bien que si on l'arrêtait immédiatement de force.

— A votre requête, père abbé, dit-il, j'accorderai au jeune homme la faveur qu'il demande, avant de le faire conduire en prison, pourvu qu'on ne le laisse pas sortir du couvent; et c'est vous qui m'en répondez. A cet effet, je vous autorise, comme de juste, à disposer du poste de la Coudraie, auquel je vais envoyer du renfort.

Le gouverneur prit ensuite congé de l'abbé et retourna au château. Aymar vint le recevoir sur le pont-levis, et lui annonça qu'un détachement d'une quinzaine d'hommes, en route pour la ville de Lanark, passerait la nuit à la Coudraie.

— J'en suis charmé, répondit le gouverneur, car j'allais envoyer du renfort à cet endroit. Le fils du ménestrel s'est engagé à répondre, demain matin, aux questions que je lui adresserai. Les soldats qu'on nous annonce suivant la bannière de votre oncle le comte de Pembroke, puis-je vous prier d'aller à leur rencontre? Vous leur commanderez de rester à la ferme jusqu'à ce que vous ayez de nouveau interrogé le jeune homme : il doit répondre à une lettre que j'ai remise, de ma propre main, à l'abbé de Sainte-Brigitte. Puis, vous l'amènerez ici avec tous les égards convenables, attendu que c'est un prisonnier de quelque importance.

— Et qu'aurai-je à faire en cas de résistance?

— Mais, avec le détachement de passage, vous aurez une vingtaine de soldats, armés d'arcs et de lances, contre cinq ou six vieux moines en froc et en capuchon !

— C'est vrai ; mais par le temps qui court, l'interdit et l'excommunication sont parfois des armes plus fortes que nos cottes de mailles, et je ne me soucierais pas volontiers d'être exclu du giron de l'Église.

— Eh bien! sachez donc, jeune homme rempli de soupçons et de scrupules, sachez que, si le fils du ménestrel ne se rend pas de son plein gré, l'abbé m'a promis de le remettre entre vos mains.

Il n'y avait plus rien à répliquer, et Valence, se croyant encore inutilement dérangé par une petite commission qui n'en valait pas la peine, ne s'arma qu'à demi, suivant l'habitude des chevaliers, lorsqu'ils sortaient de l'enceinte du château, et se mit en devoir d'exécuter les ordres de son supérieur. Deux ou trois cavaliers l'accompagnèrent, ainsi que son écuyer Fabien.

Il tomba, vers le soir, un de ces brouillards écossais qui, dit-on communément, ressemblent aux pluies des climats plus favorisés. La route devenait de plus en plus noire, les montagnes se couvraient de vapeurs plus épaisses, ce qui les rendait plus difficiles encore à traverser.

Aymar pressait de temps en temps le pas de sa monture; et il lui arrivait, comme aux gens en retard, de ralentir sa course par les efforts mêmes qu'il faisait pour l'abréger. Il s'imagina qu'il se rendrait plus directement à la Coudraie en passant par la ville de Douglas, dont les habitants, sévèrement traités par les Anglais, s'étaient retirés, pour la plupart, dans différentes parties du pays. Cette place, presque abandonnée, était défendue par une palissade grossière et par un pont-levis délabré, qui conduisait à des rues si étroites, que trois cavaliers pouvaient à peine y passer de front. La ville était plongée dans une obscurité complète, hormis quand un rayon de lune venait à frapper le pignon de quelque toit pointu. Nul bruit d'industrie humaine, nul éclat de joie domestique ; on ne voyait briller aux fenêtres ni feu ni lumière ; l'ordonnance du couvre-feu était en pleine vigueur. L'église, dont l'architecture gothique était d'un superbe caractère, avait été attaquée par le feu ; mais les ruines, restant assemblées par le poids des énormes pierres dont elles se composaient, donnaient encore une idée suffisante de la puissance d'une famille aux frais de laquelle l'édifice avait été construit, et dont les ossements, depuis un temps immémorial, avaient été déposés dans ses caveaux.

Donnant peu d'attention à ces restes d'une grandeur éclipsée, Aymar s'avançait avec sa suite, et il avait dépassé l'enceinte en ruines du cimetière, quand, à sa grande surprise, il entendit le trot d'un cheval, qui remontait la rue, puis le cliquetis d'une armure. Les deux guerriers s'aperçurent au même instant et s'écrièrent à la fois : « Qui va là ? »

La réponse ne se fit pas attendre.

— Saint Georges ! dit l'un.

— Douglas ! dit l'autre.

Étonné d'un cri de guerre auquel se rattachaient tant de souvenirs, le chevalier anglais piqua son coursier et descendit au galop la chaussée raboteuse et défoncée qui conduisait à la porte du sud, en criant : « A moi ! sus à l'insolent coquin ! Courez à la porte !... En avant, saint Georges et l'Angleterre ! » En même temps, il mettait en arrêt sa longue lance, qu'il avait arrachée aux mains de son écuyer. Mais le clair de lune n'avait brillé qu'un moment et, quoique Valence sentît bien que l'ennemi n'avait point assez de place pour l'éviter, il ne put se diriger qu'au hasard, sans atteindre de sa lance l'objet de sa poursuite. Ceux qui galopaient derrière lui furent saisis d'une espèce de terreur surnaturelle, que nombre d'aventures étranges inspiraient à la plupart des Anglais au seul nom de Douglas, et quand Aymar parvint à la porte qui terminait cette rue difficile, il n'était plus suivi que par Fabien.

Il y avait en cet endroit un poste d'archers anglais, qui commençaient à prendre les armes.

— Misérables! s'écria le chevalier. Est-ce ainsi que vous gardez la ville? Quel est le traître qui a passé devant vous, tout à l'heure, en poussant le cri des Douglas?

— Nous n'avons rien vu de pareil, répondit le chef de poste.

— C'est-à-dire, infâmes coquins, que vous aviez trop bu et que vous dormiez.

Les soldats protestèrent du contraire, mais d'une manière embarrassée, qui fut loin de dissiper les soupçons de sire Aymar. Il demanda à grands cris des chandelles, des torches, des falots, et le peu d'habitants restés dans la ville se montrèrent, quoique avec répugnance, apportant tout ce qu'ils se trouvaient avoir en fait de luminaire. Ils écoutèrent avec surprise le récit du jeune chevalier et, tout en jurant qu'ils étaient innocents de la cause du tumulte, déployèrent une grande hâte à courir de maison en maison, de coin en coin, pour découvrir le cavalier invisible. Les femmes trouvèrent, pour résoudre le problème de l'apparition, un moyen qui suffisait alors à expliquer tous les mystères. « C'est le diable en personne, dirent-elles, qui s'est montré parmi eux. » L'idée s'était déjà présentée à l'esprit des compagnons de sire Aymar. En effet, qu'un homme vivant et un cheval, tous deux, à ce qu'il semblait, d'une taille gigantesque, pussent être évoqués en un clin-d'œil et apparaître dans une rue gardée, d'un bout, par des archers d'élite et, de l'autre, par les cavaliers que commandait Valence lui-même, c'était là une chose tout à fait impossible.

Enfin, une voix de femme se fit entendre par-dessus la confusion générale :

— Où est-il, ce chevalier anglais? Je lui dirai quelle est la seule personne capable, j'en suis sûre, de le tirer d'embarras.

— De qui parlez-vous, bonne femme? demanda Aymar.

Il s'irritait de plus en plus en voyant le temps qu'il perdait à une recherche passablement ennuyeuse et même ridicule. Et pourtant la présence d'un partisan des Douglas, armé de pied en cap, dans leur ville

natale, semblait comporter de trop sérieuses conséquences pour qu'il se dispensât d'examiner l'affaire à fond.

— Venez par ici, dit la voix de femme, et je vous nommerai la seule personne qui puisse vous expliquer les aventures de ce genre qui arrivent dans le pays.

A ces mots, le chevalier prit une torche des mains de ceux qui étaient près de lui, et l'élevant en l'air, découvrit la personne qui parlait, une grande femme, qui évidemment cherchait à se faire remarquer.

— Bonne femme, lui dit-il, si vous voulez me donner l'explication de ce mystère, je vous promets une belle mante de drap gris.

— Ce n'est pas moi, répondit la vieille, qui prétends posséder les moyens de vous être utile. Avant de nommer l'homme, je voudrais être certaine qu'il n'aura rien à craindre de vous : donnez-m'en votre foi de chevalier.

— Oui, vous l'avez ; il aura même une récompense, s'il me renseigne fidèlement, et sa grâce par-dessus le marché, s'il a pris part à quelque complot.

— Lui? oh non! C'est le bonhomme Powheid, le vieux fossoyeur de notre église, qui est à même de vous raconter sur les anciens seigneurs plus d'histoires que vous n'en pourriez entendre d'ici à la Noël.

— Que veut dire cette vieille femme?

— Elle parle probablement, répondit Fabien, d'un vieux radoteur qui s'est constitué, je crois, le registre vivant de l'histoire et des antiquités de la ville et de la sauvage famille qui y demeurait, peut-être avant le déluge.

— Où est cet homme? Un fossoyeur, n'est-ce pas? Il peut connaître les cachettes qu'on pratique souvent dans les vieux édifices et savoir quelles gens viennent s'y réfugier. Allons, bonne femme, amenez-moi cet individu, ou plutôt j'irai le trouver moi-même.

Une lampe à la main, la vieille marcha en avant, suivie du chevalier, qui avait recommandé à Fabien de se tenir prêt à le rejoindre au premier signal. Ils s'enfoncèrent alors, parmi les ruines de l'église, tellement obstruée de décombres qu'on pouvait à peine s'y frayer un passage. La vieille ne cessait de marmonner en avançant péniblement :

— Oui, oui, il travaille à son devoir, comme il dit ; c'est étonnant qu'il ait le cœur à cette besogne en des temps pareils. N'importe, elle l'occupera jusqu'à la fin de sa vie, et de la mienne ; et, après tout, les temps sont assez bons pour ceux qui y vivent.

— Êtes-vous sûre, demanda Aymar, qu'il y ait âme vivante dans ces ruines? Je serais tenté de croire que vous me conduisez dans le charnier des morts.

— Peut-être avez-vous raison ; vieilles gens et charniers s'accordent ensemble, et quand un fossoyeur demeure près des morts, c'est comme qui dirait parmi ses pratiques... Hé! là-bas, Powheid! Lazare Powheid! voici un beau seigneur qui veut vous parler... un beau seigneur anglais!

On entendit les pas d'un vieillard, qui s'approchait, mais si lentement, que la lumière dont il s'éclairait projeta ses clartés vacillantes sur les pans de mur quelque temps avant de laisser voir celui qui la portait. Il parut enfin, les vêtements en désordre, parce qu'il s'était levé à la hâte. Grand, sec, amaigri par les privations, il avait le dos courbé, par suite de ses occupations habituelles, et les yeux naturellement tournés vers la terre. Ses traits, fortement accusés, sans avoir rien d'agréable, indiquaient de la finesse et, en même temps, un certain air de dignité, que l'âge, la pauvreté même, accorde quelquefois, comme une dernière et triste marque d'indépendance, à ceux dont la situation ne saurait, par aucun moyen imaginable, être rendue pire que ne l'ont déjà faite les années et la fortune. L'habit de frère lai ajoutait à son extérieur une sorte de caractère religieux.

— Que me voulez-vous, jeune homme? dit le fossoyeur.

— Vous demander quelques renseignements.

— Suivez-moi par ici dans mon pauvre logis. J'en ai eu un meilleur en mon temps ; néanmoins, Dieu sait qu'il est assez bon pour moi quand bien des gens de plus haute importance sont réduits à se contenter d'un pire.

Il ouvrit une porte basse, qui fermait tant bien que mal l'entrée d'une chambre voûtée, où il paraissait que le vieillard avait, loin du monde des vivants, établi sa misérable et solitaire demeure. Le sol était composé de larges dalles, réunies ensemble avec un certain soin, et çà et là couvertes de lettres et d'emblèmes, ayant servi jadis à distinguer des sépultures ; et, dans un des coins, brûlait un feu, dont la fumée s'échappait par une ouverture du toit. La pioche, la pelle et les autres outils à l'usage du chambellan de la mort gisaient épars dans la salle, et, avec une couple d'escabeaux et une table, à peine dégrossis, formaient tout le mobilier, si nous y ajoutons une couchette en désordre. En face de la porte, était figuré, au mur, un large écusson, semblable à ceux qui décorent les tombeaux des grands personnages, et divisé en seize quartiers autour des armoiries principales.

— Asseyons-nous, dit le vieillard ; j'entendrai mieux de cette façon ce que vous avez à me dire ; et l'asthme qui me travaille me laissera plus de commodité pour vous répondre.

Une quinte de toux sèche et bruyante attesta la violence du mal dont il souffrait, et sire Aymar suivit l'exemple de son hôte en s'asseyant au coin du feu sur une des méchantes escabelles. Le vieillard alla prendre dans un coin de la chambre un tablier hors d'usage, rempli de débris de planches brisées, dont quelques-unes étaient entourées de drap noir, ou marquetées de clous noirs aussi, ou même dorés.

— Cette provision de bois est nécessaire, dit le fossoyeur, pour entretenir la chaleur dans cette chambre délabrée, et les vapeurs de mort qui, le feu une fois éteint, s'entassent sous cette voûte ne sont pas chose indifférente aux poitrines des gens délicats et bien portants, comme Votre Seigneurie, quoique je m'y sois habitué.

Les funèbres débris dont il avait rempli son âtre commencèrent à produire des vapeurs grasses et épaisses d'où sortit une longue flamme, qui prêta au sombre séjour, un air de vie et de gaieté fantastique.

— Vous paraissiez disposé à m'adresser quelques questions, reprit le vieillard ; oserais-je vous demander à quoi elles se rapportent ?

— Je vais te parler franchement, répondit le chevalier, et tu reconnaîtras tout de suite qu'il me faut une réponse courte et claire. Je viens de rencontrer dans les rues de la ville un homme armé, et qui a eu l'audace de pousser le cri de guerre des Douglas ; même, si je puis en croire mes yeux qui ne l'ont vu qu'un instant, ce hardi cavalier avait les traits et le teint noir qui distinguent les Douglas. On m'a dit que tu possédais les moyens de m'expliquer cette circonstance extraordinaire ; et, en ma qualité de chevalier anglais, au service du roi Édouard, je suis particulièrement tenu de l'éclaircir.

— Il faut distinguer. Les Douglas des anciennes générations sont mes proches voisins et, si l'on en croit les bruits de la ville, ils m'honorent de leur amitié et de leurs visites ; je puis donc prendre sur ma conscience d'être responsable de leur conduite, et empêcher qu'aucun des vieux barons qui forment, dit-on, les racines de ce grand arbre généalogique, ne revienne troubler par son cri de guerre les villes ou villages du pays natal. Regardez, sire chevalier, vous êtes entouré des

hommes dont nous parlons. Ici dessous, dans un caveau, qui n'a pas été ouvert depuis le temps où ces cheveux blancs et clairsemés étaient bruns et fournis, repose le premier qui se soit rendu célèbre. C'est lui que le thane d'Athol présenta au roi d'Écosse sous le nom de *Sholto dhu Glass*, l'homme couleur de fer. Ses descendants...

— Je n'ai pas le temps aujourd'hui d'entendre réciter la généalogie de la maison de Douglas. Un tel sujet fournirait à un ménestrel qui aurait l'haleine longue de quoi s'étendre tout un mois du calendrier, y compris les dimanches et fêtes.

— Quels autres renseignements pouvez-vous attendre de moi, si ce n'est ce qui concerne ces héros, dont le sort m'a condamné à faire entrer quelques-uns dans l'éternel repos? Je puis vous parler de celui à qui appartient justement cet écusson, avec son entourage de splendeur et de gloire. Portez-vous envie à ce seigneur, mon honorable patron, et avez-vous dessein de déshonorer ses restes? Ce sera une pauvre victoire.

— Vieillard, ces détails me sont inutiles ; j'attends que tu m'expliques la cause de l'étrange rencontre que j'ai faite il y a une demi-heure.

— Ce n'est pas mon affaire, à moins de supposer que les terreurs de vos soldats n'aient évoqué l'ombre d'un Douglas en approchant de leurs sépulcres. D'ailleurs, par une nuit pareille, le plus beau cavalier du monde aurait eu le teint basané de cette famille ; et je ne m'étonnerais pas que leur cri de guerre, qui fut jadis poussé dans ce pays par des milliers de braves, fût sorti par hasard de la bouche d'un seul champion.

— A t'entendre, il semblerait que tu sois instruit des mouvements de ces Douglas, dont tu as fait tes idoles, et cependant tu refuses de m'en révéler le secret.

— Vous allez bientôt savoir tout ce qu'un pauvre fossoyeur peut avoir à vous dire ; si cela ne vous apprend rien sur les vivants, vous en connaîtrez mieux mes domaines, qui sont ceux de la mort. Les mânes des Douglas trépassés ne reposent pas en paix dans la tombe tant qu'on insulte leurs monuments et qu'on ruine leur maison. Croire qu'à la mort tous les membres d'une famille passent dans les régions de la félicité éternelle ou de la misère qui ne doit pas finir, la religion ne nous le permet pas ; et dans une race que distinguèrent tant de triomphes et de prospérités terrestres, nous devons supposer qu'il s'en trouva beaucoup qui ont été justement condamnés à un temps intermédiaire de punition. Vous avez détruit les temples, élevés par leurs descendants pour rendre le ciel favorable au salut de leurs âmes ; vous avez réduit au silence les chœurs de prières, par la médiation desquels la piété des enfants s'efforçait d'apaiser la colère céleste et d'éteindre les feux expiatoires. Pourquoi donc vous étonner que des âmes tourmentées, privées du soulagement qui leur était destiné, ne trouvent plus, suivant l'expression commune, aucun repos dans leurs tombes? Pourquoi vous étonner qu'elles errent plaintivement autour des lieux où l'on sollicitait leur pardon? Qu'y a-t-il de merveilleux que des squelettes guerriers interrompent vos marches nocturnes, que des fantômes insaisissables viennent troubler vos conseils, et s'opposer autant qu'ils le peuvent aux hostilités que vous vous faites gloire de continuer à la fois contre ceux qui ne sont plus et ceux qui survivent à vos cruautés?

— Et voilà tout ce que tu as à me répondre? un conte à endormir les enfants? Heureusement, ce n'est pas à moi de prononcer sur ton sort. Mon écuyer va te conduire au château, où tu auras affaire au gouverneur, et il n'est pas homme à croire aux apparitions et aux âmes qui sortent du purgatoire... Holà! Fabien, par ici!

Fabien, qui attendait à l'entrée de l'édifice en ruine, y pénétra et, se guidant sur la clarté que répandait la lampe et sur les appels de son maître, parvint jusqu'à la retraite du fossoyeur.

— Prends deux archers avec toi, lui dit Aymar, et conduis ce vieillard, à cheval ou en litière, devant le digne sire Jean de Walton. Dis-lui ce qui nous est arrivé dans la ville, et comme quoi le prisonnier, que je lui envoie pour qu'il l'interroge lui-même dans sa haute sagesse, paraît en savoir long au sujet du cavalier fantôme; car il s'est borné à me répondre que sans doute c'est l'esprit d'un Douglas échappé du purgatoire. Le gouverneur croira ce qu'il voudra de cette histoire; mais, pour ma part, j'ai idée que le bonhomme a la tête égarée par effet de l'âge, du besoin et de l'exaltation, ou qu'il n'est pas étranger au complot qui se trame parmi les gens du pays. Tu peux ajouter que je n'userai pas de beaucoup de cérémonie à l'égard du jeune homme confié aux soins de l'abbé de Sainte-Brigitte; il y a quelque chose de suspect dans ce qui se passe autour de nous.

Fabien promit de suivre fidèlement les instructions du sire de Valence, qui, le prenant à part, lui recommanda de se conduire avec prudence dans cette affaire, et de ne point oublier que Walton semblait avoir en médiocre estime le jugement de l'écuyer et celui du maître.

— Quant à toi, bonhomme, ajouta-t-il en s'adressant à Powheid, puisque tu es insensible à toute menace de danger personnel, songe que, si l'on te surprend à biaiser

avec nous, ton châtiment sera peut-être plus sévère que tous les supplices du corps.

— Pouvez-vous torturer une âme?

— En ce qui te regarde, nous le pouvons... Nous détruirons tous les monastères, toutes les maisons religieuses où l'on prie pour les âmes des Douglas, et nous ne permettrons aux moines d'y demeurer qu'à la condition de prier pour l'âme du roi Édouard Ier, de glorieuse mémoire; et si les Douglas sont privés des avantages spirituels qu'ils retirent de ces églises, ils auront le droit d'en accuser ton entêtement.

— Une pareille vengeance, répliqua le vieillard du ton hardi et hautain qu'il avait pris dès le commencement, serait plus digne des démons infernaux que de véritables chrétiens.

A ces mots, Aymar sortit des ruines, remonta en selle et, en repassant devant le poste, intima aux archers l'ordre de faire bonne garde. Après une course rapide, il mit pied à terre à la ferme de la Coudraie, où le détachement venu d'Ayr était arrivé avant lui. Il envoya un des archers annoncer à l'abbé de Sainte-Brigitte et à son jeune hôte qu'il allait se rendre au couvent, prévenant en même temps l'archer qu'il eût à veiller sur le dernier jusqu'à ce qu'il arrivât lui-même, ce qui ne serait pas long.

CHAPITRE X.

Sire Aymar de Valence, suivant son archer de près, ne fut pas plutôt arrivé à Sainte-Brigitte qu'il manda l'abbé devant lui. Le saint personnage se présenta avec l'air d'un homme qui aime ses aises, et qui vient d'être inopinément arraché de la couche où il goûtait les douceurs du repos.

— Il se fait tard pour une visite, dit-il. Puis-je en demander la cause, après l'arrangement pris aujourd'hui même avec le gouverneur?

— On soupçonne, répondit le chevalier, et ce que j'ai vu cette nuit confirme ces soupçons, que certains rebelles endurcis ont recommencé leurs pratiques contre la garnison du château; et je viens voir, mon père, si, en retour des faveurs dont le roi vous a comblé, vous ne nous aiderez pas à découvrir les desseins de ses ennemis.

— Oh! si, dit l'abbé Jérôme d'une voix troublée; sans nul doute, je suis tout à votre service, en supposant que je sache rien qu'il vous soit avantageux de connaître.

— Peut-être est-il téméraire, au temps où nous sommes, de se porter garant de la foi d'un Écossais; cependant, j'avoue que je vous regarde comme un loyal sujet du roi d'Angleterre, et j'espère bien que vous ne cesserez pas de l'être.

— Belle façon de m'y encourager! Me tirer du lit, à minuit, par ce vilain froid, pour subir l'interrogatoire d'un chevalier, le plus jeune de l'ordre, qui, sans me dire pourquoi, me retient sur un pavé glacial, au risque de faire remonter dans l'estomac, suivant Celse, la goutte qui me tracasse aux pieds! Et alors bonsoir à l'abbaye et aux interrogatoires pour toute l'éternité!

— Bon père, la nature des temps doit vous enseigner la patience. Rappelez-vous que je n'éprouve aucun plaisir à vous déranger et que, si une insurrection avait lieu, les rebelles, qui vous en veulent assez d'avoir reconnu le monarque anglais, vous pendraient à votre clocher pour servir de pâture aux corbeaux; ou bien, si vous avez conclu avec eux un accord secret, notre gouverneur, qui tôt ou tard finira par l'emporter, ne manquerait pas de vous traiter comme rebelle envers son souverain.

— Il peut vous sembler, mon noble fils, répondit l'abbé dont le trouble augmentait, que je sois déjà pendu aux cornes de votre dilemme. Eh bien, donnez-moi le temps d'avaler une potion recommandée par Celse dans le cas périlleux où je me trouve, et je suis prêt, sur cette question de connivence avec les rebelles, à m'expliquer en parfaite sincérité.

En parlant ainsi, il appela un moine qui l'avait aidé à se vêtir, et, lui remettant une grosse clef, marmotta quelques mots à son oreille. A en juger par la capacité de la coupe qu'apporta le moine, la potion de Celse devait être administrée à une dose considérable, et l'odeur forte qu'elle répandit dans la salle fit soupçonner à Aymar que ladite potion se composait en grande partie de ce qu'on nommait alors *eaux distillées,* préparation connue dans les monastères quelque temps avant que ce secret inappréciable fût parvenu jusqu'aux laïques. L'abbé, sans s'émouvoir de la force ni de la quantité du breuvage, le but avec ce qu'il eût appelé lui-même « un sentiment de liesse et de soulas ». D'une voix pleine d'assurance, il se déclara réconforté à merveille et prêt à renouer l'entretien.

— Vous savez, mon révérend, dit le chevalier, que les étrangers de passage en ce pays doivent être les premiers objets de nos soupçons et de nos enquêtes. Quelle est, par exemple, votre opinion sur le jeune Augustin, fils, ou se disant tel, d'un ménestrel nommé Bertrand, et qui, depuis quelques jours, est logé ici?

A cette question, les yeux de l'abbé exprimèrent sa surprise de l'entendre sortir de la bouche de sire Aymar.

— En vérité, dit-il, c'est un garçon qui, autant que je puis le connaître, possède un naturel excellent, beaucoup de loyauté et de religion, enfin tout ce à quoi je devais m'attendre, à en juger par l'honorable personnage qui l'a confié à mes soins.

Là-dessus, il salua le chevalier, dans la conviction qu'une telle repartie lui fournissait un argument irrésistible pour la suite de l'interrogatoire. La réplique d'Aymar le rendit à ses perplexités.

— Oui, mon père, dit celui-ci, c'est moi qui vous ai recommandé ce jeune homme comme étant d'un caractère inoffensif, et à l'égard duquel il ne serait pas nécessaire d'employer la vigilance sévère parfois requise en pareille circonstance; mais les preuves qui me semblaient démontrer son innocence n'ont pas satisfait mon commandant; et c'est par son ordre que je viens faire auprès de vous un supplément d'enquête. L'affaire est de conséquence, vous le comprenez, puisqu'il m'a fallu vous déranger à une heure si indue.

— Je puis seulement protester de mon innocence, et par mon ordre et par le voile de sainte Brigitte! S'il y a du mal dans tout cela, je l'ignore absolument, et aucune torture ne pourrait m'en faire dire davantage. Quelque signe de déloyauté qu'ait pu manifester cet étranger, je n'ai rien aperçu, moi, bien que j'aie sévèrement examiné sa conduite.

— Sous quel rapport? et quel est le résultat de vos observations?

— Ma réponse sera nette et sincère. Il a consenti au dépôt d'un certain nombre d'écus d'or, non certes pour payer l'hospitalité de Sainte-Brigitte, mais simplement...

— N'allez pas plus loin; nous savons à quel prix les moines de Sainte-Brigitte exercent l'hospitalité. De quelle manière a-t-elle été reçue par le jeune garçon? voilà ce qu'il est plus utile de me dire.

— Avec autant de gentillesse que de modestie, noble sire. D'abord, il est vrai, j'avais craint que mon hôte ne fût exigeant, car sa libéralité envers le couvent pouvait l'encourager et, jusqu'à un certain point, l'autoriser à réclamer de nous un traitement au-dessus de nos moyens.

— Auquel cas, vous auriez eu la douleur de rendre une partie de l'argent?

— C'eût été une manière d'arranger les choses contraire à nos vœux. Ce qui est une fois versé au trésor de la sainte ne peut, suivant notre règle, être restitué sous aucun prétexte. Heureusement, il n'a été question de rien de semblable : une croûte de pain blanc et une écuelle de lait par jour, voilà toute la nourriture du pauvre adolescent, et ç'a été par inquiétude pour sa santé que j'ai fait mettre dans sa cellule un lit plus doux et une couverture meilleure que ne le permettent les règles de l'ordre.

— Maintenant, écoutez bien ce que j'ai à vous dire, sire abbé, et répondez-moi franchement. Quelles ont été les relations de votre hôte avec les commensaux du couvent et les personnes du dehors? Interrogez votre mémoire et que votre réponse soit précise; la sûreté du jeune homme et la vôtre en dépendent.

— Aussi vrai que je suis chrétien, je n'ai rien remarqué qui puisse servir de fondement aux soupçons de Votre Seigneurie. Le petit Augustin, contrairement à l'usage des gens élevés dans le monde, recherchait la compagnie des sœurs de cette maison, de préférence à celle des moines, mes frères, dont quelques-uns sont pourtant d'un commerce fort agréable.

— Une mauvaise langue pourrait expliquer le motif de cette préférence.

— Non pas lorsqu'il s'agit des sœurs de Sainte-Brigitte; presque toutes ont été maltraitées par l'âge, ou ont perdu leurs charmes avant de s'enfermer dans notre solitude.

Le bon père fit cette observation avec une espèce de gaieté, excitée en lui par l'idée que les nonnes de la communauté eussent pu conquérir des cœurs par leurs attraits personnels, tandis qu'en réalité elles étaient d'une laideur notable et presque ridicule. Le chevalier, qui les connaissait bien, ne put retenir un sourire.

— Rendons justice aux saintes femmes, dit-il : elles n'ont pu captiver le jeune Augustin que par leur tendre accueil et leurs attentions à soulager ses souffrances.

— Sœur Béatrix, continua le père, reprenant sa gravité, a certainement reçu du ciel un véritable don pour faire les confitures et les caillés de lait au vin ; mais, en cherchant bien, je ne me souviens pas que le garçon en ait goûté. Sœur Ursule, de son côté, a été moins disgraciée par la nature que par les suites d'un accident ; mais, vous le savez, quand une femme est laide, les hommes ne s'inquiètent guère d'en connaître la cause. J'irai voir, avec votre permission, en quel état se trouve le jeune homme, et l'avertir qu'il ait à comparaître devant vous.

— Allez sans plus tarder, mon père ; l'affaire est urgente.

L'abbé s'inclina et se rendit à la cellule d'Augustin, jaloux de satisfaire les désirs de Valence, qu'il regardait, en raison des circonstances, comme son patron militaire. Son absence dura longtemps, et ce retard commençait à inspirer des soupçons à sire Aymar, lorsque l'abbé revint, l'agitation et l'inquiétude écrites sur le visage.

— Je demande pardon à Votre Seigneurie de l'avoir fait attendre, mais j'ai été moi-même retenu et contrarié par des formalités inutiles et de sots scrupules de la part de ce garçon. En premier lieu, dès qu'il a entendu le bruit de mes pas, le drôle, au lieu d'ouvrir la porte, par égard du moins pour ma dignité, a fermé le verrou en dedans ; et ce verrou, Dieu me pardonne ! a été mis dans sa cellule par ordre de sœur Ursule, afin qu'on ne troublât pas son sommeil. Je lui ai signifié de mon mieux qu'il devait se rendre sans délai devant vous, et se préparer à vous suivre au château de Douglas ; à quoi il n'a pas voulu répondre un seul mot, sinon pour m'engager à prendre patience. A la fin, la porte s'ouvre, et mon jeune maître se présente en costume de voyage. A dire vrai, je crois qu'il a souffert d'une nouvelle attaque de sa maladie. Peut-être est-il atteint d'hypocondrie, ce qui lui trouble par moments la cervelle. Bref, il est tout à fait remis, et si Votre Seigneurie désire lui parler, il attend ses ordres.

— Qu'il vienne.

Un long espace de temps s'écoula encore avant que l'éloquence de l'abbé, moitié grondant et moitié priant, eût décidé la jeune dame, qui était toujours déguisée, à descendre au parloir. Lorsqu'elle parut, son visage, mal essuyé, portait des traces de larmes, et elle avait l'air boudeur d'une fillette bien résolue à n'agir qu'à sa tête, sans en donner aucune raison. Ses habits de pèlerin étaient arrangés de façon à dissimuler son sexe; mais, comme par politesse

elle ne pouvait se coiffer la tête du grand chapeau rabattu, elle fut obligée de laisser voir son joli minois plus qu'elle ne l'aurait fait en plein air. Avant d'entrer, elle s'était armée d'un courage qui ne lui était pas naturel, et qu'elle entretenait peut-être par des espérances mal fondées. Dès l'instant où elle se trouva en présence d'Aymar, elle prit des manières plus hardies et plus décidées.

— Votre Seigneurie, dit-elle en s'adressant la première au jeune homme, est chevalier d'Angleterre, et possède sans doute les vertus qui conviennent à ce noble titre. Je suis un malheureux garçon, obligé, par des motifs que je dois tenir secrets, à voyager dans un pays dangereux. On me soupçonne, sans raison légitime, de prêter la main à des manœuvres et à des complots contraires à mon intérêt, dont j'ai horreur jusqu'au fond de l'âme, et que je ne craindrais pas de renier, en appelant sur moi toutes les malédictions de notre religion et en renonçant à toutes ses promesses, si j'étais complice de tels desseins en pensées, en paroles ou en action. Néanmoins, vous qui ne voulez pas croire à cette protestation solennelle, vous allez agir contre moi comme si j'étais un criminel, et en le faisant, je dois vous prévenir, sire chevalier, que vous commettrez une grande et cruelle injustice.

— Je tâcherai de l'éviter, répondit Aymar, en déférant à sire Jean de Walton le soin de trancher la difficulté ; pour moi, je n'ai plus qu'à vous remettre entre ses mains.

— Est-ce bien nécessaire ?

— Assurément, sinon je serais responsable d'avoir négligé mon devoir.

— Mais si je m'engage à vous dédommager par une somme d'argent considérable, par une vaste étendue de terre...

— Ni trésors ni terres, en supposant que vous en ayez à votre disposition, ne sauraient racheter du déshonneur ; et d'ailleurs, enfant, comment me fier à votre parole au cas que la cupidité pût m'entraîner à écouter de semblables propositions ?

— Faut-il donc alors que je me prépare à vous suivre sur-le-champ au château de Douglas, et à comparaître devant le sire de Walton ?

— Il le faut, et ne tardez pas plus longtemps ou je serai obligé de vous emmener de force.

— Et mon père, qu'en ferez-vous ?

— Cela dépendra entièrement de la nature de vos aveux et des siens. Vous avez, l'un et l'autre, quelque secret à révéler, comme le prouve la teneur de la lettre qui vous a été transmise ; et, je vous l'assure, mieux vaudrait avouer tout de suite que d'encourir les conséquences d'un nouveau retard.

— Il faut donc me préparer à partir quand vous l'exigerez. Mais la cruelle maladie dont j'ai souffert ne m'a point tout à fait quitté, et le père Jérôme, qui est si savant en médecine, vous assurera lui-même que je ne puis marcher sans péril pour mes jours ; depuis mon arrivée au couvent, j'ai toujours refusé de prendre de l'exercice en compagnie de vos soldats, de peur d'introduire la contagion parmi eux.

— Le jeune homme dit vrai, ajouta l'abbé : les archers et les hommes d'armes sont maintes fois venus inviter ce pauvre garçon à partager leurs jeux militaires ou à les divertir peut-être par ses chants et sa musique; mais il a constamment décliné leurs offres. C'est encore, à mon sens, l'influence de sa maladie, qui l'empêchait de se livrer à des plaisirs naturels à son âge, et confiné comme il l'est dans le triste séjour de Sainte-Brigitte.

— Pensez-vous donc, révérend père, qu'il y ait véritablement du danger à l'emmener cette nuit au château, comme j'en avais l'intention ?

— J'en suis persuadé. Outre le danger d'une rechute amenée par le voyage, il y aurait, en toute vraisemblance et faute d'avoir pris des précautions, celui de répandre son mal parmi la garnison du château; car c'est dans la rechute plutôt que dans la première atteinte qu'il est le plus contagieux.

— Alors, il faudra vous résoudre, mon ami, à partager votre chambre avec un archer qui y montera la garde.

— Je n'y vois pas d'inconvénient, dit Augustin, pourvu que mon malheureux voisinage n'expose pas la vie de ce pauvre soldat.

— Il fera aussi bien son devoir en dehors de la porte qu'en dedans, dit l'abbé; et si le garçon peut dormir tranquille, ce qu'empêcherait la présence d'une sentinelle dans sa cellule, il n'en sera que mieux en état de vous accompagner demain.

— Eh bien, soit! dit Aymar; mais vous êtes sûr que nous ne lui facilitons pas les moyens de s'échapper?

— La chambre n'a qu'une entrée, reprit l'abbé, et votre archer s'y tiendra; du reste, pour vous ôter d'inquiétude, je barrerai la porte en votre présence.

— Allons, c'est convenu. Ensuite, j'irai me coucher sans quitter ma cotte de mailles et je ferai un somme jusqu'à matines ; alors, Augustin, soyez prêt à m'accompagner au château de Donglas.

Au point du jour, les cloches du convent appelèrent les habitants de Sainte-Brigitte à la prière du matin. Quand ce devoir fut rempli, le chevalier demanda son prisonnier. L'abbé le conduisit à la porte d'Augustin ; la sentinelle qui y était de garde, armée d'une longue pertuisane, dit n'avoir pas entendu, de toute la nuit, le moindre bruit dans la chambre. L'abbé frappa à la porte ; point de réponse ; il frappa plus fort : silence complet.

— Qu'est-ce à dire ? s'écria le révérend ; mon jeune malade a été pris d'une faiblesse, ou il s'est évanoui.

— Souhaitons plutôt qu'il ne se soit pas échappé, dit Aymar ; l'accident retomberait sur nous, puisque, à parler net, nous devions ne pas le perdre de vue et le surveiller étroitement jusqu'au jour.

— Votre Seigneurie prévoit un malheur qui me paraît à peine possible.

— C'est ce que nous allons voir... Qu'on apporte des pics et des leviers, cria Aymar de manière à être entendu de l'intérieur de la chambre, et qu'on enfonce la porte, qu'on la brise en pièces sur-le-champ !

Sa voix impérieuse et retentissante attira presque aussitôt autour de lui les moines du couvent et deux ou trois archers de sa suite qui s'occupaient à seller leurs chevaux. Le mécontentement du jeune chevalier se manifestait par la rougeur qui lui montait au visage, et par la manière sèche dont il répéta l'ordre d'enfoncer la porte. Il fut promptement obéi, quoiqu'il fallût un grand déploiement de force ; et tandis que les débris tombaient avec fracas, sire Aymar s'élança dans la cellule, et l'abbé l'y suivit en trébuchant ; mais leurs soupçons les plus fâcheux se trouvèrent confirmés : elle était vide.

CHAPITRE XI.

A disparition du jeune homme dont le déguisement et la destinée ont pu, nous l'espérons, exciter l'intérêt des lecteurs, exige quelques explications avant de revenir aux autres personnages de cette histoire.

Lorsque, la veille au soir, Augustin avait été pour la seconde fois reconduit à sa cellule, le moine et le chevalier de Valence avaient vu la porte se refermer sur lui, et même ils l'avaient entendu tirer en dedans le verrou qui avait été mis, à sa requête, par sœur Ursule ; car la jeunesse d'Augustin, sa beauté, ou plutôt ses souffrances et sa mélancolie lui avaient concilié les affections de la nonne.

Aussitôt donc qu'Augustin fut rentré dans sa chambre, il s'entendit saluer à voix basse par la bonne religieuse, qui, en son absence, s'était glissée et cachée derrière le petit lit. Elle se rapprocha de lui avec de vives démonstrations de joie. Une foule de prévenances, entre autres des rameaux de buis et d'autres arbres toujours verts, seuls ornements de la froide saison, attestaient le zèle des saintes femmes à décorer la cellule de leur hôte. Les félicitations d'Ursule partaient aussi d'un bon cœur et, en même temps, du désir de montrer qu'elle possédait en partie le secret de l'étranger.

Tandis qu'elles échangeaient de mutuelles confidences, le contraste qu'offraient à la fois leurs traits et leurs personnes aurait vivement frappé quiconque serait devenu témoin de leur entrevue. La cape brune du faux pèlerin ne tranchait pas moins fort auprès de la robe de laine blanche de la novice, que le visage de celle-ci, couturé de cicatrices et privé d'un œil, auprès de la charmante physionomie de la voyageuse, qui contemplait avec un air d'abandon et de sympathie son étrange compagne.

— Vous connaissez, dit-elle, le gros de mon histoire ; avez-vous le moyen ou la volonté de me prêter secours? S'il faut y renoncer, vous serez témoin de ma mort plutôt que de ma honte. Non, chère sœur, je ne veux point être montrée au doigt, comme une étourdie qui a tout sacrifié pour un homme dont elle n'avait pas eu la prudence d'éprouver l'attachement. Je ne me laisserai pas traîner devant Walton pour être forcée, par crainte de la torture, à m'avouer pour la femme en l'honneur de laquelle il défend le Château Périlleux. Sans doute il s'estimerait heureux d'unir sa main à celle d'une damoiselle dont le douaire est si considérable ; mais qui peut dire s'il me traiterait avec le respect que toute femme a droit d'exiger, ou s'il me pardonnerait la hardiesse dont je me suis rendue coupable, lors même que les conséquences auraient tourné en sa faveur?

— Allons, chère fille, répondit la nonne, rassurez-vous ; tout ce que je pourrai faire pour vous aider, je le ferai. Les ressources dont je dispose sont bien au-dessus de ma condition présente, et, fiez-vous à moi, j'en userai dans toute leur étendue. Il me semble entendre encore ce lai que vous nous chantiez l'autre jour ; seule, émue par des sentiments de même nature que les vôtres, j'ai su comprendre que c'était votre propre histoire.

— Dites plutôt le récit de ma disgrâce, et je m'étonne encore d'avoir profané ainsi vos oreilles.

— Pourquoi en rougir ? Il n'y avait pas un mot qui ne rappelât ces aventures d'amour et de vaillance que les meilleurs ménestrels se plaisent à célébrer, et qui font à la fois sourire et pleurer les plus illustres d'entre les chevaliers et les damoiselles. Augustine de Berkely, riche héritière aux yeux du monde, passe, à la mort de ses parents, sous la tutelle du roi d'Angleterre, et se trouve ainsi sur le point d'être donnée en mariage à un favori de ce prince que, dans les vallées de l'Écosse, nous n'avons pas scrupule d'appeler un affreux tyran.

— Je ne partage pas votre sentiment, ma sœur; et pourtant la vérité est que le cousin de l'obscur Gaveston, à qui le roi voulait donner ma main, n'était pas de naissance, de mérite ou de fortune, digne d'une telle alliance. Sur ces entrefaites, la renommée de sire Jean de Walton était venue jusqu'à moi; et je pris à ses exploits un intérêt d'autant plus vif que, riche de brillantes qualités, il était pauvre des biens de la terre et des faveurs de la fortune. Je le vis, et une pensée, qui s'était déjà offerte à mon imagination, me devint, après cette entrevue, plus familière et plus agréable. Il me sembla que si la fille d'une puissante famille anglaise pouvait donner, avec sa main, autant de richesses que disait le monde, elle devait en faire un légitime usage pour réparer l'injustice du sort envers un vaillant preux comme Walton, et non pour raccommoder les finances d'un mendiant français, n'ayant d'autre mérite que d'être le parent d'un favori, détesté dans tout le royaume.

— Ah! le généreux dessein, ma fille! Quoi de plus digne d'un noble cœur, possédant richesses, rang, naissance et beauté, que d'appeler la vertu pauvre et héroïque au partage de tous ces biens?

— Telle était mon intention, ma chère sœur; mais peut-être ne vous ai-je pas suffisamment expliqué la manière dont je comptais m'y prendre. D'après le conseil d'un ménestrel de notre maison, le même qui est maintenant prisonnier à Douglas, je fis préparer un grand festin la veille de Noël, et j'envoyai des invitations à tous les jeunes chevaliers de bon lignage, connus pour aimer les armes et les aventures. A la fin du repas, Bertrand, comme nous en étions convenus, reçut l'ordre de prendre sa harpe. Il chanta, et fut écouté avec l'attention due à un ménestrel de si haute renommée. Le sujet qu'il choisit était le château de Douglas, pris et repris tant de fois, ou, comme le poète l'appelait, le Château Périlleux. « Où sont les capitaines d'Édouard Ier au grand renom, dit le ménestrel, puisque l'Angleterre n'a plus d'épée assez vaillante pour défendre une méchante bicoque contre les rebelles Écossais, qui ont juré de la reprendre sur les cadavres de nos soldats avant que l'année soit révolue ? Où sont les nobles dames dont les sourires savaient enflammer le courage des chevaliers de Saint-Georges ? Hélas ! le génie de l'amour et de la chevalerie est endormi parmi nous ; nos chevaliers se bornent à de misérables entreprises, et nos plus nobles héritières sont livrées à des étrangers, comme s'il n'y avait dans leur propre pays personne qui fût digne d'elles ! » La harpe se tut ; et je rougis de le dire, je me levai, comme remplie d'enthousiasme par le chant du barde, et détachant de mon cou la chaîne d'or qui soutenait une croix bénie, je fis vœu, sauf le bon plaisir du roi, d'accorder ma main et l'héritage de mes pères au brave chevalier, noble de naissance, qui conserverait le château de Douglas au roi d'Angleterre pendant un an et un jour. De chaleureux applaudissements accueillirent mes paroles ; mais il régna ensuite un certain silence parmi les jeunes chevaliers qu'on pouvait croire prêts à accepter cette offre, même au risque d'être embarrassés de ma personne.

— Honte à l'homme qui aurait une telle pensée ! A ne considérer que votre beauté, un vrai chevalier aurait dû s'exposer au péril de défendre vingt châteaux de Douglas, plutôt que de manquer une aussi rare occasion de gagner vos bonnes grâces.

— Il se peut que plus d'un en ait eu l'intention, mais le risque de contrarier la volonté royale a suffi pour les arrêter. Néanmoins, et à ma grande joie, la seule personne qui profita de l'offre que j'avais faite fut sire Jean de Walton ; et comme il eut soin, en acceptant, de réserver l'approbation du roi, j'espère qu'il n'a rien perdu dans sa faveur.

— Soyez-en convaincue, noble et généreuse dame. Nous entendons quelquefois parler des choses du monde dans ce coin retiré de Sainte-Brigitte ; et le bruit court que le roi fut, il est vrai, offensé de vous voir émettre une volonté contraire à la sienne ; d'autre part, Walton était un homme d'un renom si fameux, et votre vœu rappelait si bien l'esprit de temps meilleurs et non oubliés, que le roi ne pouvait, au commencement d'une guerre dangereuse, priver un chevalier errant de la fiancée qu'il aurait justement conquise par la lance et l'épée.

— Mais que de mauvais jours à passer avant d'arriver au terme du siège et de l'épreuve ! Tant que je demeurai dans mon château solitaire, nouvelles sur nouvelles vinrent m'alarmer sur les nombreux ou plutôt les constants dangers qui entouraient mon amant. Enfin, dans un moment de folie, je résolus de partir sous ces habits. Je voulais voir moi-même dans quelle situation se trouvait mon chevalier, pour me décider ensuite à prendre quelque moyen d'abréger son temps d'épreuve : la vue du château de Douglas, ou, pourquoi le nierais-je? celle de Jean

de Walton devait seule m'inspirer. Peut-être, ma chère sœur, ne vous est-il pas possible de comprendre combien j'étais tentée de renoncer à une résolution prise dans l'intérêt de mon honneur et de celui de mon amant; songez toutefois que cette résolution avait été dictée par un moment d'enthousiasme, et que la démarche à laquelle je me décidai était la conséquence assez naturelle d'un état d'incertitude, long, pénible, accablant, dont l'effet était d'affaiblir mon âme, si exaltée autrefois par l'amour de mon pays, à ce qu'il me semblait, mais en réalité, hélas! par des sentiments passionnés et d'une nature bien plus personnelle.

— Hélas! dit sœur Ursule, suis-je femme à soupçonner de rester insensible aux souffrances du véritable amour? Croyez-vous donc que l'air de cette enceinte ait sur le cœur féminin la vertu de ces merveilleuses fontaines qui pétrifient, dit-on, les substances plongées dans leurs eaux? Écoutez mon histoire, et jugez ensuite s'il en peut être ainsi d'une infortunée qui a tant de causes de chagrin. Ne craignez pas que nous perdions du temps. Il faut laisser à nos voisins de la ferme le loisir de s'arranger pour la nuit avant que je puisse vous donner les moyens de fuir; vous aurez un guide sûr, de la fidélité duquel je réponds, pour diriger vos pas à travers ces bois et vous défendre en cas de danger. Il nous reste encore une heure et je suis convaincue que vous ne sauriez mieux employer ce temps qu'à écouter le récit de malheurs produits également par une passion funeste, et trop semblables aux vôtres pour manquer d'obtenir votre sympathie.

En proie à une émotion qui rendait sa laideur encore plus frappante, la religieuse fit, presque à voix basse, le récit qui va suivre.

« Mes infortunes ont commencé longtemps avant d'être appelée sœur Ursule et renfermée comme novice dans ce cloître. Mon père était un noble normand qui, comme plusieurs de ses compatriotes, vint chercher et trouva fortune à la cour du roi Alexandre III. Il fut nommé shérif dans ce comté, et Maurice de Hattely ou Hantlien était compté parmi les riches et puissants barons de l'Écosse. Pourquoi ne dirais-je pas que Marguerite, la fille de ce baron, se distinguait aussi entre les plus belles des nobles dames du pays? Ce ne peut être une vanité blâmable qui me porte à vous l'apprendre, car vous auriez peine à soupçonner maintenant que j'aie pu autrefois avoir quelque ressemblance avec la charmante Augustine de Berkely.

« A l'époque des malheureuses querelles de Bruce et de Baliol, mon père embrassa avec chaleur la cause des Anglais. Dans le parti national, nul ne s'était plus signalé que Malcolm Fleming, par sa haute naissance, ses grandes qualités et ses services. Je le vis, et l'être difforme qui vous parle ne doit pas rougir d'avouer qu'elle aima ce parfait cavalier, qui la paya de retour. Notre attachement fut découvert par mon père; furieux, il me fit conduire dans cette maison et me plaça sous la garde d'une des religieuses. Bien plus, il jura de me faire prendre le voile de force, si je ne consentais à épouser son neveu, élevé à la cour de Londres, et qu'il avait résolu de choisir pour héritier de ses titres. Je n'hésitai pas à me décider, en protestant que je préférais la mort à toute autre alliance que celle de Fleming. Mon amant ne fut pas moins fidèle : il trouva moyen de m'avertir que, telle nuit, il se proposait d'attaquer le couvent pour me délivrer.

« Mais vint une heure maudite, heure de folie et de fatalité!

« Je me laissai arracher par l'abbesse un secret qui devait lui paraître plus sacrilège qu'à toute autre femme, et pourtant je n'avais pas prononcé de vœux. L'artificieuse créature me persuada aisément de sa fidélité à la cause de Bruce, et promit d'éloigner les soldats anglais ; ce qui eut lieu en apparence. Au milieu de la nuit désignée, la fenêtre de ma cellule, qui était au deuxième étage, fut ouverte sans bruit, et jamais mes yeux ne furent plus ravis qu'au moment où, prête à fuir et déguisée, comme vous l'êtes, sous des habits d'homme, je vis Malcolm Fleming sauter dans ma chambre. Nous étions étroitement unis, quand mon père entra par la porte, suivi de dix robustes gens d'armes, qui se mirent à pousser leur cri de guerre. Des coups furent aussitôt donnés et rendus de part et d'autre. Dans la lutte, une espèce de géant se distingua, même à mes yeux troublés, par l'aisance avec laquelle il terrassait ceux qui s'opposaient à mon évasion. Écartant ses adversaires, comme une dame écarterait avec son éventail un essaim de mouches importunes, il me prit d'un bras, se servit de l'autre pour nous protéger tous deux; et je fus sur le point d'être descendue en sûreté par l'échelle dont mes libérateurs s'étaient aidés pour pénétrer du dehors dans ma cellule... Le malheur m'attendait là.

« Mon père, que Wallace — car c'était lui, — avait épargné par égard pour moi, ou plutôt pour Fleming, gagna par la compassion et la bonté de son vainqueur un terrible avantage, dont il profita sans remords : il courut à l'échelle qui portait sa fille et s'efforça de la renverser, avec toute la violence de la colère. Le héros s'aperçut du danger : dans un suprême effort d'agilité et de vigueur, il s'élança avec moi du haut de l'échelle et alla tomber au delà des fossés du couvent, où nous aurions été infailliblement précipités. Wallace sortit sain et sauf de cette tentative désespérée ; pour moi, qui tombai sur un amas de pierres et de décombres, moi, fille désobéissante, je dirai presque religieuse parjure, je ne relevai d'une longue maladie que pour me trouver affreusement défigurée, telle que je suis devant vous. J'appris alors que Malcolm s'était échappé dans le combat et, peu après, m'arriva la nouvelle, qui excita en moi une douleur moins vive qu'elle n'aurait dû l'être, que mon père avait péri dans une de ces innombrables batailles que se livrèrent les factions ennemies. La vieille abbesse mourut d'un refroidissement, qu'elle avait gagné le soir même de ce triste événement. Sa place, qui aurait pu rester vacante jusqu'à ce que je fusse en état de la remplir, fut supprimée lorsque les Anglais jugèrent à propos de réformer, ainsi qu'ils disaient, la discipline de la maison, et, au lieu de laisser élire une nouvelle abbesse, ils envoyèrent ici quelques moines dévoués, qui gouvernent la communauté suivant le bon plaisir de leurs patrons. Mais moi, qui ai eu l'honneur d'être défendue par les armes de Wallace, je ne resterai pas dans cette maison pour être aux ordres de l'abbé Jérôme. J'en sortirai, et j'espère ne manquer ni de parents ni d'amis, qui procureront à Marguerite de Hautlieu un asile plus convenable que le couvent de Sainte-Brigitte. Vous aussi, chère Augustine, vous allez recouvrer votre liberté et vous ferez bien de laisser ici un billet, qui informe sire Jean de Walton du dévouement que son heureux destin vous a inspiré.

— Votre intention, dit la jeune dame, n'est donc point de rentrer dans le monde? Vous renoncerez donc à votre amant et à l'union qui devait faire votre bonheur commun?

— C'est une question, ma chère enfant, répondit Ursule, que je n'ose m'adresser à moi-même, et je ne sais quelle réponse on pourrait y faire. Je n'ai point prononcé de vœux définitifs et irrévocables; rien n'a changé ma position à l'égard de Malcolm Fleming. Quant à lui, il est mon fiancé en face du ciel : je suis sûre d'être toujours digne de lui, et de n'avoir, sous aucun rapport, mérité un

Combat dans la cellule de Marguerite de Hautlieu.

manque de foi. Mais il est venu jusqu'à moi des bruits qui m'ont blessée au vif : on dit que la nouvelle de ma chute et de ses suites a bien refroidi le cœur de Malcolm. Je suis pauvre maintenant, ajouta-t-elle avec un soupir, et je ne possède plus ces charmes personnels qui attirent l'amour et fixent la fidélité des hommes. Je cherche donc à me convaincre, dans mes moments de ferme résolution, que tout est fini entre Fleming et moi. Cependant, une voix me dit au fond de l'âme que celui qui sacrifierait tout au salut de son pays est incapable d'avoir, dans un caractère si généreux, la versatilité des êtres égoïstes et vulgaires. Ah! si pareil malheur lui fût arrivé, il ne perdrait rien à mes yeux pour avoir le visage couvert d'honorables cicatrices, reçues dans les combats de la liberté; ces blessures, à mon avis, ajouteraient un nouveau lustre à son mérite, quoiqu'elles fissent tort à sa beauté personnelle. Il me vient parfois à l'esprit que Malcolm et Marguerite pourraient être encore l'un pour l'autre ce qu'ils rêvèrent jadis avec tant de confiance, et qu'un changement qui n'altère en rien l'honneur ni la vertu de la personne aimée doit augmenter plutôt que diminuer les charmes de l'union. Regardez-moi, ma chère Augustine, regardez-moi en face, si vous en avez le courage, et dites-moi si je ne déraisonne pas lorsque mon imagination ose trouver naturel et probable ce qui est à peine possible.

La dame de Berkely, cédant à la nécessité, leva les yeux sur sa compagne. Elle était partagée entre la crainte de perdre toute chance de salut par la façon dont elle se conduirait en ce moment critique, et le désir de ne pas flatter l'infortunée en lui suggérant de trompeuses espérances; mais son imagination, remplie des légendes merveilleuses de l'époque, lui remit en mémoire la Dame effroyable du *Mariage de sire Gauvain,* et elle tourna sa réponse de la manière suivante :

— Vous m'adressez, ma chère Marguerite, une question embarrassante, à laquelle il serait indigne d'une amie de ne pas répondre sincèrement, et cruel de le faire avec trop de légèreté. Ce qu'on appelle beauté, il est vrai, est la première qualité qu'apprennent à estimer les personnes de notre sexe; nous sommes flattées d'entendre parler de nos attraits, qu'ils soient réels ou non, et de là vient, sans nul doute, que nous y attachons beaucoup plus d'importance qu'ils n'en méritent. Toutefois, on a vu des femmes qui, au jugement de leurs égales et peut-être de leur propre aveu, n'avaient aucune prétention à la beauté, devenir, grâce à leur intelligence, à leurs talents, à leurs qualités, l'objet de l'amour le plus ardent. Pourquoi donc regarderiez-vous comme impossible, dans l'excès de vos inquiétudes, que votre Malcolm fût pétri de cette argile moins grossière qui méprise les séductions passagères de la forme extérieure, en comparaison des charmes d'une tendresse véritable et de la supériorité des talents et de la vertu?

Ursule pressa sur son cœur la main de sa jeune amie.

— Je crains, dit-elle, que vous ne me flattiez, et néanmoins, dans un instant critique comme celui-ci, la flatterie fait du bien. Répondez encore à une seule question, et il sera temps de terminer cet entretien. Vous-même, aimable enfant, que la nature a comblée de ses dons, y aurait-il raisonnement au monde qui vous fît supporter la perte irréparable de vos avantages personnels, perte accompagnée, comme il n'est que trop probable pour moi, de celle de l'amant pour qui vous avez déjà tant fait?

La jeune Anglaise regarda une seconde fois la religieuse, et ne put s'empêcher de frissonner à l'idée que ses traits purs et charmants pourraient un jour être semblables à ceux de Marguerite, rendus plus déplaisants encore par la perte d'un œil.

— Croyez-moi, répondit-elle en tournant ses yeux vers le ciel, même dans le cas que vous supposez, la bassesse d'un amant qui me délaisserait pour de telles raisons m'affligerait encore plus que mon propre sort. De quelle manière cependant et jusqu'à quel point des personnes dont le caractère nous est imparfaitement connu peuvent-elles être affectées en pareille occasion, c'est le secret de la Providence. Je puis seulement vous assurer que mes vœux sont conformes aux vôtres et qu'aucune difficulté ne se trouvera désormais sur votre passage, s'il est en mon pouvoir de l'en écarter... Mais quel est ce bruit?

— C'est le cri de la chouette, le signal de notre liberté, dit Ursule.

Il faut nous préparer au départ. Avez-vous quelque chose à emporter?

— Rien, sinon quelques bijoux que j'avais, à tout hasard, pris sur moi. Ce billet, que je vais laisser ici, donne à mon fidèle ménestrel le moyen de se tirer d'affaire, en avouant au sire de Walton quelle est réellement la personne qu'il avait en son pouvoir.

— Il est étrange de voir à travers quels détours extraordinaires l'amour, comme un feu follet, égare ceux qu'il a touchés! Prenez garde en descendant; cette trappe, soigneusement cachée, mène à une porte secrète, où nous attendent les chevaux qui nous faciliteront les moyens de dire adieu à Sainte-Brigitte. Que Dieu la bénisse, elle et son couvent! Nous ne pourrons voir clair avant d'être dehors.

Cependant, sœur Ursule, à qui nous donnerons pour la dernière fois son nom monastique, changea sa longue robe contre une cape de cavalier. Elle conduisit sa compagne par divers passages habilement compliqués, jusqu'à ce que la dame de Berkely, le cœur battant de crainte, revit la lumière pâle et douteuse de la lune, qui jetait des clartés grisâtres sur les murs de l'ancien édifice. Le cri d'une chouette les attira vers un grand orme, au pied duquel se trouvaient trois chevaux, tenus en main par un homme jeune et robuste, vêtu comme un archer.

— Plus tôt nous quitterons ces lieux, dit-il, mieux cela vaudra, dame de Hautlieu. Vous n'avez qu'à m'indiquer la route qu'il vous plaît de suivre.

Marguerite répondit à demi-voix, et le guide lui recommanda de marcher lentement et sans bruit pendant le premier quart d'heure, après quoi ils devraient être loin de toute habitation.

CHAPITRE XII.

A surprise du chevalier de Valence et du père Jérôme fut grande, lorsque, après avoir enfoncé la porte de la cellule, ils constatèrent l'absence du jeune pèlerin et, d'après les vêtements abandonnés, la complicité de sœur Ursule dans sa fuite.

Mille pensées irritantes assaillirent l'esprit de sire Aymar, comme pour lui faire mieux sentir combien il s'était laissé honteusement jouer par les artifices d'une nonne et d'un enfant. Son compagnon ne se repentait pas moins d'avoir prié le chevalier d'user avec modération de son autorité, et il ne savait comment concilier sa conduite avec ses intérêts. On commença tout de suite une enquête, d'où il résulta jusqu'à l'évidence que le jeune homme s'était enfui en compagnie de Marguerite de Hautlien. A cette nouvelle, les vieilles religieuses témoignèrent autant d'horreur que de surprise, tandis que les moines s'en tinrent à une sorte d'étonnement, fondé sur l'extrême différence des avantages physiques entre les fugitifs.

— Sainte Vierge! dit une nonne, qui se serait imaginé qu'une novice de si grande espérance, toute baignée des larmes que lui arrachait la mort prématurée de son père, fût capable de s'échapper avec un enfant de quinze ans à peine!

— Bienheureuse sainte Brigitte! dit à son tour l'abbé Jérôme, quel motif a pu décider un si beau garçon à seconder un monstre comme sœur Ursule dans l'accomplissement d'un si grand forfait? Certes, il n'a pour excuse ni tentation ni séduction, et comme dit le proverbe, il ne pouvait aller au diable en plus vilaine compagnie.

— Je vais envoyer mes soldats à la poursuite des fugitifs, dit Aymar, à moins que cette lettre, que le pèlerin doit avoir laissée exprès, ne contienne des éclaircissements sur notre mystérieux prisonnier.

Après en avoir examiné le contenu avec quelque surprise, il lut à haute voix :

« Je, soussigné, naguère logé au monastère de Sainte-Brigitte, vous informe, père Jérôme, abbé de ladite maison, que, vous voyant disposé à me traiter en captif et en espion dans le sanctuaire où vous m'aviez reçu comme malade, ai résolu de recouvrer ma liberté naturelle, dont vous n'avez pas le droit de me priver, et en conséquence je quitte votre abbaye. De plus, ayant trouvé la novice, désignée sous le nom de sœur Ursule, laquelle, d'après la règle monastique, est libre, au bout d'un an de noviciat, de retourner dans le monde; l'ayant trouvée, dis-je, déterminée à faire usage de ce privilège, je l'ai secondée avec joie dans ce but légitime, conformément à la loi de Dieu et aux préceptes de sainte Brigitte, qui ne vous donnent aucune autorité pour retenir de force une personne qui n'a point prononcé les vœux irrévocables de l'ordre.

« Quant à vous, sire Jean de Walton et sire Aymar de Valence, chevaliers d'Angleterre, commandant la garnison du val de Douglas, j'ai seulement à vous dire que vous avez agi et que vous agissez à mon égard sous l'influence d'un mystère, dont l'explication n'est connue que de mon fidèle ménestrel, Bertrand, dont j'ai jugé convenable de me faire passer pour le fils. Mais comme je ne saurais, sans quelque honte, me résoudre à vous dévoiler moi-même ce secret, non seulement je permets à Bertrand, mais je le charge et lui ordonne de vous apprendre dans quelle intention je suis venu au château. Quand tout sera mis au jour, il ne restera qu'à exprimer mes sentiments aux deux chevaliers, en retour des peines et des angoisses qu'ils m'ont causées par leurs violences et menaces.

« Et d'abord, en ce qui concerne sire Aymar, je lui pardonne volontiers d'être tombé dans une erreur à laquelle je me suis prêté moi-même ; je serai toujours heureux de le revoir comme une vieille connaissance, et de ne plus penser à la part qu'il a eue dans ces derniers événements, sinon pour en rire et m'en amuser.

« Mais quant à sire Jean de Walton, je le prie de se demander si, dans la situation où nous sommes l'un vis-à-vis de l'autre, sa conduite envers moi est telle qu'il la puisse oublier jamais ou que je doive la pardonner. J'espère qu'il me comprendra quand je lui déclare que toutes relations doivent dorénavant cesser entre lui et le prétendu

« AUGUSTIN. »

— C'est de la folie! s'écria l'abbé, après avoir entendu cette lecture ; de la pure folie de printemps ; elle accompagne d'ordinaire une maladie comme la sienne. Je ferais bien de recommander aux soldats qui rattraperont ce jeune étourdi de le mettre immédiatement au pain et à l'eau, et, plus tard, de le mortifier par quelques coups de discipline.

— Paix! mon révérend, interrompit Aymar. Je commence à y voir un peu clair. Notre gouverneur, si je ne me trompe, aimerait mieux être écorché vif que d'exposer le petit doigt d'Augustin à la piqûre d'un moucheron. Au lieu d'accuser ce garçon de folie, il me suffit d'avouer que, pour ma part, il m'a comme ensorcelé ; et, ma foi! si j'envoie mes gens en quête des fugitifs, ce sera en leur recommandant bien, une fois atteints, de les traiter avec respect, et de les protéger jusqu'à tel lieu de refuge honnête qu'ils pourront choisir.

— J'espère, répliqua l'abbé qui avait l'air étrangement confus, que je serai d'abord entendu, au nom de l'Église, dans une affaire où il s'agit du rapt d'une fille cloîtrée. Vous voyez vous-même, sire chevalier,

que ce mauvais garnement ne montre ni regret ni repentir d'avoir participé à une action si scélérate.

— On vous mettra à même d'être entendu tout au long, dit le chevalier, pour peu que vous le désiriez encore. En attendant, je retourne au château. Adieu, mon révérend. Félicitons-nous d'être débarrassés d'une terrible commission ; mais plaignons le malheureux gouverneur ;

car, à bien saisir le sens de cette lettre, il n'existe pas d'homme en Écosse plus digne de pitié que lui... Holà! sonnez le boute-selle! cria-t-il par une des fenêtres de l'appartement, et que les hommes qui m'ont accompagné ici se tiennent prêts à battre les bois en s'en retournant.

— Sur ma foi! dit le père Jérôme, je suis enchanté que ce faiseur d'embarras m'abandonne enfin à mes réflexions. Je déteste ces jouvenceaux qui ont la prétention de comprendre tout ce qui se passe, alors que des esprits supérieurs sont obligés d'avouer leur impuissance.

Cette observation n'aurait guère convenu au jeune chevalier; mais il était déjà arrivé à la Coudraie, donnant des instructions particulières à la petite garnison qui s'y trouvait, et gourmandant le fermier Thomas, curieux d'obtenir des détails sur les événements de la nuit.

— Silence, drôle! disait-il; occupe-toi de tes affaires, car un temps viendra, j'en suis certain, où elles réclameront toute ton attention.

— Si l'on m'accuse de quelque chose, répondit Thomas d'un air revêche, il serait juste au moins de me le dire.

— En attendant, je ne serais pas fâché d'apprendre la part que tu as prise à l'apparition du fantôme qui a poussé, dans la ville, le cri des Douglas.

A ces mots, Aymar partit au galop et s'enfonça dans ses réflexions.

« Je ne sais comment cela se fait, se disait le chevalier, mais un brouillard n'est pas plutôt dissipé que je me trouve plongé dans un autre. Par exemple, une chose me paraît certaine : cet Augustin n'est autre que la dame des pensées de Walton, qui nous a valu tant de tracas, et même une espèce de mésintelligence pendant ces dernières semaines. Dieu me pardonne! cette belle dame est bien généreuse en ma faveur; et s'il lui plaît d'être moins complaisante pour sire Jean, ma foi, alors... Eh bien? Il n'y a pas là de quoi conclure qu'elle me donnerait dans son cœur la place qu'elle vient d'ôter à Walton. Et quand même elle y serait disposée, devrais-je profiter d'un tel changement aux dépens d'un ami, d'un compagnon d'armes? Ce serait folie de songer seulement à une chose si improbable. L'autre affaire de cette nuit exige un plus sérieux examen. Le fossoyeur de là-bas tient depuis si longtemps compagnie aux morts qu'il semble n'avoir plus d'intérêt pour les vivants.

Le fermier de la Coudraie, c'est autre chose : il n'y a pas de complot contre les Anglais auquel, j'en réponds, il n'ait mis la main. J'ai été bien aise de lui en toucher un mot. »

Arrivé au château, Aymar demanda d'un ton plus cordial qu'à l'ordinaire s'il pouvait être admis chez sire Jean de Walton, auquel il avait des choses importantes à communiquer. Il fut aussitôt conduit dans une pièce, où le gouverneur déjeunait seul.

— Quelque nouvelle extraordinaire sans doute, dit celui-ci, me procure l'honneur d'une visite de sire Aymar de Valence?

— Il s'agit, répondit le jeune homme, de choses qui doivent, je pense, vous intéresser vivement.

— Je serai heureux d'en prendre connaissance.

— Et moi, j'attache un grand prix à l'honneur d'avoir pénétré un mystère qui aveuglait sire Jean de Walton. En même temps, je ne voudrais pas que l'on me crût capable de plaisanter à vos dépens ; ce qui ne manquerait pas d'arriver si, par un malentendu, je vous donnais une fausse clef de l'histoire. Ainsi, sauf votre bon plaisir, voici ce qu'il y a à faire. Nous irons ensemble trouver le ménestrel. J'ai entre les mains un billet de la personne qui fut confiée aux soins de l'abbé Jérôme ; il est écrit par la main délicate d'une femme, et autorise le ménestrel à déclarer dans quel dessein ils sont venus dans ce pays.

— Il sera fait comme vous le désirez, quoique je ne voie guère la nécessité de faire tant de cérémonie pour un mystère qui peut être vite expliqué.

En conséquence, les deux chevaliers, précédés d'un gardien, se rendirent au cachot où Bertrand avait été renfermé.

CHAPITRE XIII.

Lorsque les portes de la geôle furent ouvertes, on put voir un de ces cachots qui alors interdisaient aux victimes toute espérance d'évasion; mais un ingénieux coquin de nos jours n'eût pas daigné y rester quelques heures. Les grossiers anneaux de la chaîne de fer attachée au corps du prisonnier étaient assujettis par une rivure si faible que, frottés avec un acide corrosif ou patiemment usés avec un morceau de grès, il était facile de les désunir, ce qui les rendait inutiles. Par les mêmes moyens, on pouvait, sans beaucoup d'adresse, mettre hors de service les serrures et verrous, énormes, solides en apparence et mal faits. Le jour ne pénétrait dans ce réduit souterrain qu'à midi, et par une ouverture qu'on avait à dessein rendue oblique, de manière à exclure les rayons du soleil, tandis qu'elle n'arrêtait ni le vent ni la pluie.

Telle était la cellule où était renfermé Bertrand : la douceur de son caractère et sa résignation lui avaient valu tous les adoucissements qu'il était au pouvoir du geôlier de lui accorder. On lui avait permis d'emporter dans sa prison le vieux manuscrit des poésies de Thomas le Rimeur, dont la lecture charma les instants de sa solitude, ainsi que tout ce qu'il fallait pour écrire. Il leva la tête lorsque les chevaliers entrèrent.

— Puisque vous croyez être en possession de son secret, dit le gouverneur à son lieutenant, c'est à vous d'interroger le prisonnier comme vous le jugerez convenable. Si cet homme ou son fils ont été injustement maltraités, mon devoir sera de les indemniser, chose qui, je pense, ne sera point fort difficile.

Bertrand regarda Walton en face, sans rien surprendre de particulier sur son visage; mais la contenance de sire Aymar l'éclaira, et ils échangèrent entre eux un coup d'œil d'intelligence.

— Vous avez donc mon secret, demanda-t-il, et vous savez quelle personne cache le nom d'Augustin?

Aymar répondit par un signe d'affirmation, et le gouverneur, fort troublé de leur attitude singulière, s'écria :

— Sire Aymar de Valence, je vous somme, sur votre honneur de chevalier et sur votre foi de chrétien, de me révéler la clef de ce mystère!

— Et moi, ajouta vivement le ménestrel, je somme ce chevalier de ne divulguer aucun secret, avant de m'avoir prouvé qu'il agit d'après l'assentiment de l'intéressé.

— Que cette lettre dissipe vos scrupules, répliqua Aymar. Quant à vous, sire Jean de Walton, loin de garder rancune du différend qui a pu exister entre nous, je veux l'ensevelir dans l'oubli, comme provenant d'une suite de méprises qu'aucun mortel n'aurait pu éviter. Et ne vous offensez pas, mon cher sire Jean, si je proteste, sur ma foi de chevalier, que j'éprouve une sincère compassion du chagrin que ce billet va vous causer. Puissent mes efforts vous être de quelque utilité pour démêler cet écheveau embrouillé, et je me dévouerai à cette tâche avec plus d'ardeur qu'à nulle autre de ma vie!

Il remit alors à Walton une note, dans laquelle, avant de quitter le couvent de Sainte-Brigitte, il avait résumé l'interprétation qu'il donnait à ce mystère. A peine celui-ci eut-il lu le nom de femme qui s'y trouvait que le même nom fut prononcé tout haut par Bertrand, et la lecture de la déclaration du faux Augustin acheva de le convaincre. A cette nouvelle inattendue, il devint plus pâle que la plume blanche de sa toque. Quoi! la dame dont il avait fait, suivant le langage du temps, la reine de ses pensées et la maîtresse de ses actions; celle dont le choix généreux, même en des circonstances ordinaires, aurait dû lui inspirer la plus vive reconnaissance, avait été, de sa part, l'objet de menaces, de rigueurs et d'affronts qu'il n'aurait pas, sans répugnance, infligés à la dernière des femmes!

Cependant, il avait repris la lettre, et tandis que ses yeux, à l'aide de la lampe, erraient sur les caractères sans paraître en comprendre le sens, Aymar craignit qu'il ne perdît la raison.

— Pour l'amour du ciel! sire Jean, lui dit-il, soyez homme, et supportez avec fermeté le coup qui vous frappe. Qu'on ne puisse pas dire que la froideur d'une belle a pu abattre le courage du plus hardi chevalier de l'Angleterre! A qui attribuer la source de toutes ces erreurs? Assurément, malgré tout le respect qu'on lui doit, c'est au caprice de cette dame elle-même. Allons, quittez cet air sombre. Emportez-vous, si cela vous plaît, contre l'auteur d'un tel acte de folie, ou contre moi qui ai galopé toute la nuit, au point d'éreinter mon meilleur cheval; ou enfin, si vous voulez être tout à fait absurde dans votre colère, dirigez-la contre ce digne ménestrel, à cause de sa rare fidélité, et punissez-le d'une conduite pour laquelle il mériterait une chaîne d'or. Mettez-vous en fureur, si bon vous semble, mais chassez ce sombre désespoir : il ne sied pas au front d'un homme et d'un chevalier.

Walton fit un effort pour parler et y parvint, non sans peine.

— Aymar de Valence, dit-il, irriter un furieux, c'est jouer avec sa propre vie.

— Je suis content de vous entendre parler ainsi, répliqua le jeune homme, car je ne plaisantais pas en disant que je voudrais vous voir en colère contre moi, au lieu de rejeter tout le blâme sur vous-même. A mon avis, il serait juste de rendre ce prisonnier à la liberté. En attendant, je le prierai, au nom de sa maîtresse, d'être notre commensal jusqu'à ce qu'elle nous fasse le même honneur, et de nous aider à découvrir l'endroit où elle s'est réfugiée. Bon ménestrel, vous m'entendez, et vous ne serez pas surpris, je pense, d'être retenu quelque temps encore au château de Douglas.

— Pour ma part, dit Walton, je te donnerai une chaîne d'or assez pesante pour balancer le poids des fers dont tu es chargé, comme gage de mon regret de t'avoir condamné à souffrir tant d'indignités.

— Arrêtez, sire Jean ; ne promettons pas davantage, avant d'avoir fourni des preuves de notre bon vouloir. J'ai encore des nouvelles graves à vous communiquer.

En parlant ainsi, Aymar entraîna le gouverneur hors du cachot, et donna l'ordre au sénéchal d'élargir sur-le-champ le ménestrel, de le bien traiter sous tous les rapports, mais d'empêcher qu'il sortît du château sans être accompagné d'une personne sûre.

— Maintenant, sire Jean, dit Valence, ne trouvez-vous pas qu'il est naturel de m'inviter à déjeuner, après la nuit que j'ai employée à vos intérêts? Une coupe de muscat serait, je crois, une excellente entrée en matière.

— Commandez ce qui vous plaira, répondit Walton, vous êtes le maître... Mais, de grâce, apprenez-moi au plus vite ce que vous savez encore sur les volontés de la dame contre qui nous avons tous péché si gravement, et moi, hélas! sans espérance de pardon!

— Quant à moi, dit Aymar, elle ne me tient pas rancune, ainsi qu'elle l'a déclaré, en termes précis, dans sa lettre : « En ce qui concerne sire Aymar, je lui pardonne volontiers... »

— Oui, mais ne voyez-vous pas que son coupable amant est expressément exclu de l'amnistie? Écoutez la phrase qui suit : « Toutes relations doivent désormais cesser entre lui et le prétendu Augustin. » Quel sens donner à cette phrase, si elle ne signifie pas ma condamnation, et l'anéantissement de mes espérances?

— Vous avez quelques années de plus que moi, et, je le reconnais, infiniment plus de raison et d'expérience; malgré cela, je soutiens qu'interpréter ce passage comme vous le faites, c'est supposer au préalable que l'aimable auteur avait alors la tête à l'envers... Pourquoi ce haut-le-corps? ces regards furieux? Je n'ai rien affirmé. Pourtant, je le répète, est-il raisonnable de pardonner à une simple connaissance ce qu'on tient pour un crime chez un amant? L'offense est la même des deux parts, et l'erreur de l'un ni plus forte ni plus prolongée que celle de l'autre.

— Ne blasphémez pas, et remarquez plutôt la différence que doit faire une damoiselle sensible et généreuse entre les qualités de ceux qui l'ont offensée, l'un qui lui est indifférent, l'autre que la préférence la plus imméritée, les plus généreux bienfaits et tout ce qui enchaîne un noble cœur, obligeaient à réfléchir longuement avant d'intervenir dans rien de ce qui pouvait la concerner.

— A la bonne heure ! vous essayez de raisonner maintenant ; vos raisonnements, il est vrai, sont bien peu raisonnables, puisqu'ils tendent à vous ôter toute espérance. Ah ! voici le muscat et le déjeuner. Prenez-vous quelque chose, ou continuerons-nous sans nous exposer à l'influence du muscat ?

— Pour l'amour du ciel ! faites comme vous voudrez, et ne me fatiguez plus de tant de paroles.

— Oh ! vous ne me démonterez pas, dit Valence en riant et en se versant une pleine rasade. Si vous vous tenez pour battu, j'aurai la modestie d'attribuer ma victoire à cette généreuse liqueur.

— Comme il vous plaira ; mais à quoi bon discuter sur un sujet où vous n'entendez rien ?

— C'est ce que je nie, reprit Aymar, en s'essuyant les lèvres, après avoir vidé la grande coupe. Écoutez plutôt, Walton l'Intrépide, un chapitre de l'histoire des femmes, que vous ne connaissez guère, à mon grand regret. Voici un premier point qu'il faut me concéder ; à tort ou à raison, votre dame s'est aventurée plus loin avec vous qu'il n'est ordinaire dans la carrière amoureuse ; elle vous a choisi hardiment quand vous n'étiez encore à ses yeux qu'une fleur de la chevalerie anglaise ; hardiesse admirable en vérité, mais téméraire et peu réfléchie au jugement de critiques d'une froide raison... Ne vous fâchez pas, de grâce. Je suis loin de penser de même et, bien au contraire, je soutiendrai de ma lance que la préférence accordée à sire Jean de Walton sur les mignons de la cour est une preuve de sagesse et de pur désintéressement. Mais enfin, et ce n'est pas invraisemblable, si elle a craint qu'on n'interprétât mal sa conduite, et si cette crainte l'avait portée à saisir une occasion de montrer à son amant une rigueur extraordinaire, pour balancer ce qu'avaient eu d'excessif de précédents encouragements ? Il serait alors facile à un amant, au lieu de se condamner lui-même dans l'égarement de sa raison, de tourner l'arme contre elle, en la mettant en demeure d'agir suivant son cœur ou de rétracter une sentence inconsidérée.

— Cette manière de voir peut s'appliquer, j'en conviens, à plus d'une femme, mais non à Augustine de Berkely. Il se peut que j'aie gagné, comme vous dites, un renom digne d'envie; mais avoir l'insolence de m'en prévaloir pour exiger sans

partage l'affection de cette dame! Non; il lui appartient, à elle seule, de me persuader que sa miséricorde infinie me rendra dans son cœur la place que j'ai sottement perdue.

— Si telle est votre pensée, je n'ajouterai plus qu'un mot. Dame Augustine doit être l'arbitre suprême en cette affaire; or, pour connaître sa décision, il faut d'abord savoir où elle se trouve, ce dont je ne puis malheureusement vous informer.

— Juste ciel! que dites-vous? s'écria Walton, qui seulement alors soupçonna l'étendue de son malheur. Où s'est-elle enfuie? avec qui?

— Elle est allée, je suppose, répondit Aymar, à la recherche d'un amant plus hardi et moins disposé à interpréter tout air de froideur comme un coup mortel porté à ses espérances. A parler sérieusement, il se passe autour de nous des choses étranges. J'en ai assez vu la nuit dernière, en allant à Sainte-Brigitte, pour me défier de tout le monde. Je vous ai envoyé le vieux fossoyeur de l'église de Douglas : il a refusé de répondre à plusieurs questions que j'ai jugé convenable de lui adresser; mais nous verrons cela plus tard. L'escapade de cette dame ajoute beaucoup aux dangers qui entourent ce maudit château.

— Aymar de Valence, dit le gouverneur d'un ton chaleureux et solennel à la fois, le château de Douglas sera défendu, comme nous l'avons fait jusqu'ici avec l'aide du ciel, et continuera d'arborer sur ses créneaux la bannière de saint Georges. Advienne que pourra ; je mourrai l'amant fidèle d'Augustine, quand même je ne serais plus le chevalier de son choix. Il y a des cloîtres, des ermitages...

— Oui, certes, il y en a, et aussi des gibets et des colliers de chanvre. Le mieux est de n'y pas songer, avant d'avoir découvert la retraite de la fugitive et quelles sont ses intentions véritables.

— Vous avez raison ; cherchons ensemble quelque moyen d'être sur ses traces. Disparaître ainsi est une injure pour moi ; car elle ne pouvait supposer que l'on n'eût pas ici fidèlement obéi à ses ordres.

— A présent, vous parlez comme un fils de la chevalerie. Avec votre permission, je vais faire venir le ménestrel, qui a marqué un rare dévouement à sa maîtresse, et nous prendrons sur-le-champ toutes les mesures nécessaires.

CHAPITRE XIV.

Lorsque, après avoir délibéré de concert avec Bertrand, le gouverneur et son lieutenant passèrent en revue la garnison de Douglas, il était encore de bonne heure. Un certain nombre de petits détachements, outre les patrouilles déjà expédiées de la Coudraie par Valence, furent envoyées à la poursuite des fugitifs, sous l'injonction sévère de les traiter avec le plus grand respect s'ils les atteignaient. Tout le pays, forêts ou marécages, à plusieurs lieues du château de Douglas, fut traversé par les soldats anglais, dont le zèle était proportionné à la récompense généreusement offerte par les deux chevaliers en cas de succès. Ils ne négligèrent pas en même temps de s'enquérir des machinations que les rebelles pouvaient tramer dans cette contrée sauvage. Quoique nombreux, actifs et dépêchés dans toutes les directions, ils n'eurent le bonheur ni de découvrir les traces de la dame de Berkely, ni de rencontrer aucune bande d'insurgés écossais.

Cependant, nos fugitives, comme nous l'avons vu, avaient quitté le couvent de Sainte-Brigitte sous la conduite d'un cavalier, qui devait diriger leurs pas dans une direction où elles ne seraient pas exposées au risque d'être reprises. Marguerite de Hautlieu ouvrit elle-même la conversation sur ce sujet.

— Vous ne m'avez pas demandé où nous allions ni quel était notre guide, dit-elle ; ce sont là des choses qu'il vous importe grandement de connaître.

— J'ai accepté, répondit Augustine, la protection d'un homme à qui vous vous confiez comme à un ami ; pourquoi chercher d'autres assurances de ma sûreté ?

— Simplement parce que les gens de ma connaissance ne sont pas précisément ceux de la vôtre.

— Que signifie ce langage ?

— Je connais un endroit où je puis me réfugier auprès de mes amis et compatriotes, de braves Écossais qui n'ont jamais, dans ce siècle de honte, fléchi le genou devant Baal. En d'autres temps, j'aurais pu répondre de leur honneur sur le mien propre ; mais ils ont été mis à des épreuves qui aigrissent les âmes généreuses, et les jettent dans une fureur d'autant plus violente qu'elle a pour premier mobile les plus nobles sentiments. Lorsqu'on se voit dépouillé de ses droits naturels, poursuivi, exposé à la confiscation et à la mort pour avoir défendu son roi et son pays, on cesse d'éprouver des scrupules sur le degré de représailles qu'il est légitime d'exercer en retour de semblables injustices.

— En un mot, qu'ai-je à redouter de la part de vos amis, que vous me pardonnerez d'appeler rebelles ?

— Si vos amis, que vous me pardonnerez d'appeler oppresseurs et tyrans, saisissent nos châteaux, confisquent nos biens, nous ôtent la vie, vous avouerez que les dures lois de la guerre accordent aux miens le privilège des représailles. Il n'est pas à craindre que de tels hommes en viennent jamais à des actes de cruauté ou d'insolence envers une personne de votre rang ; mais on peut se demander s'ils ne chercheront pas à tirer avantage de votre captivité, suivant le droit commun de la guerre. Vous ne voudriez pas, je pense, être rendue aux Anglais, à condition que Walton livrât le château qu'il occupe à son maître légitime ?

— Plutôt mourir que de savoir mon nom mêlé à un contrat si honteux ; et la réponse qu'y ferait Walton serait, j'en suis certaine, de couper la tête au messager.

— La confiance que vous avez mise en moi m'impose la nécessité de vous en témoigner autant. Vous êtes libre de me suivre au rendez-vous secret de Douglas et de ses amis, qui peuvent me blâmer de vous l'avoir fait connaître : vous courrez la chance de l'accueil qu'on vous y fera, puisque je ne puis vous répondre que d'un traitement honorable en ce qui concerne votre personne. Si vous trouvez ce parti trop hasardeux, dirigez-vous au plus vite vers la frontière : dans ce dernier cas, je vous accompagnerai aussi loin que possible... Et après tout, ajouta-t-elle, que risquez-vous donc, en vous exposant à tomber entre les mains de votre amant? Quel terrible danger affrontez-vous? Vous n'avez pas à craindre, ce me semble, d'être enfermée entre quatre murs avec du pain sec et une cruche d'eau ; ce qui, si j'étais prise, serait la seule nourriture qu'on m'accorderait pour le court espace de temps qui me resterait à vivre. Bien plus, dussiez-vous même être livrée aux Écossais rebelles, comme vous les appelez, une captivité au milieu des montagnes, adoucie par l'espoir d'une prochaine délivrance, et rendue tolérable par toutes les commodités que l'on pourrait vous procurer, ne serait pas, ma foi, un sort bien pénible.

— Néanmoins, il a paru assez effrayant, puisque c'est pour m'y soustraire que je me suis confiée à vous.

— Et, quoi que vous puissiez croire ou soupçonner, je vous suis aussi dévouée que jamais femme le fut à une autre... Mais écoutez ; avez-vous entendu?

Marguerite faisait allusion au cri de la chouette, espèce de signal qui avait été donné, le matin, sous les murs du couvent.

— Ceci, reprit-elle, annonce l'approche d'une personne plus capable que moi de nous diriger dans cette affaire. Il faut que j'aille lui parler. Le guide va rester quelques instants avec vous ; et dès qu'il quittera la bride de votre cheval, n'attendez pas d'autre signal : jetez-vous dans le bois, et suivez les conseils et les instructions qui vous seront donnés.

— Arrêtez! arrêtez, sœur Ursule! s'écria la dame de Berkely. Ne m'abandonnez pas dans ce moment d'embarras et d'angoisse!

— Il le faut dans notre intérêt commun, répliqua Marguerite. Moi aussi, je suis inquiète ; moi aussi, je suis en peine. Qu'y faire? Patience et obéissance sont les seules vertus qui puissent nous sauver toutes deux.

En parlant ainsi, elle frappa son cheval de sa houssine, l'enleva vivement et disparut sous le couvert d'un épais taillis.

Augustine voulut suivre sa compagne ; mais le cavalier qui les avait accompagnées retint fortement la bride de son palefroi, d'un air qui annonçait qu'il ne lui permettrait pas d'avancer dans cette direction. Épouvantée, elle resta les yeux fixés sur le bois, s'attendant à en voir sortir une bande d'archers anglais ou de rebelles, et ne sachant laquelle de ces deux apparitions elle devait le plus redouter. Enfin, après un intervalle d'environ dix minutes, le cavalier lâcha la bride, et désignant avec sa lance le taillis, à travers lequel serpentait un étroit sentier à peine visible, il sembla lui indiquer que sa route était de ce côté, et qu'il ne l'empêchait plus de la suivre. Tournant ensuite son cheval dans une direction différente, il s'éloigna d'un pas qui le mit bientôt hors de vue.

La jeune dame, n'ayant pas d'autre alternative que de s'engager dans le chemin qu'avait pris Marguerite, s'y résigna, et elle y entrait à peine qu'un étrange spectacle vint frapper ses regards.

Quoique bordé par un enclos de broussailles, le bois contenait, à l'intérieur, des chênes magnifiques, véritables géants, dont les épais rameaux ombrageaient au loin le terrain d'alentour. Sous un de ces arbres était étendu un homme armé de pied en cap, et bizarrement accoutré, par l'effet d'une de ces fantaisies alors assez communes. Son armure, habilement peinte, représentait un squelette, dont les côtes étaient figurées devant et derrière sur les pièces défensives. Le bouclier portait une chouette aux ailes éployées, et l'emblème était répété sur le heaume, de manière à coiffer entièrement la tête par l'image de cet oiseau sinistre. Ce qui surtout devait exciter la surprise, c'était la haute taille et la maigreur du personnage, qui, en se levant de terre, ressemblait à un fantôme évoqué de sa tombe.

A cette vue, le cheval de la jeune Anglaise recula et hennit de terreur ; elle-même ne put se défendre de quelque alarme. Sans se croire en présence d'un être surnaturel, cependant, de tous les déguisements bizarres et presque insensés de la chevalerie, c'était assurément le plus étrange qu'elle eût jamais vu ; et considérant combien de semblables extravagances approchaient de la folie, il n'y avait rien de rassurant à se trouver seule, en pleine forêt, en face d'un inconnu ainsi voué au

culte de la Mort. Elle n'en résolut pas moins de l'accoster en employant le langage et les manières en usage dans les romans, espérant que, si elle avait affaire à un fou, ce pouvait être un fou inoffensif et sensible à la politesse.

— Sire chevalier, dit-elle du ton le plus ferme qu'elle put prendre, je regrette sincèrement d'avoir, par mon arrivée soudaine, troublé vos méditations solitaires. Mon cheval, flairant sans doute le voisinage du vôtre, m'a conduite ici ; mais j'ignorais quelle rencontre j'allais faire.

— Je suis de ceux, répondit gravement l'étranger, dont on ne cherche pas la rencontre avant l'heure où l'on ne peut plus l'éviter.

— Vos paroles sont d'accord avec le sombre personnage qu'il vous a plu de représenter. Oserai-je demander à un être d'apparence si formidable quelques renseignements sur les moyens de sortir de ce désert ? Pourrait-il m'apprendre, par exemple, comment se nomme le château, la ville ou l'hôtellerie la plus proche, et quel chemin m'y mènera le plus sûrement ?

— C'est une singulière audace, dit le chevalier de la Tombe, que d'entrer en conversation avec celui qu'on a surnommé l'Inexorable, celui que la plus malheureuse créature redoute d'appeler à son aide, de peur que sa prière ne soit trop tôt exaucée.

— Sire chevalier, le caractère que vous avez pris, pour de bonnes raisons, sans contredit, vous ordonne de tenir un pareil langage. Pourtant, ce devoir lugubre ne s'oppose pas, que je sache, à ce que vous exerciez envers une dame la courtoisie à laquelle vous vous êtes engagé en prononçant vos nobles vœux.

— Si vous m'acceptez pour guide, c'est à une seule condition : vous me suivrez aveuglément, sans me demander où je vous conduis.

— Il faudra bien en passer par là. Vous êtes, j'imagine, un de ces malheureux barons écossais qui ont pris les armes, dit-on, pour la défense de leurs libertés. Une téméraire entreprise m'a placée en votre pouvoir ; et maintenant, la seule faveur que j'implore de vous, à qui je n'ai jamais fait ni voulu de mal, c'est de me mettre dans le chemin de la frontière. Quoi que je puisse voir de vos réunions et de vos manœuvres, croyez que j'oublierai tout, comme si cela se passait réellement dans le royaume dont il vous a plu de porter les attributs ; et si une somme d'argent, assez forte pour acquitter la rançon d'un comte, peut acheter une telle faveur, elle sera remise aussi loyalement que jamais rançon fut payée entre chevaliers. Ne me refusez pas, royal Bruce, ou noble Douglas, si c'est, en effet, à l'un ou à l'autre que je m'adresse dans cette extrémité ; on parle de vous comme d'ennemis terribles, mais de cœurs généreux et d'amis fidèles. Songez combien vous souhaiteriez à vos amis et à vos parents, dans de pareilles circonstances, de trouver compassion auprès des chevaliers d'Angleterre.

— Et en ont-ils trouvé ? répliqua le chevalier d'une voix plus dure qu'auparavant. Est-il sage à vous, quand vous implorez la protection d'un homme que vous prenez pour un chevalier écossais, à cause de l'extravagance et de l'extrême misère de son accoutrement ; est-il sage de lui rappeler la manière dont les seigneurs d'Angleterre ont traité les aimables filles et les nobles dames d'Écosse? Les cages qui leur servaient de prison, n'ont-elles pas été suspendues aux créneaux des castels, afin que le plus vil manant fût témoin de leur humiliation ? Est-ce là un souvenir qui puisse inspirer à un chevalier écossais de la compassion envers une dame anglaise ? Non ! tout ce que vous pouvez attendre, c'est que, froid et inflexible comme la mort que je représente, je vous abandonne sans secours à votre triste sort.

— Vous n'auriez pas cette cruauté ! Un chevalier, un noble, et je suis convaincue que vous êtes l'un et l'autre, a des devoirs qu'il ne peut refuser de remplir.

— Il en a, je vous l'accorde, et ils sont sacrés pour moi ; mais il en est aussi qui m'enchaînent doublement, et auxquels je dois sacrifier ceux qui, sans cela, me feraient une loi de vous défendre. La seule question, la voici : êtes-vous disposée à accepter ma protection dans les limites restreintes dont je vous ai parlé ; ou bien préférez-vous aller seule, livrée à vos propres ressources et laissant le reste à la Providence ?

— Hélas ! exposée et poursuivie comme je le suis, m'inviter à prendre moi-même une résolution, c'est demander au malheureux qui tombe dans un précipice de calculer froidement à quelle branche il fera bien de s'accrocher pour amortir sa chute ; il répondra forcément qu'il saisira ce qui est à sa portée, et qu'il laisse le reste à la Providence. Donc, j'accepte la protection que vous m'offrez, avec les restrictions qu'il vous plaît d'y mettre, et, après Dieu, je place toute ma confiance en vous. Pour me servir efficacement, il faut que vous connaissiez mon nom et mon rang.

— Votre compagne m'en a instruit ; car ne pensez pas, jeune dame, que beauté, rang, vastes domaines, immenses richesses, talents accomplis, puissent avoir la moindre valeur aux yeux de celui qui porte la livrée de la tombe.

— Que votre bonne foi soit aussi ferme que vos paroles semblent sévères ! et je m'abandonne à vous sans soupçon ni crainte d'avoir placé à tort ma confiance.

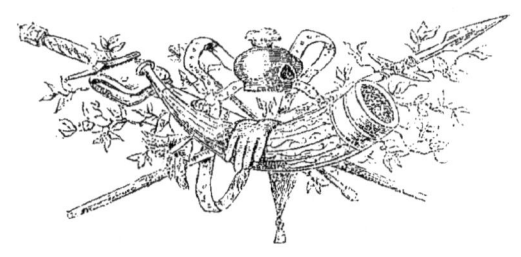

CHAPITRE XV.

COMME un chien que dresse son maître, notre jeune Anglaise se vit, par moments, traitée par le chevalier de la Tombe avec une rigueur propre à lui faire sentir la nécessité d'une obéissance absolue.

Pour couper court à leur conversation, celui en qui elle avait cru voir un des lieutenants de Douglas, sinon Douglas en personne, s'était élancé brusquement dans un des labyrinthes du bois, en adoptant un pas que, vu la nature du terrain, le cheval de dame Augustine eut quelque peine à prendre. Comme elle souffrait évidemment de cette course rapide et des efforts qu'elle était obligée de faire pour empêcher sa monture de trébucher dans ces sentiers rompus et escarpés, le guide ralentit le pas, regarda d'un œil inquiet autour de lui, et parut se dire à lui-même, quoique avec l'intention d'être entendu :

— Il n'est pas besoin d'aller si vite.

Il marcha plus lentement jusqu'à l'instant où, parmi les nombreuses inégalités que présentait la surface du sol, ils arrivèrent sur le bord d'un ravin. Il servait de lit aux torrents soudains, particuliers à cette région, et qui, serpentant autour des chênes et des taillis, creusent une foule de cachettes, donnant l'une dans l'autre, de sorte qu'il n'y a pas en Écosse un lieu plus favorable à dresser une embuscade. L'endroit où Turnbull, l'habitant des frontières, avait opéré son évasion durant la partie de chasse, offrait un échantillon de cette nature de terrain, et peut-être communiquait-il aux différents buissons et détours par lesquels nos voyageurs suivaient leur route, quoique ce premier ravin fût à une distance considérable du chemin qu'ils suivaient alors.

Cependant, le chevalier avançait toujours, et il semblait plutôt chercher à égarer sa compagne au milieu de ces bois interminables qu'à la tirer promptement hors d'embarras. Tantôt ils montaient, tantôt ils descendaient dans la même direction, ne trouvant que des solitudes sans bornes et les aspects variés d'une campagne couverte de bois. Si telle partie avait des traces de culture, le guide l'évitait avec soin. Il lui arrivait parfois, à cause des incertitudes de sa marche, de traverser les sentiers que parcouraient les habitants. Comme la rencontre d'un être si extraordinaire ne paraissait pas les étonner, et qu'ils ne manifestaient par aucun signe qu'ils le connussent, il était aisé d'en conclure que le spectre-chevalier n'était pas étranger dans le pays, et qu'il y possédait assurément des partisans ou des complices, assez dévoués pour ne pas donner l'alarme.

Le cri bien imité de la chouette, hôte trop fréquent de ces parages pour qu'on s'inquiétât d'un tel bruit, semblait être un signal généralement compris parmi eux, car on l'entendait dans différentes parties du bois ; et la jeune dame, qui avait acquis de l'expérience lors de ses premières excursions sous la conduite du ménestrel Bertrand, remarqua qu'après avoir entendu ces cris sauvages, son guide changeait aussitôt de direction, pour s'enfoncer dans des solitudes plus profondes et des fourrés plus impénétrables.

Cela finit par se produire si souvent que la voyageuse en conçut de nouvelles alarmes. N'était-elle pas la confidente, et presque l'instrument de quelque artificieux dessein, combiné sur un vaste plan et se rattachant à une opération dont le but était, comme les efforts de Douglas l'avaient toujours montré, la conquête de son château héréditaire, le massacre de la garnison anglaise, enfin le déshonneur et la mort de ce Jean de Walton, du destin duquel elle avait longtemps cru ou cherché à croire que le sien dépendait ?

A cette idée, qui lui traversa l'esprit, d'être, à son insu, complice d'un rebelle écossais, Augustine frissonna, effrayée des conséquences que pouvaient avoir les ténébreuses machinations où le hasard l'avait jetée, et qui semblaient prendre une tournure si différente de ce qu'elle avait d'abord supposé.

Les heures de la matinée de ce jour mémorable (c'était le dimanche des Rameaux) se passèrent ainsi à errer de place en place ; et, de temps en temps, la jeune femme, avide d'être rendue à la liberté, renouvelait en termes touchants ses supplications, et offrait des trésors à son guide, qui ne daignait lui faire aucune réponse.

A la fin, las des importunités de sa captive, il se rapprocha d'elle et dit d'un ton solennel :

— Je ne suis pas, comme vous pouvez bien croire, un de ces chevaliers qui courent par monts et par vaux, en quête d'aventures, pour obtenir grâce aux yeux d'une gentille dame ; toutefois, je céderai jusqu'à un certain point à vos pressantes sollicitations, et votre sort dépendra du bon plaisir de celui à qui vous avez déjà voulu le remettre. Dès notre arrivée au lieu de notre destination, et nous n'en sommes pas loin, j'écrirai au sire de Walton et lui enverrai ma lettre par un messager spécial que vous-même accompagnerez. Il ne tardera pas sans doute à nous répondre, et vous verrez alors que, pour être resté jusqu'ici insensible à toute passion mondaine, on peut avoir encore de la sympathie pour la beauté et la vertu.

Comme il achevait ces mots, une de ces crevasses qui coupaient sans cesse leur route sembla s'ouvrir devant eux. Le chevalier-spectre, y dirigeant ses pas avec une prudence qu'il n'avait pas encore montrée, prit par la bride le palefroi de la dame pour lui faciliter la descente du sentier, qui seul rendait accessible le fond de cette noire vallée.

Lorsqu'elle arriva enfin sur un sol uni, après les dangers d'une marche périlleuse dans laquelle son cheval n'avait été, pour ainsi dire, soutenu que par la force et l'adresse de l'être singulier qui le tenait par la bride, la jeune Anglaise promena autour d'elle des yeux surpris. On n'aurait pu imaginer un endroit plus propre à servir de refuge, et il en servait en effet. Au premier son de cor que donna très doucement le chevalier de la Tombe, on répondit de même de plusieurs côtés ; et, sur la répétition du signal, une dizaine d'hommes armés, soit soldats, soit bergers et laboureurs, parurent successivement, comme pour montrer qu'ils avaient entendu l'appel.

CHAPITRE XVI.

ALUT! Salut à vous, braves compagnons!
C'est ainsi que le chevalier de la Tombe accosta les réfugiés, et ceux-ci, pressés autour de lui, l'accueillirent avec l'impatience d'hommes engagés dans les périls d'une commune entreprise.

— Eh bien, reprit-il, voilà l'hiver fini, et nous sommes au dimanche des Rameaux. La neige et la glace ne continueront pas d'engourdir la terre durant le prochain été, cela est certain; il ne l'est pas moins que, dans quelques heures, nous tiendrons parole à ces fanfarons d'Anglais, qui s'imaginent que leurs vanteries et leurs malicieux discours ont autant d'influence sur des cœurs écossais que les bourrasques sur les fruits d'automne. Il n'en est rien, heureusement. Tant qu'il nous plaira de rester cachés, ils perdront leurs peines à nous découvrir; c'est comme s'ils cherchaient une aiguille dans ce tas de feuilles mortes. Encore quelques heures, et l'aiguille perdue deviendra le glaive exterminateur du génie de l'Écosse, prêt à venger mille injustices, et surtout la mort du vaillant Douglas.

Le souvenir de la mort récente de leur chef arracha un murmure étouffé, même des sanglots, aux partisans rassemblés, bien qu'en même temps, ils parussent sentir la nécessité de faire peu de bruit, de crainte de donner l'alarme à l'un des nombreux détachements de soldats anglais qui traversaient alors le bois dans différentes directions. L'acclamation, si prudemment comprimée, s'était à peine éteinte dans un morne silence, que le chevalier de la Tombe, ou, pour l'appeler par son véritable nom, sire Jacques Douglas, s'adressa de nouveau à cette poignée de fidèles.

— Un effort, mes amis, peut encore être tenté pour terminer sans effusion de sang notre lutte avec les gens du Sud. Le hasard vient de mettre en mon pouvoir la jeune héritière de Berkely, et l'on dit que c'est pour l'amour d'elle que Walton défend avec tant d'obstination le château qui m'appartient par droit d'héritage. Est-il parmi vous un homme assez hardi pour accompagner cette dame jusqu'au château et porter une lettre qui explique les conditions auxquelles je consens à la rendre à son amant, à la liberté et à ses seigneuries anglaises?

Un grand diable, vêtu d'un habit de chasseur en lambeaux, et qui n'était autre que Michel Turnbull, dont nous avons rapporté une éclatante preuve d'intrépidité, s'avança.

— Faute d'un meilleur, dit-il, je servirai volontiers d'écuyer à la jeune personne.

— On est toujours sûr de te trouver, dit Douglas, quand il s'agit de montrer du courage. Mais note bien ceci : la dame ici présente doit nous donner sa parole qu'elle se considérera comme notre prisonnière, secourue ou non secourue, et comme garante de la vie et de la liberté de Michel Turnbull ; et si Jean de Walton refuse mes conditions, elle se tiendra pour obligée de revenir avec Turnbull auprès de nous, afin que nous disposions d'elle suivant notre bon plaisir.

Il y avait bien dans ces clauses de quoi frapper Augustine d'une horreur naturelle, et la jeter dans l'hésitation ; néanmoins, si étrange que cela pût paraître, la déclaration du chevalier trancha la situation en mettant un terme à son angoisse.

D'après la haute opinion qu'elle s'était formée du caractère de Douglas, elle n'en venait point à penser que, dans le drame qui se préparait, il pût jouer un rôle indigne d'un parfait chevalier, et tenir, quelles que fussent d'ailleurs les circonstances, une conduite peu honorable à l'égard de son ennemi. Même par rapport à Walton, elle se sentait tirée d'un embarras difficile. L'idée d'être découverte par le gouverneur sous un déguisement masculin l'avait beaucoup tourmentée ; et il lui semblait qu'elle s'était écartée des devoirs d'une femme, en sortant, pour lui, des limites imposées à son sexe, démarche qui pouvait lui nuire, même aux yeux de l'amant pour qui elle avait tant hasardé. D'autre part, être amenée en sa présence comme prisonnière, c'était une situation, qui n'était pas moins affligeante et désagréable ; mais qu'y faire? Douglas, entre les mains de qui elle était tombée, lui semblait représenter, dans cette espèce de drame, le dieu dont l'arrivée seule suffit pour tirer les gens d'embarras.

Ce ne fut donc pas trop à contre-cœur qu'elle consentit à faire les serments exigés, et à se considérer comme prisonnière, en tout état de cause. En même temps, elle se conforma sans mot dire aux instructions de ceux qui étaient maîtres de ses mouvements, souhaitant avec ardeur que des circonstances, en elles-mêmes si contraires, finissent par amener à la fois le salut de son amant et sa propre délivrance.

Durant un intervalle de repos, un léger repas fut servi à Augustine, dont un voyage fatigant avait presque épuisé les forces. De leur côté, Douglas et ses partisans s'entretenaient ensemble à voix basse ; puis, Turnbull, qui se regardait comme particulièrement chargé de la garder, vint lui dire d'un ton brusque :

— Ne craignez rien, Madame ; on ne vous fera pas de mal ; mais il faut vous résigner à avoir quelque temps les yeux bandés.

Elle se laissa faire, muette de terreur ; et le soudard, après lui avoir enveloppé la tête dans une capeline, au lieu de l'aider à remonter sur son cheval, lui offrit le bras pour guider ses pas incertains.

CHAPITRE XVII.

Toujours inégal et accidenté, quelquefois même encombré de ruines, était le sol où s'avançait péniblement la jeune Anglaise. Dans les passages difficiles, son guide lui venait en aide pour la sortir d'embarras ; mais c'était d'une façon si brutale qu'une ou deux fois, elle ne put s'empêcher de pousser un gémissement ou un profond soupir.

Bientôt, elle sentit distinctement que le rude chasseur n'était plus à son côté, et que la place avait été remplie par un autre homme, dont la voix, plus douce que celle de son compagnon, ne lui semblait pas inconnue.

— Noble dame, lui dit-il, n'appréhendez pas de nous la moindre offense, et acceptez mes services au lieu de ceux de mon écuyer, qui a pris les devants avec notre lettre. Ne croyez pas que je veuille tirer avantage de ma position, si je vous porte dans mes bras une partie de ce mauvais chemin, à travers lequel il vous serait presque impossible de marcher, seule et les yeux bandés.

En même temps, elle se sentit soulevée de terre par des bras vigoureux et portée avec la plus grande précaution. Cette situation la rendait un peu honteuse ; mais ce n'était pas l'instant de s'abandonner à des plaintes qui pouvaient blesser les gens qu'elle avait intérêt à se concilier. Elle fit donc de nécessité vertu, et entendit ces mots prononcés tout bas à son oreille :

— Soyez sans crainte, on ne vous veut aucun mal ; et sire Jean de Walton lui-même, s'il vous aime comme vous le méritez, n'aura rien à redouter de notre part. Qu'il nous rende justice ainsi qu'à vous, nous n'exigerons pas de lui autre chose ; et, soyez-en bien convaincue, le meilleur moyen d'assurer votre bonheur, c'est de seconder nos vues, qui s'accordent également avec vos désirs et votre liberté.

La dame de Berkely ne répondit pas ; car sa frayeur et la rapidité avec laquelle elle était transportée l'avaient mise hors d'haleine, et il lui fut impossible de proférer des accents intelligibles. Cependant, d'après les variations de l'air extérieur, qui tantôt cessait de se faire sentir, tantôt soufflait en rafales soudaines, elle comprit qu'elle traversait des bâtiments en partie intacts, mais, sur certains points, donnant accès au vent par des crevasses et des ouvertures. Dans un endroit, il lui parut qu'elle passait au milieu d'une foule considérable qui observait le silence, et d'où parfois s'élevait un murmure, qui ne dépassait point le bruit d'un faible chuchotement. Obligée par nécessité d'être attentive aux moindres circonstances, elle ne faillit point à remarquer que les rangs de cette foule s'ouvraient devant celui qui la portait ; et enfin elle sentit qu'il descendait les marches régulières d'un escalier, et qu'elle était alors seule avec lui.

Arrivés, à ce qu'il lui sembla, sur un terrain plus égal, ils continuèrent leur singulier voyage par une route qui ne paraissait ni directe ni commode, et à travers une atmosphère humide et presque suffocante, comme celle d'un souterrain ou d'un charnier.

— Du courage, dame Augustine, reprit son guide ; encore un peu de courage ! Ma situation me force à vous remettre entre les mains de mon écuyer. Rassurez-vous, toutefois : ni lui ni personne ne se permettra envers vous aucune liberté ; vous pouvez y compter, sur la foi d'un homme d'honneur.

A ces mots, il la déposa sur un banc de gazon ; et elle eut un soulagement infini à sentir qu'elle se trouvait de nouveau en pleine campagne. Comme elle exprima, d'une voix suppliante, le désir d'être délivrée du capuchon qui l'empêchait presque de respirer, à l'instant même l'obstacle fut écarté, et elle s'empressa d'examiner la scène qui l'entourait.

Le pays était ombragé par des chênes épais, au milieu desquels s'élevaient quelques restes de bâtiments, les mêmes peut-être qu'elle venait de traverser. Une limpide fontaine d'eau vive jaillissait du pied d'un de ces arbres. Ce fut pour la jeune femme une heureuse occasion d'étancher sa soif, et de baigner son visage, qui avait reçu, chemin faisant, mainte égratignure, en dépit du soin et presque de la tendresse avec laquelle on l'avait portée vers la fin. La fraîcheur de l'eau eut bientôt arrêté le sang qui sortait de ces légères blessures, et en même temps servit à ranimer ses sens bouleversés. En reprenant possession d'elle-même, sa première idée fut de chercher à fuir. Un moment de réflexion la convainquit de l'absurdité d'un tel projet, surtout à la vue du gigantesque Turnbull, qui l'apostropha en ces termes :

— Étiez-vous impatiente de me revoir ? Les gens de ma sorte, toujours les premiers à la chasse des bêtes sauvages, n'ont pas coutume de rester en arrière quand ils ont en vue un plaisant gibier ; et si mon assistance n'est pas aussi fidèle que vous pourriez le souhaiter, c'est à cause de certaines affaires auxquelles je dois sacrifier l'agrément de votre compagnie.

— Je suis prête à vous suivre, répondit-elle. Dispensez-vous donc, en vous acquittant de votre devoir, d'ajouter encore à mes peines par votre conversation ; votre maître m'a donné sa parole qu'il ne souffrirait pas qu'on me manquât de respect.

— Allons, du calme ! J'avais toujours cru que, pour gagner le cœur des belles dames, il fallait leur dire des douceurs ; si tel n'est pas votre goût, je n'ai pas grand plaisir, moi, à courir après de belles phrases, quand je puis aussi bien me taire. En route alors, puisque nous devons, ce matin même, être en présence de votre bien-aimé.

Ils marchaient en silence, l'un à côté de l'autre, lorsque le son d'un cor retentit à peu de distance.

— C'est celui que nous cherchons, dit le chasseur ; je reconnaîtrais le bruit de son oliphant entre tous ceux du pays, et j'ai l'ordre de vous mener à lui.

A la pensée d'être ainsi présentée sans cérémonie au chevalier, en faveur duquel elle avait confessé une téméraire préférence, le sang monta au visage de la jeune Anglaise. Aussi, quand son guide eut répondu à l'appel du cor, fut-elle tentée de s'enfuir, sous une impression de pudeur et de crainte. Turnbull devina son intention et l'empoigna rudement par le bras.

— Voyons, noble dame, dit-il, comprenez bien que vous jouez aussi un rôle dans la pièce, et que, si vous n'étiez pas là, elle finirait désagréablement pour nous tous, à savoir par un combat à outrance entre votre amant et moi, où l'on verrait qui de nous deux est le plus digne de vos faveurs.

Un moment après, on entendit le galop d'un cheval, et Jean de Walton parut au milieu des arbres. En apercevant celle qu'il aimait captive, à ce qu'il lui sembla, entre les mains d'un soudard dont l'impudence l'avait frappé lors de la partie de chasse, il s'écria, surpris et joyeux à la fois :

— Lâche-la, coquin, ou meurs si tu retiens celle à qui le soleil même serait fier d'obéir !

Et craignant que le chasseur ne lui dérobât la vue de sa dame en l'entraînant par quelque sentier inaccessible, il laissa tomber sa lourde lance, qui n'était pas d'un maniement commode en plein bois, et, sautant à bas de son cheval, il s'approcha de Turnbull, l'épée nue à la main.

L'Écossais, tenant toujours de la main gauche le bras de sa prisonnière, leva, de la droite, sa hache d'armes ; mais l'Anglaise prit la parole.

— Sire Jean de Walton, s'écria-t-elle, au nom du ciel ! gardez-vous de toute violence, jusqu'à ce que vous connaissiez l'objet qui m'amène, et par quel moyen pacifique on peut mettre fin à la guerre. Cet homme, quoique votre ennemi, a été pour moi un gardien civil et respectueux ; et je vous conjure de l'épargner quand il vous dira pour quel motif il m'a conduite ici.

— Puisque vous l'ordonnez, noble dame, j'épargne la vie insignifiante de cet homme, et pourtant j'ai contre lui des sujets de plainte, dont le moindre, eût-il mille vies, mériterait qu'il les perdît toutes.

— Jean de Walton, dit Turnbull à son tour, cette dame sait bien que si notre entrevue se passe tranquillement, ce n'est pas parce que tu me fais peur. Sans certaines considérations, non moins importantes pour Douglas que pour toi-même, je n'hésiterais pas plus à te provoquer en face, que je n'hésite maintenant à abattre jusqu'à la terre ce rameau qui en sort.

En parlant ainsi, Michel Turnbull leva sa hache et abattit d'un chêne voisin une branche presque aussi grosse que le bras et qui tomba, toute feuillue, entre Walton et l'Écossais; preuve remarquable de la bonté de l'arme et de la vigueur de celui qui s'en servait.

— Qu'il y ait donc trève entre nous, mon brave, dit le gouverneur, afin de céder aux ordres de la beauté, et conte-moi ce que tu as à m'apprendre.

— J'ai peu de chose à dire, mais fais-y bien attention, sire Anglais. La dame de Berkely, en parcourant ce pays, est devenue prisonnière du noble baron de Douglas, légitime héritier du château et de la baronnie. Or, Douglas se voit obligé de mettre à la liberté de cette dame les conditions suivantes, qui sont telles, à tous égards, que le droit de la guerre, juste et équitable, permet d'en imposer, à savoir : « En tout honneur et sûreté, dame Augustine sera remise à sire Jean de Walton ou à la personne qu'il désignera pour la recevoir. D'autre part, le château de Douglas, avec tous les avant-postes ou garnisons qui en dépendent, sera évacué et rendu par le sire de Walton dans le présent état et contenant les armes et munitions qui s'y trouvent maintenant. Enfin, une trève d'un mois aura lieu entre sire Jacques Douglas et sire Jean de Walton pour régler les termes de la capitulation de part et d'autre, après avoir, au préalable engagé leur foi et serment de chevalier que dans l'échange de l'honorable dame contre le susdit château réside l'importance de la présente convention, et que tout autre sujet de discussion sera, suivant le bon plaisir des nobles chevaliers susnommés, honorablement débattu et arrangé entre eux, ou même s'ils le désirent, vidé en champ clos et dans un combat singulier, selon la coutume, devant toute noble personne qui aura droit de présider et d'être juge. »

On ne saurait concevoir l'étonnement du sire de Walton en entendant ce cartel extraordinaire; il jeta sur la dame de Berkely des regards où se peignait le désespoir avec lequel un criminel verrait son ange gardien se préparer à partir. Des idées semblables hantaient aussi l'esprit d'Augustine : on lui accordait enfin ce qu'elle avait toujours regardé comme le comble de ses vœux, mais à des conditions déshonorantes pour son amant. Après un moment d'hésitation, Walton rompit le silence en ces termes :

— Vous pouvez être surpris, noble dame, qu'on m'impose une condition qui a pour objet votre mise en liberté, et que moi, qui vous ai déjà tant d'obligations dont je suis fier, je ne l'accepte pas avec le plus vif empressement. Le fait est que les mots de cette déclaration ont sonné à mes oreilles sans arriver jusqu'à mon intelligence ; veuillez m'excuser si je prends le temps d'y réfléchir.

— Et moi, dit Turnbull, je ne puis vous accorder qu'une demi-heure de réflexion pour une offre que vous devriez, ce me semble, accepter les yeux fermés. Le cartel exige-t-il de vous autre chose que vous n'ayez, comme chevalier, le devoir de faire ? Vous vous êtes engagé à devenir l'agent du tyran Édouard, en occupant le château de Douglas au préjudice de la nation écossaise et du chevalier de Douglas, qui jamais, soit nation soit individu, ne se sont rendus coupables de la moindre injure envers vous ; vous suivez donc une fausse route, indigne d'un loyal chevalier. D'un autre côté, la liberté de votre dame vous est offerte en tout honneur et respect, si vous consentez à quitter la ligne de conduite injuste où vous vous êtes laissé imprudemment engager. En y persévérant, vous placez votre honneur et le bonheur de cette dame entre les mains d'hommes que vous avez fait tout au monde pour réduire au désespoir, et qui, irrités par ce dernier refus, n'agiront plus qu'en désespérés.

— Ce n'est pas toi, du moins qui m'apprendras comment Douglas interprète les lois de la guerre, et si je dois les recevoir à commandement.

— Ainsi vous ne m'accueillez pas comme un messager de paix ?... Adieu, et songez à qui vous laissez votre maîtresse, pendant que vous méditerez à loisir sur mon message. Allons, dame, il faut partir.

A ces mots, le chasseur saisit la main d'Augustine, et la tira brusquement, comme pour la forcer à le suivre. La pauvre fille était restée jusque-là immobile et privée de sentiment; mais, en se sentant entraînée, elle s'écria, hors d'elle-même et affolée de terreur :

— A mon secours, Walton !

Transporté d'une rage soudaine, le chevalier assaillit le chasseur avec furie, et, le prenant presque au dépourvu, il lui porta, de sa lourde épée, deux ou trois bons coups, dont il fut si rudement atteint qu'il tomba à la renverse dans les broussailles. Walton allait l'achever, quand un cri perçant d'Augustine l'en empêcha.

— Hélas! qu'avez-vous fait? dit-elle. C'était un envoyé de paix, et il aurait dû être à l'abri de toute violence, tant qu'il se bornait à remplir son message. Si vous l'avez tué, qui sait de quelles terribles représailles sa mort peut être suivie !

La voix de la jeune dame parut faire revenir le chasseur de l'étourdissement causé par les coups qu'il avait reçus; il se releva en disant :

— Oh! ce n'est pas à vous que je garde rancune... Le gouverneur, dans sa précipitation, ne m'a ni prévenu ni porté de défi; ce qui lui a donné un avantage qu'il aurait, je pense, été honteux de prendre de sang-froid. Nous recommencerons la partie à armes plus égales, ou j'appellerai un autre champion, comme on voudra.

Là-dessus, il rentra dans le bois et disparut.

— Ne craignez rien, reine de mes pensées, dit le chevalier; une fois à l'abri du château de Douglas et sous la sauvegarde de la croix de saint Georges, vous pourrez rire de toutes ces menaces. Daignez seulement pardonner — ce que je serais incapable de faire moi-même, — l'inconcevable aveuglement qui m'a empêché de reconnaître le soleil pendant une éclipse temporaire, et, il n'est pas d'épreuve si dure, si téméraire que je ne sois prêt à soutenir, pour effacer la mémoire d'une telle offense.

— Laissons cela, répondit Augustine; ce n'est pas dans un moment pareil, où notre vie est en jeu, qu'il faut songer à réveiller une futile querelle. Je puis vous apprendre, si vous ne le savez pas encore, que les Écossais sont en armes dans les environs, et que la terre même paraît s'ouvrir pour les dérober aux yeux de vos soldats.

— Eh bien ! qu'elle s'ouvre encore plus, et que tous les démons de l'abîme infernal sortent de leur prison pour aller renforcer nos en-

nemis !.. A présent, ma toute belle, que j'ai reçu en votre personne un trésor d'un prix inestimable, puissent mes éperons m'être arrachés des talons par le dernier des goujats, si je détourne la tête de mon cheval pour reculer devant tous ces manants réunis, tant sur terre que dessous! En votre nom, je les défie tous, et sur-le-champ, au combat.

Comme Walton prononçait ces derniers mots d'un ton exalté, un cavalier de haute taille, couvert d'une armure noire et tout unie, sortit de cette partie du bois par où Turnbull avait disparu.

— Je suis, dit-il, Jacques Douglas, et votre défi est accepté. Comme défendant, j'ai le droit de choisir : les armes seront celles que nous portons ; le lieu du combat, cette tranchée qu'on nomme le Trou sanglant ; et le temps, l'heure présente. Les combattants, en vrais chevaliers, renonceront de part et d'autre à tous les avantages qu'ils peuvent avoir.

— Au nom de Dieu, ainsi soit-il! répondit Walton, surpris d'être brusquement appelé en duel par un guerrier aussi redouté que le jeune Douglas, mais trop fier pour songer à éviter le combat.

Faisant signe à la jeune Anglaise de se retirer derrière lui, afin de ne point perdre ce qu'il avait obtenu en l'arrachant aux mains du chasseur, il tira son épée, et, dans une attitude grave et résolue, s'avança lentement vers son adversaire. La rencontre fut terrible, car le courage et l'adresse tant du baron de Douglas que du sire de Walton jouissaient d'une égale renommée. Les coups tombaient rapides et pesants, comme les traits lancés par quelque formidable machine ; ils étaient parés et rendus avec autant de force que de dextérité, et l'on n'aurait pu dire, au bout de dix minutes, de quel côté penchait la victoire.

D'un consentement tacite, ils suspendirent le combat pour reprendre haleine.

— Je prie cette noble dame, dit alors Douglas, d'être convaincue que sa liberté ne dépend en aucune manière de l'issue du combat ; il n'a d'autre cause que l'outrage fait par sire Jean de Walton et par la nation anglaise à la mémoire de mon père et à mes droits naturels.

— Vous êtes généreux, sire chevalier, répliqua la dame ; mais en quelle situation me placez-vous, si vous me privez de mon protecteur par la mort ou la captivité, et que je reste seule dans un pays étranger ?

— Si telle devait être l'issue du combat, répondit Douglas, c'est moi qui vous rendrais saine et sauve à votre terre natale ; car jamais mon épée n'a causé de mal qu'elle ne soit prête à le réparer. Que sire Jean de Walton donne à entendre par le plus léger signe, ne fût-ce qu'une plume détachée de son panache, qu'il renonce à continuer cette querelle, je renoncerai, pour ma part, à tout ce qui pourrait atteindre l'honneur ou la sûreté de sa dame, et le combat demeurera suspendu jusqu'à ce que la guerre nationale nous ramène en face l'un de l'autre.

Walton réfléchit un moment ; et quoique Augustine gardât le silence, elle lui jeta un regard qui indiquait clairement combien elle désirait qu'il choisît l'alternative la moins hasardeuse ; les scrupules du chevalier l'empêchèrent de souscrire à un arrangement si favorable.

— Il ne sera jamais dit de sire Jean de Walton, répliqua-t-il, qu'il a compromis au moindre degré son propre honneur ou celui de son pays. Ce combat peut se terminer par ma défaite ou plutôt par ma mort, et, dans ce cas, je n'ai plus rien à espérer en ce monde : alors, en rendant le dernier soupir, je confie à Douglas le soin de la dame de Berkely, comptant qu'il la défendra au péril de ses jours et trouvera moyen de la reconduire saine et sauve dans le château de ses aïeux. Mais, tant que je vivrai, elle n'aura pas besoin d'un autre protecteur que celui qu'elle a honoré en le choisissant pour tel ; et je ne céderai rien, ne fût-ce qu'une plume de mon casque, pour donner à entendre que j'ai soutenu une querelle injuste, en défendant la cause de l'Angleterre ou celle de la plus belle de ses filles. Tout ce que je puis accorder à Douglas, c'est une trêve immédiate, à condition que ma dame pourra sans obstacle retourner en Angleterre, et que nous reprendrons ce combat un autre jour. Le château et le territoire de Douglas appartiennent au roi Édouard ; le gouverneur qui commande en son nom est le gouverneur légitime ; et cela, je le soutiendrai, lance au poing, tant que mes yeux seront ouverts à la lumière.

— Le temps fuit, dit Douglas, sans attendre notre décision. Pourquoi remettre à demain ce qui peut tout aussi bien se faire aujourd'hui? nos épées seront-elles plus tranchantes, ou nos bras plus vigoureux à les manier? Je ferai tout ce qu'un chevalier peut faire pour secourir une dame malheureuse, mais je n'accorderai point à son défenseur la moindre marque de déférence, et c'est en vain qu'il se croit capable d'en extorquer une par la force des armes.

A ces mots, les chevaliers recommencèrent leur lutte à mort, et la jeune femme ne savait comment intervenir de nouveau, lorsqu'elle entendit au loin le tintement des cloches, qui commençaient à sonner le service du jour, car c'était le dimanche des Rameaux.

— Au nom du ciel, s'écria-t-elle, au nom de vous-mêmes, au nom de l'amour des dames et des devoirs de la chevalerie, suspendez vos coups, seulement pour une heure! Puisque les forces sont si égales, cherchons quelque moyen de convertir la trève en une paix solide. Songez que c'est aujourd'hui la fête des Rameaux : souillerez-vous de sang une telle solennité?

— J'étais en route, noble dame, dit l'Anglais, pour aller à l'église de Douglas, quand j'ai eu le bonheur de vous rencontrer ici. Je suis prêt à m'y rendre, en observant la trève d'une heure; attendu que j'y trouverai certainement des amis auxquels je vous confierai en toute assurance, si je venais à succomber dans le combat que nous allons interrompre pour le reprendre après le service divin.

— Je consens aussi, à cette courte trève, dit l'Écossais, et je trouverai de même, assurément, assez de bons chrétiens dans l'église, qui ne souffriraient pas que leur maître fût accablé sous le nombre. Marchons donc, et que chacun de nous coure la chance de ce qu'il plaira au ciel de lui envoyer!

Ces deux illustres paladins pensaient, chacun à part soi, que la proposition de suspendre le combat pour le moment ne les obligeait nullement à se priver des avantages qu'une augmentation de forces pourrait leur donner de part et d'autre; et chacun d'eux, d'après ses dispositions antérieures, se croyait sûr de la supériorité. Walton était presque certain de rencontrer plusieurs détachements de soldats qui battaient le pays et traversaient les bois par son ordre; et Douglas, on peut le supposer, ne s'était pas aventuré en personne dans un lieu où sa tête était mise à prix, sans être accompagné d'un nombre suffisant de partisans dévoués, placés plus ou moins près les uns des autres, mais toujours de manière à s'appuyer mutuellement.

Chacun donc entretenait l'espérance bien fondée que, en acceptant la trêve proposée, il s'assurait un avantage sur son adversaire, quoique ni l'un ni l'autre ne sût exactement de quelle façon ni jusqu'à quel point il pourrait l'obtenir.

CHAPITRE XVIII.

L E même dimanche des Rameaux, pendant que Walton et Douglas mesuraient ensemble leurs redoutables épées, le ménestrel Bertrand était plongé dans la lecture des prophéties de Thomas le Rimeur ; mais il n'était pas sans de vives inquiétudes relativement au sort de sa maîtresse et aux événements qui se passaient autour de lui.

On peut se rappeler que Walton, lorsqu'il fit sortir le ménestrel de son cachot, sentit qu'il lui devait quelque dédommagement pour les injustes soupçons qui avaient valu la prison au serviteur dévoué, au discret confident de la dame de Berkely, à celui-là qui devait connaître tous les motifs et circonstances du voyage en Écosse. Il était donc politique de se concilier sa bienveillance, et Walton avait engagé son fidèle archer Gilbert à bannir toute méfiance à l'égard de Bertrand et, sans le perdre de vue, de le disposer favorablement pour le gouverneur du château et la garnison. En conséquence, le vieux soldat ne doutait point, à part lui, que le seul moyen de plaire au ménestrel ne fût d'écouter avec patience et admiration tout ce qu'il lui plairait de chanter ou de raconter; et, afin de remplir d'autant mieux les intentions de son maître, il jugea nécessaire de demander au sommelier des provisions qui ne pouvaient manquer de rendre sa société encore plus agréable.

Après s'être de la sorte muni des moyens de supporter une longue entrevue avec le ménestrel, Gilbert lui proposa d'ouvrir la séance par un bon déjeuner, arrosé de vin d'Espagne; ensuite, pour se délasser l'esprit, d'accompagner une partie de la garnison à l'église de Douglas, où l'on célébrait la fête du jour. Bon chrétien par principes, bon vivant par métier, Bertrand ne trouva rien à objecter à une si aimable proposition, et les deux compères, qui jusque-là ne s'étaient guère vus d'un bon œil, commencèrent leur repas du matin dans une cordialité réciproque.

— Ne croyez pas, digne ménestrel, dit l'archer, que mon maître fasse fi le moins du monde de votre mérite ou de votre rang, parce qu'il vous renvoie à la société et à la conversation d'un pauvre homme tel que moi. Je n'ai aucun grade, il est vrai; cependant, comme vieil archer qui manie voilà trente ans l'arc et la flèche, j'ai ma part, grâce au ciel, dans la faveur de sire Jean de Walton, du comte de Pembroke et d'autres guerriers fameux; et ma part n'est pas moins bonne que celle d'un tas d'étourneaux, chargés de grades et de missions importantes, par égard non pour eux, mais pour le renom de leurs pères. Tenez, je vous signalerai entre autres celui qui commande en l'absence du gouverneur, le sire Aymar de Valence, dont l'écuyer, ce fripon de Fabien...

— Quoi! est-ce à lui que vous en voulez? interrompit le ménestrel. Je n'ai vu de ma vie un jeune chevalier plus courtois que sire Aymar.

— Qu'il le devienne, je ne dis pas le contraire, répliqua l'archer en se hâtant de réparer la bévue qu'il avait faite ; en attendant, il serait bon qu'il se réglât sur l'exemple de son oncle, en prenant avis, dans les cas difficiles, des vieux routiers qui ont de l'expérience.

— Soyez certain, Gilbert, que j'apprécie hautement l'avantage de s'entretenir avec des gens de votre expérience ; il y a profit pour tout le monde. Moi, par exemple, combien ai-je regretté de fois de ne pas connaître à fond les armoiries, emblèmes, devises, bannières, par quoi les grandes familles se distinguent les unes des autres, connaissance indispensable dans la tâche que j'ai entreprise !

— Quant aux bannières et pennons, j'en ai vu un bon nombre, et je puis, comme tout soldat, dire le nom du chef qui les déploie pour réunir ses vassaux. Néanmoins, digne ménestrel, je ne saurais me vanter d'entendre rien à ce que vous appelez, sur l'autorité de vieux livres à images, prophéties, clef des songes, oracles, révélations, invocations d'esprits damnés, astrologie, et autres offenses graves, au moyen desquelles des docteurs du diable en imposent au populaire.

— Halte-là ! ce que vous dites ne s'applique pas aux livres que j'ai consultés. Une partie des choses qui y sont écrites s'étant déjà vérifiées, nous avons pleinement le droit d'attendre que le reste s'accomplisse de même. Le volume que voici peut vous en fournir assez de preuves.

— Ah ! je ne serais pas fâché de les entendre.

— Écoutez donc, dit le ménestrel, qui se mit à lire des vers, dont le plus habile interprète de nos jours ne pourrait pas trouver le sens.

Quand le coq chante, observez bien sa crête, car le renard et le putois sont aussi perfides l'un que l'autre. Quand le corbeau et la corneille auront volé de compagnie, que la chèvre en ses rochers aura fait accord avec eux, alors, remplis d'audace, ils ne tarderont pas à batailler.

Alors les alliés du corbeau arrachent et déchirent, et les braves du Lothian sautent à cheval. Alors le pauvre peuple est rongé jusqu'à l'os, chaque abbaye brûlée le long de la Tweed. Feu et sang partout, et désordre général; le serf ne sait plus quel est son maître, et le pays n'a plus de lois, car il n'y a plus d'amour. Le cousin ne peut se fier à son cousin, ni le fils au père, ni le père au fils...

Le vieux soldat écouta la lecture de ces pronostics, en dissimulant son ennui par de fréquentes libations, pendant que le ménestrel, tout à son sujet, s'efforçait de lui ex-

pliquer quelques passages.

— Pourriez-vous souhaiter, dit-il, une description plus exacte des malheurs qui se sont appesantis sur l'Écosse en ces derniers temps? Le corbeau et la corneille, le renard et le putois ne les annoncent-ils pas? Ces animaux, pareils à ceux que les chevaliers font peindre sur leurs écus, ne descendent-ils pas au grand jour dans la plaine pour ravager et détruire? La désunion complète entre les hommes n'est-elle pas clairement indiquée par ces mots que les parents ne se fieront plus les uns aux autres? Les braves du Lothian sont expressément désignés comme prenant les armes, et nous voyons encore ici d'évidentes allusions aux derniers événements de la guerre. La mort du dernier baron de Douglas est annoncée sous l'emblème d'un chien de chasse, qui fut parfois l'animal dont était orné le cimier de ce bon seigneur :

<blockquote>Le limier qu'on redoutait sera muselé, et ceux qui l'aimaient le moins regretteront sa perte ; mais un jeune chien sortira de la même race, qui règnera sur tout le nord.</blockquote>

« Ces vers ont un sens, sire archer, continua le ménestrel, et qui va aussi droit au but qu'aucune de vos flèches. A mon avis, ce jeune chien, qui n'attend que le moment de paraître, n'est autre que le célèbre Robert Bruce, qui, malgré ses défaites réitérées, n'a point cessé de soutenir ses prétentions à la couronne d'Écosse, en dépit du roi Édouard, aujourd'hui régnant.

— Ménestrel, répliqua le soldat, vous êtes mon hôte, et nous sommes ici pour partager en bonne intelligence ce modeste repas ; je suis forcé de vous dire cependant, quoiqu'il m'en coûte de troubler notre harmonie, que vous êtes le premier qui ait osé parler, moi présent, en faveur de ce Robert Bruce, un traître hors la loi, qui trouble sans cesse la paix du royaume. Suivez mon conseil, et taisez-vous sur ce sujet ; car, croyez-moi, l'épée d'un véritable archer anglais sauterait hors du fourreau, au premier mot qui porterait préjudice à saint Georges et à sa croix rouge.

— Je serais désolé de vous fâcher en quoi que ce soit, et à plus forte raison quand je reçois de vous l'hospitalité. Rappelez-vous cependant que je suis venu sur votre invitation, et qu'en vous parlant des choses futures, je le fais sans aucune intention de travailler à ce qu'elles arrivent.

— Il y a pourtant une chose que je voudrais bien savoir, s'il vous plaît de me la dire : ne trouvez-vous rien dans ces rimes grossières qui concerne le château de Douglas, où nous sommes. Car, voyez-vous, sire ménestrel, j'ai remarqué que ces parchemins moisis, écrits n'importe par qui et dans quel temps, rencontrent un brin de vérité, quand on répand les prédictions qu'ils contiennent ; car, alors elles ne manquent pas d'amener les malheurs mêmes qu'elles semblent seulement annoncer.

— Bien qu'il ne soit pas très prudent à moi de choisir pour sujet de mes explications une prophétie relative au château, je consens à satisfaire votre curiosité. En effet, j'ai lu, dans ce livre, certaines allusions à des guerres qui éclateront au val de Douglas entre un faucon sauvage, emblème de sire Jean de Walton, et les trois étoiles qui composent celui de Douglas. Je pourrais vous donner plus de détails là-dessus, si je savais en quelle partie de la forêt se trouve l'endroit dit *le Trou sanglant*, où se passeront, à moins que je ne me trompe, des scènes de meurtre et de carnage entre les partisans des trois étoiles et ceux qui suivent le parti du Saxon, ou roi d'Angleterre.

— J'ai entendu souvent, répliqua Gilbert, nommer ainsi un certain lieu par les gens de la vallée ; cependant, ce serait en vain que nous chercherions à découvrir l'endroit précis, car ces rusés d'Écossais nous cachent avec soin tout ce qui concerne leur pays. Si vous le jugez bon, nous pouvons, en allant à l'église, essayer de trouver ce Trou sanglant, et nous le découvrirons, j'en suis convaincu, avant que les traîtres qui méditent une attaque contre nous aient réuni assez de forces pour la tenter.

En conséquence, le ménestrel et l'archer, qui pendant cet entretien avaient eu le temps de se rafraîchir, sortirent du château, sans attendre d'autres hommes de la garnison, en quête de la vallée qui portait le nom sinistre de Trou sanglant. Tout ce que Gilbert en savait, c'est qu'elle devait être située quelque part dans les bois, près de la ville de Douglas et non loin du château.

CHAPITRE

XIX.

EN traversant les allées de la forêt, le ménestrel commença à s'étonner du nombre de pieux Écossais qu'ils rencontraient et qui, chargés de rameaux verts, semblaient se diriger en toute hâte vers l'église, pour prendre part à la cérémonie du jour. A chacun d'eux l'archer demandait s'il y avait aux environs un lieu nommé le Trou sanglant et quel chemin y conduisait ; mais tous feignaient de l'ignorer, ou alléguaient qu'on avait bien autre chose à faire, le matin d'une si grande fête, qu'à répondre à de frivoles questions.

Enfin, deux ou trois fois la réponse des Écossais ayant frisé presque l'insolence, Bertrand tira de là des inductions : d'abord, si des gens, empressés d'habitude auprès de leurs supérieurs, ne trouvaient plus d'honnêtetés à leur répondre, c'est qu'ils devaient machiner un mauvais coup ; ensuite, ils paraissaient se rassembler en bien grand nombre pour célébrer la fête des Rameaux.

— Sans doute, sire archer, continua le ménestrel, vous ferez au gouverneur votre rapport en conséquence ; faute de quoi, je vous promets de le faire moi-même, dans l'intérêt de ma maîtresse.

— Paix, sire ménestrel! répliqua l'archer, mécontent de l'interven-

tion de Bertrand. Plus d'une fois le sort d'une armée a dépendu de mes rapports au général, et ils ont toujours été clairs et précis. Votre affaire, mon digne ami, à l'opposé de la mienne, est de songer aux distractions pacifiques, aux chansons d'autrefois, aux prophéties et autres bagatelles ; je suis loin de vous en faire un reproche, mais, pour notre réputation à tous deux, ne chassons pas sur les terres d'autrui.

— Ah ! que signifient ces gouttes de sang? s'écria le ménestrel, en montrant le sang qui avait coulé des blessures de Turnbull. Pourquoi la terre a-t-elle gardé ces empreintes profondes, ces pas d'hommes armés qui avançaient et reculaient, sans doute, suivant les chances d'une lutte terrible et acharnée?

— Sainte Vierge! dit le vieux soldat, je dois avouer que vous voyez clair. Où étaient donc mes yeux quand ils vous ont permis d'être le premier à découvrir ces traces de combat?... Voici des plumes d'un panache bleu que j'aurais dû me rappeler, puisque mon commandant l'a pris, ou du moins m'a permis de l'attacher à son casque, ce matin, en signe du retour de l'espérance. Allons, camarade, à l'église! à l'église!... et vous verrez, par mon exemple, comment Walton doit être secouru en cas de danger.

Ils pressèrent le pas et entrèrent par la porte du sud, dans la petite ville de Douglas.

La cathédrale était un imposant édifice, de style ogival, dont les tours s'élevaient de beaucoup au-dessus des remparts. Ruinée en grande partie, elle n'avait plus d'espace libre, pour y célébrer les cérémonies du culte, que la chapelle sépulcrale où les anciens seigneurs de Douglas se reposaient des fatigues du monde et des travaux de la guerre. De la terrasse située en face de l'église, l'œil pouvait suivre assez loin le cours de la rivière, entre une double rangée de hauteurs, aux formes capricieuses, et, en plusieurs endroits, couvertes de taillis, qui formaient autour de la ville comme une ceinture verdoyante. Un grand nombre d'Écossais, portant des branches de saule ou d'if pour représenter les rameaux qui étaient l'emblème du jour, semblaient attendre, dans le cimetière, l'arrivée de quelque personne d'une sainteté particulière, ou une procession de moines et de religieux venant assister à la cérémonie du jour.

Au moment où Bertrand et son compagnon entraient dans le cimetière, la dame de Berkely, qui avait suivi Walton à l'église, après avoir été témoin de son duel avec le jeune Douglas, aperçut son fidèle ménestrel. Aussitôt elle résolut de se remettre sous la garde de cet ancien serviteur de sa maison, et se dirigea vers l'endroit où, en compagnie de sa nouvelle connaissance, il était en train de questionner des soldats anglais, que la fête du jour avait amenés aussi dans le saint lieu.

— N'ayez point l'air de faire attention à moi, lui dit-elle en s'approchant ; mais tâchez, s'il est possible, que nous ne soyons plus séparés l'un de l'autre.

Cet avis donné, elle se retira lentement vers une autre partie du cimetière.

Rien ne pouvait émouvoir plus vivement le ménestrel que le mode singulier de communication qui lui apprenait que sa maîtresse était saine et sauve, libre de ses mouvements, et, à ce qu'il espérait, disposée à se soustraire, par une prompte retraite, aux périls qui l'entouraient en Écosse. C'eût été avec joie qu'il aurait couru la rejoindre ; mais elle l'avertit, par un signe, de n'en rien faire pour le moment. Toutefois, Gilbert continuait d'entretenir Bertrand, qui, à part lui, eût désiré, comme bien des gens en pareille situation, le voir englouti à cent pieds sous terre.

— Revenons, disait l'archer, après avoir regardé avec précaution autour de lui, revenons au sujet dont nous causions tout à l'heure. N'est-ce pas votre opinion que les Écossais ont fixé cette matinée même pour risquer une des dangereuses tentatives qu'ils ont tant de fois renouvelées ?

— Sur quoi fondez-vous de pareilles appréhensions ? En route, vous aviez l'air de railler celles que j'avais moi-même.

— Ne voyez-vous pas quelle foule d'individus vient s'entasser parmi ces ruines, ordinairement désertes ? Ils ont des figures étranges et leur costume a l'air d'un déguisement. Tenez, ce jeune garçon, assis là-bas comme s'il avait peur d'être vu, je gagerais que ses habits ne sont pas de fabrique écossaise.

— Et si c'est un pèlerin anglais, répliqua le ménestrel en voyant que l'archer lui désignait du doigt la dame de Berkely, il présente assurément moins de matière aux soupçons.

— Je n'en sais rien, dit le vieux soldat ; mon devoir n'est pas moins de prévenir le gouverneur. Il y a trop de gens ici, qui, à en juger sur la mine, n'appartiennent ni au pays, ni à la garnison.

— Avant de porter une telle accusation contre ce pauvre jeune homme, et de l'exposer à toutes les conséquences qui doivent nécessairement en résulter, réfléchissez aux circonstances qui, surtout à cette époque, peuvent engager les chrétiens à entreprendre des pèlerinages. C'est l'anniversaire de l'entrée triomphante du fondateur de notre religion à Jérusalem ; c'est aussi le dimanche des confesseurs, où les palmes, branches et rameaux sont distribués aux prêtres et solennellement réduits en cendres, que les prêtres distribuent à leur tour aux fidèles, le mercredi des cendres de l'année suivante. Vous ne pouvez donc pas, digne archer, vous ne pouvez sans crime poursuivre comme coupables de complot contre les Anglais des chrétiens dont la présence est justifiée par la solennité du jour... Voyez-vous cette longue procession qui s'avance avec la croix et la bannière? C'est sans doute quelque dignitaire de l'Église, suivi de son clergé et de ses ouailles. Nous trouverons, dans son nom et sa dignité, une garantie suffisante de la conduite pacifique de ceux que la piété a réunis aujourd'hui à Douglas.

C'était le chef spirituel du diocèse, l'évêque de Glasgow, qui était venu honorer de sa présence les cérémonies par lesquelles ce jour devait être sanctifié. Il pénétra dans l'enceinte du cimetière ruiné, précédé de ses porte-croix, et suivi d'une nombreuse multitude, portant des branches d'if et d'autres arbres toujours verts. Il s'arrêta pour donner sa bénédiction à l'assemblée, qui la reçut à genoux, avec de grands signes de croix, accompagnés de pieuses exclamations.

En voyant le zèle avec lequel la foule réunie dans le cimetière, aussi bien que les paroissiens sortant de l'église, venaient saluer joyeusement l'évêque du diocèse, l'archer, assez honteux des soupçons qu'il avait conçus sur la sincérité des intentions du saint homme, s'avança pour recueillir sa part des bénédictions épiscopales. Cet accès de dévotion, peu ordinaire chez le vieux routier, permit au ménestrel d'échapper aux importunités de son nouvel ami et de se glisser enfin aux côtés de la jeune femme, à qui il exprima en peu de mots combien il était heureux de la revoir. Puis, ils se retirèrent dans l'intérieur de l'église, de manière à n'être point remarqués, grâce à l'ombre épaisse qui régnait dans certaines parties.

Le corps de l'église, dévastée comme elle l'était, et pour ainsi dire tapissée des trophées d'armes des derniers seigneurs de Douglas, ressemblait plutôt à des ruines profanées par le sacrilège qu'à l'enceinte d'un lieu saint. Cependant, des préparatifs avaient été faits pour la cérémonie du jour. A l'extrémité de la nef était suspendu le grand écusson de Guillaume Douglas, mort prisonnier en Angleterre ; et l'on avait rangé, tout autour, seize écus plus petits, appartenant à ses ancêtres. C'était l'endroit même où Aymar de Valence avait eu une entrevue avec le vieux fossoyeur, et maintenant, après avoir réuni, dans un coin, tous les soldats épars qu'il avait amenés à l'église, il s'y tenait sur le qui-vive et prêt à repousser une attaque. A l'aile orientale de l'édifice s'élevait un autel provisoire, près duquel l'évêque avait pris place, avec les prêtres et les différentes personnes qui composaient son cortège. Sa suite n'était ni nombreuse ni richement habillée, et ses vêtements sacerdotaux n'étaient guère propres à donner une haute idée de la richesse et de la dignité de l'épiscopat. Mais depuis qu'il avait déposé sa croix d'or à la dure injonction du roi d'Angleterre, la croix de bois qu'il lui avait substituée n'était pas moins respectée du clergé et du peuple.

Les différentes personnes, Écossaises de nation, alors rassemblées autour du prélat, semblaient épier ses mouvements, comme ceux d'un saint descendu du ciel ; et les Anglais attendaient, frappés d'un muet étonnement, comme s'ils eussent craint qu'à quelque signal imprévu, une attaque ne fût tentée contre eux, soit par les puissances de la terre ou du ciel, soit par les unes et les autres réunies. En effet, tel était le dévouement des membres du haut clergé d'Écosse aux intérêts du parti de Bruce, que les Anglais leur permettaient le moins possible de prendre part aux cérémonies solennelles ; aussi, la présence de l'évêque de Glasgow, officiant, un jour de grande fête, dans l'église de Douglas, était une circonstance assez rare, et qui ne pouvait manquer d'exciter à la fois surprise et défiance.

C'était ainsi que, plongés dans un silence profond, ceux qui étaient venus en armes à l'appel de Douglas épiaient et attendaient à chaque instant un signal d'attaque, tandis que les soldats de la garnison anglaise, convaincus des mauvaises dispositions des Écossais à leur égard, se tenaient sur la défensive ; et les deux partis, jetant l'un sur l'autre des regards de défi, semblaient également préparés à la lutte fatale.

Malgré la tempête qui menaçait à tout moment d'éclater, l'évêque continuait de s'acquitter avec la plus grande solennité des cérémonies particulières à la fête. De temps à autre, il s'arrêtait pour regarder l'assistance, calculant en lui-même si les orageuses passions de ceux qui l'entouraient seraient contenues assez longtemps pour lui laisser remplir ses fonctions d'une manière convenable. Il venait d'achever l'office, quand un homme s'avança vers lui d'un air sombre et demanda « si le révérend père ne pourrait pas porter ses consolations spirituelles à un moribond qui gisait non loin de là ». L'évêque y consentit, fit signe au messager de lui montrer le chemin, et alla remplir son devoir, accompagné de quelques personnes qui passaient pour être partisans de Douglas.

Il y eut quelque chose de très frappant, sinon de suspect, dans l'entrevue qui suivit. Sous une voûte souterraine était déposé le corps d'un homme grand et vigoureux, dont le sang coulait en abondance par deux ou trois horribles blessures, et se répandait sur les bottes de paille qui lui servaient de couche, tandis que ses traits offraient un mélange de courage et de férocité, prêt à se changer en une expression plus sauvage encore.

Comme on l'aura deviné, le personnage en question n'était autre que Michel Turnbull qui, atteint mortellement dans la rencontre du matin, avait été déposé là par quelques-uns de ses amis. Le prélat, dès son entrée sous la voûte, se hâta d'appeler l'attention du blessé sur l'état de ses affaires spirituelles, et de lui administrer les secours que l'Église accorde aux pécheurs mourants. Leur entretien eut le caractère grave et sévère des dernières paroles qu'échangent un confesseur et son pénitent à l'heure où le bas monde disparaît aux yeux du pécheur, et qu'un autre s'ouvre devant lui, le menaçant du châtiment que méritent les fautes dont il a souillé sa vie mortelle.

— Turnbull, dit l'homme de Dieu, le cœur me saigne de vous voir dans un pareil état ; car, c'est mon devoir de vous le dire, vos blessures sont mortelles.

— La chasse est-elle donc finie? dit le moribond avec un soupir. Peu m'importe, bon père ! Je crois m'être comporté comme il convient à un brave chasseur, et la vieille forêt n'a point perdu par ma faute de sa réputation pour l'art de poursuivre le gibier et de le réduire aux

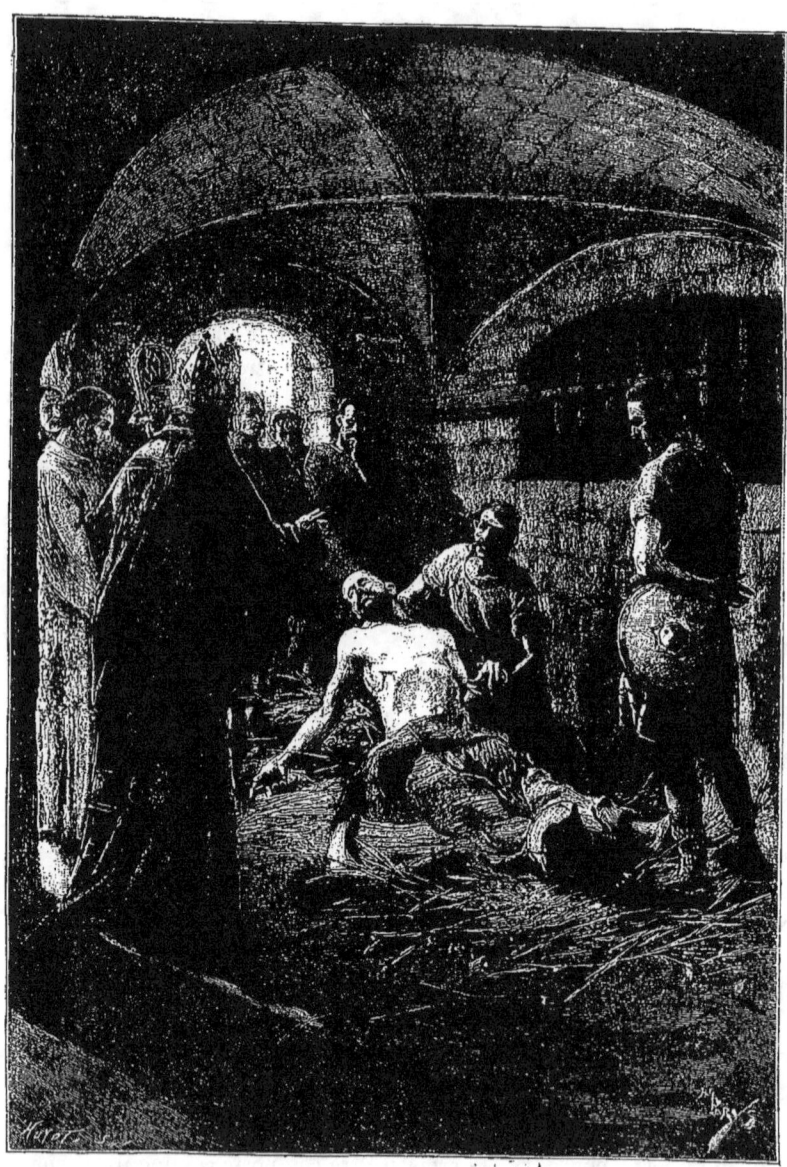

Mort de Michel Turnbull

abois. Dans cette dernière affaire même, il me semble que le chevalier anglais n'aurait point eu l'avantage si le terrain avait été également partagé, ou s'il ne m'avait pas assailli à l'improviste. Qu'on se donne la peine d'examiner la chose, et l'on verra que le pied a glissé deux fois au pauvre Turnbull ; autrement, je ne serais pas ici dans l'agonie de la mort, et c'est lui probablement, cet Anglais maudit, qui aurait crevé comme un chien sur cette paille sanglante.

L'évêque répliqua en l'exhortant à quitter ces idées de vengeance et à réfléchir plutôt au grand voyage dont le moment ne tarderait pas à venir.

— Vous savez certes mieux que moi ce qu'il me reste à faire, reprit le blessé ; m'est avis pourtant que j'aurais mal agi si j'avais différé jusqu'à présent mon examen de conscience. La vie que j'ai menée, je ne le nie pas, a été pleine de tourments et d'excès ; mais convenez que je n'ai jamais gardé rancune à un brave ennemi de ce qu'il m'avait fait souffrir. Quel homme, bon Écossais et aimant son pays, n'a point en ces derniers temps préféré une coiffe de fer à une toque à plumes, et n'a eu plus souvent affaire à son épée qu'à son livre de messe ? Dans notre résistance à la tyrannie de l'Angleterre, l'approbation de nos fidèles évêques nous a toujours soutenus, vous le savez.

— Assurément, dit le prélat, telles ont été nos exhortations à nos frères opprimés, et je ne vous prêcherai pas une doctrine contraire. Néanmoins, aujourd'hui que j'ai du sang autour de moi et un homme qui se meurt sous mes yeux, j'ai besoin de souhaiter de ne pas être sorti du droit chemin et de n'avoir pas contribué à égarer mes semblables. Puisse le ciel me pardonner, s'il en était ainsi ! et surtout puisse le chrétien mourant reconnaître ses fautes et se repentir avec sincérité d'avoir fait à autrui ce qu'il n'aurait pas voulu qu'on lui fît !

— Oh ! pour cela, je n'ai jamais refusé d'échanger un coup avec n'importe qui, sinon à l'épée, du moins à la hache de Jedwood ou pertuisane, dont je connais mieux le maniement ; mais la différence n'est pas grande.

— Le crime de meurtre ne consiste pas dans l'arme avec laquelle il est commis, mais dans le mal que le meurtrier fait à son semblable, et dans le désordre qu'il introduit au sein de la création. C'est en vous repentant de ce crime que vous pouvez fléchir le ciel, irrité de vos offenses, et en même temps échapper aux conséquences que subissent, d'après les saintes Écritures, ceux qui répandent le sang humain.

— Mais, bon père, vous ne l'ignorez pas plus que personne, il y a dans cette église des vingtaines d'Écossais et d'Anglais qui sont venus bien moins pour remplir leurs devoirs religieux que dans l'intention bien arrêtée de s'arracher la vie les uns aux autres. Quelle conduite doit donc tenir un pauvre diable comme moi? Ne dois-je pas lever contre l'Anglais cette main que je puis encore, ce me semble, rendre passablement redoutable, ou faut-il, pour la première fois de ma vie, que j'entende pousser le cri de guerre sans que mon épée prenne sa part de carnage? Cela me sera bien difficile, peut-être tout à fait impossible.

— Mon devoir, je vous le répète, est de m'opposer à ce qu'aujourd'hui la paix soit troublée; et je dois vous recommander, sur le salut de votre âme, de ne pas vous mêler à cette querelle, soit en action, soit en paroles. En agissant autrement, vous et moi, j'en suis certain, nous commettrions un grand péché.

— Eh bien! révérend père, quoiqu'il semble presque contre nature que des Écossais et des Anglais se rencontrent sans faire un échange de coups, je tâcherai sincèrement de ne fournir aucune occasion de querelle et, s'il est possible, d'oublier le mal qu'on m'aura fait.

Tournant alors sa face contre le mur, le chasseur des frontières attendit avec fermeté l'heure de la mort.

Les pacifiques dispositions que l'évêque avait inspirées à Michel Turnbull s'étaient, en quelque sorte, répandues parmi les assistants, qui écoutèrent avec un pieux respect l'exhortation qu'il leur fit à suspendre le cours des haines nationales et à vivre en paix tous ensemble. Mais il était écrit que cette guerre, où tant de sang avait déjà coulé, donnerait encore lieu, ce jour-là, à un combat à mort.

Une éclatante fanfare de trompettes, paraissant venir de dessous terre, retentit alors dans l'église, et la plupart de ceux qui l'entendirent s'empressèrent de courir aux armes. Un tumulte effroyable, où dominaient les cris de colère ou de défi, présageait l'imminence d'une lutte, que, toutefois, les efforts de l'évêque parvinrent à retarder d'un instant. Après un second appel de trompettes, un héraut fit la proclamation suivante :

« Attendu que beaucoup de nobles champions sont présentement assemblés dans l'église de Douglas et qu'ils sont divisés entre eux sur les sujets ordinaires relatifs à la chevalerie, en conséquence, les

chevaliers écossais sont prêts à combattre tel nombre de chevaliers anglais qui pourra être convenu, pour soutenir soit la beauté supérieure de leurs dames, soit la querelle nationale dans tous ses détails, soit tout autre point de contestation qu'ils peuvent avoir à vider, et qui sera jugé, par les deux partis, motif suffisant de querelle. Les chevaliers à qui il adviendra d'avoir le dessous renonceront à prendre une revanche ou à porter désormais les armes, outre les autres conditions à déterminer, comme conséquences de la défaite, par un conseil des chevaliers présents dans la susdite église de Douglas.

« Avant tout, un nombre quelconque d'Écossais, depuis un jusqu'à vingt, soutiendra la querelle qui a déjà coûté tant de sang, relativement à la mise en liberté de la dame de Berkely et à la reddition du château de Douglas à son maître ici présent. C'est pourquoi l'on requiert des chevaliers anglais qu'ils donnent leur consentement à ce que l'épreuve ait lieu sur-le-champ ; et d'après les règles de la chevalerie, ils ne sauraient refuser sans perdre à jamais leur renom de vaillance, et sans s'exposer à voir diminuer l'estime qu'un poursuivant d'armes doit s'efforcer de mériter, tant de la part des braves chevaliers de son pays que de ceux des autres contrées. »

Ce défi inattendu réalisa les craintes les plus exagérées de ceux qui avaient vu avec méfiance la réunion extraordinaire des partisans de Douglas.

Après un court intervalle de silence, les trompettes sonnèrent de nouveau, et la réponse des chevaliers anglais fut faite en ces termes par le héraut :

« A Dieu ne plaise que les droits et privilèges des chevaliers d'Angleterre et la beauté de ses dames ne soient pas soutenus par ses enfants! Aussi les chevaliers anglais ici assemblés n'hésitent pas un instant à relever le défi, soit sur la beauté de leurs dames, soit sur les causes de dispute qui existent entre les deux nations, et à combattre aux termes du susdit cartel, tant que épées et lances le leur permettront, sauf et excepté le château de Douglas, qui ne peut être rendu qu'au roi d'Angleterre, ou par son ordre. »

CHAPITRE XX.

A crise extraordinaire mentionnée dans le chapitre précédent força les chefs des deux partis à mettre toute dissimulation de côté, et à déployer leurs forces en bataille.

Le sire de Walton, dont l'attention avait été éveillée par la première fanfare de trompettes, tandis qu'il cherchait avec inquiétude à assurer une retraite à la dame de Berkely, s'occupa aussitôt du soin de rassembler ses soldats, secondé par l'active amitié du chevalier de Valence. Quant à la jeune Anglaise, nullement intimidée de ces préparatifs guerriers, elle se rapprocha des combattants, en compagnie du ménestrel et d'une femme en habit de cavalier, l'infortunée Marguerite de Hautlieu, dont les pires craintes avaient été réalisées par l'infidélité de son fiancé.

Entre les deux troupes ennemies, Jacques Douglas s'avança et dit à haute voix :

— Je voudrais savoir si Jean de Walton est disposé à quitter le castel de mes pères, sans perdre un temps que nous pourrions employer à combattre, et s'il lui faut, pour le faire, mon congé et ma protection?

Walton tira son épée.

— J'occupe, dit-il, le castel de Douglas envers et contre tous, et jamais je ne demanderai à personne la protection que mon épée suffit à m'assurer.

— Aux armes, camarades! s'écria le vieux Gilbert; en avant! Voici une bonne nouvelle : le comte de Pembroke est en marche, et il sera ici dans une demi-heure.

Les Anglais qui se trouvaient dans l'église et à l'entour ne tardèrent pas à se précipiter en avant.

De son côté, le gouverneur, tout en criant de toutes ses forces : « Je conjure Douglas de veiller à la sûreté des dames! » se fraya un chemin jusqu'à la porte de l'église, et il eût réussi à en sortir, sans l'intervention du fils de Thomas Dickson, qui, une hache à la main, lui barra hardiment le passage. Au même instant, son père recevait de Douglas l'ordre de veiller à ce que les dames étrangères ne souffrissent aucun mal durant le combat qui, longtemps différé, allait enfin s'engager.

En attendant, le jeune Dickson frappait coup sur coup, demandant à son courage, malgré son extrême jeunesse, tous les efforts dont il était capable.

— Jeune insensé, dit celui-ci, qui l'avait d'abord épargné, reçois donc la mort d'une noble main, puisque tu la préfères à une vie longue et paisible.

— Peu m'importe, dit le pauvre garçon d'une voix mourante; j'ai assez vécu, puisque je vous ai arrêté si longtemps à la place où vous êtes.

Au moment où il tombait pour ne plus se relever, Douglas le remplaça, et, sans dire un seul mot, recommença avec Walton ce formidable combat singulier où ils avaient déjà fait preuve de tant de courage. Ils se jetèrent l'un sur l'autre avec un redoublement de furie.

Aymar de Valence alla se placer à la gauche de son ami, dans l'espoir qu'un partisan de Douglas viendrait se joindre à son chef pour qu'il pût lui-même prendre part au combat; mais ne voyant personne qui semblât disposé à le satisfaire, il apostropha sire Malcolm Fleming, qui se tenait au premier rang des Écossais :

— Infidèle chevalier, avance et défends-toi du reproche d'avoir trahi la foi de ta dame et de faire honte à la chevalerie!

— Ma réponse, dit Fleming, même à une insulte moins grave, pend à mon côté.

En un instant, le fer brilla dans sa main, et les guerriers les plus expérimentés eurent peine à suivre des yeux une lutte qui ressemblait plutôt au fracas d'un ouragan de montagnes qu'au choc de deux épées qui parent et qui frappent tour à tour.

Voyant leurs chefs ainsi engagés dans une lutte désespérée, les simples combattants, suivant l'usage de l'époque, restèrent immobiles de part et d'autre.

Quelques femmes, entraînées par la compassion naturelle à leur sexe, venaient au secours de ceux qui étaient déjà tombés victimes des chances de la guerre. Le jeune Dickson, qui rendait le dernier soupir sous les pieds des combattants, fut en quelque sorte arraché au tumulte par la dame de Berkely, de la part de qui cette action parut d'autant moins étrange qu'elle n'avait pas quitté l'habit de pèlerin. Elle essaya vainement d'attirer l'attention du fermier de la Coudraie sur la triste tâche qu'elle s'était imposée.

— Ne vous embarrassez pas, dame, de ce qui est sans ressource, dit le vieux Dickson, et ne détournez pas votre attention et la mienne du soin de votre salut; Douglas a juré de le garantir et il l'a remis sous ma garde. Quant à la mort de l'enfant, elle ne sera pas oubliée, soyez tranquille : il viendra un temps pour se souvenir et une heure pour se venger.

Cependant, le combat continuait sans relâche et n'avait produit aucun avantage notable, quand le sort parut enfin se prononcer. Dans un assaut, qui l'avait amené presque aux côtés de Marguerite de Hautlieu, Fleming porta un coup à faux et, le pied lui ayant glissé dans une mare de sang, il tomba devant son adversaire et fut sur le point de se trouver à sa merci. Mais Marguerite, qui avait hérité de l'âme d'un guerrier, n'était pas moins vigoureuse qu'intrépide; apercevant sur le pavé la hache échappée des mains du jeune Dickson, elle la ramassa, et arrêta d'un revers ou abattit l'épée d'Aymar qui, autrement, fût demeuré maître du terrain. Fleming songeait trop à profiter d'un secours si inattendu pour s'arrêter à rechercher d'où il venait; il regagna aussitôt l'avantage qu'il avait perdu, saisit son adversaire au corps et réussit, par un croc en jambe, à le jeter par terre. Puis, lui mettant l'épée sur la gorge, le vainqueur, s'il méritait réellement ce nom, fit retentir l'église de ces fatales paroles :

— Rends-toi, Aymar de Valence, rescousse ou non rescousse*!

---

* Secouru ou non secouru.

Rends-toi! rends-toi! non pas à moi, mais à cette noble dame.

Ce fut avec un serrement de cœur que le chevalier anglais s'aperçut qu'il avait bel et bien perdu une occasion favorable d'acquérir de la renommée, et il fut obligé de se résigner à son sort, à moins de se laisser tuer sur place. Il lui resta pour consolation de se dire que jamais combat n'avait été soutenu avec plus d'honneur, la victoire étant due au hasard aussi bien qu'au courage.

Après trois quarts d'heure d'une lutte acharnée, Douglas et Walton, dont les nerfs n'étaient pas de fer, commencèrent à donner des indices de lassitude; les coups étaient portés plus lentement, et rendus moins vite. Le chevalier écossais, voyant que le combat touchait à sa fin, fit généreusement signe à son adversaire de le suspendre un moment.

— Brave Walton, dit-il, entre nous il n'y a point de querelle à mort, et vous devez reconnaître que, dans cette passe d'armes, Douglas, bien qu'il ne possède en ce monde que sa cape et son épée, s'est abstenu de prendre un avantage décisif, que la chance des armes lui a offert plus d'une fois. La maison de mon père, les vastes domaines qui l'entourent, les tombeaux de mes ancêtres, autant de raisons pour exciter l'ardeur d'un chevalier, me commandent impérieusement de poursuivre une lutte dont le prix est si beau. Quant à vous, vous serez toujours aussi bien venu près de cette noble dame que si vous la receviez des mains du roi Édouard en personne; et je vous donne ma parole que les plus grands honneurs qui puissent attendre un chevalier malheureux, sans l'ombre d'une insulte ou d'une injure, seront réservés à Jean de Walton, s'il remet le château ainsi que son épée à Jacques Douglas.

— Peut-être est-ce là le sort auquel je suis condamné, répondit le gouverneur; mais m'y résigner volontairement, cela m'est impossible; et l'on ne dira pas de moi qu'à moins d'être réduit à la dernière extrémité, j'ai laissé tomber de mes lèvres l'ordre fatal d'abaisser la pointe de mon épée. Pembroke est en marche avec toute son armée pour renforcer la garnison de Douglas; j'entends déjà le galop de son cheval, et, en dépit de ma faiblesse, j'aurai le cœur assez ferme pour résister jusqu'à l'arrivée du secours que j'attends.

Avancez donc, et traitez-moi non comme un enfant, mais comme un homme qui, soit victoire soit défaite, ne craint pas d'affronter toute la vigueur d'un vaillant adversaire.

Tout à coup le galop précipité d'un cheval se fit entendre, et un chevalier gallois, qu'on reconnut pour tel à ses jambes nues et à la petite taille de sa monture, mit pied à terre et cria de toutes ses forces aux combattants de s'arrêter.

— Pembroke est-il près d'ici? demanda Walton.

— Il n'est qu'à London-Hill, dit le messager; mais j'apporte ses ordres à sire Jean de Walton.

— Je suis prêt à y obéir, quel que soit le danger.

— Malheur à moi, reprit le Gallois, qui suis forcé d'apprendre à un brave chevalier d'aussi fâcheuses nouvelles! Hier, le comte de Pembroke a reçu l'avis que le château de Douglas était attaqué par le fils du dernier seigneur et par tous les habitants du pays. A cette nouvelle, il résolut d'aller à votre secours et il avait même bon espoir de vous délivrer, lorsque, chemin faisant, il rencontra à London-Hill une troupe qui n'était guère inférieure à la sienne et commandée par le fameux Bruce, que les rebelles reconnaissent pour roi. Il marcha aussitôt à l'ennemi en jurant qu'il ne passerait pas le peigne dans sa barbe grise avant d'avoir débarrassé l'Angleterre de ce fléau sans cesse renaissant... Les chances de la guerre ont été contre nous.

Il s'arrêta pour reprendre haleine.

— Je m'y attendais, s'écria Douglas. Sachez que Bruce s'est déterminé, dès le retour du printemps qui commence, à renouveler ses prétentions légitimes; sachez qu'il ne sortira pas d'Écosse tant qu'il lui restera au corps un souffle de vie, et tant qu'il y aura un seigneur à ses côtés pour l'appuyer, malgré tout ce qu'on a perfidement tenté contre lui.

— Il n'est que trop vrai, dit le Gallois, quoique ce soit l'orgueil d'un Écossais qui parle... Pembroke, complètement défait, est hors d'état de sortir d'Ayr, où il s'est retiré avec de grandes pertes, et il m'envoie dire à sire Jean de Walton qu'il ne doit plus compter sur son secours et qu'en conséquence il rende le château de Douglas aux meilleures conditions possibles.

Les Écossais, en apprenant ces nouvelles inattendues, poussèrent des clameurs d'allégresse à faire écrouler les murs de la vieille église ; mais Walton, atterré, en ressentit une amère tristesse, car il ne pouvait plus réclamer les conditions honorables que son adversaire lui avait spontanément offertes.

— Noble chevalier, lui dit-il, je me résigne à mon sort. Quelles que soient les propositions que vous jugerez convenable de me faire, voici mon épée, dont j'abaisse la pointe, résolu à ne plus la lever contre vous avant qu'une rançon légitime me permette de la reprendre.

— A Dieu ne plaise, répondit Jacques Douglas, que j'abuse de mes avantages sur le plus brave des chevaliers que j'ai rencontrés sur un champ de bataille ! Je suivrai l'exemple de Fleming, qui a galamment fait cadeau de son captif à une noble damoiselle ici présente : de même, je cède tous mes droits sur la personne du valeureux sire de Walton à la haute et noble dame Augustine de Berkely, qui, je l'espère, ne dédaignera pas d'accepter de Douglas un présent que les chances de la guerre ont mis entre ses mains.

Jean de Walton, à cette décision inattendue, éprouva un sentiment de délivrance, comme le voyageur qui aperçoit enfin les rayons du soleil, après avoir été assailli toute une matinée par la tempête. Augustine, rendue aussitôt aux exigences de son rang, se hâta d'essuyer les larmes qui avaient involontairement coulé de ses yeux, tandis que le salut de son amant et le sien propre dépendaient de l'issue douteuse d'un combat à outrance. S'avançant de quelques pas, avec l'air gracieux, mais modeste, d'une dame accoutumée à décider en des cas aussi graves, elle s'adressa à l'auditoire d'un ton que lui aurait envié la déesse de la guerre, venant distribuer ses faveurs sur un champ de bataille tout couvert de morts et de mourants.

— Le noble Douglas, dit-elle, ne sortira point sans récompense d'un combat qu'il a glorieusement soutenu. Ce riche collier de diamants, que mon aïeul a conquis sur le sultan de Trébizonde, fut aussi le prix du courage, et il est digne de porter, sous l'armure de Douglas, une tresse de cheveux de l'heureuse damoiselle qu'il a choisie pour reine de ses pensées. Si, en attendant, il veut y laisser la boucle qui s'y trouve suspendue, la pauvre Augustine de Berkely saura qu'elle a obtenu son pardon pour avoir exposé un mortel à combattre le chevalier de Douglas.

— Aucun amour de femme, répliqua Douglas, ne séparera ces cheveux de mon sein, et je les y garderai jusqu'au dernier jour de ma vie, comme emblème du mérite et des vertus de votre sexe. Et, sans vouloir aller sur les brisées de l'illustre et honorable sire Jean de Walton,

que ceci soit connu de tout le monde : quiconque dira que la dame de Berkely a, dans cette affaire difficile, agi autrement qu'il ne convenait à la plus noble des femmes fera bien de se tenir prêt à soutenir une telle proposition contre Jacques Douglas, lance au poing et en champ clos.

Ce discours fut accueilli par un applaudissement unanime, et la nouvelle de la déroute de Pembroke réconcilia les plus fiers des soldats anglais avec l'idée de rendre le château de Douglas. Les conditions nécessaires furent bientôt arrêtées, et les Écossais prirent possession de la place, ainsi que des provisions, des armes et des munitions de toute espèce qu'elle renfermait. La garnison put se vanter d'avoir obtenu le passage libre, avec armes et bagages, pour retourner au pays par la route la plus sûre. Marguerite de Hautlieu ne resta point en arrière pour la générosité : sans exiger de rançon, elle permit au chevalier de Valence d'accompagner Walton et sa jeune fiancée en Angleterre.

Cette reddition du château de Douglas, le dimanche des Rameaux, 19 mars 1307, fut le commencement d'une suite de conquêtes non interrompues, par suite desquelles la plus grande partie des villes et des châteaux-forts de l'Écosse furent remis aux mains de ceux qui combattaient pour l'indépendance de leur pays.

Il reste peu de chose à dire sur les différents personnages de cette histoire. Le roi Édouard se montra vivement irrité contre Walton pour avoir rendu le château de Douglas et s'être, néanmoins, assuré l'objet de son ambition, la main enviée de l'héritière de Berkely. Les chevaliers à la décision desquels l'affaire fut soumise déclarèrent que Walton ne méritait aucune censure, puisqu'il avait rempli son devoir dans toute sa rigueur jusqu'au moment où l'ordre de son chef l'avait obligé à rendre le Château périlleux.

Un singulier raccommodement eut lieu, plusieurs mois après, entre Marguerite de Hautlieu et son amant, sire Malcolm Fleming.

L'usage que cette noble dame fit de sa liberté, et de la sentence du parlement écossais qui la remettait en possession de l'héritage paternel, fut de s'abandonner à son esprit aventureux en affrontant des périls auxquels ne s'exposent pas d'ordinaire les personnes de son sexe ; et non seulement ce fut une intrépide chasseresse, mais encore elle ne craignit pas, dit-on, de se montrer sur des champs de bataille. Fleming essaya vainement de plaider sa cause auprès de la hautaine Marguerite, qui lui renvoya sa lettre sans l'avoir ouverte.

Pendant que la guerre durait encore, il arriva qu'une nuit où Fleming voyageait sur la frontière en chercheur d'aventures, une jeune chambrière lui demanda protection, au nom de sa maîtresse, qui venait de tomber aux mains d'une troupe de gens sans aveu. Fleming, la lance en arrêt, chargea aussitôt les coquins, en mit deux hors de combat et dispersa les autres. Délivrée des liens honteux qui la tenaient attachée, Marguerite — car c'était elle, — n'hésita point à faire route avec le brave chevalier qui l'avait secourue. Quoique l'obscurité ne lui permît pas de reconnaître son ancien amant dans son libérateur, elle ne put s'empêcher de prêter volontiers l'oreille aux discours qu'il lui tint pendant qu'ils chevauchaient de compagnie. Il dit que les bandits qu'il avait terrassés étaient des Anglais, qui se plaisaient à exercer des actes de barbarie et d'oppression contre les dames d'Écosse qu'ils rencontraient, et qu'en conséquence c'était une obligation pour les guerriers de ce pays d'en tirer vengeance, tant qu'ils auraient une goutte de sang dans les veines. De son côté, la dame, qui avait beaucoup souffert elle-même de l'intervention des Anglais dans les affaires de l'Écosse, entra sans peine dans les sentiments qu'il exprimait avec tant d'éloquence.

Heureux de cette conformité d'opinions, et retrouvant dans la voix qui les exprimait le charme secret qui, une fois gravé dans le cœur humain, en est difficilement effacé, même par une longue suite d'événements, Fleming en vint à se persuader que ces accents ne lui étaient pas inconnus et qu'ils l'avaient naguère ému jusqu'au fond de l'âme. A mesure qu'ils continuaient de marcher, son trouble augmenta au lieu de diminuer. Les scènes de son premier amour se réveillaient en lui, rappelées par d'infimes détails, qui, en tout autre moment, n'auraient produit aucun effet; et il était à demi convaincu que le retour du jour lui révélerait un mystère non moins heureux que bizarre.

Au milieu de cette anxiété, sire Malcolm Fleming ne pressentait nullement que la dame qu'il avait dédaignée se retrouvait sur son passage après des années d'absence; moins encore, lorsque le soleil naissant lui permit d'entrevoir les traits de sa belle compagne, était-il préparé à croire qu'il eût derechef à se dire le champion de Marguerite de Hautlieu. Marguerite, dans la terrible matinée où elle avait quitté l'église de Douglas, avait pris la résolution — et quelle femme n'en eût fait autant? — de ne rien négliger pour recouvrer une partie des charmes qu'elle avait perdus. Grâce au temps et au secours d'habiles mains, les cicatrices qui lui étaient restées de sa chute avaient presque entièrement disparu; et l'œil maltraité ne semblait plus si difforme, caché qu'il était par un ruban noir, et par une boucle de cheveux adroitement ramenée de ce côté. En un mot, le chevalier revoyait sa fiancée peu différente de ce qu'il l'avait connue autrefois, possédant toujours une expression de physionomie qui reflétait le caractère noble et passionné de son âme. Il parut donc à tous deux que le destin, en les réunissant après une séparation qui semblait irrévocable, avait décrété que leurs fortunes étaient dorénavant inséparables l'une de l'autre.

Quelque temps après, la nouvelle se répandit en Écosse que Malcolm Fleming et Marguerite de Hautlieu allaient être unis à la cour du bon roi Robert, et l'époux investi du comté de Biggar, qui demeura si longtemps dans la famille de Fleming.

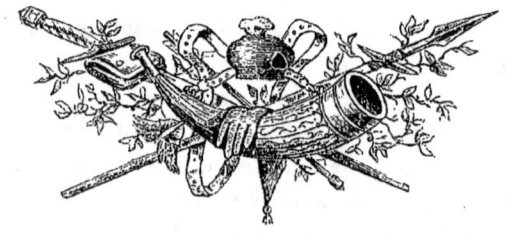

TABLE DES GRAVURES.

N. B. Les planches hors texte sont désignées en lettres italiques.

Les lettres initiales des chapitres sont dans le style des douzième et treizième siècles.

RICHARD EN PALESTINE.

		Pages.
1.	*Richard Ier, roi d'Angleterre.*	Frontispice.
2.	Le chevalier Kenneth dans le désert.	1
3.	L'émir sarrasin.	5
4.	Le « Diamant du désert ».	8
5.	Sire Kenneth ne semblait pas avoir dépassé trente ans.	12
6.	Le sauf-conduit.	17
7.	Le couvent d'Engaddi.	20
8.	Le Christ; allégorie.	21
9.	Théodoric, l'ermite d'Engaddi.	29
10.	*Kenneth et l'émir sarrasin en prières.*	37
11.	Le camp des croisés.	43
12.	La vision.	49
13.	Édith Plantagenet.	53
14.	Kenneth mit la main à son poignard.	54
15.	L'ermite n'avait point quitté son humble posture.	57
16.	La porte de la chapelle de Notre-Dame d'Engaddi.	59
17.	*Le roi Richard malade dans sa tente.*	65
18.	Thomas de Vaux sortit pour aller aux nouvelles.	71
19.	Croisés de l'armée anglaise.	72
20.	La cuisson des gâteaux écossais.	79
21.	Les lettres de créance.	83
22.	Lampe moyen âge.	84
23.	Thomas de Vaux fait son rapport au roi.	85
24.	L'archevêque de Tyr.	91
25.	L'explication du jeune Écossais.	96
26.	Thomas de Vaux se rend à la tente royale.	97
27.	Le grand maître du Temple.	105
28.	Calice.	109
29.	Les hommes d'armes s'inclinant devant le marquis de Montferrat et le grand maître des Templiers.	110
30.	Entretien du marquis et du grand maître.	115
31.	Léopold, duc d'Autriche.	120
32.	*Le repas chez le duc d'Autriche.*	125
33.	Faisceau d'épées.	138
34.	Le chevalier du Léopard en sentinelle.	139
35.	Le nain menacé par Kenneth.	141
36.	Le camp pendant la nuit.	146
37.	Sire Kenneth resta quelques moments seul dans la tente.	147
38.	Édith posa une lampe derrière elle.	153
39.	Le chevalier retourne à son poste.	155
40.	La bannière royale abattue.	156
41.	Entretien de Kenneth et d'El-Hakim.	161
42.	Le mont Saint-Georges.	164
43.	Kenneth se dirige vers la tente du roi.	165
44.	Richard se redressa sur son lit.	169
45.	Thomas de Vaux se leva et sortit.	173
46.	La reine Bérengère.	174
47.	Allez-y vous-même, s'écria Édith.	177
48.	Bérengère court intercéder auprès du roi.	179
49.	Richard tourna le dos à la reine.	183
50.	La bannière d'Angleterre.	188
51.	Prince orgueilleux, nous nous reverrons! dit l'ermite.	189
52.	*L'ermite d'Engaddi dans la tente du roi Richard.*	197
53.	L'archevêque réfléchissait.	206
54.	Le conseil des princes.	213
55.	Le baron de Vaux se rend auprès de la reine.	219
56.	Le messager de Saladin.	225
57.	Le Karégite.	233
58.	Le roi applique ses lèvres sur la blessure du faux esclave.	237
59.	Sire Kenneth dans la tente d'El-Hakim.	242
60.	Les Sarrasins en route dans le désert.	247

	Pages.
61. Le chevalier reposait sur une couche orientale..................	253
62. Raisonnons ! dit l'émir............	259
63. Marche des troupes alliées.........	263
64. Le défilé devant la bannière d'Angleterre.......................	269
65. L'esclave nubien est amené devant le roi...........................	277
66. Est-ce vous, brave chevalier du Léopard ? demanda Édith............	281
67. Blondel, le ménestrel du roi........	288
68. Blondel chante devant le roi et la reine........................	293
69. Sceau de Philippe-Auguste, roi de France..................,....	300
70. Richard caracolait à côté de la litière de Bérengère.................	305
71. Le « Jugement de Dieu »; allégorie..	317
72. Le combat.....................	323

LE CHATEAU PÉRILLEUX.

73. Les deux voyageurs...............	339
74. Augustin et Bertrand............	344
75. La ferme de Dickson..............	346
76. Dickson et le ménestrel entrent dans la salle....................	351
77. L'interrogatoire..................	356
78. Le départ.......................	359
79. Sire Aymar et Bertrand se rendant au château de Douglas.............	361
80. Vue du château de Douglas........	365
81. Le « garde-manger » de Douglas....	369
82. Après les représailles.............	371
83. Le massacre de la garnison........	372
84. Apparition de Thomas le Rimeur...	375
85. L'écuyer Fabien.................	381
86. Walton et Aymar se séparèrent froidement......................	384
87. Départ des chasseurs..............	388
88. Turnbull prit hardiment la parole....	393
89. Walton donne l'ordre de renforcer la garnison du château............	397
90. Retour de la chasse...............	399
91. Walton et le ménestrel............	405
92. Bertrand rappela le gouverneur.....	409
93. La lettre à Augustin..............	411
94. Qui va là ? dit le fossoyeur........	417
95. Suivez-moi dans mon pauvre logis...	421
96. Prends deux archers avec toi, dit Aymar......................	424
97. Sire Aymar se rend au couvent de Sainte-Brigitte.................	426
98. Le jeune pèlerin devant sire Aymar.	431
99. On enfonce la porte de la cellule d'Augustin...................	435
100. Dame Augustine et sœur Ursule....	439
101. Combat dans la cellule de Marguerite de Hautlieu....................	443
102. La cellule vide..................	448
103. Sonnez le boute-selle !............	451
104. Le ménestrel dans sa prison........	454
105. Comme il vous plaira ! dit Aymar...	459
106. Archers à la poursuite des fugitives.	461
107. Rencontre avec le chevalier de la Tombe......................	465
108. Le chevalier guide la dame de Berkely à travers la forêt...........	469
109. Les partisans de Douglas..........	473
110. Un autre guide avait remplacé le chevalier.....................	476
111. Un homme de haute taille parut au milieu des buissons.............	483
112. Bertrand lisant..................	488
113. Le ménestrel se mit à lire des vers au vieil archer...................	491
114. Promenade du ménestrel et de l'archer.......................	494
115. Gilbert trouve une plume du casque de Walton....................	495
116. Mort de Michel Turnbull..........	501
117. Après le défi...................	505
118. Les partisans des deux champions..	507
119. Le combat continuait sans relâche...	509
120. La dame de Berkely remet son collier à Douglas.....................	514

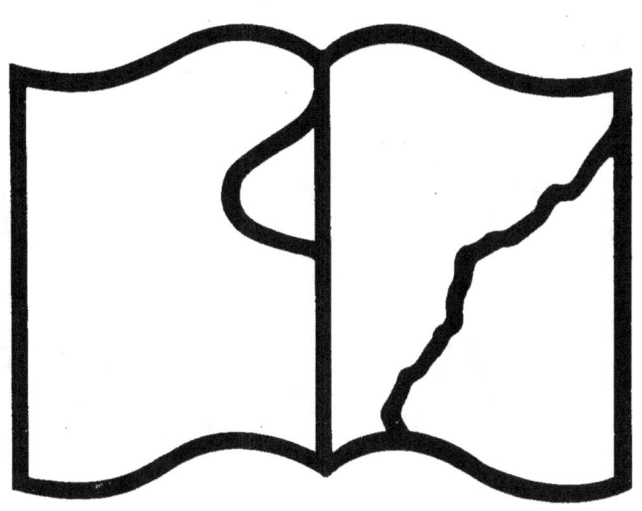

Texte détérioré — reliure défectueuse

NF Z 43-120-11

Contraste insuffisant
NF Z 43-120-14

www.ingramcontent.com/pod-product-compliance
Lightning Source LLC
Chambersburg PA
CBHW071405230426
43669CB00010B/1456